颠覆性创新的技术演进与价值实现
——基于研发联盟视角

曹阳春 张静 欧春尧 著

·广州·

版权所有　翻印必究

图书在版编目（CIP）数据

颠覆性创新的技术演进与价值实现：基于研发联盟视角/曹阳春，张静，欧春尧著． ‐‐广州：中山大学出版社，2025.6． ‐‐ISBN 978 ‐ 7 ‐ 306 ‐ 08479 ‐ 8

Ⅰ.F062.4

中国国家版本馆 CIP 数据核字第 2025R2Q542 号

出 版 人：	王天琪
策划编辑：	周　玢
责任编辑：	刘奕宏
封面设计：	彭　欣
责任校对：	王百臻
责任技编：	靳晓虹
出版发行：	中山大学出版社
电　　话：	编辑部 020 ‐ 84110283，84113349，84111997，84110779，84110776
	发行部 020 ‐ 84111998，84111981，84111160
地　　址：	广州市新港西路 135 号
邮　　编：	510275　　　　传　真：020 ‐ 84036565
网　　址：	http://www.zsup.com.cn　E‐mail：zdcbs@ mail.sysu.edu.cn
印 刷 者：	广东虎彩云印刷有限公司
规　　格：	787mm×1092mm　1/16　19.5 印张　367 千字
版次印次：	2025 年 6 月第 1 版　2025 年 6 月第 1 次印刷
定　　价：	65.00 元

如发现本书因印装质量影响阅读，请与出版社发行部联系调换

作者简介

曹阳春（1993.02—），男，安徽安庆人，管理学博士，广东海洋大学管理学院讲师，硕士生导师，研究方向为技术创新管理、创新政策。以第一作者或通讯作者在 Business Process Management Journal, Technology Analysis & Strategic Management 和《管理学刊》《软科学》《中国科技论坛》等 SSCI、SCI、CSSCI 期刊发表学术论文近 20 篇，相关成果被《新华文摘》转载 2 篇。主持广东省哲学社会科学规划项目、广东省普通高校青年创新人才类项目、广东省教育科学规划课题等项目 6 项。参与国家自然科学基金面上项目、中国工程院高端智库重点项目、科技部科技创新战略研究专项项目等项目 10 余项。

张静（1996.04—），女，广东韶关人，福州大学博士研究生，研究方向为技术创新管理。以第一作者或通讯作者在 Business Process Management Journal, Managerial and Decision Economics, Technology Analysis & Strategic Management 和《软科学》《中国科技论坛》等 SSCI、CSSCI 期刊发表学术论文 7 篇。主持广东省普通高校青年创新人才类项目 1 项，参与国家社科基金项目、国家社科基金后期资助项目、教育部人文社科研究项目、福建省社科基金重大课题等项目 5 项。参与专著出版 2 部。

欧春尧（1992.11—），贵州黔西人，广东海洋大学管理学院讲师，管理学博士，硕士生导师，主要研究方向为技术创新管理、海洋经济管理等。在《科学学研究》《软科学》《科技进步与对策》和 Journal of Systems Science and Complexity 等国内外学术期刊公开发表论文 10 余篇，出版专著 1 部。现主持国家自然科学基金青年项目、广东省哲学社会科学"十四五"规划项目、广东省教育科学规划课题（高等教育专项）及湛江市哲学社会科学规划项目等项目 8 项。参与国家社科基金重大项目、国家自然科学基金面上项目、中国工程院高端智库重点项目、教育部人文社会科学研究一般项目、广东省软科学研究计划项目及政企委托项目等项目 10 余项。

序　言

"十四五"时期是世界百年未有之大变局深度演化和中国开启全面建设社会主义现代化国家新征程相互交融的重要时期，颠覆性创新作为"改变游戏规则"和"重塑未来格局"的革命性力量，成为新时期企业和国家抢占未来竞争战略主动权和防范外部力量技术突袭的共识性手段。颠覆性创新是一种全新的创新范式，具有更强的复杂性和不确定性，在其演进过程中不仅需要攻克新技术体系的研发障碍，还需要克服社会技术体制机制由主流技术主导的不利形势。开展颠覆性创新仅仅依靠企业的单一力量几乎难以实现，需要企业不断突破自身边界，与外部主体构建研发联盟来推进颠覆性创新的技术演进与价值实现。研发联盟作为企业进行颠覆性创新活动的重要载体，能够实现优质性、价值性和新颖性资源要素的吸收、传递及整合，在实现全新技术架构与产品迭代的基础上推动颠覆性创新的范式转变。因此，从研发联盟的视角探讨颠覆性创新的技术演进与价值实现问题，不仅有助于丰富和拓展颠覆性创新理论的认知框架，也有助于指导企业通过研发联盟策略优化实现"变轨超车"与政府通过完善培育体制机制重塑"竞争格局"的实践需求，具有重要的理论意义与现实价值。

本书以颠覆性创新为理论基础，从研发联盟视角出发，紧密围绕"颠覆性创新的技术演进与价值实现"这一核心问题，按照"理论基础分析、技术演进过程、联盟作用机理和创新价值实现"的逻辑步骤展开研究。首先，在理论基础分析环节，本书系统梳理了国际国内颠覆性创新领域的相关文献，分析了研究现状的进展水平及尚存的理论缺口，并在此基础上提出了研究的核心问题，奠定了后续研究的理论基础和研究框架。其次，在技术演进过程环节，本书从技术演进特征与技术采纳行为角度拨开了颠覆性创新的"迷雾"，分析了颠覆性创新如何通过资源策略与动态能力实现阶段跃迁的价值创造过程。再次，在联盟作用机理环节，本书遵循"作用价值—生成机制—网络演化"的逻辑，探讨了研发联盟在颠覆性创新技术演化中的重要作用，分析了颠覆性创新研发联盟的生成机制，阐述了颠覆性创新研发联盟的网络演化。最后，在创新价值实现环节，本书系统探究了颠覆性创新研发联盟对企业创新绩效的影响效应，运用回归分析、组态分析与元分析，从多维视角解构了颠覆性创新研发联盟的价值实现机制。

通过理论分析与实证检验，本研究主要得到以下结论：①研发联盟是企业颠覆性创新活动的重要载体，是知识共享与技术孵化的重要平台，能够促使企业实现异质性知识的吸收、传递及整合，在实现全新技术架构与产品迭代的基础上促进颠覆性创新的范式转变；②颠覆性创新的演化经历了"愿景构筑—技术实验—网络构建—创新扩散—产业培育"的发展阶段，研发联盟通过技术维度、组织维度和环境维度等内外部因素的联动效应来推动颠覆性创新的演进过程；③投入成本、额外收益、政府激励、违约金以及收益分配系数等因素会对颠覆性创新研发联盟构建的策略选择产生显著影响，政府政策驱动、企业主体功能与市场体制共同作用于研发联盟的构建工作；④颠覆性创新具有前期的潜伏性与成熟后的爆发性特征，其研发联盟会在整体规模不断扩大的同时，伴随着凝聚性与小世界性水平的降低，呈现出市场与政府"双轮驱动"的动力机制，并在合作模式上由贫乏合作型模式向探索合作型模式与培养合作型模式发展；⑤回归分析结果发现，颠覆性创新研发联盟的网络密度与企业创新绩效呈负向影响，关系强度与企业创新绩效呈正向影响；组态分析结果发现，在研发联盟情境下存在环境驱动型创新、资源整合型创新、双元并驾型创新与知识保护型创新4类实现高颠覆性创新绩效的构型；元分析研究表明，在主体效应上，企业和区域层面的网络嵌入均会促进颠覆性创新绩效的提升，其中，区域网络的促进作用更加明显。此外，虽然产业关系嵌入会促进企业颠覆性创新绩效的提升，但其结构嵌入会带来负向作用。

本研究基于研发联盟视角探讨颠覆性创新的技术演进与价值实现，聚焦技术演进过程、联盟作用机理和创新价值实现等核心问题，有助于深化对颠覆性创新研发联盟的理论认识，对颠覆性创新研发联盟领域的研究缺口具有一定的补充作用，同时拓展了颠覆性创新的情境视角和理论体系。在实践指导上，本研究根据研究结论，就如何进一步发挥研发联盟对颠覆性创新演进历程的推进作用及创新绩效的提升效应进行了路径设计，能够为企业颠覆性创新研发联盟策略的组合优化与国家颠覆性创新政策工具设计的动态调整提供相应指导。

本书是在本人博士论文《颠覆性技术研发联盟的生成、演化与效应研究》的基础上拓展完善而成。感谢博导张光宇教授引导我加入到颠覆性创新的研究领域之中，恩师励学拓新，寄学术于家国情怀，以研究解社会所需，在创新发展的浪潮中以前沿思想布局献策，其"怀瑾握瑜，朝乾夕惕"

的寄语始终激励着我砥砺前行。感谢戴海闻师姐给予我研发联盟视角的研究思路，她在项目研究过程中笃行示范，在论文选题、数据获取与撰写修改过程中给予我大量援助。此外，还要感谢欧春尧师兄从硕士伊始便提携相助，在研究范式与写作技巧上倾囊相授。在专著文稿形成及出版过程中，我得到了硕导宁凌教授的大力支持，杜军教授、张玉强教授的指导帮助，同时还有广东海洋大学管理学院其他诸位老师的支持指导，在此表示真挚的感谢！

本书由国家自然科学基金面上项目"数字技术标准联盟网络的驱动因素、演化机理与政策干预研究"（72374051）；国家自然科学基金青年项目"数智驱动的颠覆性创新生态系统价值创造机制及其治理研究"（72404061）；国家社科基金重大项目"我国海洋战略科技力量体系化建设研究"（22&ZD152）；广东省普通高校青年创新人才类项目"研发联盟关系对企业颠覆性创新绩效的影响研究"（2023WQNCX021）；湛江市哲学社会科学规划项目"粤港澳大湾区城市群协同创新网络对创新发展水平的影响机制研究"（ZJ23YB22）；广东海洋大学科研启动经费资助项目"基于多层次视角下的颠覆性技术多元化投入机制研究"（060302092301）、"AI赋能下颠覆性创新生态系统演化机制及其协同治理研究"（060302092102）；广东海洋大学人文社会科学研究项目"研发联盟视角下的颠覆性技术创新"（C22876）等项目资助出版。

本书在写作过程中借鉴了国内外诸多创新管理领域专家、学者的思想与观点，特在此表示诚挚的感谢。由于本人的精力及能力有限，本书难免存在一定的不足之处，敬请广大读者批评指正！

曹阳春
2024年10月于湛江

目 录

第1章 颠覆性创新研发联盟的价值与意义 ... 1
1.1 研究背景 ... 1
1.1.1 现实背景 ... 1
1.1.2 理论背景 ... 3
1.2 研究意义 ... 6
1.2.1 理论意义 ... 6
1.2.2 实践意义 ... 7
1.3 研究目的与主要内容 ... 8
1.3.1 研究目的 ... 8
1.3.2 主要内容 ... 9
1.4 研究方法 ... 11
1.4.1 文献分析法 ... 11
1.4.2 案例分析法 ... 12
1.4.3 演化博弈分析法 ... 12
1.4.4 社会网络分析法 ... 12
1.4.5 回归分析法 ... 13
1.4.6 模糊集定性比较分析法 ... 13
1.4.7 元分析法 ... 13
1.5 本章小结 ... 14

第2章 颠覆性创新的国际研究回顾 ... 15
2.1 研究设计 ... 16
2.1.1 研究方法与工具 ... 16
2.1.2 数据来源与处理 ... 16
2.2 颠覆性创新国际研究基础统计分析 ... 17
2.2.1 重点期刊分析 ... 17
2.2.2 核心作者分析 ... 18

  2.2.3 国家及机构影响力分析 20
 2.3 颠覆性创新国际研究的知识基础 22
 2.4 颠覆性创新国际研究热点与趋势 27
 2.5 本章小结 28

第3章 颠覆性创新的国内研究回顾 30
 3.1 研究设计 31
  3.1.1 研究方法与数据收集 31
  3.1.2 样本数据的统计分析 33
 3.2 国内颠覆性创新研究的知识框架 34
  3.2.1 什么是颠覆性创新（What） 35
  3.2.2 颠覆性创新的前因后果（Why） 44
  3.2.3 如何推动颠覆性创新（How） 46
 3.3 未来研究方向 47
  3.3.1 研究内容 49
  3.3.2 理论视角 51
  3.3.3 研究方法 52
 3.4 理论本源演进及中国情境下的研究展望 52
  3.4.1 颠覆性创新理论本源的演进及发展 52
  3.4.2 基于中国情境的理论研究架构及发展展望 54
 3.5 本章小结 56

第4章 颠覆性创新研究理论基础 57
 4.1 创新扩散理论与颠覆性技术演化 57
 4.2 社会网络理论与颠覆性技术合作 60
 4.3 战略生态位管理与颠覆性技术培育 62
 4.4 基于研发联盟视角的颠覆性创新研究 66
  4.4.1 颠覆性创新研发联盟 66
  4.4.2 研发联盟的网络特征 67
  4.4.3 颠覆性创新绩效 68
  4.4.4 颠覆性创新研发联盟与企业创新绩效 70
 4.5 本章小结 71

第5章 颠覆性技术的演进特征 …… 72
5.1 理论研究现状 …… 73
5.1.1 颠覆性技术的不同类型 …… 73
5.1.2 颠覆性技术的演进特征 …… 74
5.2 案例研究 …… 76
5.2.1 低端颠覆性技术的案例分析 …… 76
5.2.2 高端颠覆性技术的案例分析 …… 81
5.3 颠覆性技术演进特征的综合分析 …… 86
5.3.1 不同颠覆性技术的特征共性 …… 87
5.3.2 不同颠覆性技术的特征差异 …… 88
5.4 本章小结 …… 89

第6章 颠覆性技术的采纳行为 …… 91
6.1 引言 …… 91
6.2 企业颠覆性技术采纳行为影响因素分析 …… 92
6.2.1 研究设计 …… 92
6.2.2 数据收集 …… 94
6.2.3 数据处理 …… 94
6.2.4 模型构建及分析 …… 98
6.3 无政府参与的企业颠覆性技术采纳行为两方模型分析 …… 99
6.3.1 博弈模型构建 …… 99
6.3.2 博弈模型求解与分析 …… 100
6.3.3 数值仿真及分析 …… 106
6.4 政府参与的企业颠覆性技术采纳行为三方模型分析 …… 113
6.4.1 博弈模型构建 …… 113
6.4.2 博弈模型求解与分析 …… 115
6.4.3 数值仿真及分析 …… 121
6.5 研究结论与对策建议 …… 124
6.5.1 研究结论 …… 124
6.5.2 实践启示 …… 125
6.6 本章小结 …… 126

第7章 颠覆性创新的价值创造 · 127
7.1 文献回顾与研究框架 · 128
7.1.1 颠覆性创新与价值创造研究 · 128
7.1.2 资源策略研究 · 129
7.1.3 动态能力研究 · 130
7.1.4 研究框架 · 131
7.2 研究设计 · 131
7.2.1 方法选择 · 131
7.2.2 案例选择 · 132
7.2.3 资料收集 · 132
7.2.4 数据分析 · 133
7.3 案例分析 · 133
7.3.1 启动阶段：颠覆性创新的价值主张 · 134
7.3.2 转型阶段：颠覆性创新的价值形成 · 136
7.3.3 拓展阶段：颠覆性创新的价值扩散 · 139
7.4 结论与启示 · 142
7.4.1 研究结论 · 142
7.4.2 理论贡献 · 144
7.4.3 实践启示 · 145

第8章 颠覆性创新研发联盟的作用价值 · 146
8.1 研究设计 · 146
8.1.1 概念背景与理论框架 · 146
8.1.2 研究方法与案例选取 · 148
8.1.3 资料收集与数据验证 · 149
8.2 案例介绍 · 150
8.2.1 自动驾驶技术的发展概况 · 151
8.2.2 自动驾驶技术的系统模块 · 152
8.2.3 自动驾驶技术的演化阶段 · 154
8.3 案例分析 · 156
8.3.1 技术维度 · 157
8.3.2 组织维度 · 158
8.3.3 环境维度 · 159
8.4 研究结果 · 160

8.5 本章小结 ……………………………………………………… 161

第9章 颠覆性创新研发联盟的生成机制 …………………………… 162
9.1 引言 …………………………………………………………… 162
9.2 模型构建 ……………………………………………………… 164
    9.2.1 自动驾驶技术研发联盟主体分析 …………………… 164
    9.2.2 基本假设 ………………………………………………… 164
9.3 政府驱动下的自动驾驶技术研发联盟策略选择演化博弈分析
   ………………………………………………………………… 165
9.4 MATLAB 数值仿真模拟 ……………………………………… 171
    9.4.1 参数设置 ………………………………………………… 171
    9.4.2 仿真分析 ………………………………………………… 171
9.5 研究结果与启示 ……………………………………………… 176
    9.5.1 研究结果 ………………………………………………… 176
    9.5.2 研究启示 ………………………………………………… 177
9.6 本章小结 ……………………………………………………… 178

第10章 颠覆性创新研发联盟的网络演化研究 …………………… 179
10.1 引言 ………………………………………………………… 179
10.2 研究设计与方法 …………………………………………… 181
    10.2.1 研究框架 ……………………………………………… 181
    10.2.2 研究方法 ……………………………………………… 182
    10.2.3 数据获取与处理 ……………………………………… 182
10.3 技术基本情况分析 ………………………………………… 183
    10.3.1 技术年度专利分析 …………………………………… 183
    10.3.2 技术生命周期分析 …………………………………… 184
10.4 颠覆性创新研发联盟的网络演化分析 …………………… 185
    10.4.1 网络整体演化分析 …………………………………… 185
    10.4.2 网络个体演化分析 …………………………………… 187
10.5 研究结果与启示 …………………………………………… 191
    10.5.1 研究结果 ……………………………………………… 191
    10.5.2 研究启示 ……………………………………………… 193
10.6 本章小结 …………………………………………………… 194

第11章 颠覆性创新研发联盟的绩效影响——回归分析 195
- 11.1 理论分析与研究假设 195
  - 11.1.1 颠覆性创新与研发联盟 196
  - 11.1.2 颠覆性创新研发联盟网络特征与企业创新绩效 197
  - 11.1.3 区域环境的调节作用 199
- 11.2 研究设计 201
  - 11.2.1 样本选择与数据来源 201
  - 11.2.2 变量测量 202
  - 11.2.3 模型选择 203
- 11.3 实证结果及分析 203
  - 11.3.1 描述性统计分析 203
  - 11.3.2 回归分析 204
- 11.4 研究结果与启示 207
  - 11.4.1 研究结果 207
  - 11.4.2 理论贡献 208
  - 11.4.3 研究启示 209
- 11.5 本章小结 209

第12章 颠覆性创新研发联盟的绩效影响——组态分析 211
- 12.1 文献回顾及研究框架 213
  - 12.1.1 研发联盟：宏观网络密度与微观关系强度 213
  - 12.1.2 双元创新：探索式创新与利用式创新 214
  - 12.1.3 政策工具：区域研发投入与知识产权保护 215
  - 12.1.4 研究框架 216
- 12.2 研究设计 217
  - 12.2.1 研究方法 217
  - 12.2.2 数据选取 217
  - 12.2.3 变量测量 218
  - 12.2.4 变量校准 219
- 12.3 案例分析 220
  - 12.3.1 单因素必要性分析 220
  - 12.3.2 组态分析 221
  - 12.3.3 稳健性检验 223
- 12.4 结语 224

12.4.1　结论与启示 ………………………………………………… 224
　　12.4.2　贡献与意义 ………………………………………………… 225

第13章　颠覆性创新研发联盟的绩效影响——元分析 …………… 226
13.1　文献回顾与假设 …………………………………………………… 228
　　13.1.1　颠覆性创新与网络嵌入 …………………………………… 228
　　13.1.2　多层次网络嵌入与颠覆性创新绩效 ……………………… 229
　　13.1.3　网络嵌入对颠覆性创新绩效影响的调节变量分析 …… 232
13.2　研究设计 …………………………………………………………… 234
　　13.2.1　文献收集与筛选 …………………………………………… 234
　　13.2.2　文献编码 …………………………………………………… 236
　　13.2.3　元分析过程 ………………………………………………… 236
13.3　研究结果和分析 …………………………………………………… 237
　　13.3.1　发表偏差检验 ……………………………………………… 237
　　13.3.2　整体效应分析及异质性检验 ……………………………… 238
　　13.3.3　多元网络嵌入对企业颠覆性创新绩效的影响 …………… 239
　　13.3.4　调节效应检验 ……………………………………………… 243
　　13.3.5　敏感性检验 ………………………………………………… 246
13.4　研究结论 …………………………………………………………… 247
13.5　本章小结 …………………………………………………………… 248

第14章　结论与展望 ……………………………………………………… 250
14.1　研究的主要结论 …………………………………………………… 250
14.2　研究的管理启示 …………………………………………………… 254
14.3　研究的创新之处 …………………………………………………… 256
14.4　研究局限与展望 …………………………………………………… 260

参考文献 …………………………………………………………………… 262

第1章　颠覆性创新研发联盟的价值与意义

1.1　研究背景

1.1.1　现实背景

（1）颠覆性创新是"改变游戏规则"和"重塑未来格局"的革命性力量。

"十四五"时期是世界百年未有之大变局深度演化和中国开启全面建设社会主义现代化国家新征程相互交融的重要时期，国际环境的复杂形势和新一轮科技革命的浪潮为国家与企业的创新发展带来了前所未有的机遇和挑战，同时也对技术创新方式提出了更高的要求（李东红等，2021）。基于"蓝海"思维模式的颠覆性创新通过引发制造范式与商业模式的重大变革，能够对现有产业格局造成"归零效应"，从而实现技术体系与市场秩序的重构，改变现有的技术标准并主导建立新的竞争范式，是推动经济社会变革的根本性力量（Behrens & Patzelt，2018）。纵观世界主要科技强国的创新战略布局，识别和培育颠覆性创新已经成为抢占未来竞争战略主动权、防范其他国家技术突袭的共识性手段。美国很早就创立了国防部高级研究计划局（DARPA）、国防创新实验单元（DIUx）等一系列高级技术预研机构，旨在通过颠覆性创新战略持续保持领先优势并遏制其他国家对美国造成的技术突袭（杨芳娟，2019）；日本制订"ImPACT"计划，旨在遴选能够推动经济社会产生重大变革的颠覆性技术；俄罗斯则设立了"先期研究基金会"负责探索和突破国防前沿技术，重点对颠覆性技术研究进行专项支持。

颠覆性创新对中国加快建设创新型国家同样具有重要战略意义。尽管中国在许多科技领域已达到世界前沿水平，但与欧美等传统科技强国相比，整体的创新水平仍存在一定差距，尤其是在部分核心技术领域仍面临"卡脖子"的困境（郑思佳等，2021）。在新时期立足于国际科技前沿视野，率先布局各类颠覆性创新研发工作，是中国抢占未来科技发展先机，推动实现从科技大国向科技强国迈进的应有之义。为此，习近平总书记在党的十九大报告及两院院士会议中多次强调颠覆性创新对加快推进创新型国家建设的意义，要求以颠覆性技术为突破口，实现科技整体可控与技术赶超引领（欧春尧，2021）。各级政府和相关部门也纷纷开展颠覆性创新战略布局，如科技部针对颠覆性技术的研发方向征集、创新大赛举办等进行了工作部署；中国工程物理研究院等机构基于国家战略需求对颠覆性创新的理论认识、技术识别和培育机制等方面的理论研究和实践应用开展了一系列的探索工作。

（2）研发联盟是推动颠覆性创新知识整合与范式转变的重要渠道。

随着经济技术发展的不断推进，创新系统的模块化和链条化推动创新形式向网络化与协同化发展，越来越多的企业打破传统的封闭式创新模式，走向开放式合作，通过构建各种形式的研发联盟来优化创新发展的进程。究其根源：其一，技术生命周期的缩短加剧了创新的时间和成本压力，使得单一企业难以在复杂的竞争环境中保持持续性竞争优势；其二，技术复杂性与知识迭代性的提升也对知识的流动交互与分工的专业配合提出了更高的要求（杨震宁等，2021）。因此，越来越多的企业跨越组织边界以谋求合作，致力于获取更加多元和优质的创新元素，这些合作包括跨越国界的联盟、跨行业的研发伙伴关系以及与差异性较大的机构建立合作联盟（简兆权和旷珍，2020）。

颠覆性创新是一项多主体参与、多要素协同与多阶段衔接的动态复杂过程，中间会遭遇现有社会技术体制形成的具有极强稳定性的路径依赖和技术锁定的挑战，加上企业自身的知识与技术资源有限，开展颠覆性创新仅仅依靠企业的单一力量几乎难以实现，需要企业不断突破自身边界，与外部主体共同进行协同创新（Liu et al.，2020）。此外，颠覆性创新本质上具有路径突破性特征，更加强调创新的新颖性，企业的颠覆性创新活动必须获取不同的、非冗余的资源作为知识重组的原材料，而外部合作关系是多样性和非冗余知识的主要来源（Najafi et al.，2018）。从不同来源获取和组合新颖性知识有助于克服"锁定效应"，创新主体通过知识搜索发现并整合新颖性知识元素，在知识重组过程中所体现的创造性和变革性导致了颠覆性创新的产生。可见，研发联盟是企业进行颠覆性创新活动的重要载体，优质性、价值性和异质性创新要素在研发联盟中得以被吸收、传递及整合，在实现全新技术架构与产品迭代的基础上推动颠覆性创新的范式转变。

（3）研发联盟网络对企业颠覆性创新绩效提升具有关键影响。

在研发联盟中，多样化的创新合作关系能够带来异质性的信息和知识来源渠道，但是企业能否实现优质的创新绩效产出，还取决于自身在研发联盟网络中的位置和能力，企业所能够获取创新资源的质量与数量是企业颠覆性创新绩效提升的关键基础之一（Lee et al.，2015）。网络特征作为表征企业与其他创新主体联盟关系的指标，展现了企业在研发联盟网络中的地位，体现了企业从研发联盟网络中控制信息传递与获取互补性资源的能力（房银海和谭清美，2021）。企业通过加入研发联盟的形式来构建颠覆性创新的优势地位需要与多元化的合作伙伴主体建立联系，由于研发联盟各主体在知识储备和技术基础上存在差异性，不同主体在研发联盟中会具有不同的网络结构特征，加上宏观政策对颠覆性创新的外部影响，这些成为影响创新主体从研发联盟网络获取知识元素以及形成颠覆性创新绩效的重要因素。

因此，在颠覆性创新过程中，企业不仅需要积极参与到研发联盟中以加速技术演进与市场推广的进程，还需要在研发联盟网络中占据优势位置，提升自身的网络控制能力并获取在信息交换与机遇把握上的优势。这样，企业才能在获取新鲜知识与分担技术风险上更具有主动权。同时，企业应根据环境的变化不断调整自身的网络特征，这样才能够持续性地获得更高效、更便捷的高质量创新资源，从而把握创新机会，在颠覆性创新领域实现更优质的创新绩效产出。

1.1.2 理论背景

（1）颠覆性创新研究逐步向协同创新与生态优化拓展。

颠覆性技术于1995年由哈佛大学教授Christensen提出，这种具有颠覆性特征的新技术能够对主流技术范式带来变革性影响，其通过另辟蹊径的方式重新定义竞争规则，不断侵蚀主流市场并最终取代主流技术（Bower & Christensen，1995）。随后在1997年，Christensen在"颠覆性技术"的概念内涵上进一步凝练出"颠覆性创新"理论（Christensen，1997），指出颠覆性创新除了表现为技术的变革形式，也体现在产品创新与商业模式的重大变革上。颠覆性创新理论诞生后以其独特的解释性和指导性迅速成为学术界和实务界的关注热点，逐步发展成为新时期最具影响力的创新管理理论之一。

在诞生之后的20多年中，颠覆性创新理论不断得到完善和拓展，不仅被用来解释技术创新变革的理论框架、分析创新策略与竞争回应的逻辑关系，更被用作新时期的政策分析工具来指导国家创新战略规划与政策设计。现有文献一方面重点针对颠覆性创新的焦点问题进行理论完善，如颠覆性创新的基本概念（Christensen et al.，2015）、技术特征（Danneels，2004）、影响因素（欧春尧等，2021）和演化路径（张光宇等，2021）等，另一方面侧重结合时代情境对后发企业或新兴经济体的创新实践开展案例分析（Steven et al.，2020）。随着研究的不断深入，学者们对颠覆性创新的理论认识逐步完善，在把握颠覆性创新的产生规律和影响因素的基础上，新的热点方向开始向颠覆性创新的培育机制构建倾斜，通过研发联盟等形式促进颠覆性创新的协同合作和以政策工具组合来优化颠覆性创新的培育生态成为学术界和实务界的重要研究方向，也是新时期创新管理领域的关键探索任务。

(2) 颠覆性创新对企业创新绩效的提升作用逐渐受到重视。

在企业创新管理领域，追求创新绩效提升和市场优势扩大不仅是传统在位企业的发展目标，也是新兴后发企业努力的不竭动力。一方面，信息时代来临和知识经济发展使得创新产业链由传统的垂直化整合向新时期的碎片化扩散转变，为后发企业提供了以资源拼凑开展颠覆性创新、实现"变轨超车"的机遇；另一方面，在位企业也逐渐重视对后发企业技术突袭威胁的防范，采取不断优化产品技术性能或积极参与颠覆性创新研发的业务拓展策略来维持自己的竞争优势（白胜等，2021）。颠覆性创新具有革命性和引领性的作用，在产业演进过程中能够为传统主导技术带来"技术间断"，并跃迁到新的技术范式下以"间断跳跃"的方式为传统产业带来变革式的跨越，从而在更高层级的技术路径下催生新一代的主导技术和新一轮的产业周期（Peter et al.，2020）。

在此背景下，颠覆性创新对企业创新绩效的提升作用日益受到重视。随着技术革命与知识经济的迅猛发展，面对国内外市场环境的复杂多变形势，企业的创新发展战略逐渐由渐进式的维持性创新向变革性的颠覆性创新方向转变，其核心驱动因素主要包括三个方面：其一，面对国际市场竞争的复杂环境，企业一旦遭受国外技术封锁，传统模仿引进式的维持性创新策略将因面临"卡脖子"困境而步履维艰；其二，技术的迭代性与知识的流动性给予了新兴经济体和后发企业"变轨超车"的契机，存在众多亟待开发的潜在市场机遇；其三，企业采取基于"蓝海"思维的颠覆性创新策略能够避免与主流技术及在位企业的直接碰撞，从而在发展初期获取非竞争性的安全空间（李华军等，2021）。从研发联盟视角强化对颠覆性创新的理论认识与机理研究，契合新时期企业创新绩效提升与可持续转型的理论指导需求。

(3) 颠覆性创新研发联盟被赋予的新内涵特征亟待深入探讨。

关于研发联盟与企业创新绩效的研究，是创新管理领域学者们关注的一个热点话题。学者们多借助社会网络分析方法，从网络层面与企业层面等视角，揭示网络异质性对创新绩效的作用机制。网络特征是研发联盟研究中的重要主题之一，已有研究主要将研发联盟的网络特征归纳为结构特征

（Jackson et al.，2017）与关系特征（杨张博，2018），重点探讨了联盟主体的网络位置、网络构成、认知距离等因素对企业创新绩效的影响（宋耘和王婕，2020）。但相关研究仍存在一定的局限性：第一，多聚焦单一层面，关于宏观网络层面的结构特征与微观网络层面的关系特征对企业创新绩效的交互影响尚有待进一步探讨，并且企业在创新实践中往往会同时与多个层次的网络组织构建研发联盟，对研发联盟在不同网络层次上的组合效应还关注较少；第二，多基于在位企业视角，对以后发企业为代表的新兴经济体如何通过研发联盟实现颠覆性创新"变轨超车"的诉求关注不足；第三，侧重于网络内部的前置因素影响研究，对区域环境的调节效应研究尚涉及较少，尤其在颠覆性创新领域，关于网络特征、区域环境与创新绩效的定量研究尚未得到充分关注，颠覆性创新研发联盟在新时期的内涵特征亟待深入探讨。

基于此，本书从颠覆性创新的实践发展需求与理论研究缺口出发，基于研发联盟视角，围绕颠覆性创新的技术演进与价值实现，对技术演进过程、联盟作用机理与创新价值实现等问题进行深入探讨，融合探索性案例分析、演化博弈仿真、社会网络分析、统计回归分析、组态分析以及元分析等工具方法，探索颠覆性创新、颠覆性创新研发联盟与企业创新绩效之间的理论耦合机制与实践影响效应，以期深化和完善对颠覆性创新的机理研究，为颠覆性创新的识别培育和保护空间构建提供理论指导，并提出契合企业颠覆性创新发展的研发联盟策略选择以及针对政府颠覆性创新生态优化的政策工具设计需求的对策建议。

具体而言，围绕"颠覆性创新的技术演进与价值实现"这一关键问题，本书的主要核心问题包括：①技术演进过程，从技术演进特征与技术采纳行为拨开颠覆性创新的"迷雾"，分析颠覆性创新如何通过资源策略与动态能力实现阶段跃迁的价值创造过程。②联盟作用机理，遵循"作用价值—生成机制—网络演化"的逻辑，探讨研发联盟在颠覆性创新演化中的重要作用，分析颠覆性创新研发联盟的生成机制，探讨颠覆性创新研发联盟的网络演化。③创新价值实现，系统探究颠覆性创新研发联盟对企业创新绩效的影响效应，运用回归分析、组态分析与元分析，从多维视角解构颠覆性创新研发联盟的价值实现机制。

1.2 研究意义

1.2.1 理论意义

(1) 揭示颠覆性创新研发联盟的演化机理与网络特征。

组建研发联盟可以为企业提供多样化资源和异质性知识的获取渠道，是企业开展颠覆性创新研发和提升企业创新绩效的重要渠道。现有的理论研究主要关注传统视角下的研发联盟合作对企业创新绩效的提升作用，而颠覆性创新情境下的研发联盟在演化机理与网络特征上是否会有新的研究结论尚待论证。本书探讨了颠覆性创新研发联盟的演化机理与网络特征，并通过具体技术领域的资料和数据构建理论模型和分析演化特征，有利于丰富研发联盟和企业创新管理理论的研究情境，并且能够深化对颠覆性创新动态合作模式的认知水平，探索促进企业颠覆性创新研发和创新绩效提升的新路径。

(2) 丰富颠覆性创新领域的理论认知框架与量化评价体系。

颠覆性创新研究经历了20多年的发展，其研究内容不断聚焦整合，主要关注颠覆性创新的类型特征、影响因素、识别遴选和培育路径等核心内容，但由于颠覆性创新的内在机理和演化过程十分复杂，在市场扩散过程中又充满诸多的不确定性，对于其规律特征的认识仍处于不断完善的阶段。此外，关于颠覆性创新研究的方法多以定性案例分析为主，基于经验分析的主观判断是形成相关研究结论的主要方式。本书结合典型行业案例与演化博弈方法探讨了颠覆性技术的演化特征与采纳行为，分析了颠覆性创新研发联盟的价值作用，并结合博弈论的仿真演化和大样本的专利数据分析来形成对颠覆性创新研发联盟与企业创新绩效的系统认识。多元方法的结合应用不仅能够丰富颠覆性创新领域的理论认知框架，也为后续研究的量化评价体系构建提供了思路借鉴。

(3) 深化本土情境下颠覆性技术演化特征与培育空间构建的理论认识。

颠覆性创新的理论研究在新时期已经从初期的技术市场竞争范畴延伸到创新生态优化与国家科技战略布局领域，如何在把握颠覆性创新的技术演化规律基础上构建契合颠覆性技术发展需求的培育空间，是国家亟待解决而又充满挑战的难关。颠覆性技术的内在机理及演化过程十分复杂，具有高度复杂性与不确定性。从技术演化路径来看，颠覆性技术不仅涉及从创新创意到成熟产品的技术转化，也包含从边缘产品到主流产品的市场扩散，不同阶段的演进规律不尽相同又充满联系；从创新生态系统来看，颠覆性技术的演化不仅涉及后发者与在位者的相互竞争，也关系到传统社会技术体制机制与新技术竞争范式间的激烈冲击，其中蕴藏的多主体协同和多要素融合的复杂机制尚未得到清晰的解读。本书从研发联盟的角度揭示了颠覆性技术演化在协同创新上的特征表现，对深化颠覆性技术的演化特征与培育空间构建的理论认识具有重要的参考价值。

1.2.2 实践意义

（1）为企业颠覆性创新研发联盟的策略优化提供理论借鉴。

研发联盟是企业进行颠覆性创新研发活动时获取异质性、新颖性和价值性资源要素的重要渠道，但企业在颠覆性创新研发联盟中处于不同的网络位置，对资源交互和信息传递的控制能力不尽相同。发挥企业主体的能动性，在研发联盟中保持科学高效的网络特征水平，是提升企业创新绩效的重要保障。本书通过数据实证探讨颠覆性创新研发联盟网络特征与企业创新绩效的关系，分析企业的研发联盟网络特征水平如何在内外部因素的交互作用下影响企业的创新绩效，以及该影响在不同层次维度上的效应水平，能够为指导企业在颠覆性创新研发联盟中通过动态调整自身的结构特征和关系特征以推动创新绩效的提升带来借鉴启示。

（2）为新兴经济体通过颠覆性创新战略实现"变轨超车"提供实践指导。

颠覆性创新的异轨性与变革性特征为新兴经济体创新追赶的技术选择和战略制定提供了全新的思路。面对技术变革与知识经济的潜在契机，把握颠覆性创新的技术演化特征，对于构建颠覆性创新的识别干预机制，助力新兴经济体在科技创新竞争中实现"变轨超车"、形成技术的非对称竞争优势具有重要的实践指导价值。研究如何在把握颠覆性技术演化特征的基础上，通过研发联盟策略选择以及利用政府政策工具组合来推动企业颠覆性创新绩效的提升，能够为后发企业和新兴经济体在创新追赶方面提供重要的战略指导。

（3）为国家颠覆性创新的政策工具组合及培育体制机制优化提供参考借鉴。

颠覆性创新是可以改变游戏规则的创新范式，具有另辟蹊径改变技术轨道和重塑未来发展格局的变革性效果，已经成为把握科技革命和产业变革的重要抓手，成为创新驱动发展的战略举措。但颠覆性创新具有复杂性、高风险性以及动态变化性等特质，且绝大多数来自交叉学科或基础研究领域，缺乏成熟的技术路径或评价数据，在颠覆性技术的遴选和培育过程中仍存在相应的困境和阻碍。本书对颠覆性创新研发联盟的作用机制、生成机制、网络演化以及创新绩效的影响效应等问题进行系统剖析，融合不同要素与不同层次去探讨其影响效应，能够为国家颠覆性创新的政策工具设计和培育体制机制优化提供相应参考。

1.3 研究目的与主要内容

1.3.1 研究目的

从颠覆性创新的演化规律把握与培育机制构建的理论缺口与现实需求出发，本书基于研发联盟视角，在分析颠覆性创新的技术演进规律的基础上，探讨颠覆性创新研发联盟的作用机理及其对企业创新绩效的影响。从研发联盟视角出发，本书试图拓展颠覆性创新领域的理论体系和组合方法，为企业颠覆性创新战略制定和政府颠覆性创新政策设计提供理论指导。

——理论研究方面：构建基于研发联盟视角的颠覆性创新研究框架，强化对颠覆性创新研发联盟在技术演化过程中的作用价值、颠覆性创新研发联盟生成构建的内外影响因素、颠覆性创新研发联盟网络演化的多层次特征（整体网络演化和个体网络演化）的理论认识，并探讨颠覆性创新研发联盟网络特征对企业创新绩效影响的内在机理，为企业的创新策略选择及政府的政策工具设计提供借鉴指导。

——方法应用方面：利用探索性案例分析范式对颠覆性创新的技术演化阶段进行划分，并分析研发联盟在不同演化阶段的价值作用；结合演化博弈模型探讨影响颠覆性创新的技术采纳行为以及研发联盟生成构建的影响因素和边界条件；通过专利数据挖掘与社会网络分析方法构建颠覆性创新研发联盟网络，在测度研发联盟网络指标的基础上分析其演化特征；运用回归分析、组态分析以及元分析研究颠覆性创新研发联盟对企业创新绩效的影响，通过系统、多元和科学的方法结合，强化对颠覆性创新的理论认识。

——实践指导方面：针对颠覆性创新研发联盟的策略选择与培育机制构建问题，分析宏观关系特征与微观结构特征的绩效影响、多元影响因素的组态作用，并进一步从企业、产业及区域层面探讨颠覆性创新绩效实现的影响机制，构建颠覆性创新绩效提升的多维分析框架，为企业动态调整研发联盟

第1章 颠覆性创新研发联盟的价值与意义

合作策略提供实践依据,并为政府政策工具的组合优化提供思路指导。

1.3.2 主要内容

本书根据目标导向,基于研发联盟视角,针对"颠覆性创新的技术演进与价值实现"这一核心目标,以"技术演进过程→联盟作用机理→创新价值实现"为逻辑主线,综合运用探索性案例、演化博弈分析、社会网络分析、统计回归分析、组态分析以及元分析等方法进行论证,从研发联盟视角逐步对颠覆性创新进行研究分析与理论解构,具体的研究内容如图1-1所示。

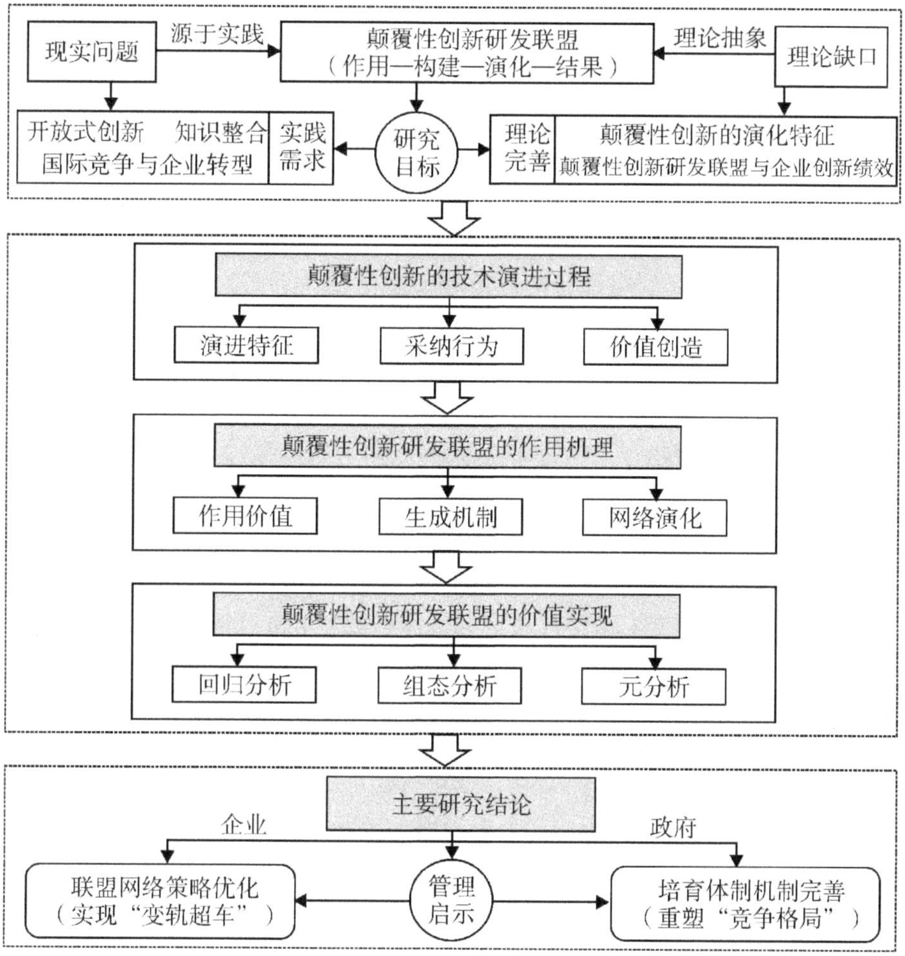

图1-1 研究内容

(1) 颠覆性创新的技术演进过程。

颠覆性创新的识别培育存在相应的困难与紧迫性,具有"看不懂"和"来不及"的特征,常常是事后或面临"卡脖子"时才意识到问题的严重性。探索颠覆性创新的技术演进过程及内在机理,契合国家科学认识和培育发展颠覆性创新、抢占未来竞争战略主动权的现实需求。本书从技术演进特征与技术采纳行为拨开颠覆性创新的"迷雾",一方面,通过跨案例研究范式,遵循复制法对不同类型颠覆性技术的特征范畴进行反复修正、补充与融合,分别得到低端颠覆性技术与高端颠覆性技术的演进特征;另一方面,分别构建无政府参与下企业颠覆性技术采纳行为的两方演化博弈模型和政府参与下企业颠覆性技术采纳行为的三方演化博弈模型,研究不同情境下企业采纳颠覆性技术的稳定策略共性和差异,再通过数值仿真验证稳定策略结果及分析各相关因素对企业最终策略选择的影响。进一步地,本书基于价值创造理论,分析颠覆性创新如何通过资源策略与动态能力实现阶段跃迁的价值创造过程,归纳不同价值创造阶段的资源行动策略、动态能力结构以及核心价值任务。通过识别和追踪颠覆性创新的技术演进特征和趋势,揭示技术创新扩散的内在规律和演化机制,为判别技术颠覆的时机提供依据,为国家和企业识别优先领域、合理配置科技资源提供指导,从而推动技术进步和创新。

(2) 颠覆性创新研发联盟的作用机理。

作为创新管理研究的新领域,研发联盟揭示了二元连接与多元联盟关系的特征,重点探讨了企业间关系结构以及异质性知识对创新资源的传播扩散影响(Krackhardt & Kilduff, 2002)。互联网商业模式下企业间构建创新连接关系与研发联盟协作,对于促进颠覆性创新的阶段跃迁至关重要。本书遵循"作用价值—生成机制—网络演化"的逻辑,探讨研发联盟在颠覆性创新演化中的重要作用,分析颠覆性创新研发联盟的生成机制,探讨颠覆性创新研发联盟的网络演化。首先,探讨颠覆性创新研发联盟的作用价值。基于探索性案例分析,将其颠覆性技术演化阶段划分为"愿景构筑—技术实验—网络构建—创新扩散—产业培育"五大阶段,并结合研发联盟视角与"技术—组织—环境"框架分析研发联盟对颠覆性创新产业化过程的推动作用,探讨整合网络创新资源,搭建多层次网络协作关系对持续优化创新生态系统以促进颠覆性创新发展的耦合机制。其次,分析颠覆性创新研发联盟的生成机制。根据演化博弈理论,构建颠覆性创新企业与学研机构的研发联盟策略选择演化博弈模型,对政府驱动下的研发联盟策略选择行为进行博弈分析与仿真演化,分析影响颠覆性创新研发联盟构建的相关因素,为颠覆性创新研发联盟的构建和稳定提供借鉴参考。最后,探讨颠覆性创新研发联盟的网络演化。以典型颠覆性技术专利申请数据为研究样本，结合技术生命周期理论与社会网络分析法，通过构建研发联盟网络和分析网络指标演化特征，对颠覆性技术的生命周期表现、研发联盟网络的整体演化特征、核心驱动主体的个体特征以及合作模式的演化趋势等问题进行系统分析。

（3）颠覆性创新研发联盟的价值实现。

价值实现是颠覆性创新研发联盟的最终目的，直接反映为企业通过颠覆性创新研发联盟获得的创新绩效的提升作用。为了系统探究颠覆性创新研发联盟对企业创新绩效的影响效应，本书运用回归分析、组态分析与元分析，从多维视角解构颠覆性创新研发联盟的价值实现机制。首先，在回归分析模块，构建融合研发联盟网络宏观层面结构属性与微观层面关系属性的系统研究框架，运用社会网络分析方法对研发联盟网络特征的相关指标进行测度，探讨颠覆性创新研发联盟网络特征对企业创新绩效的影响。其次，在组态分析模块，从研发联盟、双元创新和政策工具视角构建起涵盖组态分析模型，利用 fsQCA 方法探讨影响企业创新绩效的多重组合路径和因果复杂机制。最后，在元分析模块，建立起"企业—产业—区域"三维一体的多层次网络嵌入模型，利用元分析方法系统探讨多层次网络嵌入对企业颠覆性创新绩效的整体效应。通过融合回归分析、组态分析以及元分析方法，本书试图从多个层次、多个维度全面打开颠覆性创新研发联盟与企业创新绩效之间的"黑箱"。

1.4 研究方法

根据研究设计与问题导向，本书采用定性与定量方法相结合的研究范式开展研究，具体的方法包括以下七种。

1.4.1 文献分析法

文献分析是通过对目标领域的文献资料进行梳理归纳，探明研究对象的概念内涵、理论基础以及发展现状，并从中凝练观点和引出问题的研究方法。本书在初始阶段重点收集整理了颠覆性创新、研发联盟及企业创新绩效等领域的文献资料，从概念内涵、研究方法及实践应用等方面梳理相关文献，厘清颠覆性创新研发联盟与企业创新绩效研究相关的理论体系和研究脉络，形成研发联盟视角下颠覆性创新技术演进与价值实现的系统分析框架，奠定后续研究的理论基础。

1.4.2 案例分析法

案例研究是质性研究的一种，是基于案例资料的收集、梳理以及分析，提取尚未发现的新概念或者概念间新的关系，有助于构建新理论或者通过挑战已有理论来进一步丰富现有理论，被广泛应用于理论体系尚不成熟领域的解释性研究。本书通过收集自动驾驶技术领域的期刊文献、相关政策和网络报道等资料并进行探索性案例分析，总结颠覆性技术演化的发展阶段，并从"技术—组织—环境"维度探讨研发联盟在技术不同演化阶段的价值作用，为系统认识研究目标和后续研究的模型构建提供理论支撑。

1.4.3 演化博弈分析法

演化博弈分析法是在有限理性和不完全信息前提下，分析主体行为选择的影响因素和边界条件。颠覆性创新的技术采纳与研发联盟不仅与创新主体自身的行为有关，还会受到其他主体以及政府行为的影响。本书通过演化博弈模型比较有无政府作用下颠覆性技术采纳行为的博弈模型，以及分析政府驱动下企业与学研机构的颠覆性创新研发联盟策略选择演化博弈矩阵，分析影响颠覆性技术采纳以及研发联盟构建的因素和边界条件，为颠覆性创新的技术扩散以及研发联盟策略优化提供相应参考。

1.4.4 社会网络分析法

社会网络分析是研究个体、企业、组织和国家等行动者关系的研究方法，其认为社会是由相互联系的诸多个体所构成的网络，聚焦社会网络中的结构特征和属性特征。在颠覆性创新研发联盟中，创新主体基于趋同的愿景目标和互补的资源需求形成网络小组，通过共同投入、共同参与和共享成果的方式进行创新合作。本书根据颠覆性创新领域的专利合作数据构建企业主体之间的研发联盟，研究颠覆性创新研发联盟网络是否会具有特殊的演化特征，以及为颠覆性创新研发联盟网络特征对企业创新绩效的影响研究提供理论与数据支撑。

1.4.5 回归分析法

回归分析法是基于充足的观测数据基础，通过数理统计的方式分析自变量与因变量之间关系的方法。本书通过对研究对象的逐步解构，逐步构建以颠覆性创新研发联盟网络特征为自变量、区域环境为调节变量和企业创新绩效为因变量的理论分析模型；通过指标测度并整理形成样本数据，利用回归分析法研究颠覆性创新研发联盟网络特征对企业创新绩效的影响问题，在验证研究假设的基础上为研究结论的凝练和政策建议的设计提供实证支撑。

1.4.6 模糊集定性比较分析法

模糊集定性比较分析（fsQCA）是一种基于集合论思想对因果关系进行建模的方法，能够识别出引起结果发生的条件变量的充分性和必要性以及不同条件变量间的互补/替代性。颠覆性创新研发联盟的绩效产出会受到创新系统内外部多因素的影响和综合作用。本书基于fsQCA探讨颠覆性创新研发联盟创新绩效路径的多样性架构，区别于以往采用线性思维来探讨架构问题的研究，提出在双元创新策略、研发联盟网络特征以及政策工具类型等不同因素下的组合效用路径，为颠覆性创新研发联盟的绩效优化提供对策思路。

1.4.7 元分析法

元分析法站在前人的"肩膀"上整合现有研究成果进行二次分析，基于不同研究的效应值差异，通过对不同研究精度的差异赋予不同权重，进而计算出加权平均值，还原变量间到底是正向还是负向关系以及变量间效应大小，从而厘清造成多样性结果的本质原因；同时，元分析还能够进一步探析变量间的关系边界条件，从而弥合现有研究间的不同观点。本书构建起"企业—产业—区域"三维一体的多层次网络嵌入模型，利用元分析法从多层次视角下构建网络嵌入对企业颠覆性创新绩效影响的理论模型，分析不同层次及维度下的网络嵌入对企业颠覆性创新绩效将发挥怎样的影响，并探讨网络嵌入对企业颠覆性创新的影响受到哪些调节因素作用。

1.5 本章小结

本章从研究的实践和理论需求凝练出研究的核心问题,即基于研发联盟视角探讨"颠覆性创新的技术演进与价值实现",从理论意义与实践意义论述研究价值,进一步对研究的目标和内容进行解构,并阐述研究的主要方法,确定研究开展的逻辑思路并完成研究工作的系统设计。

第2章　颠覆性创新的国际研究回顾

颠覆性创新这一概念自提出之后便得到社会各界的高度关注，基于理论拓展和实践探索，众多学者不断对颠覆性创新的概念内涵、特征机理等问题进行重新审视与理论迭代，推动颠覆性创新研究的理论体系不断完善，使其对企业创新与国家竞争的战略指导价值更加清晰，其在新时期所承载的时代使命也被赋予了全新的内涵。梳理回顾颠覆性创新等相关领域的已有研究成果，有利于把握目标领域的发展脉络、核心问题和未来趋势，能够为探讨颠覆性创新的技术演进与价值实现问题提供理论支撑。为了系统掌握颠覆性创新的理论研究脉络与学术研究热点，本章将基于国际文献样本的计量分析，对颠覆性创新的国际研究进行文献回顾，在研究现状述评的基础上论述相关的缺口以及深化研究的理论价值。

颠覆性创新的政策导向与学术关注在新时期不断得到强化，这一议题引起了政府、企业和学术界的高度关注。习近平总书记在十九大报告及2018年两院院士大会中多次强调颠覆性创新对我国加快建设创新型国家的重要性，要求以颠覆性创新等为突破口，实现我国科技的自主可控、赶超引领。颠覆性创新被视作新一轮科技革命的重要引擎，通过颠覆性创新实现价值创造，从而在市场竞争中获取竞争优势，成为国家与地区发展的重要战略方向（张光宇和张瑶，2024）。

颠覆性创新可以追溯到颠覆性技术概念的提出，该概念最早于1995年由哈佛大学商学院教授Christensen提出，其揭示了新技术对主流技术范式产生替代性变革的过程，指出后发企业面向新市场或利基市场引入满足低端或新用户需求的技术产品或商业模式，从而逐步破坏现有规则乃至取代在位企业（Christensen & Rosenbloom，1995）。此后，颠覆性创新逐渐得到了领域内学者们的广泛关注，并形成了不同的研究体系与分支。首先，许多学者关注微观层面颠覆性创新研究的知识基础。Li等（2018）从文献计量学的角度研究颠覆性技术与颠覆性创新之间的关系，提出颠覆性技术是颠覆性创新的一种表现，关注的是市场机会的识别、竞争和采用，颠覆性创新除了包含技术的创新还包括产品以及商业模式的创新。其次，一些学者对颠覆性创新领域中某一研究分支进行了系统性综述。苏鹏等（2019）通过主题检索和引文回溯方式，根据研究领域对颠覆性创新技术的识别方法进行梳理，将其划分为图书情报、工程管理、经济研究和 Christensen 流派 4 类识别方法。最后，也有许多研究者分析了颠覆性创新的研究热点和趋势。王江等（2019）以 2000 年至 2017 年为时间阶段，对国内外颠覆性创新的阶段现状、文献共引、学科分布以及研究热点等方面进行了计量研究，较为全面地梳理了颠覆性创新领域的演进脉络和学术前沿。

截至目前，关于颠覆性创新研究的综述多基于多学科视角融合的微观知识研究，关注颠覆性创新领域的某一研究分支，或某一时间段内研究领域的发展脉络与现状水平。鉴于此，本书选择颠覆性创新自概念提出以来至今这一完整的时间段，基于定量文献计量与定性文献回顾视角，运用 CiteSpace 分析软件对 Web of Science 数据库相关文献进行分析，通过对重点期刊、核心作者、主要区域、知识基础以及关键词共现等知识图谱分析，从更广泛的纵向视角系统性阐述颠覆性创新国际研究领域的知识演变脉络以及发展前沿，为国内颠覆性创新相关研究提供参考借鉴。

2.1 研究设计

2.1.1 研究方法与工具

本书在文献计量分析的基础上结合文献回顾对颠覆性创新国际领域研究进行梳理，主要借助的文献计量工具为 CiteSpace，这是由美国德雷塞尔大学陈超美开发的一款可视化文献分析软件，该软件可通过数据挖掘、信息分析和科学计量来绘制某一研究领域的知识图谱，其最突出的功能是不仅可以把一个领域内众多繁杂的文献数据，通过软件算法进行整理，以动态多元的可视化语言、巧妙精准的空间布局将该研究领域的演进历程和研究成果集中展现在不同分类标准下的知识图谱中，还可以通过引文分析了解研究领域内的科研合作与学科互动，对了解目标领域的研究现状和发展态势，挖掘目标领域的前沿热点具有重要的指导作用（李杰和陈超美，2016）。

2.1.2 数据来源与处理

本研究以国际权威的引文索引数据库 Web of Science 核心合集为数据库

来源，输入检索条件：主题＝"disruptive innovation" or "disruptive technology"，时间跨度＝"1995—2022"，共检索到6829条检索结果。由于研究针对的是颠覆性创新在管理学领域的热点及演进过程，因此按照类别对首次检索结果进行二次筛选，选择"Business Economics"以精炼研究数据，筛选得到1129篇文献。

2.2 颠覆性创新国际研究基础统计分析

2.2.1 重点期刊分析

以"Cited Journal"为关键节点，Year Per Slice 选择1，Selection Criteria Top N 设置为50，其余选择默认值，对颠覆性创新国际研究领域共被引期刊进行分析，并按照被引频次进行排序，得到被引排名前列的重点期刊（表2-1）。作为颠覆性创新理论的起源地，美国是颠覆性创新重点期刊的核心分布地，被引排名前九的重点期刊中美国独占了八席。根据期刊中心度分析结果，*Administrative Science Quarterly*，*Academy of Management Review* 与 *Research Policy* 的中心度较高，分别为0.15、0.12与0.10，表明这三个期刊在颠覆性创新国际研究中的论文质量较高，对颠覆性创新研究领域起着重要的理论基础和研究支撑作用，在研究领域中居于核心地位。

通过对期刊官网的栏目介绍与选题倾向进行分析发现，不同期刊在颠覆性创新的主题和内容上有所侧重。具体而言，*Harvard Business Review* 偏向对颠覆性创新理论观点的总结以及管理实践的指导；*Strategic Management Journal* 关注全球最前沿的颠覆性创新战略管理成果；*Research Policy* 致力于颠覆性创新领域内有关政策工具及政策组合绩效的研究；*Journal of Product Innovation Management* 倾向关于提高颠覆性创新及产品开发的理论和管理知识；*Academy of Management Review* 以增进颠覆性创新管理和组织理论研究的水平为核心；*Administrative Science Quarterly* 的文章多为关于组织研究的颠覆性创新理论、实证论文以及跨学科的理论研究；*Management Science* 鼓励跨职能、多学科的颠覆性创新研究以支持和加强战略规划和管理科学；*Academy of Management Journal* 侧重于收录检验、拓展或建立创新管理理论且有助于推动颠覆性创新管理实践的实证研究论文；*Organization Science* 倾向有关颠覆性创新组织开创性研究的主题，如组织流程、组织结构等方向的创新。

表 2-1 被引排名前列的重点期刊

排序	被引频次	中心度	被引期刊	影响因子	国家
1	351	0.05	Harvard Business Review	5.691（Q1）	美国
2	313	0.05	Strategic Management Journal	5.572（Q1）	美国
3	301	0.10	Research Policy	5.425（Q1）	荷兰
4	291	0.04	Journal of Product Innovation Management	3.781（Q2）	美国
5	258	0.12	Academy of Management Review	10.632（Q1）	美国
6	254	0.15	Administrative Science Quarterly	8.024（Q1）	美国
7	220	0.07	Management Science	4.219（Q2）	美国
8	218	0.08	Academy of Management Journal	7.191（Q1）	美国
9	215	0.04	Organization Science	3.257（Q2）	美国

数据来源：基于作者对文献检索样本的统计分析。

2.2.2 核心作者分析

利用 Web of Science 的检索功能对结果按照作者进行分类，得到研究领域内作者的发文量情况，并整理发文量前十的重要作者；在 CiteSpace 中选择"Cited Author"为关键节点，Year Per Slice 选择 1，Selection Criteria Top N 设置为 50，其余选择默认值，对被引作者进行分析，按照被引频次对前十名的核心作者进行排序，并对其主要贡献进行整理（表 2-2）。

表 2-2 高发文量与高被引频次前十的核心作者

排序	高发文量作者		高被引作者		
	发文量	作者	被引频次	作者	主要贡献
1	13	Hang	507	Christensen	颠覆性创新的开创者，理论奠基人
2	10	Walsh	142	Danneels	颠覆性创新与相关领域研究之间的关系
3	7	Roy	142	Teece	动态能力、技术变革
4	5	Chen Jin	137	Tushman	技术变革模式与影响

续表

排序	高发文量作者		高被引作者		
	发文量	作者	被引频次	作者	主要贡献
5	5	Christensen	127	Elsenhardt	案例研究方法与理论构建
6	5	Kassicieh	120	Govindarajan	客户导向对颠覆性创新的影响
7	5	Kirchhoff	119	Markides	颠覆性创新的主题细分
8	5	Sandstrom	107	Ander	颠覆性技术演化、技术生态系统
9	5	Zhang QP	105	Yin	未来案例研究评估的有效性和概括性
10	4	Gurteer	103	Chesbrough	提出开放式创新、技术创新的新规则

数据来源：基于作者对文献检索样本的统计分析。

高发文量与高被引是衡量研究领域作者影响力的重要指标，高发文量表明作者在其研究领域有较多产出，高被引表明作者的研究在该领域具有重要的学术水平和影响力。由表2-2的作者发文量排序可知，新加坡国立大学Hang教授以13篇的发文量位居第一，美国新墨西哥大学Walsh教授以10篇发文量位居第二。对比高发文量作者与高被引作者的名单可以发现，颠覆性创新研究作者的发文量与被引频次无显著关系，发文量前十的学者在文章被引频次统计中的表现并不突出。

高被引频率是判定学者在研究领域中发挥重要影响力的主要指标之一。Christensen是颠覆性创新理论的开创者，他分别在1995年与1997年提出了颠覆性技术概念与颠覆性创新理论，并于2003年在《创新者的解答》一书中，以"颠覆性创新"提法取代"颠覆性技术"，指出颠覆性创新不仅强调新技术本身，更强调技术应用所带来的"颠覆性效应"。Danneels（2004）在Christensen的基础上对颠覆性创新理论进行了整合，分析颠覆性创新的定义、技术预测性应用及其技术商业化优点，并对颠覆性技术工作与各相关领域研究之间的关系进行了阐述。Teece（1999）利用动态能力理论分析了在快速技术变革的环境中企业获取竞争优势和财富来源的方法，指出识别新机遇并高效地利用这些机遇，使竞争对手失去平衡，比制定战略更为重要。Tushman（1986）从技术变革的视角入手，探索技术变革的模式与环境的影响，提出颠覆性技术的创新是由新企业发起的，且其易发生于动荡的环境中，而维持性技术的创新是由在位企业发起的，多发生于稳定的环境中。Elsenhardt（1989）的贡献体现在方法论上，其构建的案例研究方法体系不仅强调方法的严谨性，更将重点放在创建理论方面，为颠覆性创新领域的研究学者在理论构建与案例研究方面提供了重要的方法指导。Govindarajan（2011）从客户导向视角入手，对主流客户导向与新兴客户导向进行区分，考察它们对引入颠覆性创新产品的影响，发现主流客户导向对颠覆性创新有负面影响，而新兴客户导向对颠覆性创新有正面影响。Markides（2006）对颠覆性创新的类型进行了划分，指出不同类型的颠覆性创新具有不同的竞争效果，且产生于不同种类的市场，并在此基础上对两种特定类型的颠覆性创新，即商业模式创新和激进的产品创新做出了总结分析。Ander（2001）基于创新生态系统理论，关注技术的演化过程与技术生态系统的发展，强调技术发展与评估技术需求环境之间的相互作用。Yin（2013）的贡献同样体现在方法论上，提出在设计和进行案例研究评估时，案例的有效性和概括性仍然是具有挑战性的方面，强调分析性理论归纳在案例研究中的作用。Chesbrough（2003）针对传统创新将视线聚集在企业内部的情形，提出了开放式创新的概念，即通过利用外部途径和资源创意来提升企业技术创新水平，这一概念的提出为颠覆性创新的生态系统研究提供了理论参考。

2.2.3　国家及机构影响力分析

分别选择"Country"与"Institution"为关键节点，Year Per Slice 选择 1，Selection Criteria Top N 设置为 50，其余选择默认值，对颠覆性创新研究的国家影响力及机构影响力进行分析，得到国家和机构的共现知识图谱（图 2-1 与图 2-2）。

第 2 章 颠覆性创新的国际研究回顾

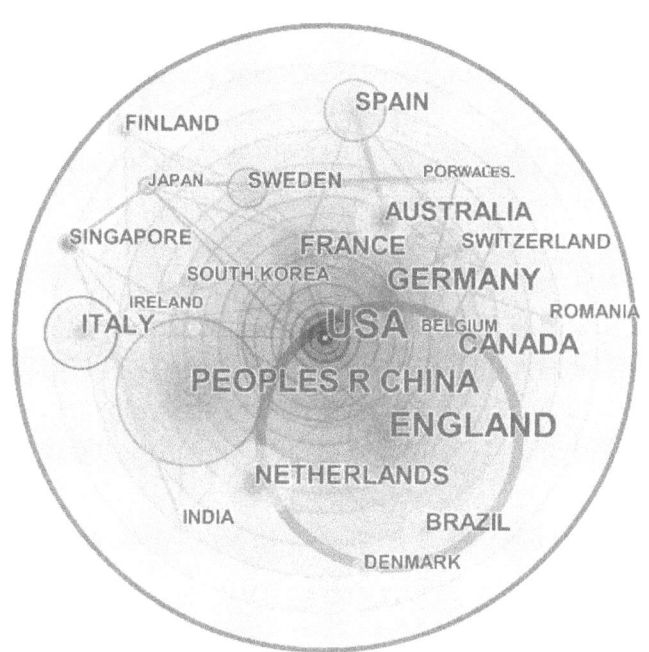

图 2-1 颠覆性创新研究的国家共现图谱

数据来源：基于作者对文献检索样本的统计分析。

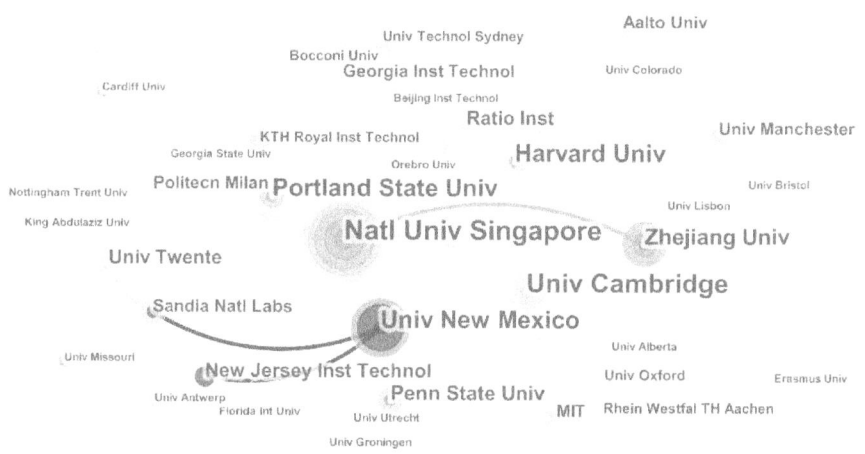

图 2-2 颠覆性创新研究的机构共现图谱

数据来源：基于作者对文献检索样本的统计分析。

图 2-1 与图 2-2 分别展示了不同国家与机构关于颠覆性创新研究的共现情况，是体现相关主体研究影响力的重要因素。图中，圆形节点是共现频

次的体现，其直径与研究共现频次呈正相关关系；国家或机构之间的连线表示彼此之间的研究合作网络。美国（243 频次）、英国（104 频次）、中国（66 频次）、德国（50 频次）和加拿大（43 频次）等国家是颠覆性创新国际研究领域的重要研究国家；新加坡国立大学（13 频次）、英国剑桥大学（11 频次）、美国哈佛大学（9 频次）、美国波特兰州立大学（9 频次）和美国新墨西哥大学（9 频次）等机构在颠覆性创新国际研究领域具有重要的科研影响力。美国作为颠覆性创新理论的发源地，在研究领域中发挥着重要的国际影响，其国家影响力位列首位，并且远超其他国家，此外，在共现排名前五的机构中，美国占据了三席。颠覆性创新的研究机构以高校为主，多为领域内主要研究国家的著名学府。此外，颠覆性创新研究的国家影响力与机构影响力呈现正相关关系，具有重要研究影响力的国家多数拥有着相应影响力的研究机构。

2.3 颠覆性创新国际研究的知识基础

文献共被引知识图谱是通过文献的引文与共引轨迹来展示研究领域知识基础，反映科研引文的演进网络和学科研究前沿的本质（Chen，2006）。本研究选择"Reference"为关键节点，Year Per Slice 选择 1，Selection Criteria Top N 设置为 20，其余选择默认值，得到颠覆性创新领域内的文献共被引知识图谱（图 2-3）。文献共被引分析聚类形成了 329 个节点、1401 条连接，共 7 个核心聚类。尽管聚类的命名是通过施引文献的关键词进行提取，但不一定能完全表达该聚类的特点，需要结合聚类内的文献进行细致解读。例如，聚类 4 的标签词为技术创业（technology entrepreneurship），在对经典与前沿文献进行梳理后发现该聚类的研究主题是围绕技术创新来开展的，因此将该聚类标签改为技术创新（technology innovation）。最终得到的 7 个核心聚类分别为：#0 战略联盟（strategic alignment）、#1 共享经济（sharing economy）、#2 商业模式创新（business model innovation）、#3 分段资源配置（staged resource allocation）、#4 技术创新（technology innovation）、#5 颠覆敏感性（disruptive susceptibility）与#7 颠覆性技术（disruptive technology）。

在完成文献共被引的知识图谱处理的基础上，本研究通过"List Citing Papers to the Cluster"功能获得核心聚类的核心文献，包括经典文献（高被引文献）和前沿文献（引用经典文献较多的施引文献），并在此基础上对相关研究知识基础的演进过程进行系统阐述。

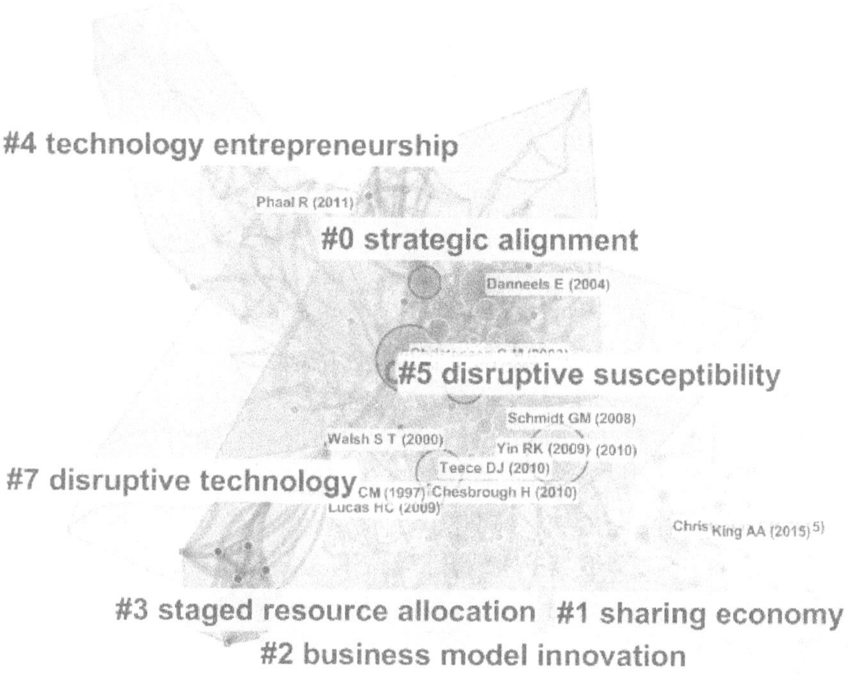

#4 technology entrepreneurship
Phaal R (2011)
#0 strategic alignment
Danneels E (2004)
#5 disruptive susceptibility
Schmidt GM (2008)
Walsh S T (2000)   Yin RK (2009) (2010)
#7 disruptive technology CM (1997) Teece DJ (2010)
Lucas HC (2009) Chesbrough H (2010)
Chris King AA (2015)
#3 staged resource allocation   #1 sharing economy
#2 business model innovation

图 2-3　颠覆性创新国际研究文献共被引知识图谱

数据来源：基于作者对文献检索样本的统计分析。

聚类 0 的研究主题为战略联盟（strategic alignment）。20 世纪 80 年代以来，技术与经济的发展不断推进，分工的形成和深化助推了区域经济集团化的发展，为提升企业竞争力与创新能力，越来越多的企业开始从传统的对立竞争走向合作竞争，战略联盟的概念应运而生。战略联盟于 20 世纪 80 年代初由美国数字设备公司总裁 Hopland 与管理学家 Nagel 首次提出，指两个及两个以上的企业为实现资源共享、降低风险与成本等战略目标，通过建立契约、股权参与、企业合资等形式建立合作关系，从而实现企业联盟之间的"双赢"（李晶晶和杨震宁，2012）。基于战略联盟视角开展创新研究是创新管理领域研究的重要方向，在动态的创新环境下，优质性、价值性、新颖性的要素在战略联盟中不断被吸收、传递及整合，创新范式也由对现有技术、产品或商业模式的改良式渐进性创新，转向全新的技术架构、产品服务等颠覆性创新范式。企业的价值取向是创造市场价值，战略联盟能够引发颠覆性创新利益相关者的价值冲突，影响企业的创新战略行动，促进创新价值的实现。Von等（2015）指出电动汽车企业家通过与创新生态系统中的合作伙伴结盟，促进价值协同来实现价值共创，推动电动汽车创新系统的优化。战略联盟不仅是知识共享与颠覆性创新孵化的重要依托，也是促使联盟企业获取异质性知识，提升颠覆性创新能力的关键要素（Tsai & Ghoshal，1998）。颠覆性创新的环境异质性问题具有多元化特征，未来的研究应进一步探索不同类型的战略联盟利益相关者在不同情境下的价值选择与互动冲突，揭示企业家在颠覆性创新战略联盟中的作用机制与协同创新路径。

聚类1的研究主题为共享经济（sharing economy）。随着现代信息技术的不断进步以及对传统工业语境下消费方式的反思，共享经济作为一种新的商业模式得到迅速发展。Felson和Spaeth（1978）首次提出了共享经济的相关概念——"协同消费"，阐述了一种新颖的消费模式：消费者借助第三方平台实现物品的互换与交易，进而实现消费的协作与分享。共享经济是"互联网+"时代新兴的极具颠覆性特征的商业发展模式，以技术改进为基础，开创了全新的供销范式，是不以物品所有权转移为基础的消费模式（Botsman & Rogers，2010）。共享经济已经在市场中得到了众多应用，代表性行业的案例研究是当下重要的研究范式，多以顾客、企业、政府及其他利益相关者为研究主体展开机理研究。Kim等（2018）以Uber对传统出租车行业的颠覆性为例，发现Uber的共享效应为消费者提供了实质性的好处，其以一种积极的、提高福利的方式改变了现有的出租车市场。Steve等（2020）以共享单车为例，将颠覆性创新与共享经济结合起来，探讨了基于颠覆性创新的商业项目如何在共享经济中创造、交付和获取价值的内在机制。Shuai等（2018）以颠覆性创新理论为基础，结合共享经济理论和竞争优势理论，提出共享经济企业可以通过侵蚀低端市场建立成本优势，侵蚀外围市场建立整合优势，侵蚀独立市场建立差异化优势。当下对于共享经济的研究方兴未艾，学者们从不同的视角对其开展诸多研究，诚然，共享经济作为一种新型的经济形式具有自身的商业特征与发展规律，对其概念完善、分类体系以及商业模式等方面的研究还有待进一步深入。

聚类2的研究主题为商业模式创新（business model innovation）。20世纪末，互联网技术兴起，商业模式的概念被提出，其研究的对象主要为商业交易，具体探索商业交易的内容、结合及治理（Amit & Zott，2001）。商业模式是企业价值创造的重要手段，商业模式通过技术的商业化过程来实现价值创造、价值传递以及价值获取。Christensen等（2005）将商业模式创新的概念引入到市场颠覆中来，将颠覆性的概念从"颠覆性技术"拓展成为

第 2 章 颠覆性创新的国际研究回顾

"颠覆性创新"这一更为精准的表述,指出颠覆性创新不仅涵盖技术领域的创新,也包括商业模式的创新。随后,学者们对颠覆性创新领域的商业模式方向进行了更为细致的研究,Kapoor 等(2015)将商业模式颠覆性创新的概念定义为创新资源的分配,并提出企业通过商业手段可以促进颠覆性创新的实现。通过文献梳理可以发现,关于商业模式创新的概念内涵在学术界尚未形成共识;对于商业模式创新的结果效应研究相对充足,商业模式的创新能够实现价值创造,获得持续性竞争优势,取得良好的企业绩效并促进新产业业态的涌现,不过有关商业模式创新前因的研究相对较少,除经济角度外,综合市场表现、客户期望和竞争压力的综合因素影响研究还有待加强。

聚类 3 的研究主题为分段资源配置(staged resource allocation)。经过聚类结果下的对应文献梳理,可以发现分段资源配置是商业模式创新研究的具象分支之一。Gordijn 等(2005)将商业模式创新研究的发展脉络分为五个核心阶段:定义和分类、模式的主要元素、元素的详细描述、元素的资源配置、模型的管理应用,而分阶段资源配置正是其中第四与第五阶段的核心内容。鉴于新的颠覆性技术或产品的潜在可能,企业不得不更频繁、更彻底地重新思考和分阶段配置其商业模式要素,通过科学战略布局以保障企业竞争力和市场份额。学者们使用了不同的标签来标识和讨论各种商业模式资源的配置,Dubosson 等(2002)确定了商业模式资源配置的六个维度,即用户角色、交互模式、产品性质、定价系统、定制水平和经济控制;Taran 等(2015)设计了五大商业模式资源配置体系,即收入模型、价值主张、价值配置、目标客户和战略合作伙伴关系。不管用于讨论和构建商业模式分段资源配置的变量跟标准是什么,其强调的目的都是识别和描述各种不同的业务流程特征,实现业务流程资源配置组合的创新与高效(Fielt,2013)。商业模式的分段资源配置是概念驱动的,它们本质上是定性的,关于各个配置模式的内容及其要素缺乏明确性,目前尚未形成一套通用标准和共识理论。

聚类 4 的研究主题为技术创新(technology innovation)。技术创新理论是由 Schumpeter(1934)在其《经济发展理论》一书中首次提及,该理论指出创新是生产要素和生产条件的一种全新组合配置。一个多世纪以来,企业领导者一直将技术视为执行和实施其业务战略的主要手段,许多颠覆性创新往往发生在市场洞察力和技术知识的交汇处,技术成为战略流程的输入,而不是事后的推动者,因此,在竞争环境中通过技术创新抢占先机所制定的战略方法也被称为技术驱动型业务战略(Saul & Berman,2006)。越来越多的学者强调技术进步和创新在经济增长中的核心作用,并将技术创新作为一个复杂的系统过程,重视对"黑箱"内部运作机制的机理研究,重点关注技术创新、技术推广与市场结构之间的关系。Suikki 等（2007）从技术驱动视角研究了颠覆性创新的流程机理，指出由颠覆性技术驱动的流程再造不同于管理驱动的流程再造，通过持续改进的全面质量管理（TQM）、彻底重新设计的业务流程再造（BPR）关注客户和能力发展是促进颠覆性创新流程再造的重要方法。Habtay 等（2012）研究了技术驱动型颠覆性创新潜力的动态演化机制，发现在短期内，技术驱动型颠覆性创新的潜力受到技术和市场不确定性、最初劣质的价值主张、低端利基市场、经济不可行和资源稀缺的极大限制；从长远来看，如果潜在的颠覆性技术跨越不确定性的深渊，那么新兴战略、专业化和不对称的经济激励措施可能会对其长期颠覆性潜力产生积极影响。技术创新理论的发展脉络经历了新古典学派、新熊彼特学派、制度创新学派和国家创新系统学派四个学派，当前学界对颠覆性技术的概念本源、作用机理、运作机制与外部环境的研究也不断深入，在已有研究基础上不断完善技术创新生态系统，发挥创新主体的能动作用与加强制度体系设计来推动颠覆性技术的成长、扩散及应用还有巨大的研究空间（Freeman，2002）。

聚类 5 的研究主题为颠覆敏感性（disruptive susceptibility）。颠覆敏感性的重要命题是围绕在位优势企业针对外部颠覆性创新的挑战时的战略反应，是坚持和保护原有的优势业务模式，还是积极跳出原有优势参与到颠覆性创新过程中来。相关文献研究表明，学术界对颠覆性创新战略反应的研究主要集中于在位企业被颠覆的原因探究、在位企业应对颠覆性创新的策略以及参与颠覆性创新的阻碍因素三个方面。Christensen 等（2003）指出颠覆性创新立足于低端市场，通过迎合消费者的心理需求来夺取市场份额，而在位企业往往忽视了对颠覆性创新的警惕，受制于资源承诺的沉淀约束，从而埋下被颠覆的隐患。关于在位企业应对颠覆性创新的反应策略，Charitou 和 Markides（2003）指出，在位企业可以基于自身优势、反应能力、创新者性质等因素来制定具体的应对策略，如发挥传统业务优势、实施新的创新策略来应对外部颠覆；Appleyard（2008）证明了在位企业可以通过组织合作、先发行动、产业选择等来保持自身优势地位。许多学者对在位企业参与颠覆性创新的阻碍因素进行了研究，得到的结论涉及固有业务的资源分配障碍以及对颠覆性创新的态度障碍等（Gilbert & Bower，2002）。尽管目前对颠覆性创新的战略反应已经有了一些研究涉猎，但颠覆性创新面临的变化性和突发性问题，导致其存在着复杂的环境系统因素，该问题的相关研究仍处于初始阶段，研究的深度与全面性还有待提升。

聚类 7 的研究主题为颠覆性技术（disruptive technology）。颠覆性技术概

第2章 颠覆性创新的国际研究回顾

念最早由 Christensen（1995）提出，他将对技术范式、商业模式、竞争态势等产生重大影响，并能够吸引现有消费者及引导市场转向的新技术称之为颠覆性技术。在 Christensen 的颠覆性技术概念基础上，学者们对颠覆性技术的影响作用开展了大量研究，Danneels 等（2004）提出颠覆性技术改变了现有市场的竞争方式与衡量标准；Markides 等（2006）也表明颠覆性技术能够开辟新的市场，为在位企业带来巨大的冲击和挑战。也有学者在总结出颠覆性技术具有发展初期的成本低、性能低、技术简化与竞争不对称等特征的基础上，对颠覆性技术进行识别预测研究，他们根据识别指标体系将现有的识别研究工作划分为技术特征识别、市场特征识别与宏观环境识别三个方面。技术特征识别主要分析颠覆性技术产生的机理与变革特征，其多以定量指标为主，并基于文献计量与专利分析等情报研究方法（Kostoff et al.，2004）；市场特征识别重点围绕技术的市场影响，通过产品、消费者、企业等方向进行评价与识别（Govindarajan et al.，2011）；宏观环境识别是在技术与市场特征的识别框架基础上，加入经济、社会与政策等多层次的分析要素来进行技术识别（Dixon et al.，2014）。现有研究从概念定义、影响作用、技术特征与识别预测等视角对颠覆性技术进行了丰富的探索，但是颠覆性创新的技术演进与市场应用路径充满了不确定性，必须进一步深化颠覆性创新的内在机理，以丰富和完善颠覆性技术的识别干预机制。

2.4 颠覆性创新国际研究热点与趋势

关键词是研究成果的高度凝练和集中概括，体现了研究的主要目标和核心内容，因此，本研究选择关键词的共现网络来研判国内外颠覆性创新研究的热点情况。本书选择"Keyword"为关键节点，Year Per Slice 选择1，Selection Criteria Top N 设置为50，其余选择默认值，对颠覆性创新领域内的关键词共现情况进行分析，得到颠覆性创新国际研究文献的关键词共现图谱（图2-4），并根据关键词的共现频次整理得到排名前十的高频关键词分别为：创新（innovation）、颠覆性创新（disruptive innovation）、颠覆性技术（disruptive technology）、技术（technology）、绩效（performance）、企业（firm）、战略（strategy）、管理（management）、模型（model）、能力（capability）。

根据高频关键词的属性特征，可以将颠覆性创新国际研究的热点主题划分为三大类型：第一是颠覆性创新的主体特征，包括创新、颠覆性创新与颠覆性技术，其反映了颠覆性创新领域围绕创新的本质属性，结合颠覆性特质的特殊关注视角，对创新与技术的新型表现形式与演进方式开展研究；第二是颠覆性创新的衡量维度，通过以企业作为重要研究主体，评价目标主体在技术、能力和绩效等维度上的发展水平；第三是颠覆性创新的发展路径，通过模型构建，研究颠覆性创新的战略制定与管理方式。概括而言，从颠覆性创新研究的整体态势分析来看，学界以颠覆性创新及颠覆性技术为理论出发点，主要围绕颠覆性创新的主体特征、衡量维度以及发展路径开展了深入研究，不断丰富和完善颠覆性创新的理论体系。

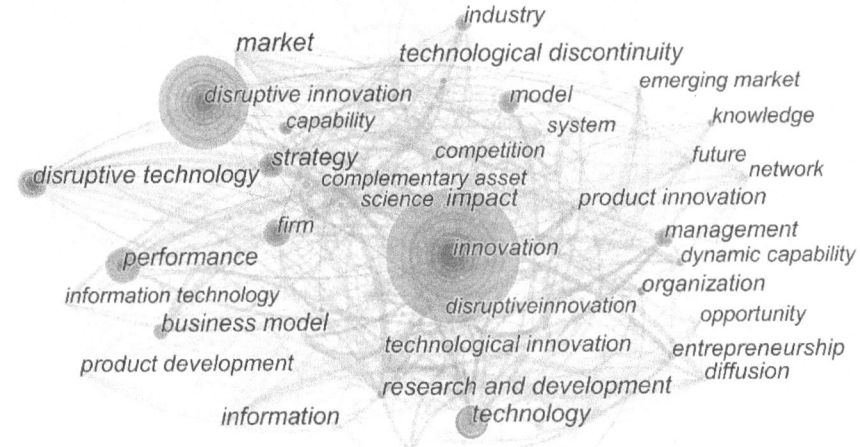

图2-4　颠覆性创新国际研究文献的关键词共现图谱

数据来源：基于作者对文献检索样本的统计分析。

2.5　本章小结

本章结合定量文献计量与定性文献回顾的方法，对颠覆性创新国际研究领域的文献进行系统性回顾，借助 CiteSpace 软件对颠覆性创新国际研究领域1995年至2022年的1129篇相关文献进行了重点期刊、核心作者、主要国家及机构、文献共被引、关键词共现和知识图谱分析，得到了以下主要研究结论：第一，颠覆性创新领域的权威期刊对于颠覆性创新的理论基础、实践应用和方法创新各有偏向；第二，国际颠覆性创新领域作者的发文量与被

第2章 颠覆性创新的国际研究回顾

引频次无显著关系,目前在颠覆性创新国际研究领域具有重要影响力的学者仍以西方学者为主;第三,颠覆性创新国际领域的主要研究力量分布在北美洲、欧洲和亚洲地区,研究机构以高校为主,并且颠覆性创新研究的国家影响力与机构影响力呈现正相关关系;第四,文献共被引知识图谱结果显示,颠覆性创新国际研究的主要知识基础为战略联盟、共享经济、商业模式创新、分段资源配置、技术创新、颠覆敏感性与颠覆性技术七大内容;第五,颠覆性创新国际研究领域的关键词共现结果显示,颠覆性创新研究主要围绕主体特征、衡量维度以及发展路径三个方向展开,研究脉络经历了概念界定、视角扩充、机理研究与理论应用四个阶段。

在梳理颠覆性创新国际领域研究热点及其演化规律时可以发现,目前关于颠覆性创新概念定义的大体共识已经达成,借鉴创新领域已有的研究范式,颠覆性创新理论的研究体系也不断得到充实,在跨学科交融、多元主体切入和研究方法创新方面都进行了研究工作。颠覆性创新作为创新型国家建设中的重要指导战略,是推动国家科技发展的核心理论支撑,与此同时,作为创新领域中一项较新的研究分支,其理论体系仍处于不断完善的过程之中。目前,对颠覆性创新的研究仍多采用以案例研究为主的研究方法,对颠覆性创新的实证研究、问卷量表设计等尚不深入,还存在较大的研究提升空间。如何建立颠覆性技术的遴选机制以服务国家技术预见工作,怎样掌握颠覆性创新技术的演进特征以便精准施予政策扶持,如何对颠覆性技术的发展潜力进行定量衡量以进行早期干预等方向尚待进行更多的挖掘和探索。

第3章　颠覆性创新的国内研究回顾

颠覆性创新理论一经提出便引起了学术界和实务界的极大关注，随后也逐渐被应用到国家战略规划及政策设计层面，并最终发展成为21世纪初具有重要影响力的创新管理理论。鉴于当前国内多数学者都是从国际视角对颠覆性创新理论进行回顾而鲜有关于国内研究的系统性综述，本章结合颠覆性创新被写入中国政府报告以及上升到国家创新战略层面的重要现实意义，从国内研究和中国情景实践视角进行回顾，并尝试基于中国当前正处于经济高质量发展阶段和"双循环"新发展格局时代背景下深入贯彻创新引领的新发展理念进一步推进创新驱动发展战略、碳达峰碳中和能源战略等国家重要部署，构建颠覆性创新理论研究和实践发展的展望架构。

颠覆性创新理论本源诞生的时间不长，众多学者在相关研究中产生了一些观点争议或认知差异，对此，他们结合个人创新实践、学术界对话以及相关研究，不断修正以及更新颠覆性创新的相关概念，进一步完善了相关理论思想。目前，国内关于颠覆性创新的研究成果主要集中在两个方面：一方面是侧重于颠覆性创新的理论构建及中国情景应用下的理论完善，如斯晓夫等（2020）评析了Christensen颠覆性创新理论的起源、内容和演进逻辑，白胜（2018）分析了颠覆性创新理论在不同阶段的逻辑发展脉络并指出不同研究阶段理论发现的解决方案，程鹏等（2018）通过中国情境下的案例探讨本土需求牵引导致颠覆性创新得以实现的基础条件以及形成机理，杨桂菊等（2020）通过探索性案例研究构建本土制造企业实现低端逆袭与技术赶超的颠覆性创新模型；另一方面是侧重于对颠覆性创新的动因、特征、影响因素和实现路径等具体视角研究来分析其独特性，如杨芳娟等（2019）指出颠覆性创新是实现科学研究层次从跟踪追赶向引领转化以及抢占科技创新制高点的重要引擎，张光宇等（2021）从技术变迁、组织演化和价值创新角度分析影响颠覆性创新实现的核心要素及其作用机制，苏鹏等（2019）基于对历史案例的循环复制分析提出颠覆性技术的五大核心特征。此外，也有学者对颠覆性创新的相关研究进行了综述，大体可以总结为以下三类：一是聚焦于国际或国内的整体研究成果探讨国际和国内颠覆性创新的研究热点和发展脉络(郭小超等,2020;王猛,2019);二是聚焦于特定主题对当下颠覆性技术的识别与预测方法进行比较分析(张欣,2020);三是通过借鉴其他理论(如资源基础理论、能力基础理论与动态竞争理论等)从后发企业视角构建新的理论框架来厘清现有颠覆性创新研究的逻辑联系(吴佩等,2016)。

既有研究为把握颠覆性创新研究的现状和特征奠定了一定基础,但由于研究的侧重点各异,其仍存在三个方面的不足之处:①尽管颠覆性创新研究领域已经突显出相应的研究重点和整合趋势,如颠覆性创新的类型特征、影响因素、技术识别等,但由于颠覆性创新涉及的研究内容广泛以及学者研究目标存在差异性,仍缺乏统一的研究框架来总结和凝练核心议题。②已有研究多基于传统的叙述性文献回顾方法,分析结果容易受个人主观性、信息处理能力以及文献选择偏差的影响。③现有文献综述更聚焦于颠覆性创新研究领域的现状探讨,对其领域研究的不足以及未来拓展方向的系统性分析涉及不够。有鉴于此,本章将基于循环管理思想的结构性文献回顾方法,对国内颠覆性创新研究领域的文献(中文文献)进行系统化梳理和结构化分析,以明确学科知识基础和实现知识框架的构建,并进一步提出未来的研究方向。具体而言,本章以中国知网CSSCI来源期刊关于颠覆性创新研究的核心论文为研究样本,通过科学性、系统性和可复制性的编码过程构建颠覆性创新领域的"2W1H"研究框架,对"什么是颠覆性创新(What)""颠覆性创新的前因后果是什么(Why)"以及"如何推动颠覆性创新(How)"三个根本问题进行综述,并提出针对未来研究方向的具体建议。在此基础上,本章进一步结合颠覆性创新理论的本源演进、发展趋势以及当前重要时代背景和国家重大战略,尝试从宏观经济发展与微观创新活动交叉融合的视角构建中国情景的理论研究及发展展望架构。

3.1 研究设计

3.1.1 研究方法与数据收集

结构性文献回顾(systematic literature reviews,SLR)是一种多功能的文献综述方法,相对于依靠作者个人经验和直觉的叙述性文献回顾方法,其优势主要表现为以下两点:①SLR遵循科学性、系统性和可复制的编码流程,能有效降低文献回顾过程中的主观偏差,提升文献回顾结果的有效性(Mihalachie & Mihalache, 2016); ②SLR 能够在整合目标领域已有文献的基础上构建该领域的知识框架 (Danese et al., 2018)。本章基于研究目标, 按照 Danese 等 (2018) 提出的 SLR 五个步骤来开展颠覆性创新领域的文献回顾。

步骤1：设定研究目标。通过系统分析颠覆性创新领域的研究成果, 梳理和明晰研究现状, 构建颠覆性创新研究的知识框架, 发现现有研究的不足之处以及未来的可拓展方向。

步骤2：明确概念边界。颠覆性创新的概念最早由 Christensen 明确提出, 由于语言翻译的原因, 国内学者将 disruptive innovation 翻译为颠覆性创新或破坏性创新。虽然国内学者对颠覆性创新与破坏性创新的界定存在一定的争论, 但从主要研究体系来看, 二者并没有实质性区别, 颠覆性创新与破坏性创新的定义都来自 Christensen 的理论框架, 都主张从低成本扩张或新市场开辟的角度出发的全新创新模式, 入侵方式均为自下而上, 最终目的均是取代主流技术, 因此, 本研究认为二者实质上为等同关系, 在文献回顾时统一称之为颠覆性创新。

步骤3：研究范围与样本收集。首先, 在期刊选择上, 由于颠覆性创新主要涉及管理学和经济学领域, 本研究选择以"经济与管理科学"类期刊为文献来源, 并且综合考虑样本的覆盖性与质量问题, 设定期刊来源为CSSCI 类别。其次, 在时间范围上, 设定文献截止时间为 2023 年 12 月。最后, 在主体词上, 选择"颠覆性创新""颠覆性技术""破坏性创新"与"破坏性技术"为检索主体词, 获得 492 篇初始文献。

步骤4：初始样本再筛选。由于初始样本仍会存在与研究目标不符的文献, 本研究参照吴小节等人的做法, 按照相关性、权威性、学术性和实用性的原则进行人工筛选 (吴小节等, 2020)。首先, 剔除新闻通讯、会议纪要、特刊征文等非学术类文章; 其次, 剔除 CSSCI 来源类别之外 (扩展版等) 贡献性不高的文章; 最后, 剔除与颠覆性创新/破坏性创新无直接关系的文章, 最终获得 279 篇文献作为分析样本。

步骤5：样本编码。首先, 由 2 位作者按照以下主线对样本文献进行独立编码：①论文基本信息, 包括文献作者、作者单位、期刊来源、发表年份、文献类型、理论视角等; ②颠覆性创新是什么; ③颠覆性创新的前因及后果是什么; ④怎样高效推进颠覆性创新。其次, 比较编码结果, 对存在差异的编码与第三、第四作者开展共同讨论, 得到共识性的编码结果。最后, 根据文献编码结果形成颠覆性创新研究的知识框架。

3.1.2 样本数据的统计分析

通过对颠覆性创新研究领域的发文量进行统计可以发现（图3-1），年论文发表数量总体呈现逐年上升的趋势，并且近十年的增长趋势愈加明显，不过从数量规模来看，年发文量还相对不高（40篇以下）。这表明学者们在新时期不断提升对颠覆性创新相关议题的重视程度，但研究领域内的高质量论文仍相对匮乏，这一现象可能的原因如下：①高质量创新作为更新颖的用词，广泛被政策文件、学术研究采用，其不断扩大的使用范围涵盖了颠覆性创新的部分议题。②国内颠覆性创新仍处于理论完善与应用发展阶段，学者们多采用案例研究等方法开展分析，基于问卷数据、专利分析等大样本的实证研究还未被充分挖掘，高质量的研究成果还有待进行突破。③样本文献是经过反复筛选后的高质量期刊文献，未涵盖颠覆性创新的所有研究成果。

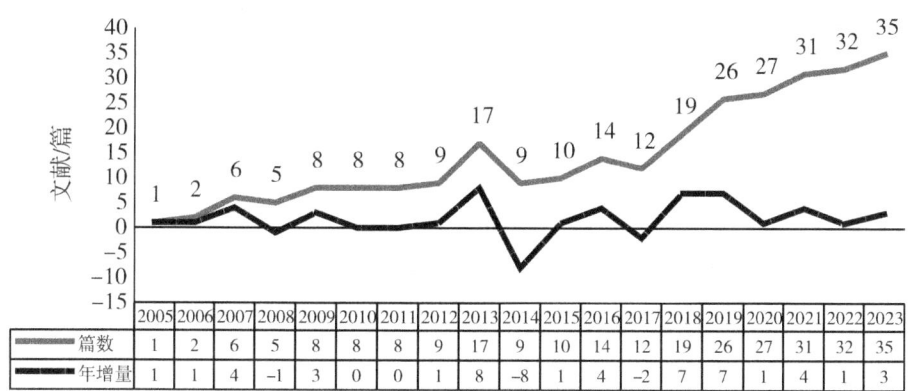

图3-1 国内颠覆性创新领域发文量统计情况

数据来源：基于作者对文献检索样本的统计分析。

对颠覆性创新研究机构的发文情况进行分析能够了解当下国内主要科研团队的分布及其关注热点。为了提升分析精准性，本章根据作者的所属机构进行分类统计，核心研究机构的统计结果（前十位）如表3-1所示。

表 3-1 发文量前十的核心研究机构

排序	发文数量	研究机构	主要作者	关注方向
1	31	清华大学	陈劲、仝允桓	颠覆性创新的跃迁路径、治理机制、BOP市场
2	22	广东工业大学	张光宇、许泽浩	保护空间构建、创新方向选择、企业发展路径
3	15	中国科学院大学	吴新年、王燕鹏	技术识别指标、技术预见方法
4	14	中国科学技术信息研究所	苏成、赵筱媛	技术识别、技术感知
5	13	上海交通大学	陈继祥、张春辉	颠覆性创新的概念辨析、分析框架、现状综述
6	11	复旦大学	于光辉、许晓明	技术识别、在位企业策略
7	10	华南理工大学	林春培、余传鹏	绩效影响、企业策略
8	9	华中科技大学	张奔、徐久香	专利分析、计量统计
9	9	大连理工大学	陈悦、王康	技术识别、专利分析
10	8	西北工业大学	缪小明、杨瑾	企业战略、资源配置

数据来源：基于作者对文献检索样本的统计分析。

3.2 国内颠覆性创新研究的知识框架

本书参考 Whetten（1989）的研究，梳理并提炼样本文献的编码内容，进而构建国内颠覆性创新研究领域的"2W1H"知识框架，具体包括是什么（What）、为什么（Why）和怎么办（How）三大核心模块（图3-2）。厘清什么是颠覆性创新（What）是颠覆性创新研究中的重要内容，也是研究颠覆性创新的前提和基础，只有清晰界定颠覆性创新的概念内涵，才能从理论上探讨颠覆性创新的前因与后果（Why）；只有在了解颠覆性创新的动因及效果的基础上，才可以精准提出推动颠覆性创新进程的对策建议（How）。根据样本文献的编码结果，在"What"层面，现有研究从概念内涵、类型特征和识别方法三个方面阐述了颠覆性创新的理论内容；在"Why"层面，现有研究主要围绕情境动因、影响因素和成果绩效三个部分展开；在

"How"层面,现有研究主要从政府层面、产业层面以及企业层面三个视角为推动颠覆性创新提供政策建议。

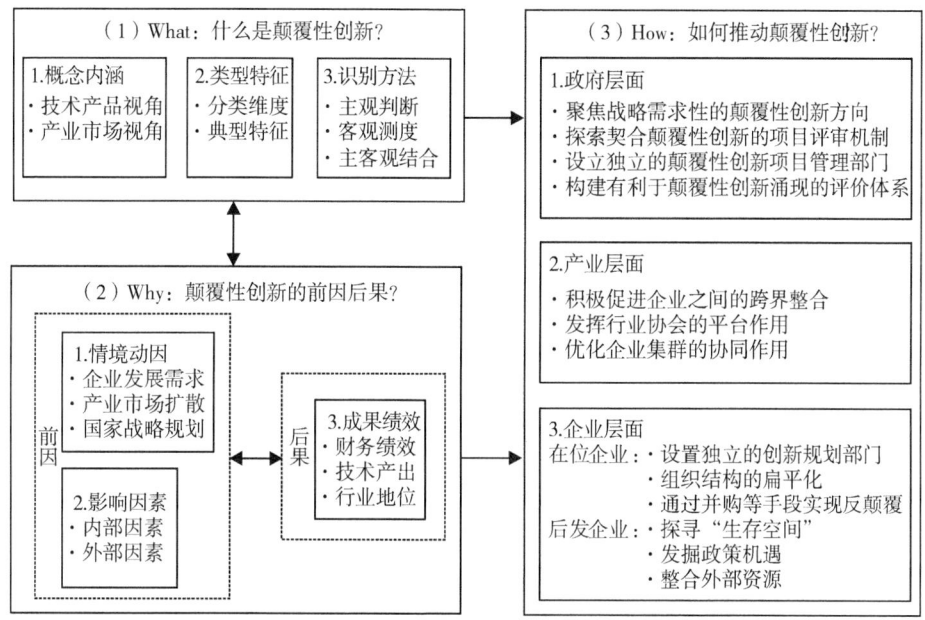

图3-2 国内颠覆性创新研究的知识框架

3.2.1 什么是颠覆性创新（What）

（1）颠覆性创新的概念内涵。

本节通过回顾国内外学者对颠覆性创新的概念界定,比较学者观点之间的异同,发现对颠覆性创新概念内涵的界定可以划分为三类不同的视角:技术/产品视角、顾客/市场视角以及战略过程视角。各个视角的核心观点和代表性学者如表3-2所示。

表3-2 颠覆性创新概念内涵的界定视角和核心观点

界定视角	核心观点	代表学者
技术/产品视角	技术是核心与基础,通过技术推动创新	Christensen（1995）、Danneels（2004）、张洪石和陈劲（2005）、郑彦宁和袁芳（2021）

续表

界定视角	核心观点	代表学者
顾客/市场视角	定位顾客需求与市场空白，通过需求拉动创新	Leifer 等（2001）、Phillips 等（2006）、吴贵生和谢伟（1997）、仝自强等（2019）
战略过程视角	涵盖技术的战略，贯穿创新全过程的战略工具	Christensen 和 Raynor（2003）、陈继祥和王敏（2009）、王学昭等（2020）

1）技术/产品视角

早期关于颠覆性创新的研究多聚焦于技术/产品视角，主要是从技术跃迁的角度对其进行界定。颠覆性技术的概念由 Christensen（1995）最早提出，被定义为以意想不到的方式对主流技术范式产生变革性替代的新技术，后发企业通过提供满足利基市场或新市场用户需求的技术产品，挑战现有竞争规则和在位企业市场地位，以革命性方式对传统领域造成"归零效应"。Danneels（2004）对 Christensen 提出的颠覆性技术定义进行了系统性批判，重新思考了"什么是颠覆性技术""颠覆性技术框架可以用于事先预测吗"以及"创建一个独立的组织来展开颠覆性技术研发是否是最佳策略"等问题，并提出颠覆性技术是通过改变技术遵循的性能尺度而重新定义行业竞争基础的技术。张洪石和陈劲（2005）认为，颠覆性技术是不按照主流技术性能轨道进行改进的创新方式，虽然可能暂时不能满足主流用户需求，但会在后期通过技术优化实现颠覆主流市场的目标。郑彦宁和袁芳（2021）则从技术属性上将颠覆性技术定义为基于新原理、新概念突破或者基于现有技术的跨领域交叉融合给人类社会带来革命性变化的技术。可以发现，上述学者主要从技术/产品视角对颠覆性创新进行研究，认为技术突破是颠覆性创新的关键基础、主要形式及重要推动力。

2）顾客/市场视角

随着研究的不断深化，学者们逐渐认识到颠覆性创新的成功除依赖于技术的独特表现外，更重要的是对顾客需求的精准把握和对市场竞争的科学预期。Leifer 等（2001）指出，颠覆性创新是创造超出顾客传统预期的技术、产品或服务，从利基市场实现绩效突破，创造新市场并逐步改变现有主流市场。Phillips 等（2006）认为，颠覆性创新是一种能变革顾客与生产商之间关系、重塑市场格局、促进新产品诞生并取代现有产品的新范式。吴贵生和谢伟（1997）是国内最早一批关注颠覆性创新的学者，他们认为颠覆性创新是具有破坏性竞争力的创新，是企业向市场提供差别极大的产品性能组合以及基于不同技术实现方式来开辟新市场以实现企业发展的方式。仝自强等（2019）也提出颠覆性创新是能对现有技术产生替代效应，对技术范式、竞争模式和商业布局等带来变革影响，并引导现有市场和顾客预期转向的新模式。从顾客/市场视角出发，学者们认为颠覆性创新的核心是定位顾客需求与市场空白，通过消费需求拉动技术创意的产生和落地。

3）战略过程视角

颠覆性创新除以技术或产品为基础、面向利基市场或新市场顾客的特殊需求外，还需要有配套的商业模式和技术体系机制作为支撑（张光宇等，2016）。Christensen 和 Raynor（2003）对颠覆性创新的内涵做了进一步的阐述，认为颠覆性创新不仅从技术本身出发，还是一种涵盖技术创新的战略工具，在低端市场上通过满足现有顾客对产品性能的基本需求与主流企业竞争，在新市场不断创造全新需求来争夺潜在顾客。Paap 和 Katz（2004）提出，颠覆性创新不仅是一种技术创新活动，也是商业模式的创新方式，它通过科学的运作能够实现对行业商业模式的重塑。Markides（2006）基于 Danneels 的批判性研究，进一步指出技术、商业模式和面向世界的新产品创新应该被视为不同的颠覆性类型。黄子洋等（2019）提出，颠覆性创新基于全新的技术轨道，经历技术遴选、实验开展、性能完善与保护撤离的发展路径，逐步完善直至成为新的主流技术，其技术实现是一个系统化过程。王学昭等（2020）也认为，颠覆性创新是贯穿创新价值链各环节的相互关联和相互作用的技术变革方式，其遴选、培育、应用和影响具有跨领域、多层次和多路径的特点，需要用系统化和前瞻性的理念来推动颠覆性技术的管理。

通过对颠覆性创新概念内涵的研究梳理，本章发现学者们对颠覆性创新的解读早已跳出 Christensen 原义的范畴，并因此总结出在技术/产品视角、顾客/市场视角以及战略过程视角的观点理论，虽然不同视角关注颠覆性创新概念内涵的不同侧重点，但存在共识。

第一，颠覆性创新是相对于维持性创新而言的一类新的创新模式，其核心差异在于创新程度与影响水平的大小（两者的差异如表 3-3 所示）。

第二，颠覆性创新基于全新的技术轨道，通过创造性的资源配置方式来改变竞争规则并重塑市场格局，本质是向顾客传递全新的技术体验和价值观念。

第三，颠覆性创新是不断完善的发展过程，发起于利基市场或新市场，并不断向主流市场发起侵蚀，最终通过不断优化的技术性能成为新的主流技术。

表3-3 颠覆性创新与维持性创新的比较分析

维度	颠覆性创新	维持性创新
创新目标	开发全新产品，改变竞争规则	提升现有产品性能
技术轨道	新的技术轨道	原有技术轨道
性能	更便宜、便捷、实用	质量更高、功能更全
目标群体	利基市场及新市场	主流市场及现有市场
资源获取	创造性的资源配置	标准化的资源配置

（2）颠覆性创新的类型特征。

1）颠覆性创新的类型划分

现有研究对颠覆性创新的分类主要基于三种维度。一是基于创新价值的传递方式，可以划分为颠覆性技术创新与颠覆性商业模式创新。颠覆性技术创新强调通过技术轨道跃迁来满足不同细分市场用户需求的创新发展路径；颠覆性商业模式创新是通过对创新资源进行优化配置，以商业化手段促进新爆发式创新业态的形成（刘云等，2019）。二是基于市场侵蚀的入侵方式进行分类，可以划分为低端颠覆性创新、高端颠覆性创新与新市场颠覆性创新。低端颠覆性创新针对的是主流产品"性能过剩"而定价过高的痛点，通过向价格敏感性用户提供低价、简单的产品，并逐步通过性能改善侵蚀主流市场的创新模式（吴佩等，2014）。高端颠覆性创新依托技术突破，不仅在主流市场所重视的性能上有大幅提升，而且在产品的新属性性能上有所突破。高端颠覆性创新以较高的初始定价，从高端边缘市场、高端市场逐步向主流市场扩散，价格逐步接近大众可接受水平（周洋和张庆普，2017）。新市场颠覆性创新挖掘的是潜在用户的价值，在原有市场空间之外通过主动创造新的价值网络来开辟新市场，随着新产品性能的不断提升，一旦能够满足原有价值网络的用户需求，便开始引导其转向新的颠覆性创新产品（张枢盛和陈继祥，2013）。三是基于创新范围的行业界限进行分类，可以划分为单一行业的颠覆性创新与跨界整合式颠覆性创新。单一行业的颠覆性创新范围局限于同一行业领域的内部空间，跨界整合式颠覆性创新强调以行业内主营产品为基础，通过外部知识获取，将界外产品的功能整合到行业内主营产品之中，形成多功能整合式产品，并对行业内外多个产品及市场造成颠覆性影响（张庆普等，2018）。

颠覆性创新具有不同类型的表现特征已经成为学者们的共识，针对不同类型的颠覆性创新进行遴选与培育也成为指导实践发展的普遍做法。其中，由于新市场颠覆、混合市场颠覆、单一行业颠覆和跨界整合式颠覆在政策培育过程中缺乏具体的施力对象，并且它们均可以归属于低端颠覆或高端颠覆类型之中，因此，共识度最高与实践性最强的分类方式是从市场定位的角度，将颠覆性创新划分为低端颠覆性创新与高端颠覆性创新（曹阳春等，2022）。其中，低端颠覆性创新主要是指价格相对便宜，与主流技术相比更加简单实用，以价格敏感性客户为主，通过较低价格吸引顾客，赢得市场空间的技术类型；高端颠覆性创新主要是指价格相对昂贵，比主流技术质量更高、功能更全，以具有较高支付能力或者有特殊性能需求的客户为主，通过优异性能或使用体验来吸引顾客，获取市场空间的技术类型。

2）颠覆性创新的演进特征

颠覆性创新的演进特征和内在机理十分复杂，存在高度不确定性，特别是产生颠覆时的"引爆点"和"临界态"难以准确识别，对其演进特征及发展规律的研究是国内外学者关注的重要命题，也契合国家层面科学认识和培育颠覆性创新、抢占未来国际科技竞争主动权的战略需求。

对颠覆性创新特征的把握是深化其理论认识的重要基础，综合学者们的观点，可以将颠覆性创新的特征整理为以下五个方面：①异轨性。颠覆性创新属于一项全新的技术范式，会偏离现有技术轨道，或者对现有技术进行重新组合以应用到新的领域，在主流性能之外开辟"第二战场"进行创新演进（张延平和冉佳森，2019）。②非竞争性。颠覆性创新初期不与主流市场竞争者发生直接竞争，主要面向低端市场客户与新市场客户，较少受到在位企业压力以及制度规则阻碍（许泽浩等，2016）。③创造性。颠覆性创新的本质是向消费者传递全新的技术产品与价值观念，为用户提供价格便宜、操作简单或性能更优的消费体验（石俊国等，2017）。④迭代性。颠覆性创新往往表现出更加积极的性能改善速度，在产品性能上不断缩小与主流技术的差距（石俊国等，2017）。⑤替代性。颠覆性创新以取代主流技术产品为目的，随着其技术性能达到或超过主流市场所要求的水平，便会取代主流产品的市场地位，成功实现颠覆（吴佩等，2016）。

既有研究通过案例分析、数据挖掘等方式，从技术发展、技术结构及技术应用等视角对颠覆性创新的演进特征进行了相应探讨。颠覆性创新的演进特征与市场扩散路径充满了复杂性与动态变化性，只有不断强化对颠覆性创新特征的理论认识，才能更好地为颠覆性技术的识别培育机制提供理论指导（Kenagy & Christensen，2012）。然而，已有研究仍存在一些不足：①在研究视角上，已有研究大多从整体宏观视角提出颠覆性创新的特征范式，基于全过程视角对颠覆性创新在不同阶段演进特征的分析较少，需要强化对系统化、过程化演进特征的认识;②在研究对象上,多数学者重点分析了传统低端颠覆性创新演进特征,而针对高端颠覆性创新演进特征的研究较少,特别是对低端与高端颠覆性创新演进特征的对比分析还相对匮乏。

(3) 颠覆性创新的产生机理。

1) 颠覆性创新的来源结构

通过梳理回顾关于颠覆性创新来源结构的研究,可以从多元性、体系化、冲突性与层次化的视角对相关研究进行梳理。

首先,颠覆性创新的来源具有多元性。一是源自科学发现和技术重大突破所带来的革命性技术,这类颠覆性创新虽然数量较少,但容易得到共识性结论,一经诞生便能迅速向各领域扩散、融合,容易带来推进时代变迁的重大效应(刘安蓉等,2018)。二是基于技术交叉融合带来的颠覆性创新,如新技术与现有技术的创新组合或多种现有技术之间的交叉融合,能带来技术性能的巨大提升与功能应用的全新变革,改变产业结构与竞争态势(Christensen et al.,2019)。三是基于技术颠覆性应用所带来的变革性效果,这类颠覆性创新由原有技术的跨界融合以及变革应用产生,如信息时代背景下以大数据为代表的信息技术范式为经济社会的运作方式带来了全方位的重新定义(Ogbeibu et al.,2021)。四是基于颠覆性的问题解决思路所形成的颠覆性创新,这类技术多产生于商业领域,通过"先开发、再研究"的技术创新思路获取非对称优势(开庆和窦永香,2021)。

其次,颠覆性创新的结构呈现体系化。颠覆性创新往往涉及由多种技术所组成的技术体系,涉及多学科与多领域的融合,除核心技术的突破外,其他配套技术的优化也对颠覆性创新演进具有推动作用(赵志耘等,2021)。由核心技术和配套技术组成的技术体系往往隶属于不同的国家、地区或主体,彼此之间的发展处于不同的进程,需要通过技术转移集成与产业链协作的方式实现技术的落地,因此,颠覆性创新的演化路径是一个系统、复杂和动态的技术选择与适应过程(刘安蓉等,2018)。

再次,颠覆性创新的产生具有冲突性。作为具有变轨性和"归零效应"的革命性力量,颠覆性创新不仅面临主流技术之间的技术体系竞争,还存在管理体系的冲突。在技术体系上,由于颠覆性创新基于全新的技术轨道,现有的配套技术体系、产业发展体系以及商业模式基础往往难以得到有效的契合与支撑,并且随着颠覆性创新的发展,还会对现有技术体系带来冲击与挑战(Dotsika & Watkins,2017)。在管理体系上,颠覆性创新的发展还会受到传统管理体系的阻碍或排斥,原有的管理制度、价值理念与运作流程往往难以适应颠覆性技术的需求,演进过程中多领域、多环节、多部门和多主体

第3章 颠覆性创新的国内研究回顾

的复杂转化过程需要克服和适应其中的诸多冲突（尹西明等，2019）。

最后，颠覆性创新的影响呈现层次化。从技术变革的强度来看，颠覆性创新按照影响范围有"大颠覆"与"小颠覆"的层次之分，这些层次由大到小包括对社会整体产生影响的范式变革、对行业或领域产生影响的体系变革、对产品或工艺技术产生影响的技术变革。具体而言，范式变革是指对社会、经济、军事和科技等运行模式带来颠覆性效应（Hopp et al.，2018）；体系变革是对某个行业领域的技术结构和竞争规则进行重构（Pandit et al.，2018）；技术变革是某个技术领域的突破性变革，导致新技术实现对传统技术的取代（黄鲁成等，2019）。

2) 颠覆性创新的扩散路径

在颠覆性创新的实施过程中，后发企业和新兴经济体可利用非对称优势不断提升技术产品的竞争力，实现市场扩散并成为新的主导者。通过梳理关于颠覆性创新扩散路径的研究，可以将相关成果归结为市场推动、国家拉动与技术牵引三种技术扩散路径（图3-3）。

第一种是基于市场推动的自下而上的颠覆性创新扩散路径。这类扩散路径源起于低端市场的主流性能供给过剩或新市场的创造性需求满足，在避开与主流市场的直接竞争的基础上，通过整合现有技术进行开发与完善，不断提升技术性能与产品质量，逐步削弱主流技术的竞争优势与侵蚀主流产品的市场空间，最终实现大面积扩散甚至成为新的主导技术（Christensen & Van，2014）。

第二种是基于国家拉动的自上而下的颠覆性创新扩散路径。这类扩散路径是以技术创新为基础，以服务国家战略和面向国计民生为目的，为解决国家国防、经济、民生以及科技安全需求而形成颠覆性技术（黄鲁成等，2019）。国家拉动下的颠覆性创新扩散路径源起于高端市场的技术性能需求或新市场的创新战略布局，通过发挥举国体制优势，整合中央政府、地方政府和企业的"三位一体"共同力量，实现中央战略需求、地方产业布局与企业利润追求的有机统一，形成颠覆性创新的有生力量（苗争鸣等，2020）。国家拉动下的颠覆性创新往往针对某一技术领域的问题需求，由国家引导建立重点攻关项目，针对市场需求快速提升技术转化进程，大幅度提升技术产品性能，并以较高的初始价格从高端边缘顾客群体进入市场，按照自上而下的市场扩散路径向主流市场扩散（王子丹等，2021）。并且，在市场扩散进程中，随着制造工艺的提升和规模效应的扩大，技术产品的价格逐渐降低，并通过示范效应和宣传作用逐步扩大市场规模，实现大面积扩散甚至取代主流技术。

第三种是基于技术牵引的颠覆性创新扩散路径。这类颠覆性创新扩散路径遵循技术演化的发展规律，体现了技术的颠覆并非一蹴而就，而是具有时间尺度的特征，即全过程需经历酝酿期、萌芽期、形成期、成长期和成熟期等阶段（许泽浩等，2016）。在颠覆性创新的技术研发与市场扩散过程中，科学发现、技术发明和集成创新形成了颠覆性技术的科学创意，通过技术研发的完善实现从实验室技术到原型技术的转化，并通过在商业领域、军事领域以及公共产品领域的应用推广，逐步形成和壮大为新的产业体系，实现技术轨道的跃迁和新的路径锁定，从战略生态位的角度，学者们也将这一演化历程归纳为技术生态位、市场生态位以及范式生态位的演进跃迁（张光宇等，2016）。

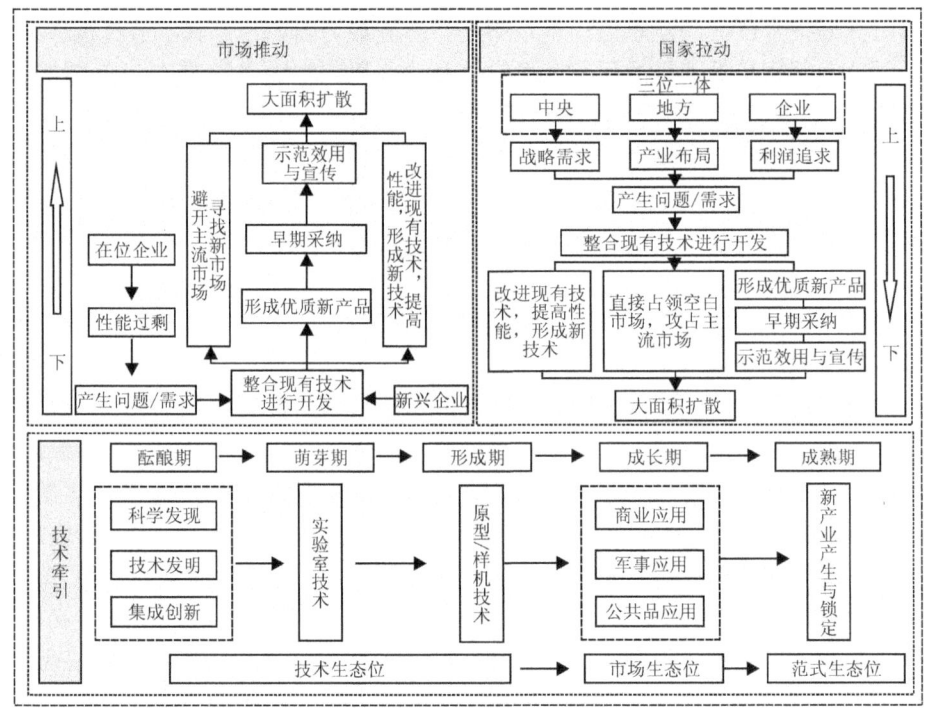

图3-3 颠覆性创新扩散路径

（4）颠覆性创新的识别研究。

颠覆性创新的演化路径具有高度复杂性和不确定性，且绝大多数来自交叉学科或基础研究领域，缺乏成熟的技术路径或评价数据，很难形成学术共识。当新想法、新技术冒尖的时候，颠覆性创新的本质决定了大多数人一般都不看好、不赞同,甚至无法理解。因此,如何在早期进行技术的精准识别和提前布局是国家和企业抢占未来竞争主动权的核心问题,也是颠覆性创新研究领域的重要内容。通过对相关文献的梳理分析,可以从识别方法角度将现有研究划分为主观判断、客观测度以及主客观结合三类视角(表3-4)。

首先,在主观判断类研究中,主要的颠覆性技术识别方式有德尔菲法、技术路线图和情景分析法,它们在国家与研究机构开展颠覆性技术识别时应用最为广泛。其中,德尔菲法主要基于专家的集体经验判断(刘云等,2019);技术路线图强调对技术发展趋势的结构化分析(Walsh,2004);情景分析法重点关注技术未来场景的路径与障碍研究(苏鹏等,2019)。

其次,在客观测度类研究中,核心的技术识别方式主要为专利分析与文献计量,这两种方法在研究学者分析颠覆性技术潜力、识别方法的工作中应用颇多。如Momeni和Rost(2016)认为颠覆性技术专利应当处于高被引的水平,并综合使用专利引用、主题分析和聚类研究等手段开展颠覆性技术的识别研究;苏敬勤等(2016)以智能手机为例,从专利演化轨迹角度分析颠覆性技术在专利申请数量、被引数量与被引率之间的特征。专利分析与文献计量都基于数据挖掘的逻辑,通过信息可视化的方式识别颠覆性技术的潜在信号。

最后,主观判断与客观测度两种方法的综合应用是颠覆性技术识别遴选领域应用最多的方式,其主要用于对相关目标领域的技术识别,具体包括技术指标分析、轨道演化与模型仿真等手段。其中,指标分析主要从技术、市场、环境等维度构建分析指标进行综合评价(林春培等,2019);轨道演化的主要方式包括成熟度曲线、技术生命周期、技术属性预测等(Ganguly等,2010);模型仿真是多学科方法的融合应用,其通过构建理论模型模拟颠覆性技术在市场扩散中的方向与路线(周洋和张庆普,2017)。

通过分析可以发现,已有研究重点运用了主观判断、客观测度以及主客观结合的方式开展颠覆性技术的识别工作,但基于客观测度的系统方法目前还没有得到共识性的结论。如何构建科学化、系统化和实操性的颠覆性技术识别遴选机制仍有待进一步深入探讨。

表3-4 颠覆性技术识别的主要方法

识别手段	识别方法	具体方式	主要应用领域
主观判断	德尔菲法	以专家的集体判断结果为依据进行技术识别与预测	国家层面
	技术路线图	基于结构化、可视化的时间演化逻辑展现技术发展的潜在趋势	国家、机构层面
	情景分析法	基于技术实际情况研判未来场景,探讨核心障碍与潜在路径	国家、机构层面
客观测度	专利分析	根据专利申请数量、被引水平等指标测度技术影响水平	学术层面
	文献计量	通过词频提取与网络分析探讨目标领域的核心主题	学术层面
主观判断+客观测度	指标分析	从技术、市场与环境等维度构建分析指标并进行综合评价	具体技术识别
	技术轨道	成熟度曲线、生命周期分析、技术属性预测	具体技术识别
	模型预测	通过理论模型模拟技术的市场扩散方向与路线	具体技术识别

3.2.2 颠覆性创新的前因后果（Why）

(1) 颠覆性创新的情境动因。

颠覆性创新是通过建立新的竞争范式实现对在位者的变革性替代。在新一轮科技革命兴起之际,颠覆性创新的应用赋能不仅给产业体系带来深远的可嵌入性影响,也对国际竞争规则的确立起到关键作用。①从企业发展路径来看,追求创新发展和市场优势,是成熟的在位企业和初创后发企业努力的不竭动力。一方面,互联网经济时代导致产业链体系实现由垂直化整合向碎片化扩散的转化,为后发企业通过颠覆性创新实现市场追赶创造了良好的契机;另一方面,越来越多的在位企业也开始采取积极的策略来防范后发企业的颠覆性威胁,它们通过提升产品技术性能或者与后发企业联合进行颠覆性创新业务的拓展来实现市场赶追。②从产业市场扩散来看，以新能源汽车、区块链、太阳能光伏等为代表的颠覆性创新技术的市场扩散过程表明，颠覆性创新虽然具有积极的未来预期，但在从技术生态向市场生态转化的过程中会遭遇现有社会—技术体制形成的路径依赖和技术锁定威胁，因此，如何培育和壮大以颠覆性创新技术为驱动的战略性新兴产业，是当下市场经济发展的重要研究方向（Liu et al.，2020）。③从国家战略规划来看，目前中国整体的科技创新水平仍处于跟跑阶段，传统维持性创新逻辑的"引进—消化—再创新"方式已经无法满足新时期发展中国家的科技发展战略，技术迭代加快、技术封锁摩擦频发等新形势正日益弱化发展中国家追赶学习的后发优势，因此，如何通过前瞻性的颠覆性创新战略突破高端人才、精尖技术的劣势，是国家抢抓未来国际竞争战略主动权、实现科技发展的自主可控、由跟踪追赶向并行乃至领跑转化的重要支撑（臧树伟和胡左浩，2017）。

（2）颠覆性创新的影响因素。

影响因素是颠覆性创新领域的重要范畴，学者们主要探讨了颠覆性创新过程中来自组织内部与外部的动力与阻碍。内部视角的影响因素研究包括两个层面：①个体层面主要聚焦于管理者，作为占据组织决策领导地位的高管人员，其认知模式、管理理念、企业家精神和市场分析能力等是影响组织是否实施颠覆性创新战略以及创新成效是否显著的关键（郁培丽等，2019）；②组织层面的研究表明，企业文化、组织结构、双元能力、动态能力、社会资本和企业惯性等都会对颠覆性创新产生相应的影响（杨强等，2014）。外部视角的研究主要包括外部环境与外部网络：①外部环境是颠覆性创新实施的生态基础，已有研究从政策环境、经济环境等方面探讨了对颠覆性创新市场推广的作用效应，也有学者从技术、市场、行业等具体的细分环境进行了要素分析（张枢盛和陈继祥，2013）；②外部网络体现了企业与外部利益主体之间的价值创造与传递关系，创新主体在知识、信息和资本流动之间的关系是颠覆性创新产生的重要来源，也影响着颠覆性创新的活动进程（许泽浩等，2016）。

（3）颠覆性创新的成果绩效。

颠覆性创新的成果绩效是企业通过实施颠覆性创新策略进行要素投入及产业运作所获得的产出收益，表现为企业的产出水平、效率以及对企业发展所带来的积极影响。学者们对颠覆性创新成果绩效的分析主要包括三种方式：①财务绩效：颠覆性创新是对在位的市场颠覆，在颠覆成功之后能够占据市场主流地位，因此有学者基于企业营收数据，将经济收益作为对企业实施颠覆性创新策略效果的评估标准，并用企业财务报表来对颠覆性创新绩效进行测评（杨桂菊等，2020）；②技术产出：专利数据信息反映了颠覆性技术创新的发展轨迹与产出效率，能够实现研究对象的时间序列性和对比性，基于专利文本信息挖掘对专利数量、被引数量以及被引频率进行分析也是已有研究对颠覆性创新成果绩效的主要研究手段（苏敬勤等，2016）；③行业地位：由于颠覆性创新针对的是利基市场或新市场，其发展初期在财务与技术上的数据往往并不显著，也有学者通过对公司资信水平、业务范围等行业地位指标来对颠覆性创新的成果绩效进行分析（张延平和冉佳森，2019）。

3.2.3 如何推动颠覆性创新（How）

颠覆性创新犹如"充满希望的怪兽"，具有潜在的成功预期，但其演进过程又充满诸多障碍，因此，探索如何构建契合颠覆性创新特征的培育体系以支持技术的成长演化尤为重要。现有研究主要从国家驱动、行业整合与企业主导的视角对如何培育颠覆性创新进行探讨。

首先，在国家层面，学者们重点探索了如何构建国家驱动的颠覆性创新培育体系，相关的培育思路包括：①建立国家科技竞争情报态势感知机制。针对"卡脖子"的严峻形势与颠覆性技术突破困难的挑战，李梦婷等（2021）将态势感知的理念导入国家科技竞争情报机制建设，探索通过定位科技领域的最新变化趋势，科学预见国家科技竞争的风险与威胁，构建适用于战略咨询与决策制定的态势感知体系。②探索契合颠覆性技术特征的项目评审机制。颠覆性技术往往具有多元性和跨学科性，开展颠覆性技术的识别遴选不仅需要关注技术发展的自然属性，还要考虑到技术管理的社会属性，需要探讨建立涉及技术路线、创新能力与项目管理的多元评审机制（Schuelke & Beth，2018）。③设立独立的颠覆性创新项目管理部门。针对颠覆性创新发展演化的复杂性、不确定性与高风险性等特征，需要设立符合颠覆性创新要求的独立项目管理部门；探索构建项目经理人或项目负责人制的管理控制方式，不断优化对颠覆性创新的管理制度与监督体系；根据研究进度及效果实行分阶段的资助方式，并强化对创新的知识产权保护工作（胡雯和周文泳，2021）。④完善颠覆性创新的生态体系。利用舆论宣传，提升对知识和人才的重视，营造不仅对创新行为进行鼓励支持，也允许创新尝试失败的文化氛围；完善科研资助项目的评价方式，提升基础创新与原始创新在颠覆性技术项目评价体系中的比重（杨芳娟等，2019）。

其次，在行业层面，学者们重点研究了如何高效整合行业资源以促进颠覆性创新培育，具体的对策思路包括：①积极促进企业之间的跨界整合，利用研发联盟或者企业并购的方式推动创新主体间的要素共享，优化界内界外技术信息的多维融合，通过跨界整合式的创新方式实现对原有产品的市场颠覆（张庆普等，2018）。②发挥行业协会的平台作用，借助行业协会促进知识信息的分享、传递以及整合，进而形成企业之间战略联盟的资源共享机制，弱化颠覆性技术在市场扩散过程中可能遭受的技术体制限制，加速颠覆性创新的技术完善与市场推广进程（Barrie et al.，2017）。③优化企业集群的协同作用，依托产业链体系完善企业集群效应，通过企业集群搭建组织网络，既实现知识溢出效应的发挥，帮助企业识别利基市场和潜在机会，也通过集群方式为企业提供价值网络的知识与资源支持，扩大颠覆性创新主体的整体实力（Kumaraswamy et al.，2018）。

最后，在企业层面，学者们分别基于在位企业与后发企业视角对颠覆性创新的培育进行路径设计。对于在位企业而言，针对颠覆性创新的培育策略包括：①建立独立的创新规划机构，在位企业通过建立独立自治的创新组织来制定创新规划，后者在决策流程与价值评价上保持独立，这有助于改善颠覆性创新与传统主流业务体系的正面冲突（Von et al.，2015）。②推动企业结构的扁平优化，在位企业可以通过优化组织结构提升创新效率，如将公司按照业务群组进行分设，既能够保证整体资源的覆盖，又能够保持组织创新的自主性与科学性（刘洪民等，2021）。③通过企业并购实现反颠覆，在位企业应保持与新创企业的联系网络，通过风险投资、研发联盟等手段主动参与潜在后发企业的市场颠覆性过程，进而维持自身在市场竞争中的优势（张枢盛和陈继祥，2013）。对于后发企业而言，针对颠覆性创新的培育策略包括：①探寻"生存空间"，通过企业技术监控战略在边缘地带或空白领域寻求市场机遇，并与创新战略决策有机耦合，把握技术发展的机会窗口（Lichtenthaler，2007）。②发掘政策机遇，抓住国家科技创新规划对颠覆性创新的重点专项规划机会，基于政府红利与市场需求探寻颠覆性创新方向（肖艳玲等，2020）。③整合外部资源，与创新资源提供的实体如科研机构、行业协会、供应商等进行合作，整合外部创新环境中的有形与无形资源，如技术、知识、资金等，以提升颠覆性创新研发实力（Beltagui et al.，2020）。

3.3 未来研究方向

本节基于上述国内颠覆性创新研究知识框架的梳理与研究分析，进一步围绕研究内容、理论视角与研究方法三个方面总结颠覆性创新研究的不足之处，并据此对未来的研究方向提出建议，具体如表3-5所示。

表3-5 国内颠覆性创新领域的研究现状、不足及未来方向

维度		研究现状	研究不足	未来方向
研究内容	研究情境	主要围绕企业发展需求、产业市场扩散与国家战略规划情境开展研究	1. 大多局限于单一情境或制度逻辑，对经济转型时期的制度复杂性与环境动荡性分析不够； 2. 基于中国情景的颠覆性创新理论研究不够深入	1. 从技术环境、制度复杂性以及环境动荡性等角度深入探讨颠覆性创新； 2. 基于中国特色创新驱动发展模式和创新理论视角深入探讨颠覆性创新
	概念内涵	以颠覆性创新与破环性创新为两大主要派系	概念不够清晰，并且容易将其等同于突破性创新、渐进性创新等概念	对颠覆性创新的动因、特征、路径和结果等方面进行界定，进一步明确其概念内涵
	类型特征	对颠覆性创新类型的多维性达成共识，初步形成相应类型特征分析的理论成果	大多数的研究还是基于传统的低端颠覆，对高端颠覆、跨界整合式颠覆等新现象的研究不够	1. 丰富高端颠覆性创新等新创新路径的形成机理研究； 2. 探索不同颠覆性创新方式在演进特征与市场扩散路径上的差异
	发展路径	1. 以成功案例的经验总结为主； 2. 主要围绕企业、产业和政府三个层面； 3. 创新绩效的判断主要以财务绩效、技术产出及行业地位为主	1. 以案例研究为主，实证类成果相对较少； 2. 聚焦成功个案，研究结论的特殊情境限制了其适应性范围； 3. 多偏宏观设计，对主体之间利益博弈的微观探究相对较少	1. 共性总结，结合实证分析提升严谨性； 2. 进行成功与失败案例的比较分析，探索颠覆性创新的关键因素和条件； 3. 探讨多元主体参与的协同创新博弈问题

续表

维度	研究现状	研究不足	未来方向
理论视角	在颠覆性创新基本理论的基础上,从价值优势、动态能力与社会资本等理论视角进行研究	1. 大多基于单一理论视角,多理论融合研究较少; 2. 对企业的内部资源能力分析较为丰富,对外部环境的影响作用及内外交互效应分析较为单薄; 3. 尚未形成较为完善的、具有较强解释力的本土代表性颠覆性创新理论	1. 丰富研究的理论视角,如吸收政治经济学、演化经济学等领域视角; 2. 基于多理论视角进行对比分析研究; 3. 通过扎根理论等案例分析构建契合中国情境的颠覆性创新理论框架
研究方法	1. 以质性研究为主,定量辅之; 2. 通过主观判断、客观测度与主客观结合的方法进行颠覆性技术识别; 3. 基于实证类的研究重点探讨了企业颠覆性创新的影响因素,如二元能力、动态能力等	1. 对颠覆性创新绩效的实证研究较少; 2. 基于经验的主观判断仍是使用最多、应用最广的技术识别方法,科学化、标准化和流程化的技术遴选机制有待优化; 3. 研究方法多聚焦个别因素的影响作用,缺乏对多因素以及因素间交互作用的分析	1. 强化颠覆性创新的实证研究水平; 2. 探索构建符合颠覆性创新特征的系统化技术识别思路与遴选方案; 3. 集合定性比较分析法、演化博弈分析等方法对影响因素进行深入研究

3.3.1 研究内容

(1) 研究情境。

现有研究大多局限于单一创新情境或单一制度逻辑,对经济转型时期的制度复杂性与环境动荡性分析不够,未来研究应扎根于中国特殊的创新情境,全面深入地探讨各情境因素对颠覆性创新实施的影响,如技术环境、制度复杂性以及环境动荡性等。①在技术环境方面，以物联网、大数据和信息技术为代表的第四次科技革命正不断对传统行业的产业模式、经营理念和生产技术发起颠覆。在此背景下，科学技术的快速迭代将如何影响颠覆性创新的路径模式？新的创新路径、产业思维是否会带来创新治理体系的新变革？国内企业应该怎样把握颠覆性创新的机会来获取更多的竞争优势？这些都是未来研究值得重点关注的问题。②在制度复杂性方面，国内的特殊情境主要存在以下三个方面：首先，从正式制度来看，处于经济转型时期的中国，也正处于颠覆性创新的相关体制机制不断完善的阶段，相关的法律、法规处于实验探索过程，涉及的科技政策、产业政策、创新政策等制度性安排从设计到执行也存在不同程度的实践差异或理论争议。其次，从非正式制度来看，颠覆性创新的过程涉及政府、社会和市场等多方面的利益相关者，且彼此之间的利益诉求不一，充满矛盾与冲突，同时还存在新市场与主流市场的制度逻辑碰撞。因此，未来研究需要结合行动者网络、制度逻辑等理论视角，分析颠覆性创新实施的多重制度情境嵌入问题，并结合演化经济学有关社会技术范式等思想探讨中国情境下颠覆性创新的技术经济范式与制度体系优势协同问题。③在环境动荡性方面，国内企业不仅面临国际贸易保护主义抬头、技术封锁摩擦频发、全球价值链重构的国际环境，也面临国内经济转型所导致的市场环境不确定。基于此，未来研究需要进一步探讨新环境新形势下政府或企业基于"双循环"新发展格局之下多链融合视角（创新链、产业链、资本链和价值链）如何进一步实施颠覆性创新发展战略，如何提升颠覆性创新的效率与绩效，以及在颠覆性创新过程中如何规避相应的不确定性风险。

（2）概念内涵。

现有研究主要包括以"颠覆性创新"与"破坏性创新"为主的两大研究派系，两种界定的不同实质上是出于同一理论体系的语言翻译差异，但这一现状容易导致颠覆性创新的研究界定相对不够严谨。在此情况下，其他类似于突破性创新、毁灭性创新等概念也被相关学者混用。未来研究应该在对颠覆性创新的动因、特征、路径和结果等方面进行充分系统分析的基础上，为颠覆性创新的概念内涵提供统一的标准，这既是对科学理论的总结凝练，也有助于将分散化的研究力量集中，更好地通过理论研究助力国家战略、产业体系、创新政策和企业发展规划等在颠覆性创新上的实践发展。

（3）类型特征。

虽然现有研究对颠覆性创新类型的多维性已经达成共识，并基于各自的研究维度初步形成了相应的特征分析理论成果，但大多数研究还是基于传统的低端颠覆性创新,对高端颠覆、跨界整合式颠覆等创新类型、创新现象的研究关注较少。未来研究可以尝试从以下两个方面进行拓展与丰富:①以颠覆性创新的价值传递方式、市场侵蚀方向、行业界限范围等为分类标准,通过单案例或者跨案例的研究方法,探索颠覆性创新的新现象,拓展和充实颠覆性创新理论的解释性与适应范围。②不同颠覆性创新方式在演进过程中会呈现出差异性,可以通过探索不同颠覆性创新方式在演进特征与市场扩散路径上的特征与差异,从中凝练颠覆性创新存在的普适性特征与特质性规律,从而更好地为颠覆性创新实施提供理论指导。

(4)发展路径。

现有的关于颠覆性创新发展路径的研究主要存在三点不足:①关于发展路径的研究多以案例分析为主,实证类成果相对较少;②对发展路径的总结主要基于成功个案的经验,特殊情境下的研究结论限制了其适应性范围;③从政府、产业或企业层面所提出的发展路径多偏向宏观设计,对于不同主体之间的利益博弈对发展路径选择影响的微观探究相对不够。基于此,未来研究可以在以下三个方面进一步完善:①对颠覆性创新的发展路径进行共性总结,利用实证分析模型与方法提升发展路径设计的严谨性;②进行颠覆性创新成功与失败案例的比较分析,探索颠覆性创新发展路径选择与设计中的关键因素及条件;③在构建多元主体参与的颠覆性创新发展路径时,进一步探讨颠覆性创新协同发展机制的多元主体博弈问题,进一步深化主体能动性对颠覆性创新发展路径选择影响的认识,使发展路径的设计更加契合实际指导的需求。

3.3.2 理论视角

现有研究在阐述颠覆性创新理论机制的基础上,从价值优势、动态能力与社会资本等理论视角进行研究,这些理论视角为颠覆性创新研究做出了相应的贡献,但与国外的相关研究以及扎根于中国情境之下的理论创新需求相比,仍存在一定的不足之处:①大多基于单一理论视角,多理论的融合研究较少;②对企业的内部资源能力分析较为丰富,对外部环境的影响作用及内外交互效应分析较为单薄;③尚未形成较为完善的、具有较强解释力的本土代表性颠覆性创新理论。未来研究可以结合前述研究内容从以下两个方面进行补充:首先是丰富理论层面的研究视角,如借鉴政治经济学、演化经济学、发展型国家理论、创新型国家(企业型国家)理论等领域研究视角,综合多理论视角研究成果进行对比分析和交互验证;其次是立足于改革开放

40年来国家在探索科技经济融合发展过程中形成的"双轮驱动+双体系支撑"中国特色创新发展模式("双轮驱动"——科技创新与体制机制创新;"双体系支撑"——国家创新体系与国家治理体系)(李华军,2020),结合国内有关学者提出的具有一定中国特色的创新理论[整合式创新(陈劲等,2017)、融合创新(章文光等,2016)、使命驱动型创新(张学文和陈劲,2019)],通过扎根理论的案例分析或相关理论研究构建契合中国情境的颠覆性创新理论发展框架。

3.3.3 研究方法

在研究方法的应用方面:①现有研究整体上以质性研究为主,定量辅之;②在质性研究方法中,除对颠覆性创新的演进特征与市场扩散路径的案例进行分析外,重点运用了主观判断、客观测度与主客观结合的方法进行颠覆性技术的识别,但基于经验的主观判断仍是使用最多、应用最广的技术识别方法,科学化、标准化和流程化的技术遴选机制有待优化;③在实证研究方面,主要通过问卷调查的数据获取方式来探讨企业颠覆性创新的影响因素,如二元能力、动态能力等,但对颠覆性创新绩效测度等问题的实证研究较少,并且多聚焦个别因素的影响作用,缺乏对多因素以及因素间交互作用的分析。未来对研究方法的完善可以围绕以下三个方面进行:①强化颠覆性创新实证研究的方法强度,借鉴统计学、计量经济学、博弈论等学科理论工具,充实颠覆性创新的方法库;②探索构建符合颠覆性技术特征的系统化技术识别思路与遴选方案,在国家战略与社会发展需求导向下遴选出一批具有未来发展前景与社会经济效应的技术方向;③集合定性比较分析、演化博弈分析等方法对颠覆性创新的影响因素进行交互分析与系统研究。

3.4 理论本源演进及中国情境下的研究展望

3.4.1 颠覆性创新理论本源的演进及发展

Christensen在大量的案例研究以及基于环境和成本约束的方法论基础上提出了"颠覆性创新"相关的概念及内涵,围绕技术、产品及服务等范畴对颠覆性创新相关的特征识别、路径机理、方式方法及影响因素等展开了深入研究。相关理论提出后,引起众多学者关注,也包括一些理论主张方面的争议。在争议的辨析以及后续的理论研究和实践考察中，Christensen 进一步从以下四个方面拓展和丰富了相关理论：一是强调颠覆性创新理论本身是动态演进的，如理论本源从描述性的、范围相对有限的技术变革框架，演进到更广泛地解释创新和竞争反应的因果理论的演变过程，再到"市场创造型创新"思想之下关联国家经济增长及创新战略分析架构的发展方向；二是针对现有研究未能探讨而又值得进一步深入的主题进行了进一步的补充，如竞争响应策略、创新性能轨迹和创新度量等；三是"市场创造型创新"思想的提出进一步拓展了颠覆性创新从低端颠覆和新兴市场颠覆到市场创造的路径（方式）的多样性和动态性；四是"市场创造型创新"思想与经济增长及新兴经济体的深化研究进一步为颠覆性创新的理论发展和应用拓展提供了方向——不仅在理论上可以用来分析创新活动的技术变革框架和解释创新与竞争反应的因果关系，也可以在实践上应用到微观层面的创新活动指导以及宏观层面的国家发展战略规划及创新政策设计（Christensen et al.，2019）。尽管在后期的一些相关文献中并未将具有破坏性特征的"市场创造型创新"直接归属于颠覆性创新，但相关观点已经体现理论本源的拓展思想以及与其他创新理论交叉融合的动态发展（斯晓夫等，2020）；同时 Christensen 有关创新模式与经济增长、制度体系、国别差异的相关探索，也将颠覆性创新的研究边界从技术、市场向社会技术体制、国家发展战略及创新政策等方面拓展。

　　国外部分学者在 Christensen 的相关研究基础上补充了与低端市场颠覆相对应的高端市场颠覆概念以及相应的技术演进和市场扩散特征（Danneels，2004；Govindarajan & Kopalle，2006；Sood & Tellis，2011），这一补充有助于进一步丰富颠覆性创新的路径研究。同时，综合国外有关颠覆性创新研究的最新进展情况来看，部分学者基于时代环境变化，结合新经济或新兴技术展开颠覆性创新案例研究或实践探索，且逐渐从以企业行业层面为主向宏观经济层面延伸，从以发达国家为主向新兴经济体国家延伸（Williamson et al.，2020；Feder，2018；Si et al.，2020），部分学者结合企业能力、企业竞争、价值网络等理论基于多元融合的视角对颠覆性创新展开研究（Pérez et al.，2017；Pandit et al.，2018），这些研究思路及成果都有助于进一步推动颠覆性创新的理论发展和实践探索，亦为后文基于中国情境的理论研究架构及发展展望提供了借鉴。

　　上述颠覆性创新理论本源的演进以及其他学者的进一步发展，一定程度上突破了当前国内外有关颠覆性创新理论的研究范式中相对独立或对立的局面，并呈现交叉和融合趋势。相对独立或对立的情况包括：第一，技术演进范式强调通过技术转轨来满足不同细分市场需求,市场扩散范式强调从非主流市场向主流市场侵蚀或开辟新市场(创造新需求)(周洋和张庆普,2017);第二,突破性创新是相对于渐进性创新而言且强调技术性能的大幅度跃迁,而颠覆性创新则是相对于维持性创新而言且强调对市场价值的改变(郭小超等,2020)。鉴于上述研究范式的交叉融合趋势,本书结合前文国内研究回顾基础及国外最新研究进展情况,尝试运用相关理论构建中国情境的理论研究及实践发展展望架构,亦尝试将颠覆性创新理论有关观点争议或研究范式对立的进一步对话机制融于此架构之中。

3.4.2 基于中国情境的理论研究架构及发展展望

颠覆性创新理论的动态演进与发展,反映了理论与实践相统一的辩证发展逻辑,亦使得基于技术视角和市场视角形成的两大相对独立的主流研究范式呈现一定程度的交叉和融合趋势。事实上,颠覆性创新的作用机理中技术驱动和市场驱动存在紧密联系,显现出探索新技术和资源以及满足市场需求(细分市场)和利用新技术和资源开拓新市场、创造新价值的双元创新驱动结构:前者以技术驱动为主导实现自上而下的高端颠覆,后者以市场驱动为主导实现自下而上的低端颠覆;两种方式驱动的创新活动均可发生在细分市场与主流市场、产品价值链低端与高端以及新市场与传统市场的纵横向结构维度。这种多元协调、融合发展的趋势,对于全球创新版图和经济格局重构背景下中国如何深入实施创新驱动发展战略,进一步推动经济高质量发展以及如何在不稳定性和不确定性加剧的国际环境形势中提升风险挑战应变能力具有重要的启示。与此同时,颠覆性创新理论相关思想已上升到国家战略和政策层面,如2016年"颠覆性技术"被写入《国家创新驱动发展战略纲要》和《"十三五"国家科技创新规划》,2017年中共十九大报告提出要突出"颠覆性技术创新"。在此,本章基于上述颠覆性创新的重要战略地位以及当前经济高质量发展和创新型国家建设的时代背景,借鉴国内外学者有关双元能力理论、资源拼凑理论、动态能力理论、组织合法性理论等在创新领域的研究思路,立足于创新驱动发展"双轮驱动+双体系支撑"的"中国模式"及其深化发展现实需求,基于颠覆性创新活动的正向触发机制和反向触发机制相结合的静态结构视角及动态演化视角,构建宏(中)观层面经济增长、创新政策、产业政策与微观层面创新实践交叉融合的颠覆性创新理论研究及实践发展的展望架构(图3-4)。

第3章 颠覆性创新的国内研究回顾

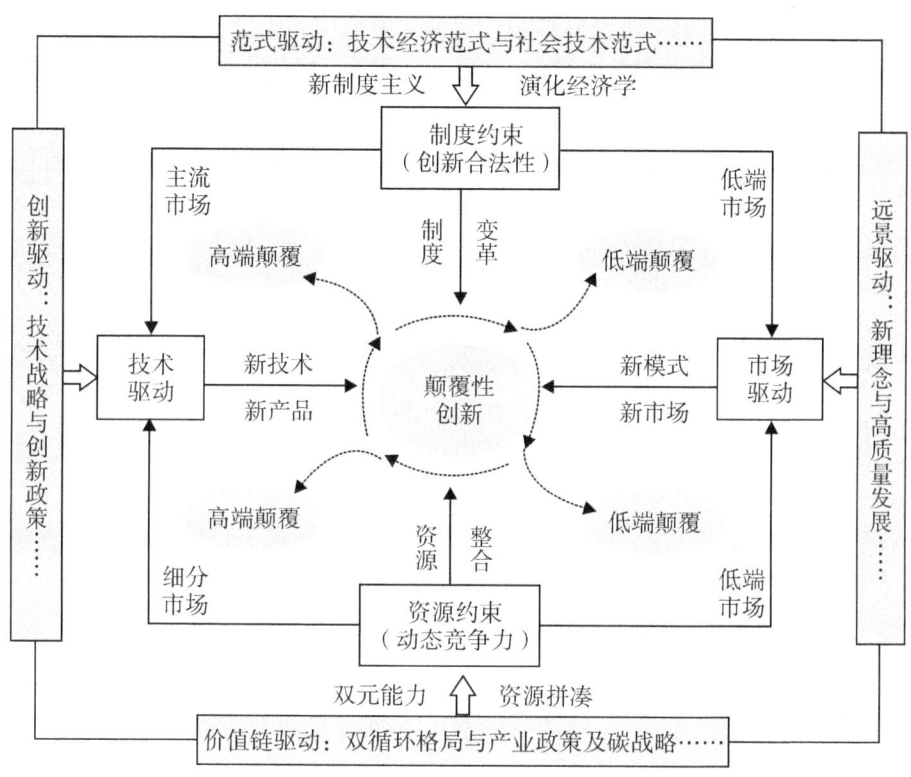

图3-4 基于中国情境的颠覆性创新理论研究及实践发展展望架构

该架构的初步设想或命题假设包括：第一，颠覆性创新的宏（中）观驱动机制，主要包括创新驱动（如技术战略、科技规划及创新政策等）、远景驱动（如新发展理念及经济高质量发展等）、范式驱动（如技术经济范式、社会技术范式、新经济范式等）及价值链驱动（如双循环格局、产业政策及碳达峰碳中和战略等）；第二，颠覆性创新微观实践活动的触发机制，主要包括正向触发机制（技术驱动与市场驱动）和反向触发机制（制度与资源双元约束），正反向触发机制存在交互促进或相互影响的作用关系；第三，正向触发机制呈现相对稳定的静态结构特征，但在反向触发机制的影响下（摆脱制度约束或资源约束能力的强弱），其呈现动态演进特征，最终形成不同市场（高端市场/低端市场或主流市场/细分市场）的颠覆状态及特征（其中：技术驱动为主的价值链前端形成以新技术、新产品为主要载体的高端颠覆，这种颠覆既可以在主流市场形成，也可以在细分市场形成；市场驱动为主的价值链中后端形成以新模式、新市场为载体的低端颠覆，这种颠覆主要形成于低端市场或新兴市场；上述价值链中不同环节的不同驱动路径在反向触发机制的影响下可能发生技术越轨或市场跃迁现象,如细分市场演化成主流市场、低端颠覆演化成高端颠覆)。

基于以上理论架构及初步设想,中国情境下的未来研究方向或思路包括宏(中)观及微观两个层面。其中,宏(中)观层面主要包括:①从经济增长、高质量发展视角研究颠覆性创新驱动新经济发展(如平台经济、共享经济、数字经济等)的路径机理、影响因素等;②从双循环发展格局视角研究颠覆性创新与价值链升位、产业链升级的内在机理及作用关系;③从技术经济范式和社会技术范式视角研究颠覆性创新相关的创新治理体系改革及协同问题;④基于价值链视角研究创新链与产业链双螺旋跨越的颠覆性创新相关科技政策及产业政策问题。微观层面主要包括:①基于双元能力、资源拼凑等不同视角研究颠覆性创新在价值链高低端的触发机制;②基于动态竞争力、组织合法性等不同视角研究颠覆性创新从细分市场到主流市场的扩散路径及机制;③基于上述不同视角研究颠覆性模式(技术变革、商业模式变革)的演进轨迹、跃迁机理及特征。

3.5 本章小结

本章基于结构性文献回顾方法,对国内颠覆性创新研究领域的期刊文献进行了系统性梳理和结构化分析,构建了国内颠覆性创新研究领域的知识框架,剖析了该领域的知识基础与热点现状,并对研究领域的特点与不足进行了评述,主要得到以下结论:①国内颠覆性创新研究领域的知识框架主要涵盖七大模块,分别为颠覆性创新的概念内涵、类型特征、识别方法、情境动因、影响因素、成果绩效及对策建议,并基于此构建了国内颠覆性创新研究领域的"2W1H"知识框架。②现有研究缺乏对颠覆性创新概念的统一标准,对高端颠覆、跨界整合式颠覆等新现象的研究不够深入;同时,现有研究强调对成功型颠覆性创新企业发展路径的案例分析,忽略了特殊情境对颠覆性创新的影响,并且缺乏相关的实证检验,限制了理论结果的适用性;此外,内外环境的多因素交互影响、多理论融合的视角分析、主客观结合的技术遴选机制等方面也是未来研究的主要方向。因此,本书进一步围绕研究内容、理论视角、研究方法三个方面对颠覆性创新研究的可拓展方向提出了建议,尝试构建了基于中国情境的颠覆性创新理论研究及实践发展展望架构。

第4章 颠覆性创新研究理论基础

颠覆性创新研究的理论基础主要来源于技术导向下的创新理论范式演化,这一理论框架系统回顾了颠覆性创新的理论源起与边界,并构建了分析颠覆性创新的理论基础。本章将按照创新发展的演进逻辑,分别从创新扩散理论、社会网络理论以及战略生态位理论梳理颠覆性创新研究的理论基础;进一步地,还从研发联盟视角分析颠覆性创新研究的理论发展现状。

4.1 创新扩散理论与颠覆性技术演化

创新扩散概念最早可追溯至 Schumpeter(1942)对创新理论的解释,他将技术变革的阶段划分为发明、创新和扩散,提出创新扩散实质上是技术变革出现后,企业的大面积和大规模模仿行为。创新扩散是一种模仿学习过程,在很大程度上受采纳者行为的影响,对潜在采纳者影响程度越大,其接受新技术的可能性也越大(Mansfield,1962)。Rogers 和 Havens(1962)进一步对创新扩散理论进行拓展,提出创新扩散是在一定阶段内,通过相应渠道实现创新在社会系统成员中的传播和认可,并在整个社会系统中实现推广的过程,在这一过程中需要历经获知、说服、决定、实施和确认的阶段,并呈现出"S"曲线的扩散轨迹。创新扩散是一种选择过程,不仅涵盖企业对不同层次技术方向的研发选择,也包括顾客对行业技术产品的选择,在相互选择的互动交融中,技术不断得到改进并实现了广泛应用(Messenger,1981)。创新扩散理论自提出后,在实践领域表现出广泛的适应性,各专家学者围绕技术经济学领域的重点问题,不断拓展其理论范畴与更新其理论内涵。创新扩散理论深刻解析关于人们对新技术产品选择过程的内外部作用机理的理论认知,能够对新技术产品的推广扩散提供实践指导,重新审视创新扩散理论与颠覆性技术演化的理论联系;能够拓展创新扩散理论的新内涵,推动以创新扩散理论为指导的颠覆性技术培育体系构建研究(刘航和周建青,2020)。

创新扩散的起始环节是存在问题或需求，通常而言，问题或需求主要来源于两个方面，首先是技术推动，当新的技术发明或创新发现出现时，市场就会形成对问题或需求的反馈，技术创新便在相对成熟或适当时机开始向市场扩散；其次是市场驱动，企业根据顾客的现实需求或潜在需求制定技术创新方向，并推动技术扩散的实现（黄海洋和陈继祥，2011）。颠覆性创新扩散的主要动力来自市场驱动，但相对于维持性技术又存在显著区别。Bower和Christensen（1995）指出，维持性技术扩散的动力源于顾客对现有技术需求的不满足，对技术性能的改进提出了更高要求；而颠覆性技术扩散的动力恰恰相反，主要源于主流技术性能的供给过剩，导致顾客不愿意为技术性能的进一步提高承担溢价，加上其他顾客不具备此类技术产品的消费需求与能力，因此产生了对更简单、便捷和便宜的技术产品的需求。黄海洋和陈继祥（2011）指出，颠覆性技术的重点在于对技术的重新组合或进一步开发，形成契合低端市场或潜在新市场需求的技术产品，低端消费者和新开发消费者是颠覆性技术的初期体验者，这一阶段的消费群体相对较少，主要是对技术性能要求不高的消费者，后发企业通过初期消费者的反馈意见进行技术改进，当技术性能达到大部分消费者的使用需求之后，便会向主流市场进行推广，最终实现颠覆性技术的扩散目标。

按照创新扩散理论的理念指导，学者们主要从低端市场与高端市场的初始目标定位对颠覆性技术的创新扩散路径展开了相应探索。首先，在研究的初始时期，学者们认为颠覆性技术主要是从低端市场向高端市场发起侵蚀。Christensen和Raynor（2003）指出，颠覆性技术的市场扩散过程可以理解为对主流技术的替代过程，是新技术得到消费者认可并逐步实现市场颠覆的过程，在市场扩散过程中，颠覆性技术从盈利水平较低的低端市场不断向盈利水平较高的主流市场发起进攻。卢光松和卢平（2011）也认为颠覆性技术初期缺乏明确的市场前景，缺少成型的技术或产品，并存在价值链、支撑条件等多方面的不确定性，其主要从低端市场开始发力，在技术人员完成原型设计之后，由销售人员进行市场体验调查，通过让渡价值空间来获取市场空间。颠覆性技术一旦在低端市场站稳脚跟就意味着新市场已经出现，虽然新市场的利润率暂时不高，但持续的技术优化和扩大的市场容量为颠覆性技术的扩散提供了巨大的成长空间；此外，由于颠覆性技术基于与在位企业不同的组织管理结构、利润获取方式和产品营销模式，其发展也将会形成新的行业竞争体系。王进富等（2020）也认为颠覆性技术一般是通过对成熟技术的整合利用进而提供相对便宜的技术产品，它避开竞争激励的主流市场，扎根受在位企业关注较少的低端市场或新市场，并提出企业可以基于创业警觉能力的支撑，利用资源拼凑策略推动颠覆性技术的市场扩散。

随着研究的不断深入，传统从低端向高端方向演进的颠覆性技术扩散轨迹无法解释固态硬盘、数码相机等新颠覆性技术类型以高价格、高性能发起的颠覆现象，学者们开始对颠覆性技术进行进一步细化和范畴拓展。Schmidt 与 Druehl（2008）基于 Christensen 的研究基础，将颠覆性技术的初始市场细化为边缘市场与分离市场，二者都是主流市场的非竞争者，主要差异是边缘市场和主流市场的消费者偏好接近，通过性能改进与价格降低来获取边缘市场消费者的青睐；分离市场与主流市场的消费者偏好差异更大，是关注主流市场忽略的消费者性能需求，通过主动创造新的消费需求来吸引新的消费者。周洋和张庆普（2017）探讨了高端颠覆性技术的扩散路径，指出高端颠覆性技术基于重大技术突破，通过大幅度提升主流技术产品性能，以较高的初始定价从高端市场自上而下进行市场扩散，最终在市场需求水平提升与技术产品价格下降的协同作用下实现颠覆。

通过归纳总结相关研究成果，遵循市场定位的分类标准，可以分别从低端颠覆性技术与高端颠覆性技术来总结颠覆性技术的演化扩散路径。

低端颠覆性技术基于全新的技术轨道而产生，通过价格优势吸引价格敏感性用户，通过更快的性能改善速度不断向主流用户的需求标准靠近。一方面，尽管低端颠覆性技术在初期的主流技术性能表现并不占据优势，没有达到在位企业的获利要求以及主流用户的采纳标准，但颠覆性技术通过立足于低端市场避免了初期与主流技术的直接交锋，获得生存发展空间；另一方面，低端颠覆性技术往往具备新的功能特征或性能表现，具有更加便捷的技术体验，能够产生新的市场空间。低端颠覆性技术基于新的技术轨道进行发展演化，且在初期并不直接与主流技术发生竞争，这能够减少其所受的传统市场制度和体制规则的阻碍与打压；此外，低端颠覆性技术以取代主流技术为发展目标，会表现出更快的性能改善速度，随着新技术的不断优化提升，其对主流市场的侵蚀不断扩大，最终完成对主流技术的颠覆过程。

高端颠覆性技术同样基于全新的技术轨道而产生，但其直接瞄准具有较高支付能力的高端用户，从高端市场向主流市场发起进攻，在生产水平与制造工艺的不断改善下推动性价比水平向主流用户的接受标准靠近，直至完成颠覆过程。一方面，高端颠覆性技术在初期的价格上更加昂贵，会影响主流用户的采纳，初期只能以高端市场中具有较高支付能力的小规模群体为主，并且由于生产工艺跟技术水平的要求，在位企业难以从中获利，更愿意聚焦于已有的主流技术产品；但另一方面，高端颠覆性技术不仅具有新的功能特征或性能表现，而且技术更加稳定，对主流性能实现了技术跃迁式的提升，可以提供更加优质的技术体验，敢于发起对主流技术的直接市场进攻，并且通过更快的性能改善速度和不断降低的价格来提升其市场扩散进程，最终实现对主流技术的市场颠覆。

4.2 社会网络理论与颠覆性技术合作

社会网络理论（social network theory）起源于20世纪30年代，是社会学领域的研究范式和重要分支之一。社会网络也被称为社会关系，是指一群主体之间各种正式与非正式的社会联系，包括主体之间直接的社会联系和通过物质文化生活共同参与而产生的间接联系（Mitchell，1969）。Wellman（1988）对社会网络的定义进行了优化凝练，指出社会网络是基于个体间社会联系所构建的相对稳定的系统，即将网络看作联结个体的一系列社会联系，并通过相对稳定的关系构成了社会结构。随着社会网络应用领域的不断扩大，人际关系的范畴逐渐被拓展，网络主体既可以是个人，也可以是集体单位，如部门、组织等。社会网络理论指出，网络主体在稀缺性资源的占有上表现出差异性，网络关系的数量、密度和强度以及主体的网络位置等因素，会显著影响网络主体对资源的获取方式和能力（郝晨等，2021）。社会网络理论的研究按照着眼点差异可以划分为关系要素和结构要素，其中，关系要素主要探讨主体间的社会黏着关系，用社会联结的强度、密度、规模和对称性等指标来测度特定的关系水平；结构要素主要关注主体在网络中的位置特征，研究两个及以上主体与第三方之间的联结所反映的网络结构及其演化形成模式（王夏洁和刘红丽，2007）。围绕关系要素和结构要素，社会网络理论体系主要形成了强弱联结、结构洞和社会资本三大核心理论。

首先是强弱联结理论。网络主体依赖联结关系形成社会网络，联结是社会网络分析的基本单位。Granovetter（1973）在"The strength of weak ties"一文中率先提出联结强度的概念，并从亲密程度、互动频率、交换互惠和感情理论四个维度将网络联结划分为强联结与弱联结，指出强关系产生于经济社会特征相似的个体间，弱关系则与之相反。强弱联结会在知识信息的流通交互中发挥相异的作用，强关系会因为主体相似性较高而产生冗余资源，弱关系则跨越不同信息源发挥信息交互渠道的作用，但另一方面，强关系所体现的信任和稳定又是高质量和复杂隐性知识的主要传递方式（Hansen，1999）。其次是结构洞理论。美国学者Burt（1992）在专著 *Structural Holes* 中提出结构洞的概念，指出个人或组织的社会网络均会表现出两种形式的联系，一是主体均与网络其他主体发生联系，没有间断现象，整个网络表现为"无洞结构"，这种形式多存在于小群体中；二是主体与网络其他部分个体发生直接联系，但与另外个体没有发生直接联系，从整体上看网络结构中出现了洞穴，故被称为"结构洞"。结构洞理论与强弱联结理论有很深的渊源，因为结构洞填充的是弱联结，可以视为对强弱联结理论的进一步发展。

最后是社会资本理论。社会资本的概念最早由 Bourdieu（1987）提出，并将其界定为实际或潜在资源的集合。随后 Goleman（1998）进一步指出，社会资本是个人拥有的社会结构资源和资本财产，由社会结构要素构成，主要存在于社会群体和关系网络中，并且参与的社会团体越多、社会网络规模越大，其社会资本就越丰富，通过联结获取资源的能力也越强。由于社会资本体现了个体或组织的社会关系，所以在社会网络中的资本数量决定了网络结构的地位水平。

传统的技术创新管理聚焦于以企业为主体的纵向管理研究，遵循"企业独立、资源自由"的原则，关注技术创新管理的资源整合、决策管理、风险控制及过程管理等内容（俞兆渊等，2020）。然而，实践的发展和理论的深化均表明，技术创新活动的资源不仅源于企业内部，还与广泛的社会网络（如高校、科研机构和消费者等）息息相关，新时期需要完善更为柔性的企业管理结构，通过对各种资源进行高效协调沟通，解决创新资源的管理问题并实现其高效整合（郝晨等，2021）。根据社会网络理论，行动者之间的网络合作是新技术孵化成长的关键渠道，并且网络越密集，新技术在创新研发和市场推广过程中的信息传递效率越快、范围越广，这有助于提升技术成功孵化的概率（王巍等，2020）。

社会网络的构建也可以理解为资源配置和行动者交流，资源配置是创新活动中各种资源（人力、财力和物力）在创新方向之间的分配，在资源有限供给的前提下，其通过有效的创新管理方式实现资源利用效率的最大化；行动者交流是指创新主体要根据创新目标和自身状态进行知识、信息的交流共享，通过畅通创新链提升技术转化效率（Mandel & Venel，2020）。网络建设的首要目标是建立包括科研人员、管理者、消费者及政策制定者等的广泛网络，网络成员根据自身的知识、经验和职责进行信息交互，通过定期会议讨论来达到沟通的目标，一方面要保障网络的宽度，多元化的网络可以提供更多的资源来进一步扩大已有网络规模，促进技术的融合与完善；另一方面要保障网络的深度，通过发挥高校和科研机构的技术力量来强化技术的性能突破；同时要重视消费者对技术引进的作用，这也是颠覆性技术需求和创意的重要源泉（斯晓夫等，2020）。

颠覆性创新的演进过程不仅需要克服新技术体系的研发障碍，还需要克服社会技术体制机制由主流技术主导的不利形势。因此，颠覆性创新的社会网络构建十分重要，其能够推动技术创新的演化进程。首先，颠覆性创新具有种群化特征，在面对在位者的竞争压力下，后发企业往往可以通过形成联盟群体共同抵御来自大企业的压力，从生态系统中各取所需、各尽其职，挖掘创新要素和实现协同共生，形成有活力的颠覆性技术生态圈（Klenner et al.，2013）。其次，颠覆性创新具有网络化特征，由于创新链和产业链的多维依存关系，技术的创新需要多主体的协同参与，只有快速获取外部环境的复杂信息，通过网络化的相互渗透才能形成多主体共同参与和多阶段高效衔接的技术创新范式（刘璟，2021）。最后，颠覆性创新具有复杂化特征，面对国际市场风云变幻、本土竞争同质化严重以及消费者需求个性化、多样化的外部生态，颠覆性创新发展所处的环境不仅异常复杂，而且充满不确定性因素，通过社会网络来把握动态变化的技术规律是企业发展的必由之路（李光金和朱小晓，2021）。

一项新的颠覆性技术的出现往往会伴随着社会网络体系的形成，包括科研人员、管理者、消费者及社会团体等，这些行动主体都是至关重要的，他们既承担了技术开发和创新管理的决策，又为技术的完善优化方向提供指导（Hazlett，2016）。在紧密联系的社会网络中，频繁互动能够促进知识的快速流动和加速溢出，通过网络降低知识获取的成本也能够提升创新效率（张红红和宫秀双，2021）。但松散的网络也并不一定意味着知识创新效率较低，联系松散的网络会通过结构洞形成资源的多样化优势，占据结构洞位置的主体能够将异质性知识进行融合深化，促进技术创新的出现（程结晶和邵方圆，2021）。

4.3 战略生态位管理与颠覆性技术培育

战略生态位管理（strategic niche management，SNM）理论是一种技术创新管理工具，该理论主要围绕技术创新、产业转型和社会技术体制变革的内在机理提供分析模型，探讨如何孵化和培育新技术，使其稳定成长并顺利推向市场（许泽浩和张光宇，2017）。20世纪90年代，SNM的思想开始诞生，即通过开辟新技术成长扩散的保护空间，建立容纳技术成长所有阶段、推动技术转化效率最大化的技术管理方案（Van & Rip，1987）。随后，研究者基于生态位和技术变革等理论不断对SNM进行理论完善和实践应用。

早期 SNM 理论重点探讨技术生态位的过程优化问题,研究如何更好推动新技术从萌芽产生到市场商业化的过程。Schot 等(1994)拓展了生态位的范畴,提出技术生态位和市场生态位概念,指出技术生态位的重点是新技术的突破,市场生态位的重点是把握顾客的需求变化。Weber 和 Hoogma(1998)指出 SNM 为新技术的孵化和完善创造了一个实验平台,能够通过采取控制性的措施来提升技术的扩散效率。Kemp 等(1998)对 SNM 的过程进行了解析,将其划分为技术选择、实验选择、实验执行、实验扩大和政策撤离 5 个主要阶段。后期 SNM 理论开始关注从技术培育转向技术体制变革的研究,重点探讨生态位与所处宏观环境之间的互动,认为 SNM 并非仅仅通过政府构建自上而下的创新生态环境,还需要作为一种强调内生驱动的管理工具,推动顾客、企业等一系列行动者共同实现技术目标(许泽浩,2017)。Canieels 和 Romijn(2008)提出 SNM 旨在构建生态位保护空间,基于持续实验和行动者网络为新技术提供孵化和成熟的机会。李华军等(2012)认为 SNM 通过构建受保护的创新系统,联合生产者、科技人员和用户等主体对技术进行遴选和培育,实现技术生态位向市场生态位转化,从而实现对"死亡之谷"的跨越。薛奕曦等(2020)提出 SNM 对指导技术创新实验和发挥社会示范效应具有重要作用,能够在扩大社会网络规模的基础上,不断优化网络结构。

颠覆性技术作为革命性创新,从诞生之初就力图打破"创新困境"来寻求技术与市场的结合点,通过构建创新生态保护空间来推进颠覆性技术的培育与 SNM 理论不谋而合,运用 SNM 理论来解决颠覆性技术演化过程中的技术选择和市场推广难题、优化颠覆性技术创新过程的管理效率吸引了研究者的关注(窦超等,2018)。颠覆性技术的演化过程与 SNM 的演进阶段具有天然的融合性,可以从技术演进、市场演进、生态位演进和保护空间演进维度对 SNM 理论与颠覆性创新管理的耦合机制(图 4-1)进行分析(张光宇等,2016)。

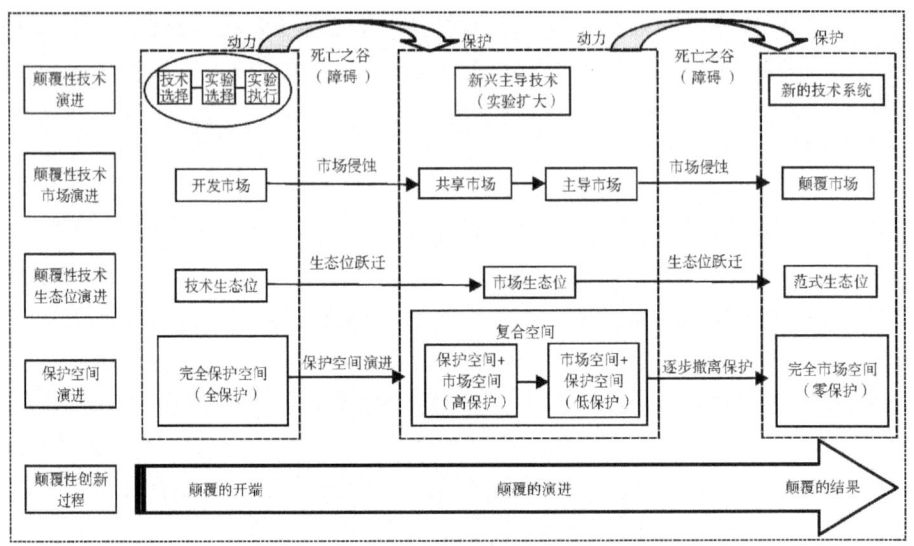

图 4-1 基于 SNM 的颠覆性创新管理机制

从技术演进的维度来看，按照 SNM 理论可以将颠覆性技术的演化过程划分为技术选择、实验选择、实验执行、实验扩大与新技术系统五个阶段，其中，技术选择阶段强调创新主体的技术机会能力，即通过机会识别能力和机会发展能力提升技术创新过程管理的有效性，实现对技术研发与市场推广之间的"死亡之谷"的跨越（Mokyr，1990）。在实验选择阶段发挥关键作用的是组织者的资源整合能力，通过充分融合各方资源形成有效的技术解决方案，让创新主体更好地进行一阶学习（Hoogma，2020）。实验执行阶段强调行动者的知识创造能力，通过关注研发人员、消费者、政府等行动者的二阶学习能力为技术创新提供保障（Burgess & Chilvers，2006）。实验扩大阶段是新兴主导技术的形成过程，发挥核心作用的是技术迭代能力和市场定位能力，能实现技术性能与客户需求的匹配（张光宇等，2012）。新技术系统阶段是颠覆性技术发展的最后阶段，通过技术与市场驱动推动新价值观、消费者偏好和社会技术体制话语权的形成，从而实现技术的成功颠覆（刘贻新等，2018）。

从市场演进的维度来看，基于 SNM 理论可以将颠覆性技术的市场扩散划分为开发市场、共享市场、主导市场和颠覆市场四个阶段。在开发市场阶段，由于颠覆性技术在主流市场看重的性能上劣于主流技术，基于 SNM 理论，需要构建技术保护空间，通过政策工具扶持企业对颠覆性技术进行商品化，从而使其进一步占据低端市场或开辟新市场（Hommels et al.，2007）。

在共享市场阶段，随着颠覆性技术在非主流性能上的优势发挥以及主流性能上的不断完善，颠覆性技术开始入侵主流市场，但仍面临产品缺陷和顾客偏好的阻碍，政府需要通过税收政策减轻企业压力，并在公共设施配套上予以支持（王文娜和刘戒骄，2020）。在主导市场阶段，在保护空间扶持下，颠覆性技术的主流性能和非主流性能均得到了显著的优化改善，对主流市场的入侵程度与市场份额进一步提升，由前期的共享市场转向主导市场（Verbong et al.，2010）。到了颠覆市场阶段，随着用户消费观念的转变、新价值观念的形成和社会技术体制的变革，颠覆性技术产品几乎占领所有市场，成功实现对市场的颠覆（侯广辉等，2021）。

从生态位演进维度来看，颠覆性技术的扩散进程需要历经技术生态位、市场生态位以及范式生态位三大阶段。其中，在技术生态位阶段，颠覆性技术演进的重点是解决技术选择、实验选择和实验执行的任务，但由于现有的资源配置模式都是以契合主流技术为导向，加上颠覆性技术自身性能缺陷问题也亟待解决，其需要通过政府引导来搭建网络平台，促进企业、高校和科研机构的协同创新来进行技术优化攻关与市场渠道开拓（Schot & Geels，2008）。在市场生态位阶段，颠覆性技术顺利越过了技术生态位到市场生态位的"死亡之谷"，开始与主流技术产品共享市场并发挥一定的主导作用，但颠覆性技术本身还存在一定程度的缺陷，消费者的用户偏好还需培养，并且技术配套设施还有待完善，仍需维持对颠覆性技术的保护空间，解决技术演进的阻力（性能缺陷、原始偏好等）并寻找颠覆性技术跃迁的动力（如技术推动、需求拉动与政策保护等）（朱承亮，2020）。在范式生态位阶段，随着颠覆性技术性能的综合提升，新的顾客价值体系得到构建，伴随着价值观念与社会技术体制的转变，颠覆性技术产品完全占据市场主导地位，新兴产业形成并且产业格局被重塑，对社会经济结构带来深刻变革。

从保护空间演进维度来看，为了避免颠覆性技术在技术生态位或市场生态位阶段夭折，需要构建契合的保护空间。基于 SNM 理论，可以将这一过程划分为完全保护空间、复合空间和完全市场空间三个阶段。在完全保护空间阶段，颠覆性技术处于技术生态位，资源配置模式以主流产品为导向，加上研发经费不足、市场基础薄弱等问题，颠覆性技术尚不成熟而且较为弱小，技术跃迁往往在这一阶段夭折。因此，在技术生态位阶段需要构建相对完整的系统保护空间，运用财政拨款、税收优惠、综合服务等手段提供帮扶，促进企业对技术的持续研发与完善（Trubnikov，2017）。在复合空间阶段，颠覆性技术处于市场生态位。其中，在市场生态位阶段前期，需要构建"高保护空间"，即以保护为主的复合空间（保护空间＋市场空间），政府需要出台有利政策推动企业提升颠覆性技术的主流性能与非主流性能，企业自身要关注顾客需求的变化并进行商业模式创新；在市场生态位阶段后期，随着颠覆性技术实力的逐渐提升，应当构建"低保护空间"，即以市场为主的复合空间（市场空间+保护空间），并在技术实力不断提升的同时逐步减少保护力度（罗嘉文等，2019）。在完全市场空间阶段，颠覆性技术已经跨越了市场生态位到范式生态位的"死亡之谷"，消费者偏好彻底改变，新的价值观已经形成，围绕颠覆性技术形成了新的社会技术体制，对颠覆性技术的相关保护能够完全撤离（袁博，2020）。

4.4 基于研发联盟视角的颠覆性创新研究

4.4.1 颠覆性创新研发联盟

研发联盟是创新主体间通过正式或非正式契约方式所建立的长期、稳定的合作伙伴关系，并通过分享、交换或共同开发技术产品以实现共同的创新目标（Christoffersen，2013）。面对创新竞争的日益激烈和市场环境的复杂多变，研发联盟已不仅是企业可供选择的创新方式，而是上升到必行的战略决策，是获取和维持竞争优势的核心来源：一方面，对于面对市场和技术双重劣势的新兴经济体和后发企业而言，通过研发联盟来整合产业链体系、编排创新资源是缓解不对称竞争劣势的关键渠道（刘洋和应瑛，2016）；另一方面，要实现关键核心技术的创新突破，必须获取不同的、非冗余的资源作为知识重组的原材料，而外部合作关系是多样性和非冗余知识的主要来源渠道（李晓丹等，2018）。此外，由于科技资源与企业生产相对分离的现实情境，创造主体通过研发联盟实现技术创新和提高竞争优势是一种普遍的现象（毕静煜和谢恩，2021）。因此，越来越多的主体跨越组织边界谋求合作以获取新知识，这些合作包括跨越国界的联盟（李琳等，2021）、跨行业研究的研发伙伴关系（岑杰等，2021），以及与差异性较大的机构建立合作联盟（Davis，2016）。

颠覆性创新是一项多主体参与、多要素协同与多阶段衔接的动态复杂过程，中间必然会遭遇现有社会技术体制形成的具有极强稳定性的路径依赖和技术锁定的挑战。企业自身的知识与技术资源有限，开展颠覆性创新仅仅依靠企业的单一力量几乎难以实现，需要企业不断突破自身边界，与外部主体共同进行协作创新。Ross等（2020）认为，颠覆性创新本质上具有路径突破性特征，更加强调创新的新颖性，新产业革命时代的来临使得创新主体之间的联系愈加紧密，开放式的创新环境使得企业之间在颠覆性创新投入、产出以及商业化过程中的边界日益模糊，传统的封闭式创新已经无法适应当下科技创新的需求，从外部寻求知识要素成为企业开展颠覆性创新活动的重要渠道。

研发联盟作为企业进行颠覆性创新活动的重要载体，不仅是知识共享与创新孵化的重要依托，也能够促使企业实现异质性知识的获取和创新绩效的提升。优质性和异质性资源在研发联盟中得以被吸收、传递及整合，在完成全新技术架构与产品迭代的基础上实现颠覆性创新的范式转变（高太山，2020）。Kaplan 和 Vakili（2015）认为外部关系是各种非冗余知识的来源，企业可以在研发联盟中对网络中其他主体的知识进行转移吸收，从而实现自身的知识获取和融合重组过程，并且知识重组过程中所体现的创造性和变革性也在一定程度上推动了颠覆性创新的产生。尹航等（2019）也赞同研发联盟对颠覆性创新具有积极作用，认为从不同来源获取和组合新颖性知识有助于克服"锁定效应"，创新主体通过知识搜索发现新颖性知识元素，并以原始的方式对其进行整合，能够提升知识流动和颠覆性创新的效率。

4.4.2 研发联盟的网络特征

研发联盟各主体在知识储备和技术基础上存在差异，不同主体在研发联盟网络中具有不同的结构特征，这成为影响企业在颠覆性技术领域获取知识元素和提升创新绩效的重要因素（王石磊等，2021）。在对研发联盟网络特征的探索中，国内外学者基于不同分析单元和研究方法的融合，提出了不同的网络特征模型。

从分析单元上看，联盟网络可以划分为单个企业、企业间以及整体网络三个层次。整体网络层面基于网络嵌入视角，聚焦于联盟网络整体的结构特征，新知识元素在联盟网络中得到重组和利用，进而推动企业创新绩效的实现（吕丹等，2020）。企业间层面基于关系嵌入视角，探讨联盟关系在获取外部资源与降低研发风险上的积极作用（王钰等，2021）。单个企业层面基于资源基础观，主要探讨网络位置如何为企业带来资源与技术优势，从而提高其创新绩效（彭新敏，2014）。

在分析方法上，应用最广泛的是社会网络分析，关注维度主要包括结构、关系与位置。在结构维度上，Burt（1982）最早提出"关系—位置"的网络特征分析模型，其中关系维度主要研究节点间的关系密度，分析节点在网络中存在的关系类型；位置维度分析节点间的关系模式，考虑各种相关关系和网络位置的影响，并在随后的研究中进一步提出了结构洞理论。成丽红和孙天阳（2021）基于社会网络分析方法研究了不同国家和地区在战略性产业贸易网络中的拓扑结构特征以及核心主体地位变迁所带来的格局演化。在关系维度上，Granovetter（1985）围绕嵌入性的核心概念，从关系嵌入与结构嵌入的视角来进行网络嵌入性分析，其中，关系嵌入与结构嵌入分别是指行动者关系和行动者结构对行为选择、制度制定及创新产出的影响。嵌入性概念自提出后迅速得到管理学和经济学领域学者的关注和认可，一些学者提出所有的企业均处于关系嵌入与结构嵌入的状态之中，如刘景东等（2021）构建了"知识—关系"的双重网络分析结构，来分析研发联盟网络的结构特征与关系特征对颠覆性创新的互动机理。结构维度与关系维度是社会网络分析的主要视角，二者代表了行动者创新资源的丰富程度和质量水平，对行动者行为和绩效的因果关系具有较强的解释力。但 Lavie（2008）提出，社会网络理论不能仅仅关注结构和关系特征，还要注意行动者自身的特性。与之类似，Dhanaraj 和 Parkhe（2006）对网络特征维度进行了细化，从网络结构（密度和自治度）、网络位置（位置和状态）以及网络成员（规模和多样性）三个维度来探讨网络特征对行动者创新绩效的影响。

尽管学者们的研究视角不尽相同，甚至对于类似的研究命题也存在完全相反的结论，但学者们的主要研究范式都是基于社会网络理论探讨网络主体间的知识传递与价值创造，使用的核心变量主要集中在网络结构、网络位置、网络联结和网络成员等因素上，这些网络特征的各个维度都是行动者实现价值创造和构建竞争优势的重要因素。

4.4.3 颠覆性创新绩效

技术创新是推动宏观经济发展与获取企业竞争优势的重要手段，而创新绩效是衡量技术创新活动实施效果的主要手段，是企业通过创新投入以及创新活动过程所形成的产出成果，体现为产出水平、产出效率以及对企业发展的影响作用（高霞等，2021）。早期学者主要从技术效率的角度对创新绩效进行测度，如 Leibenstein（1985）从基础产出的视角定义技术效率，指出技术效率是相同情况下投入与产出的水平状况。一些学者认为创新的最终结果都会体现在效益上，如 Alegre 等（2006）利用效果和效率来定义创新绩效，其中效果指的是对产品的开发、市场规模的扩大等；效率指的是开发的时间、费用与满意度等。还有学者从过程角度来定义创新绩效，如高建等

(2004)认为创新绩效包括过程绩效和产出绩效,技术创新过程的效率、产出以及对企业的其他贡献。

关于创新绩效的测度,目前学术界对创新绩效的衡量主要包括3种方式。首先,有的学者从企业的经营目标出发,将经济收益作为创新绩效的测算标准,认为创新绩效与企业财务绩效的概念相近,是对企业经营状况的一种评估体系,可以用企业的财务报表来对创新绩效进行测评(Lee et al.,2019)。其次,有的学者从创新的技术目标入手,认为创新绩效是衡量企业技术创新效率的指标,包括企业研发速度与专利申请数等(Kim et al.,2016)。最后,还有的学者认为创新绩效是创新效果与创新效率的结合,既包括企业创新活动的数量和质量,也应考虑企业创新活动的速度(徐泽磊和于桂兰,2020)。

颠覆性创新是新技术对传统技术范式带来变革性影响的过程,市场主体只有通过技术创新与产品优化成功获得创新绩效,才能赢得竞争优势以及实现市场扩散,因此,创新绩效是颠覆性创新得以实现的关键前提。Balachandran 和 Hernandez(2018)分析了颠覆性创新绩效的数量与质量的区别,指出创新数量反映的是公司的创新生产力,创新质量反映出知识生产是否具有开创性的本质,而这一区别在之前的相关研究中较少涉及。Wu 等(2019)采用颠覆指数来衡量颠覆性创新绩效,发现独立科学家或小型团队往往更能够实现颠覆性技术的创新绩效。Funk 和 Owen(2017)提出了基于专利数据测度颠覆性创新程度的新指标,该指标的取值范围介于 -1 到 1 之间,值越接近 1 说明企业创新的颠覆性程度越高。颠覆性技术作为一项全新的技术范式,其成长阶段中具有"技术变轨"的特性,并且颠覆性创新往往针对的是利基市场或新市场,在很长一段时间内,其在财务指标上并不具有显著性,如何对颠覆性创新绩效进行测度目前尚缺少共识性的手段和方式。

本书在综合研究领域的成果基础上,选择利用企业在颠覆性技术领域的发明专利申请情况作为颠覆性创新绩效的测度指标,该做法主要基于以下两点思考:首先,用企业专利申请数量来测度企业的创新绩效是很多学者的做法,本书借鉴了赵博和毕克新(2016)、蒋艳辉(2018)、毕静煜和谢恩(2021)等学者的做法,选择专利类型中具有更高创造性和新颖性的发明专利来表征颠覆性创新绩效;其次,尽管基于专利指标具有一定的局限性,但诸多研究同样论证了将专利作为衡量创新绩效指标的有效性,即能够相对客观并且体现时间序列性和研究可比性(朱雪忠和胡成,2021)。

4.4.4 颠覆性创新研发联盟与企业创新绩效

网络特征作为行动者与其他网络主体行动关系建立的结果，代表了行动者在研发联盟中的地位，体现了行动者在研发联盟网络中控制信息传递与获取互补性资源的能力（梁杰等，2020）。企业所能够获取的创新资源的质量与数量是企业颠覆性创新绩效提升的关键基础，因此，在研发联盟中占据优势位置的企业能够更高效、便捷地获取高质量的创新资源，从而更有可能把握创新机会，实现卓越的颠覆性创新绩效。

国外学者较早关注研发联盟网络特征对企业创新绩效的影响机制问题，提出研发联盟结构能够影响企业知识创造的潜力，网络密度越大越能够提升网络主体的信息传输能力，其通过非冗余联结缩短主体之间的距离，并可以通过更广泛的连接网络来提升覆盖范围，实现更高水平的创新产出（Schilling & Phelps，2007）。Sivakumar 等（2010）探讨了研发联盟知识（联盟经验和伙伴多样性）与联盟治理（横向治理和纵向治理）对创新产生和财务绩效的影响机制。

国内学者在借鉴国外研究经验的基础上，开始从传统创新领域转向颠覆性创新领域进行研究探索与理论完善。以颠覆性技术突破为目标的研发联盟能够增强企业能动性并降低研发中的不确定风险，高太山和柳卸林（2016）基于国内企业的研发联盟样本，验证了研发联盟能够显著提升企业的颠覆性创新绩效，以及联盟网络关系紧密程度是促进颠覆性创新的有效手段。徐欣等（2019）发现，研发联盟是提升企业技术创新水平的有效组织形式，不仅能够增加创新产出的数量，还能够对技术的多元化和创新的突破性（颠覆性创新绩效）带来显著作用。张金福和黄雪晴（2020）研究了颠覆性创新研发联盟网络结构与创新绩效的影响机制，发现网络中心性、稳定性和结构洞会对颠覆性创新绩效具有正向影响，并且探索式学习与利用式学习都会在其中起到相应的中介作用。毕静煜和谢恩（2021）基于交易成本理论，发现研发联盟主体社会价值与企业颠覆性创新绩效呈现"倒U型"关系，研发联盟伙伴的技术多样性与地理多样性分别在主体社会价值与企业颠覆性创新绩效的关系中发挥负向与正向作用。

总体而言，已有关于研发联盟网络特征与企业创新绩效的研究已经形成了较为丰富的成果，围绕结构维度、关系维度和位置维度等特征进行了诸多的探索。但聚焦颠覆性创新情境的研究成果还相对较少，尤其是综合不同网络层次与内外环境的交互影响研究还不够深入，颠覆性创新研发联盟不同层次的网络特征是否会对企业创新绩效存在新的影响机制？新的情境下又会存在怎样的外部调节与中介效应？相关理论的完善仍有待进一步探索。

4.5 本章小结

本章是对颠覆性创新理论基础的系统综述。首先，本章基于研究涉及的相关颠覆性创新理论基础，如创新扩散理论、社会网络理论与战略生态位管理理论等进行归纳阐述与联系分析；其次，针对颠覆性创新研发联盟、研发联盟网络特征与企业创新绩效等核心问题，对具体研究领域的现状进展进行分析，为后续研究奠定理论基础。

第 5 章 颠覆性技术的演进特征

颠覆性技术能够彻底改变现有的技术格局和市场环境，为新一轮技术变革提供强力引擎。颠覆性技术的演进特征对于企业和政策制定者来说，是理解和预测颠覆性技术可能带来的影响的重要工具。通过识别和追踪颠覆性技术的演进特征和趋势，研究者可以揭示技术创新扩散的内在规律和演化机制，为判别技术颠覆的时机提供依据，为国家和企业识别优先领域、合理配置科技资源提供指导，从而推动技术进步和创新。本章在回顾前人研究成果的基础上，从低端颠覆与高端颠覆的视角，选择不同类型的颠覆性技术进行演进特征的跨案例分析，遵循复制法对特征范畴进行反复修正、补充与融合，分别得到低端颠覆性技术和高端颠覆性技术的演进特征，进而为后续研究提供理论支撑。

随着信息技术的迅猛发展与新一轮工业革命的快速蔓延，创新环境的动荡变化导致了技术间断和技术不连续，颠覆性技术能通过更优的潜力加速传统技术的衰退或灭亡，主导建立新的竞争范式，已经成为世界各国家抢占经济与科技制高点的重要手段和战略方向。但颠覆性技术的识别培育仍存在相应的困难与紧迫性，首先是"看不懂"，颠覆性技术的演进特征和内在机理十分复杂，具有高度不确定性，特别是其产生颠覆时的"引爆点"和"临界态"难以识别，对其演化规律难以把握；其次是"来不及"，颠覆性技术的演进过程虽然艰难，但一旦成熟便能够快速占领市场，极大地冲击主流技术，破坏现有秩序和平衡，企业常常是事后或面临"卡脖子"时才意识到问题的严重性，错过识别培育、风险防范及主动应对的时间窗口。因此，探索颠覆性技术的演进特征及内在机理，是契合国家科学认识和培育发展颠覆性技术、抢占未来竞争战略主动权的现实需求（张光宇等，2021）。

关于颠覆性技术的演进特征问题，一些学者已经进行了相应的研究探讨。在研究视角方面，从技术发展的角度，Christensen（1997）指出颠覆性技术相对于维持性技术具有简单便宜、灵活方便、低端性等特点；从技术结构的角度，陈红花等（2019）指出颠覆性技术往往不局限于单一技术，一般会涉及具有复杂内在结构的技术群落；从技术应用的角度，刘安蓉等

（2018）提出颠覆性技术能够在应用领域产生变革影响，往往由需求牵引、应用引导，甚至拓展至全新的应用领域。在研究方法方面，苏鹏等（2019）借助历史案例的回溯法总结出颠覆性技术的创造性、覆盖性、替代性、异轨性和抵抗性特征；武建龙等（2024）通过专利挖掘的方式对颠覆性技术的演进特征进行了概括。已有研究为强化颠覆性技术的特征、认识和指导颠覆性技术的识别培育提供了坚实基础，但仍存在相应的不足之处：首先，在研究视角上，已有研究多从整体的宏观视角提出颠覆性技术的特征范式（Parry & Kawakami，2017），从全过程视角对颠覆性技术在不同阶段的演进特征研究还较少被涉及，针对颠覆性技术的复杂性和不确定性特点，尚需要强化对其全过程的演化特征认识；其次，在研究对象上，学者们重点分析了传统低端颠覆性技术的演进特征（斯晓夫等，2020），有关高端颠覆性技术的新特征研究相对较少（周洋和张庆普，2017），并且对低端与高端颠覆性技术演进特征的对比分析更为有限。

本章将通过跨案例研究范式，选取电动自行车等 4 项不同类型的颠覆性技术进行验证性案例分析，遵循复制法对颠覆性技术的特征范畴进行反复修正、补充与融合，分别得到 12 个低端颠覆性技术演进特征以及 13 个高端颠覆性技术演进特征，并在此基础上首次从全过程视角创新性地构建出两种颠覆性技术的演进特征模型，进一步总结出低端颠覆性技术与高端颠覆性技术在创造性、异轨性和迭代性上的特征共性，以及在价值主张、价值路线和价值检验上的特征差异。本章对于补充和发展现有颠覆性创新理论具有一定的理论意义，能够为后续研究提供借鉴参考；同时，全过程视角下的演进特征分析有助于为颠覆性技术识别培育的精准施策创造机会，高端和低端颠覆性技术的对比分析能够为政府和企业制定颠覆性技术发展战略提供实践指导。

5.1 理论研究现状

5.1.1 颠覆性技术的不同类型

颠覆性技术的早期研究主要关注从低端市场切入的低价格、低性能的技术跃迁现象，随着研究的不断深入，学者们开始注意到高价格或高性能的数码相机、固态硬盘等新型颠覆性技术类型，并通过拓展颠覆性技术的类型来提升颠覆性创新理论的解释性。从市场切入的视角，Christensen（2006）将颠覆性技术划分为两种类型，一种是通过提供便捷、简化和价格更低的性能相近产品,从低端市场发起颠覆;另一种是通过提供优于传统技术的新兴技术来改进消费者服务体验,从新市场发起颠覆。Danneels(2004)提出颠覆性技术不应局限于低端市场与新市场,低价格和低性能只是颠覆性技术的部分属性,类似于数码相机对胶片相机的颠覆应该被视为高端颠覆性技术创新。从市场定位的角度,Govindarajan 和 Kopalle(2006)对颠覆性技术进行了更为普适性的分析,通过对移动电话和固定电话的案例分析将颠覆性技术创新划分为低端颠覆与高端颠覆。还有学者从行业范围的角度,将颠覆性技术划分为单一行业的颠覆性技术与跨界整合式颠覆性技术(张庆普等,2018)。

在借鉴已有研究的基础上,本章从市场定位的角度,将颠覆性技术划分为低端颠覆性技术与高端颠覆性技术。其中,低端颠覆性技术主要是指价格相对便宜,性能与主流技术相比更加简单实用,以价格敏感性客户为主,通过较低价格吸引顾客,从而赢得市场空间的技术类型;高端颠覆性技术主要是指价格相对昂贵,比主流技术质量更高、功能更全,以具有较高支付能力或者有特殊性能需求的客户为主,并通过优异性能或使用体验来吸引顾客,从而获取市场空间的技术类型(表 5-1)。

表 5-1 低端颠覆性技术与高端颠覆性技术的比较分析

比较维度	低端颠覆性技术	高端颠覆性技术
价格定位	价格相对便宜	价格相对昂贵
技术性能	相对主流技术而言较低,但足够使用	相对主流技术而言质量更高、功能更全
目标顾客	以价格敏感性客户为主	具有较高支付能力、拥有特殊性能需求的客户
发展模式	以较低的价格吸引顾客,获取市场空间	以优异的性能或使用体验吸引顾客,逐步打开市场

5.1.2 颠覆性技术的演进特征

现有研究从概念定义、影响作用与识别预测等视角对颠覆性技术进行了相应的探索,但是颠覆性技术的演进特征与市场扩散路径充满了不确定性,

第5章 颠覆性技术的演进特征

必须进一步深化对颠覆性技术特征机理的认识,以更好地丰富和优化颠覆性技术的识别干预机制。本章通过对已有关于颠覆性技术演进特征研究的核心文献进行阅读梳理,包括经典的高被引文献和近期的前沿文献,得到14个范畴化的颠覆性技术演进特征,具体如表5-2所示。

表5-2 颠覆性技术的演进特征

特征	支持学者
操作更加简单	Christensen（1997），Kenagy 等（2002），Kostoff 等（2004）
使用更加方便	Christensen（1997），Kostoff 等（2004），Govindarajan 等（2006）
价格更加便宜	Christensen（1997），Leifer 等（2001），Kenagy 等（2002）
技术更可信赖	Christensen（1997）
基于新的技术轨道	Danneels（2004），Nagy 等（2016），Suikki 等（2007）
全新的功能作用	Leifer 等（2001），Kostoff 等（2004）
初始阶段的低端性	Christensen（1997），Kenagy 等（2002），Ander（2002）
价值不被主流用户所认可	Govindarajan 等（2006），薛捷（2019），杨桂菊等（2020）
发起于低端市场或利基市场	Christensen（1997），Kenagy 等（2002），Thomond（2008）
初期只能吸引低端、价格敏感客户	Govindarajan 等（2006），Ander（2002），Suseno 等（2018）
扎根的市场受制度和规则的阻碍小	Kenagy 等（2002），Habtay（2012）
未达到在位企业的获利要求	Christensen 等（2006），Govindarajan 等（2006），Suseno 等（2018）
表现出更快的性能改善速度	Cukier 等（2019）
随着性能提升侵蚀主流市场	Govindarajan 等（2006），Ansari 等（2016）

5.2 案例研究

颠覆性技术的演进是一个动态过程，其演进过程中的特征属性不易进行操控与测度，因此比较适合采取案例的方法进行研究，并且相比于计量模型分析，案例研究更具有严谨客观性，对事实的阐述更为具体（Eisenhardt & Graebner，2007）。本章选取电动自行车和硬盘驱动器作为低端颠覆性技术研究案例，固态硬盘和3D打印作为高端颠覆性技术研究案例，主要基于以下思考：①研究范式的合理性，跨案例研究相较于单案例研究能够形成更加精准和具有普适性的结论（Yin，2004）；②研究对象的契合性，选取的案例符合不同颠覆性技术类型的典型特征，均满足表5-1对低端颠覆性技术与高端颠覆性技术的属性分析；此外，相关案例的技术颠覆过程也得到了市场检验和用户认可，具有对主流技术范式的颠覆特性与社会体制机制的广泛影响力；③研究资料的可获得性，选取的颠覆性技术案例均可以从学术期刊、网络渠道中获得丰富、清晰的材料信息用于案例分析。

5.2.1 低端颠覆性技术的案例分析

（1）电动自行车的低端颠覆案例。

电动自行车被视为交通工具领域的颠覆性技术之一，因为它并未沿着自行车或摩托车的轨迹继续进行任何技术改进，而是通过使用电动机、电池和控制器重新定义了两轮交通工具的性能特征。在技术早期阶段，电动自行车的生产与摩托车相比是低质量和小规模的，仅存在于很小的细分市场中，并没有引起摩托车厂商的兴趣与竞争欲望。在电动自行车首次投放市场时，其性能（速度、负载、里程）无法与摩托车媲美，而且当时的电刷电动机存在磨损严重的问题。但是，它易于使用，比传统自行车效率更高，比摩托车更加便宜，这些特点吸引了利基市场的注意（如部分妇女、青少年、中老年人等），这些人可能不会骑摩托车，但是他们的交通需求超出了传统自行车所能提供的范围。在2000年之后，随着持续研发取得的关键技术突破，无刷直流电动机和电池技术难题不断被攻克，电动自行车的性能得到了显著提高，可以满足主流城市客户对个人交通的需求，它的价格便宜、性能便捷等优势开始引起消费者的极大关注。开拓性的电动自行车公司抓住了这个机会，一些新进入者进入了该行业，提高了行业生产能力。新时期以来，许多

第 5 章 颠覆性技术的演进特征

城市提升了环保禁令的执法力度,对摩托车的出行予以限制,导致摩托车制造商面临已经成熟的电动自行车公司带来的重大挑战,对于他们而言反抗可能为时已晚,因为自 21 世纪初以来,电动自行车行业的进入者已经满足了新市场的需求。

结合电动自行车案例,对表 5-2 范畴化的颠覆性技术演进特征进行验证,结果如表 5-3 所示。电动自行车符合其中大部分的特征描述,但相对于摩托车的工业生产技术而言,电动自行车初期在电动机、电池和控制器等核心技术上处于相对粗糙与不断完善阶段,"技术更可信赖"的特征在该案例中没有得到契合。此外,通常情况下颠覆性技术会表现出新的功能特点,但电动自行车体现的是对操作简单和使用便捷的需求满足,难以认定是全新的功能体现,这一特征有待修正,本章尝试将其更正为"新的功能特征或性能表现"。电动自行车诞生之后便受到消费者的关注,但是由于在电机、电池等技术上的不完善,很多消费者没有在初期选择购买使用,而是等技术提升之后才开始进行消费。电动自行车的价值并非不被主流用户认可,而是受限于客观条件未能满足主流用户的采纳标准,本章尝试将这一特征修正为"未达到主流用户的技术采纳标准"。此外,消费者初期在选择电动自行车时,除了考虑其价格便宜的因素,更多还看重其操作简单和使用便捷的优势,故将"初期只能吸引低端、价格敏感客户"修正为"初期以低端、价格敏感客户为主"。

表 5-3 低端颠覆性技术的演进特征检验——以电动自行车为例

特征	案例情况	分析结果
操作更加简单	与摩托车相比,操作更加简单化	符合
使用更加方便	体积更轻,使用起来更加方便	符合
价格更加便宜	相比摩托车价格更具吸引力	符合
技术更可信赖	电机等技术在初期并非十分成熟	不符
基于新的技术轨道	使用电动机、电池和控制器重新定义两轮交通工具	符合
全新的功能作用	具有简单、便捷的使用体验,但未产生新功能	需修正
初始阶段的主流性能劣势	初期在速度、负荷与里程上表现较差	符合

续表

特征	案例情况	分析结果
价值不被主流用户所认可	主流用户认可其价值,但受限客观条件未达到采纳标准	需修正
发起于低端市场或利基市场	早期立足于中老年人与妇女儿童	符合
初期只能吸引低端、价格敏感客户	初期有部分是考虑价格因素,但也有部分是因为操作体验便捷	需修正
扎根的市场受制度和规则的阻碍小	作为全新的技术范式,未受到主流产品的抵制	符合
未达到在位企业的获利要求	电动自行车的研发投入大、获利慢	符合
表现出更快的性能改善速度	电动自行车技术相比摩托车技术进步更加迅速	符合
随着性能提升侵蚀主流市场	随着电机技术、电池技术提升,逐步成为新的主流产品	符合

(2) 硬盘驱动器的低端颠覆案例。

硬盘驱动器尺寸的缩小是该领域极具里程碑意义的颠覆性技术创新,其直径逐渐从 14 英寸缩小至 8 英寸、5.25 英寸、3.5 英寸、2.5 英寸、1.8 英寸,直至体积更小的闪存技术。硬盘驱动器的每一次"浓缩"都伴随着技术属性的阶段跃迁与残酷的市场更迭,主流企业因只看重当下收益的稳定增长,一次次忽视了技术的迭代而被清理出局。20 世纪 70 年代中期,14 英寸的硬盘驱动器是当时大型计算机的主流配置选择,其具备良好的性能和空间优势。1978 年之后,昆腾公司等新兴企业开始生产 8 英寸的硬盘驱动器,但由于尺寸小,容量低,无法满足大型计算机的性能需求,只能将产品出售给当时新兴的小众市场——微型计算机,而美国数据控制公司等 14 英寸硬盘驱动器制造商对此并无兴趣。8 英寸的硬盘驱动器从低端新市场开始发展,并且技术进步迅速,到 20 世纪 80 年代中期,其容量已经达到大型计算机的使用标准,而且成本更低,导致主流企业纷纷被淘汰出局。在完成对 14 英寸硬盘驱动器的颠覆之后,8 英寸硬盘驱动器成为市场主流,但是拥有

第 5 章 颠覆性技术的演进特征

成功颠覆经验的 8 英寸硬盘驱动器制造商同样没有避免被新一轮技术创新颠覆的命运。1980 年，希捷公司推出了 5.25 英寸硬盘驱动器，但因为容量小，完全达不到当时主流用户（微型计算机）的使用标准，希捷公司只能将产品卖给当时新兴的小众市场（台式计算机）。在之后的十年里，5.25 英寸硬盘的容量以每年 50% 的速度增长，终于，其容量增长轨迹与大型计算机和微型计算机的市场需求容量轨迹发生了交汇，主流的 8 英寸硬盘驱动器制造商只有一家继续留在了 8 英寸市场。后来的颠覆路径如出一辙，5.25 英寸硬盘被 3.5 英寸硬盘颠覆，3.5 英寸硬盘又接被 2.5 英寸硬盘颠覆，直至当下，体积更小的闪存技术又在各种 IT 设备里进行普及。

结合硬盘驱动器的案例，本章对前文修正后的颠覆性技术演进特征进行验证，结果如表 5-4 所示。磁盘驱动器基本符合其中的特征描述，但小尺寸的硬盘驱动器只是在尺寸上对大的硬盘驱动器进行了"浓缩"，在操作方式上与主流技术产品如出一辙，都是作为存储介质的存在，因此"操作更加简单"这一特征没有得到契合。此外，小尺寸硬盘驱动器在技术上相对于大尺寸硬盘驱动器并没有显著提升，因此"技术更可信赖"这一特征也没有得到契合。

表 5-4 低端颠覆性技术演进特征复验——以硬盘驱动器为例

特征	案例情况	分析结果
操作更加简单	不存在操作简单的优势	不符
使用更加方便	体积更小，使用方便	符合
价格更加便宜	价格相对于主流硬盘驱动器更加便宜	符合
技术更可信赖	技术相对于大尺寸硬盘驱动器并没有显著提升	不符
基于新的技术轨道	并非传统技术轨道的容量扩大，而是尺寸缩小	符合
新的功能特征或性能表现（修正后）	具有体积小的性能优势	符合
初始阶段的主流性能劣势	初期在容量上表现较差	符合
未达到主流用户的技术采纳标准（修正后）	容量未达到主流产品的需求	符合

续表

特征	案例情况	分析结果
发起于低端市场或利基市场	早期立足新兴的小众市场	符合
初期以低端、价格敏感客户为主（修正后）	初期以满足新兴的小众市场客户需求为主	符合
扎根的市场受制度和规则的阻碍小	作为全新的技术范式，未受到主流产品的抵制	符合
未达到在位企业的获利要求	在位企业未关注到新技术的市场前景	符合
表现出更快的性能改善速度	小尺寸硬盘驱动器性能提升速度更快	符合
随着性能提升侵蚀主流市场	随着容量的提升，小尺寸硬盘逐步被主流用户选择	符合

（3）低端颠覆性技术创新的演进特征分析。

在对电动自行车和硬盘驱动器的低端颠覆性技术创新的跨案例验证分析中，"技术更可信赖"这一特征均未得到契合而被剔除，"全新的功能作用"被修正为"新的功能特征或性能表现"，"价值不被主流用户所认可"被修正为"受限于客观条件未被主流用户早期采纳"，"初期只能吸引低端、价格敏感客户"被修正为"初期以低端、价格敏感客户为主"。此外，相对于主流技术而言，颠覆性技术会具备"操作更加简单"和"使用更加方便"中的一个或多个特征，彼此之间应当是"或"的关系，并不一定同时存在，因此，本章将其总结为"便捷的技术体验"，从而将初始的14个特征修正融合为12个新特征。进一步分析可以发现，这12个演进特征中，有6个是从技术性能表现对颠覆性技术演进特征进行描述，6个是从市场效应上对颠覆性技术演进特征进行刻画。根据逻辑属性与过程阶段，可以构建起低端颠覆性技术的演进特征模型（图5-1）。

低端颠覆性技术基于全新的技术轨道而产生，一方面，尽管低端颠覆性技术在初期的主流技术性能表现上并不占据优势，没有达到在位企业的获利要求以及主流用户的采纳标准，但颠覆性技术通过立足于低端市场避免了初期与主流技术的直接交锋，获得了生存发展空间；另一方面，低端颠覆性技术往往具备新的功能特征或性能表现，具有更加便捷的技术体验，能够产生新的市场空间。由于低端颠覆性技术基于新的技术轨道进行发展演化，且在初期并不直接与主流技术发生竞争，其便能够减少所受的传统市场制度和体制规则的阻碍与打压；此外，低端颠覆性技术以取代主流技术为发展目标，会表现出更快的性能改善速度，随着其主流性能的不断优化提升，对主流市场的侵蚀不断扩大，最终实现对主流技术的颠覆。

为了验证模型的适用性，本章进一步选取山寨手机、拍照手机等低端颠覆性技术案例，这些案例均可以通过模型的特征验证，表明研究结论具有相应的科学性。

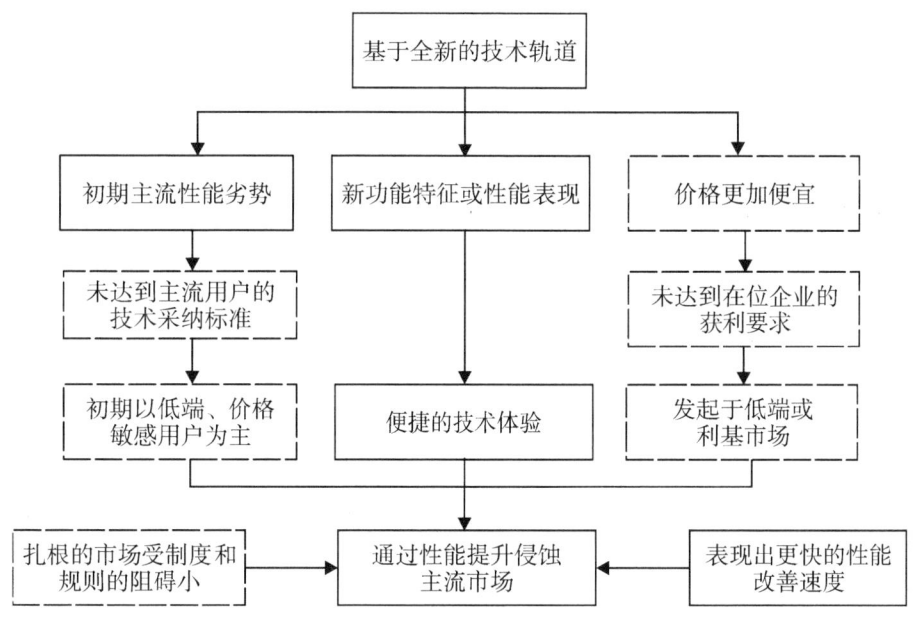

图 5-1 低端颠覆性技术的演进特征模型

注：实线框表示技术性能，虚线框表示市场效应

5.2.2 高端颠覆性技术的案例分析

（1）固态硬盘的高端颠覆案例。

硬盘行业的技术更新迭代十分迅速，在过去的 30 多年中，硬盘行业共发生了 5 次重大技术变革，每一次变革都会带来产品的更新换代与企业的淘

汰新生，Christensen 正是以硬盘行业为例提出了颠覆性创新理论。硬盘行业最新的一次重大技术变革是固态硬盘对机械硬盘的颠覆，在固态硬盘出现以前，硬盘的唯一选择是机械硬盘，固态硬盘出现后，基于半导体技术，以明显的性能优势向机械硬盘市场发起冲击。固态硬盘的核心技术来源于半导体技术，厂商属于外部行业的半导体企业，从 2010 年开始，半导体行业企业利用技术优势开启了固态硬盘的跨界颠覆之路。固态硬盘使用集成电路制成的半导体存储芯片，可以替代物理旋转磁盘，淘汰机械运动的存储元件，在尺寸、功耗和性能方面具有先天的优势。尽管固态硬盘的初始价格相对昂贵，但随着生产工艺和技术水平的提升，其价格也处于不断下降的趋势，与机械硬盘的价格差距不断缩小。根据调查机构 Statista 的统计数据，机械硬盘在 2010 年的出货量达到顶峰，但在此之后规模迅速缩小，与此同时，固态硬盘的出货量急剧增长，2017 年固态硬盘的出货量已经达到机械硬盘的一半，并且固态硬盘的销量预计将在 2021 年超过机械硬盘（明星等，2020）。此外，从技术进步的角度来看，固态硬盘的性能一直保持不断提升的态势，而机械硬盘产品的发展相对缓慢，目前电商在售的机械硬盘还是 5 年前开发的旧产品。

结合固态硬盘案例，本章对表 5-2 范畴化的颠覆性技术演进特征进行验证，结果如表 5-5 所示。固态硬盘作为高端颠覆性技术创新的案例，与传统颠覆性技术演进特征的契合度相对较低。固态硬盘相对于机械硬盘在操作方式上如出一辙，都是作为存储介质而存在，因此"操作更加简单"这一特征并不符合；此外，固态硬盘价格比同容量机械硬盘更贵，在价格上并无优势，结合高端颠覆概念定义，将"价格更加便宜"这一特征修正为"价格更加昂贵"；固态硬盘相对于机械硬盘的基本功能相同，只是传输效率更高，因此将"全新的功能作用"这一特征修正为"新功能特征或性能表现"；固态硬盘的初始定位就是在满足主流技术存储空间需求的基础上提供高效率的传输性能，因此将"初始阶段的主流性能劣势"修正为"主流性能的优化"；固态硬盘的性能优势更好，只是因为价格偏高影响主流用户的采纳，因此将"价值不被主流用户所认可"修正为"受价格限制影响主流用户采纳"；固态硬盘发起的初衷是满足高端用户对传输效率的高追求，并且是对主流产品的直接高端技术竞争，因此将"发起于低端市场或利基市场"修正为"发起于高端市场"，将"初期只能吸引低端、价格敏感客户"修正为"初期以支付能力较强的高端用户为主"，将"扎根的市场受制度和规则的障碍小"修正为"与主流技术的直接竞争"；此外，固态硬盘本身的技术水平已经达到了市场用户的使用要求，只是因为价格太高在初期的市场扩散遇到压力，随着技术水平和生产工艺的提升，其价格不断降低导致市场扩散进程加快，因此将"随着性能提升逐渐吸引主流用户"修正为"随着价格下降逐渐吸引主流用户"。

表5-5 高端颠覆性技术演进特征检验——以固态硬盘为例

特征	案例情况	分析结果
操作更加简单	不存在操作简单的优势	不符
使用更加方便	体积更小，使用方便	符合
价格更加便宜	价格比同容量机械硬盘更贵	需修正
技术更可信赖	基于半导体技术，速度更快，性能更高	符合
基于新的技术轨道	基于半导体技术的跨界颠覆	符合
全新的功能作用	功能作用相同，但是传输效率更高	需修正
初始阶段的主流性能劣势	在满足主流的存储空间需求上，提升了传输效率	需修正
价值不被主流用户所认可	性能更好，但同容量的价格较高，影响初期采纳	需修正
发起于低端市场或利基市场	针对传输效率有更高追求的用户群体	需修正
初期只能吸引低端、价格敏感客户	初期以对传输效率有更高要求的高端用户为主	需修正
扎根的市场受制度和规则的阻碍小	与主流市场的机械硬盘直接竞争	需修正
未达到在位企业的获利要求	新的技术体系与庞大的研发成本，导致传统硬盘企业初期未进入	符合
表现出更快的性能改善速度	半导体企业对技术的优势积累带来了全新的技术优化速度	符合
随着性能提升侵蚀主流市场	价格对消费者的影响更大，成为影响市场推广的主导因素	需修正

(2) 3D 打印的高端颠覆案例。

3D 打印又被称为增材制造，属于快速成型技术的一种新形式，诞生于 20 世纪 90 年代。美国 ZCorp 公司在获得麻省理工学院的 3D 印刷技术专利授权之后，开始进行 3D 打印机的开发，其工作原理与传统打印机有共通之处，通过在打印机内安置粉末状金属或者塑料等可塑性"打印材料"，根据计算机上的模型蓝图，控制"打印材料"层层叠加，形成实物。3D 打印的工作模式使其具有 3 个鲜明的优势特性：①免费的多样性（free diversity），通过改变数字模型的设计就能够生产不同的产品；②免费的复杂性（free complexity），生产结构复杂的精密物品不会比生产结构简单的产品增加显著的成本；③免费的灵活性（free flexibility），任何连接到 3D 打印机的个人都能够参与到产品的设计和制造之中（苏秦和杨阳，2016）。3D 打印的独特优势为其带来了广泛的应用空间，其最开始被应用于高端工业设计、精细模型制作等相关领域，后来逐步应用于更多领域相关产品的制造，如电子消费产品、汽车制造、生物医疗、工业设备、航空航天、土木工程等。3D 打印作为一项颠覆性技术，正不断改写传统制造业的生产方式，为现有工业生产的产业格局和市场环境带来重大变革。

本章结合 3D 打印案例，对修正完善后的颠覆性技术演进特征进行验证，结果如表 5-6 所示。3D 打印基本符合修正后的特征描述，但 3D 打印相对于传统的工业生产技术，在操作上需要先进行数字模型的设计，再利用 3D 打印机的操作指令完成生产过程，在操作体验上并没有显著优势，因此"操作更加简单"这一特征在本案例中没有得到契合。

表 5-6 高端颠覆性技术演进特征复验——3D 打印

特征	案例情况	分析结果
操作更加简单	需要先完成模型设计，并无操作简单的优势	不符
使用更加方便	个人可以参与生产设计，更加灵活	符合
价格更加昂贵（修正后）	需要 3D 打印机的硬件支持，价格更加昂贵	符合
技术更可信赖	精细化生产，技术更加优化	符合
基于新的技术轨道	来源于打印机的工作原理，属于新的工业生产范式	符合
新功能特征或性能表现（修正后）	满足精细化、个性化的生产需求	符合

第5章 颠覆性技术的演进特征

续表

特征	案例情况	分析结果
主流性能的优化（修正后）	对生产水平与技术标准的进一步提升	符合
受价格限制影响主流用户采纳（修正后）	主流用户认可其价值，但受到价格的限制	符合
发起于高端市场（修正后）	初期以精细化、定制化工业生产等高端市场为主	符合
初期以支付能力较强的高端用户为主（修正后）	初期更多的是满足高端用户的特殊性能需求	符合
与主流技术的直接竞争（修正后）	对传统生产方式的直接竞争	符合
未达到在位企业的获利要求	硬件设备的投入、市场的不稳定，初期获利难	符合
表现出更快的性能改善速度	技术完善相对于传统生产更加具有效率	符合
随着价格下降侵蚀主流市场（修正后）	随着成本降低，从生产领域向医疗、航空等领域扩散	符合

（3）高端颠覆性技术创新的演进特征分析。

本章通过结合高端颠覆的具体情境，对固态硬盘与3D打印进行了跨案例验证分析，对传统研究关于颠覆性技术创新的演进特征进行了大范围修正，对"价格更加便宜""全新的功能作用"等8个特征进行了重新定义。此外，"操作更加简单"这一特征并没有得到所有案例的一致通过，但将"操作更加简单"与"使用更加方便"融合成"优质的技术体验"便可通过2个案例的共同验证，从而将初始的14个特征范畴修正为13个新特征。进一步分析可以发现，这13个演进特征中，有7个是从技术性能表现对颠覆性技术演进特征进行描述，6个是从市场效应上对颠覆性技术演进特征进行刻画。根据逻辑属性与过程阶段，可以构建起高端颠覆性技术的演进特征模型（图5-2）。

高端颠覆性技术同样基于全新的技术轨道而产生，一方面，高端颠覆性技术在初期的价格更加昂贵,会影响主流用户的采纳,初期只能以高端市场中具有较高支付能力的小规模群体为主,并且由于生产工艺跟技术水平的要求,在位企业难以从中获利,更愿意聚焦于已有的主流技术产品;但另一方面,高端颠覆性技术不仅具有新的功能特征或性能表现,而且技术更加稳定,其对主流性能实现了技术跃迁式的提升,可以提供更加优质的技术体验,敢于发起对主流技术的直接市场进攻,并且通过更快的性能改善速度和不断降低的价格提升市场扩散进程,最终实现对主流技术的市场颠覆。

为了验证模型的适用性,本章进一步选取数码相机、液晶电视机等高端颠覆性技术案例,且发现其均可以通过模型的特征验证,表明研究结论具有相应的科学性。

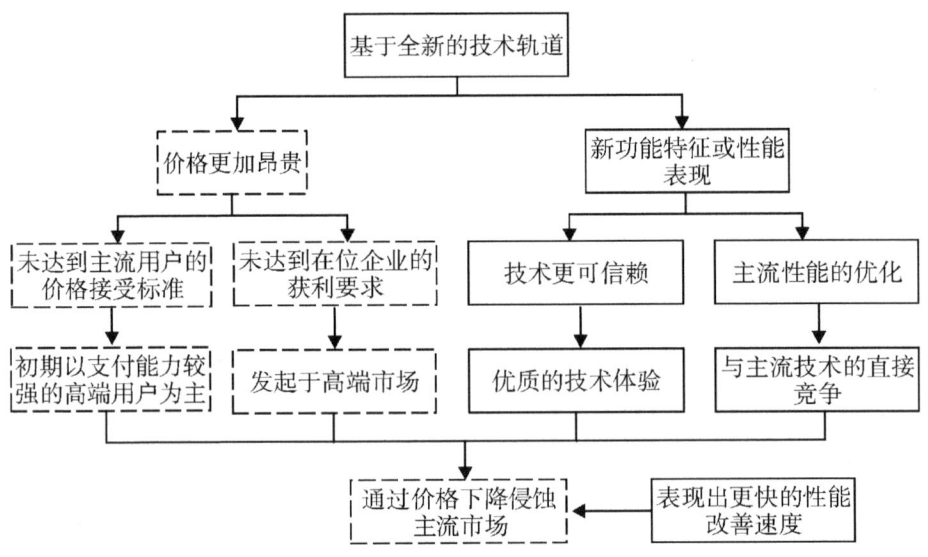

图 5-2 高端颠覆性技术的演进特征模型

注:实线框表示技术性能,虚线框表示市场效应。

5.3 颠覆性技术演进特征的综合分析

本章进一步地,对低端颠覆与高端颠覆的技术演进特征模型进行对比分析,总结出低端颠覆性技术与高端颠覆性技术在创造性、异轨性和迭代性上的特征共性,以及在价值主张、价值路线与价值检验上的特征差异

(表 5-7)。

表 5-7 颠覆性技术演进的特征共性与特征差异

类型		低端颠覆性技术	高端颠覆性技术
特征共性	创造性	市场缺位下的价值传递	
	异轨性	非对称性下的错位竞争	
	迭代性	目标导向下的高速迭代	
特征差异	价值主张	价值让渡的低价切入	性能优化的高端冲击
	价值路线	技术改善的高端侵蚀（低端—主流）	价格降低的低端渗透（高端—主流）
	价值检验	引爆点：技术性能达到主流技术标准	引爆点：性价水平达到大众可接受程度

5.3.1 不同颠覆性技术的特征共性

（1）创造性：市场缺位下的价值传递。

颠覆性技术是通过技术变轨对主流技术与主流市场进行侵蚀并最终取代的过程，其技术演进核心在于创造用户价值，实现的手段包括通过技术集成或要素整合的非线性复杂演进过程（靳宗振，2017）。在这一战略导向下，低端颠覆性技术与高端颠覆性技术都对主流技术进行了新功能创造或性能优化。低端颠覆性技术主动避开了在位企业对过高性能的追求，为用户提供了价格便宜、使用方便或操作简单的技术服务，如电动自行车的操作便捷与使用方便化；高端颠覆性技术在满足主流性能的基础上，对配套技术进行了性能优化，创造了更加多元化的价值体验，如 3D 打印提供的精细化与高标准生产性能。颠覆性技术通过构建起新的价值体系来吸引市场用户，其本质是向消费者传递全新的技术范式与价值观念。

（2）异轨性：非对称性下的错位竞争。

颠覆性技术属于一项全新的技术范式，与现有技术具有不同的属性集，其以新技术、产品为基础媒介，挖掘消费者的潜在需求或创造新需求，引导新的消费思维形成，最终逐步颠覆现有市场（靳宗振，2017）。无论是高端颠覆性技术创新还是低端颠覆性技术创新，两种技术创新模式都会偏离现有技术轨道，或者对现有技术标准进行重新组合以形成新的主导设计，通过在传统主流技术战场之外形成新的"第二战场"来进行技术的轨道跃迁与发展演进。电动自行车对摩托车的低端颠覆是基于电机动能技术对燃油动能技术的颠覆，固态硬盘是半导体技术对物理磁盘技术的颠覆，两者都是基于新的技术发展轨道而开展的技术创新方式。

（3）迭代性：目标导向下的高速迭代。

颠覆性技术以取代主流技术为目的，试图改变产业的竞争格局或者创造出新的产业蓝图来实现对市场的颠覆，对于后发企业的颠覆性创新过程而言，整合技术和社会资源不仅需要较高的创新资源投入，还要面临在位企业的抵制和社会技术体制机制的压力，不确定性和风险性都比较高（Christensen et al.，2019）。颠覆性技术伴随着紧迫的发展动力在主流企业尚未关注到的领域进行市场拓展，两种不同的颠覆性技术发展模式都在技术层面表现出更快的性能改善速度和迭代频率，该现象源于主流技术会占据更优势的市场地位，如果不能表现出更快的性能改善速度，不断优化技术、产品或服务并经过市场的认可，颠覆性技术就很难从主流技术中抢占市场份额以及完成技术的颠覆过程。

5.3.2 不同颠覆性技术的特征差异

（1）价值主张的差异性。

在价值主张方面，低端颠覆性技术实行价值让渡的低价切入，而高端颠覆性技术采取性能优化的高端冲击。虽然颠覆性技术创新的本质是向消费者传递全新的技术范式与价值观念，但低端颠覆性技术创新与高端颠覆性技术创新是基于不同的价值主张。低端颠覆性技术创新通过价格优势来进行价值传递，针对的是市场中的低端用户群体，解决由于主流技术的过度性能供给带来的额外支付问题，通过向消费者让渡价值空间，提供更简单、便捷和便宜的产品来赢得利润与竞争优势。高端颠覆性技术创新通过性能优势来进行价值传递，针对的是市场中的高端用户，对高端用户的主流性能优化和特殊性能需求进行高端服务，以更优质的用户体验来赢得市场空间。

（2）价值路线的差异性。

在价值路线方面，低端颠覆性技术采取技术改善的高端侵蚀，高端颠覆性技术实施价格降低的低端渗透。基于不同的价值主张，两种颠覆性技术的创新模式存在不同的价值传递路线。低端颠覆性技术创新通过价格优势吸引价格敏感性用户，在主流技术不看重的低端市场进行市场开拓和资源积累。

通过表现出更快的性能改善速度，低端颠覆性技术从低端市场向主流市场发起冲击，其技术性能标准不断向主流用户的需求标准靠近，直至发生交汇，实现价值传递与完成颠覆过程。高端颠覆性技术创新直接瞄准具有较高支付能力的高端用户，为其提供更加完善、优质的性能服务和个性化追求。在生产水平与制造工艺的不断改善下，高端颠覆性技术从高端市场向主流市场发起进攻，其性价水平不断向主流用户的接受标准靠近，直至发生交汇，实现价值传递与完成颠覆过程。

（3）价值检验的差异性。

在价值检验方面，低端颠覆性技术的引爆点为技术性能达到主流技术标准，高端颠覆性技术的引爆点为性价水平达到大众可接受程度。在不同价值主张引导下的价值传递路线中，两种颠覆性技术创新模式具有不同的价值检验标准。低端颠覆性技术依托价格优势进行市场开拓，影响其完成市场颠覆的主要因素是主流性能的技术薄弱性，因此，低端颠覆性技术实现价值传递与市场颠覆的检验标准就是在不断扩散的市场进程中对主流性能的提升，直至达到主流技术的标准。高端颠覆性技术依托技术优势进行市场开拓，影响其实现市场颠覆的主要因素是价格昂贵带来的支付压力，因此，高端颠覆性技术实现价值传递与市场颠覆的检验标准就是在不断扩散的市场进程中，通过规模化生产或生产工艺提升使性价水平达到大众可接受程度，成为新的主流技术。

5.4 本章小结

本章遵循"文献阅读梳理—特征范畴提取—案例修正融合—核心特征凝练"的研究思路，得到低端颠覆性技术与高端颠覆性技术演进的特征模型。两种颠覆性技术创新模式存在创造性、异轨性和迭代性的特征共性，其均具备新的功能特性与性能表现，发源于全新的技术轨道，加上以取代主流技术为发展目标，在价值传递上均表现出更大的创造性和迭代性。与此同时，不同的颠覆性技术创新模式也存在相异的特征表现，如不同的价值主张、价值路线与价值标准。低端颠覆性技术以向用户让渡价值空间为宗旨，通过价格优势从低端市场向主流市场发起冲击，当技术性能达到主流技术标准时便可实现市场颠覆；高端颠覆性技术以向用户提供更优质的技术体验为宗旨，通过技术优势从高端市场向主流市场发起冲击，当性价水平达到大众可接受程度时便可实现市场颠覆。

本章通过跨案例研究，对低端颠覆性技术与高端颠覆性技术的演进特征进行了系统分析，拓展了颠覆性技术创新的理论分析框架，有助于为企业的颠覆性技术发展路径和政府的颠覆性技术培育工作提供更加精细化的借鉴。如对于企业而言，针对不同的颠覆性技术类型需要制定契合其发展机理的战略路线，具体包括对低端颠覆性技术的便捷设计和对高端颠覆性技术的性能优化等。对于政府而言，在培育颠覆性技术时，针对低端颠覆性技术的性能提升问题，需要重点强化技术端的研发补贴；针对高端颠覆性技术的性价提升问题，可以在市场推广过程中探索消费补贴的政策工具应用。

第6章 颠覆性技术的采纳行为

在颠覆性技术和市场主流技术各有优缺点的背景下，有技术选择能力的企业将面临对颠覆性技术采纳与否的抉择问题，在面临颠覆性技术浪潮时企业的技术采纳决策将会对企业未来的生产发展产生重大影响。因此，本章将选取企业的颠覆性技术采纳行为作为研究核心。本章将在颠覆性技术、技术采纳等相关研究的基础上，首先，根据经典扎根理论分析方法，建立企业颠覆性技术采纳行为影响因素的理论模型；其次，以有限理性为前提，构建无政府参与下企业对颠覆性技术采纳行为的两方演化博弈模型，以及政府参与下企业对颠覆性技术采纳行为的三方演化博弈模型，研究企业采纳颠覆性技术的稳定策略，通过数值仿真验证稳定策略结果及分析各相关因素对企业最终策略选择的影响；最后，基于上述两组演化博弈模型的分析结果，对比分析，探究在不同情境下，企业颠覆性技术采纳行为博弈过程中决定最终策略选择的影响因素及影响效果。

6.1 引言

自从Christensen于1997年在《创新者的窘境》中提出颠覆性技术这一理论概念，该理论已经得到了社会各界广泛的讨论和应用。一方面，随着颠覆性创新的不断发展，学者们基于实践需求不断丰富其内涵（白光祖等，2021），其研究内容进一步拓展至企业的商业模式、产品、战略等领域。另一方面，颠覆性技术能够助力企业创造或利用技术和市场的突破，从而突破成长瓶颈，追赶上本领域内的领跑者，甚至成为行业内的佼佼者或者是某一个商业生态的创造者（Giachetti & Mensah，2023）。

然而，市场上往往同时存在许多技术，当企业在其中选择时，并不一定总是选择更有市场前景的技术（Feng et al.，2022）。当新技术能实现更好的技术性能，但却有难以解决的技术瓶颈时，为了实现自身的利益最大化，企业往往会更倾向于选择可以直接投入使用、短周期内取得可靠回报的成熟技术（Marosi et al.，2022）。在颠覆性技术和市场主流技术各有优缺点的背景下，有选择能力的企业将面临颠覆性技术采纳与否的抉择问题，并且企业对颠覆性技术的采纳决策将会对企业未来的生产发展产生重大影响（李莉等，2023）。

因此，本章将基于颠覆性技术、技术采纳等相关文献的讨论，运用扎根分析方法通过相关数据分析出颠覆性技术采纳行为的影响因素，并依据影响因素及演化博弈理论构建企业颠覆性技术采纳过程的演化博弈模型，通过演化博弈模型对企业的采纳过程进行分析，从而得出相关结论及对策建议，为企业面临颠覆性技术采纳情境时的选择提供帮助。

6.2 企业颠覆性技术采纳行为影响因素分析

6.2.1 研究设计

（1）方法选取。

扎根理论是一种科学的质性研究方法，其依质性材料建构新的理论模型，现有三种不同的扎根理论方法，分别为经典扎根理论、程序化扎根理论及构建型扎根理论。Glaser 等（2012）在其著作中最早提出了扎根理论的方法，他们强调了两方面内容：第一，要根植于数据和资料的分析，挖掘和形成理论，而不是从已知的理论和模型中验证假设。该方法主张研究问题应从实际情境出发，让研究人员扮演观察者角色，避免主观情感因素和已有知识体系的影响，坚持从数据和资料中得出科学结论。第二，在理论模型的构建过程中需要考虑情境因素，确保研究结果贴合并且充分解释现象。随后，Strauss 和 Corbin（2014）在其著作中提出了程序化扎根理论，强调程序化的概念和操作方法。Charmaz（2017）又提出了一种新的扎根理论研究，称为构建型扎根理论，该方法强调从实践源头发展理论。

由于目前颠覆技术采纳行为的影响因素尚未形成经典理论，因此本研究采用扎根理论这一质性研究方法，通过对三种不同的扎根理论进行梳理，选择经典扎根理论的研究方法。经典扎根理论的优点如下：第一，经典扎根理论充分坚持理论从数据中来，排除研究人员的主观影响，由此构建的理论更加科学和贴合现象。第二，在构建理论模型时，数据资料更加充分。经典扎根理论的数据来源于文献和访谈，经由三级编码和不断比较，最终形成的范畴和概念更具广度和深度。

(2) 研究步骤。

扎根理论的研究可分为研究问题产生、数据资料收集、数据资料处理和理论模型构建四个步骤。本研究基于经典扎根理论的研究流程，结合程序化扎根理论的开放性编码（open coding）、主轴编码（axial coding）和选择性编码（selective coding）的数据处理方法，作为本研究的研究步骤。

第一，研究问题的产生。经典扎根理论的研究问题根植于研究者不断的文献分析和观察实践活动，在研究过程中不断推进，依据情境分析，在不同参与主体的互动中自然呈现。在当前国际形势复杂多变的背景下，我国对关键技术领域愈加重视，这使得企业关于颠覆性技术的采纳问题变得愈发重要，其中涉及的参与主体以及相关影响因素成为有待解决的问题。目前，学术界对企业颠覆性技术的采纳行为研究较少，难以较为全面地为相关企业提供借鉴。因此，综合现实和理论考虑，本研究采用质性研究方法，明确企业采纳颠覆性技术行为过程中的主要参与方及影响因素，为解决颠覆性技术采纳问题提供借鉴。

第二，数据资料的搜集。为探究企业采纳颠覆性技术的影响因素，数据资料搜集的主要对象为潜在的采纳颠覆性技术的企业。为保证数据收集的可靠性，数据资料由一手数据和二手数据组成。其中一手数据是潜在的采纳颠覆性技术的企业员工的小组访谈记录。同时，本研究梳理政府相关政策、归纳并分析知网上相关代表性文献作为二手数据补充。此外，为保证研究数据的可信性和有效度，本研究对收集到的数据进行了必要的筛选。

第三，数据资料的处理。科学的数据处理是构建理论模型的关键，本研究借鉴程序性扎根理论的数据资料处理方式，采用开放性编码、主轴编码和选择性编码程序，识别和确定范畴，并探究范畴之间的关系。开放性编码主要将获取的访谈资料概念化和范畴化，该过程对访谈资料进行分析归纳并重组，以界定其概念和范畴。主轴编码的主要目标是分析归纳并发现概念之间的联系，将具有相同含义的概念归为同一范畴，形成有机联系。通过不断比较进行深入分析，寻找轴心。选择性编码是指在主轴编码形成的主范畴中找出一条"故事线"，在形成的范畴中寻找核心类属，并将其他范畴不断集中到核心类属上，通过"故事线"寻找各类属之间的逻辑关系，形成理论模型。

第四，理论模型的构建。通过三级编码形成主范畴和次范畴，梳理和归纳相关资料与文献，确定本研究的理论模型，且对模型的饱和性进行验证。本阶段主要目标是识别并筛选影响企业采纳颠覆性技术的因素，构建相关模型，并结合文献回顾对理论模型的饱和度进行检验。

6.2.2 数据收集

为保证数据收集的可靠性,数据基础采用一手数据与二手数据相结合的数据获取方式。其中,一手数据来源包括实地调研、半结构化访谈数据,访谈的具体内容包含颠覆性技术、颠覆性技术采纳行为、技术采纳过程参与方、技术采纳过程的影响因素等方面。访谈对象的基本信息汇总如表6-1所示。二手数据来源包含政府相关政策文件、中国知网、新闻报道记录等。最后,根据质性研究方法对资料进行筛选和分析,对多方面数据来源进行相互逻辑关系和符合性验证,以保证数据的真实性和准确性,提高研究的信效度。

表6-1 访谈对象的基本信息汇总

单位名称	所属行业	职务	访谈人数	访谈时长/min
G汽车有限公司	新能源汽车	生产部、技术中心部部长	5	100
B汽车有限公司	新能源汽车	公司总经理、市场部总监	3	80
N纳米技术研究所	半导体	财务处处长、研究院科研人员	5	100
B纳米科技研究院	半导体	研究院副院长	1	60
S机器人产业基地	人工智能	项目管理部负责人、研究员	5	80
A科技有限公司	人工智能	公司总经理	1	60
S材料实验室	新材料产业	高级工程师、研究员	4	80

6.2.3 数据处理

(1) 开放式编码。

开放式编码是对原始资料进行逐级编码、登录,不断进行比较,将原始资料概念化和范畴化,以求获得新的信息。为了剔除研究者个人态度的影响,对原始资料进行编码时尽量使用受访者的原话。初始概念数量庞大且存在一定程度的交叉,范畴化是对原始概念的再加工。本研究对这些初始概念进行范畴化后,得到17个概念范畴。在进行范畴化的过程中,剔除了频率低于或等于2次的词条,只选取了出现3次及以上的词条。得到的初始概念

第6章 颠覆性技术的采纳行为

和范畴如表6-2所示,为节省篇幅,本研究对每个初始概念只选取了1条语句。

表6-2 开放式编码

原始资料语句	概念范畴
A2:因为纳米所在半导体,尤其是分类器件的行业内做公共服务平台在国内还是小有名气的,然后我们在所里现在是每年大概稳定客户400家左右,在我们的平台上做,然后收入在一个亿左右	采纳收益
A5:我们一期投入运营资金12亿元,占地面积100亩,规划建设面积8万平方米,我们的人员规模大概是150人左右	采纳成本
A8:我觉得我们企业能够成功抓住这个机会,然后走到现在的位置又是什么样的,就是我们有哪些优势,有哪些战略决策点和决策,是我们把大脑做到了这一块,就是我们的优势	技术更迭机会成本
A12:可以看到我们有一个全球首创的三合一电驱,电驱的一个设计,它是由电驱电控和插曲器和三维的高度集成,它的一个优势在于可以提高功率和扭矩,并且减少我们车内所占据的一个空间,以此来达到提高我们的一个续航里程	技术性能
A14:下面是我们这个所里的喷墨印刷,也就是印刷电子这个方向比传统半导体的成本优势更明显的,就是我们现在柔性。我们所里做这个方向的时间比较长,因为它能在柔性上能喷墨,而且是能降低成本,比传统的光合增度,这个成本要10倍以上地减少	技术成本
A18:市场需求,这个项目都属于集团项目,市场需求集团批准了,就成立了。研究院没有权力说要办产品,没有这个权力。要以市场为导向,我们是要活着的	市场接纳程度
A22:新能源汽车其实已经是多条技术路线并存,然后要在这个赛道上面去互相竞争	竞争压力
A27:还有锂电池生产设备,它也成功在后端的这个用户上面,因为它的规模和产品的质量都非常稳定	产品使用价值
A32:现在价格太贵了,有的在等价格降低到千元左右可以接受的水平	产品价格
A38:新能源电车充满一次电大概要几十块钱,燃油车加满一箱就得几百块钱	产品使用成本

续表

原始资料语句	概念范畴
A43：可能我们的项目就是补贴到企业，都是走这个项目的经费形式，就是这个要分门别类的，我觉得有些军方的经验可以借鉴，它把技术的程度分解成为成熟度级别，你到了什么级别就做什么工作，我觉得这个很重要	企业补助
A48：出台促进消费有关政策措施时，以绿色低碳为导向，鼓励采用补贴、以旧换新、积分奖励等多种方式，引导居民选购能效先进水平产品设备，原则上不得对能效低于节能水平的产品设备给予补贴	消费补贴
A56：技术给社会创造的财富、创造的就业机会、创造的税收	社会效益
A59：企业在空间上的邻近加强了企业间的集中与关联，使得企业间设备、研究人员等中间投入以及公共社会资源可以实现快速自由流动，进一步深化了企业间的合作分工，并帮助高技术企业降低平均生产成本，转而增加绿色技术创新的投入	治理成本
A62：我觉得是有可能的，比如说现在的安卓，他们其实还是放开了给华为去用，因为它确实有中国的市场，但我觉得还不是根本问题。因为竞争没有激烈到一定的程度，激烈到一定程度的时候，他会舍弃经济利益，去获取更大的国家安全	风险防范

(2) 主轴编码。

为了寻求各概念范畴之间的关系，本章按照扎根理论的流程，进行主轴编码，即二级编码。在该阶段，围绕开放式编码中得到的概念间的相互关系进行研究，并抽象出对应的"主轴"。首先，在对访谈资料进行编码的过程中可见，大部分受访者均表示采纳收益、采纳成本、成本优势、政策支持力度等经济、技术、环境层面因素是影响企业颠覆性技术采纳的主要因素；其次，在编码过程中可见产品使用价值、产品价格、产品使用成本等消费层面因素也是影响企业颠覆性技术采纳的因素；最后，在编码过程中还发现政策补助、社会效益、风险防范、治理成本等政府激励与治理层面因素也是影响企业颠覆性技术采纳的因素。因此，本研究抽象出上述六个范畴，具体主轴编码结果如表6-3所示。

表6-3 主轴编码

主要范畴	次要范畴	范畴内涵
技术驱动因素	B1 技术性能	颠覆性技术为企业与产品带来的驱动力,包含技术性能与成本
	B2 技术成本	
	B3 技术更迭机会成本	
经济驱动因素	B4 采纳收益	与颠覆性技术相关的经济因素,包含技术采纳成本收益、技术产品价格与性能、政策补助等
	B5 采纳成本	
	B6 产品使用价值	
	B7 产品价格	
	B8 产品使用成本	
	B9 企业补助	
	B10 消费补贴	
环境驱动因素	B11 市场接纳程度	颠覆性技术涉及的环境层面影响因素,包含市场竞争、社会效益、政府治理成本等
	B12 竞争压力	
	B13 社会效益	
	B14 风险防范	
	B15 治理成本	

(3) 选择式编码。

选择式编码为扎根理论的最后一步编码,也被称为选择性编码、三级编码。选择式编码是指在开放式编码、轴心式编码的基础上对案例资料进行进一步的归纳和提炼,以得到具有一定规律的类属,并在这些类属的基础上不断展开深入的分析。最后,反复验证、对比核心范畴结果与收集资料,确保没有遗漏,以获得较为完美的结果。

通过对各主范畴间关系的梳理最终将其归纳为三种关系类型,分别为技术驱动因素、经济驱动因素以及环境驱动因素(表6-4)。

表6-4　选择式编码

关系类型	关系内涵解析
技术驱动因素→企业颠覆性技术采纳行为影响	技术性能、技术成本、技术更迭机会成本等技术驱动因素是企业采纳颠覆性技术行为的基础
经济驱动因素→企业颠覆性技术采纳行为影响	采纳收益、采纳成本、产品价值、产品价格、政府补助等是企业采纳颠覆性技术行为的根本
环境驱动因素→企业颠覆性技术采纳行为影响	市场接纳度、竞争压力、社会效益等是企业采纳颠覆性技术行为的保障

（4）理论饱和度检验。

按照扎根理论的流程，需要对编码的结果进行理论饱和度检验。该检验是鉴定在不额外获取访谈数据的基础上，是否可以停止采样的标准。本研究运用随机抽取后预留的1/3访谈记录和1/3的文献资料重复进行上述步骤，对比完成理论饱和度检验。结果显示，模型中的范畴已发展得足够清晰饱满，对于影响企业颠覆性技术采纳的主范畴没有再发现新的范畴和关系。因此，本章认为前述对企业颠覆性技术采纳影响因素的扎根分析在理论上已达到饱和。

6.2.4　模型构建及分析

本节根据扎根理论对颠覆性技术采纳行为的影响因素进行分析，第一步对收集到的资料进行开放式编码，得到企业颠覆性技术采纳行为的15个概念范畴，包含技术性能、技术成本、技术更迭机会成本、采纳收益、采纳成本、产品使用价值、产品价格、产品使用成本、企业补助、消费补贴、市场接纳程度、竞争压力、社会效益、风险防范、治理成本。第二步通过主轴编码对上述15个概念范畴进行归类，具体归类为三个主要范畴：技术驱动因素、经济驱动因素、环境驱动因素。第三步进行选择式编码，确定各个主范畴之间的内在逻辑联系，建立企业颠覆性技术采纳行为影响因素的关系理论模型。其中，技术驱动因素是企业采纳颠覆性技术行为的基础；经济驱动因素是企业采纳颠覆性技术行为的根本；环境驱动因素是企业采纳颠覆性技术行为的保障。最后，对理论模型进行理论饱和度检验，以确定扎根分析结果饱和度。综合上述步骤，构建企业颠覆性技术采纳行为影响因素的理论模型，如图6-1所示。

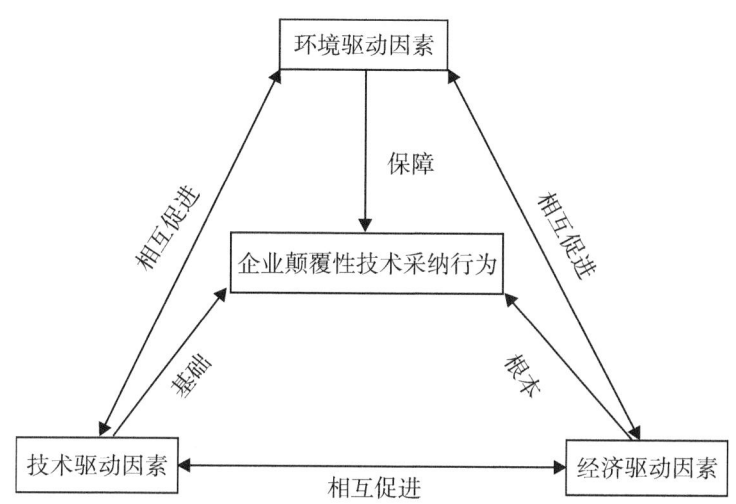

图6-1 企业颠覆性技术采纳行为影响因素的理论模型

影响因素分析模块首先说明了研究设计理论方法的确定以及研究步骤；其次，详细说明了数据收集来源与收集方式，其中包含一手数据与二手数据；再次，通过对数据进行三级处理厘清影响因素；最后，根据以上结论，构建理论模型，为下一步构建博弈理论模型并分析相关演化机理等内容提供了前期支撑。

6.3 无政府参与的企业颠覆性技术采纳行为两方模型分析

6.3.1 博弈模型构建

（1）主体分析。

企业与消费者是颠覆性技术市场化的主要主体，企业与消费者都会根据现有资源实现自身利益最大化（郝琳娜等，2014）。本章选取企业与消费者作为博弈主体：企业是指除拥有生产当前主流市场产品能力外，同时具有生产颠覆性技术产品能力的群体，但考虑到颠覆性技术产品为公司带来收益的不确定性，企业会根据消费者对于颠覆性技术产品的采纳情况选择是否采纳颠覆性技术产品，即企业可以选择生产或不生产颠覆性技术产品；消费者指的是面对市场上对于颠覆性技术产品可以选择购买或不购买策略的群体。

（2）模型基本假设。

H_1：颠覆性技术的采纳行为与成果的产业化进程需要企业与消费者双方主体共同参与，在博弈过程中，双方会根据环境要素变化不断调整策略，直至实现稳定。在双方博弈过程中，假设企业选择采纳颠覆性技术策略，即企业选择生产颠覆性技术产品的概率为 x （$0 \leqslant x \leqslant 1$）；企业选择等待策略，即企业选择不生产颠覆性技术产品的概率为 $1-x$。假设消费者对颠覆性技术产品选择购买策略，即消费者选择购买颠覆性技术产品的概率为 y （$0 \leqslant y \leqslant 1$）；消费者选择等待策略，即消费者选择不购买颠覆性技术产品的概率为 $1-y$。

H_2：企业与消费者的策略选择均基于有限理性，并且博弈双方均处于博弈环节的初始阶段，对博弈方的信息掌握具有不完全对称性，同时博弈过程中忽略其他可能对博弈结果有影响的主体。

H_3：在博弈过程中，企业为减少颠覆性技术采纳行为带来的风险，当选择采纳策略时，仍可同时生产主流技术产品，假设企业所生产颠覆性技术产品占全部产品的比例为 a （$0 < a \leqslant 1$）。若企业选择采纳策略的同时消费者选择购买策略，企业分别从颠覆性技术产品获得收益 aR_1，从主流技术产品获得收益 $(1-a)R_2$，需支付企业采纳颠覆性技术所需投入的成本 I_1；若企业选择采纳策略的同时消费者选择等待策略，企业仅能从主流技术产品中获得收益 $(1-a)R_2$，但仍需支付企业采纳颠覆性技术所需投入的成本 I_1 且无法获得颠覆性技术产品的收益 aR_1；若企业选择等待策略，则可从主流技术产品中获得收益 R_2，但需额外支付企业选择等待策略所需支付的机会成本 I_2。

H_4：在博弈过程中，若企业选择采纳策略的同时，消费者选择购买策略，消费者可获得使用颠覆性技术产品的收益 R_4，需支付使用颠覆性技术产品的成本 C_1；若消费者选择购买策略，同时企业选择等待策略，消费者需支付使用颠覆性技术产品的成本 C_1，但无法获得颠覆性技术产品收益，故只能获得从主流技术产品中获得的收益 R_3；若消费者选择等待策略，消费者将获得从主流技术产品中获得的收益 R_3。

6.3.2 博弈模型求解与分析

（1）均衡点求解。

根据假设 $H_1 \sim H_4$，可得企业与消费者对颠覆性技术采纳行为的收益情况如表6-5的收益矩阵所示。

表6-5 企业与消费者博弈的收益矩阵

		消费者	
		购买	等待
企业	采纳	$a(R_1 - I_1) + (1-a)R_2$，$R_4 - C_1$	$(1-a)R_2 - aI_1$，R_3
	等待	$R_2 - I_2$，$R_3 - C_1$	$R_2 - I_2$，R_3

根据博弈的收益矩阵可得：

当企业选择采纳策略时，企业的期望收益为：
$$U_{11} = y[a(R_1 - I_1) + (1-a)R_2] + (1-y)[(1-a)R_2 - aI_1] \quad (6.1)$$
当企业选择等待策略时，企业的期望收益为：
$$U_{12} = y(R_2 - I_2) + (1-y)(R_2 - I_2) \quad (6.2)$$
企业选择采纳和等待的混合策略期望收益为：
$$\overline{U}_1 = xU_{11} + (1-x)U_{12} \quad (6.3)$$
利用复制动态机制（周肖肖等，2023），可得企业选择采纳策略的复制动态方程为：
$$F(x) = \frac{dx(t)}{dt} = x[U_{11} - \overline{U}_1] = x(1-x)[a(yR_1 - R_2 - I_1) + I_2] \quad (6.4)$$

当消费者选择购买策略时，消费者的期望收益为：
$$U_{21} = x(R_4 - C_1) + (1-x)(R_3 - C_1) \quad (6.5)$$
当消费者选择等待策略时，消费者的期望收益为：
$$U_{22} = xR_3 + R_3(1-x) = R_3 \quad (6.6)$$
消费者选择采纳购买和等待策略的混合策略期望收益为：
$$\overline{U}_2 = yU_{21} + (1-y)U_{22} \quad (6.7)$$
利用复制动态机制，可得消费者选择购买策略的复制动态方程为：
$$F(y) = \frac{dy(t)}{dt} = y[U_{21} - \overline{U}_2] = y(1-y)[x(R_4 - R_3) - C_1] \quad (6.8)$$

根据均衡理论，为使企业与消费者双方博弈有演化稳定策略，必须满足：

$$\begin{cases} \dfrac{dx}{dt} = 0 \\ \dfrac{dy}{dy} = 0 \end{cases}$$

故复制动态微分方程解为：
$$x_1 = 0, x_2 = 1, x_d = \frac{C_1}{R_4 - R_3}; y_1 = 0, y_2 = 1, y_d = \frac{a(I_1 + R_2) - I_2}{aR_1}$$

因此，企业与消费者之间的博弈行为有 5 个局部平衡点，其中（0，0），（0，1），（1，0），（1，1）为纯策略平衡点，$(\frac{C_1}{R_4 - R_3}, \frac{a(I_1 + R_2) - I_2}{aR_1})$ 为混合策略平衡点。

（2）稳定性分析。

为便于计算，规定：
$$f(x, y) = x(1 - x)[a(yR_1 - R_2 - I_1) + I_2]$$
$$g(x, y) = y(1 - y)[x(R_4 - R_3) - C_1]$$

故式（6.4）(6.8) 的雅可比矩阵可表示为：

$$J(x, y) = \begin{pmatrix} \frac{\partial f}{\partial x} & \frac{\partial f}{\partial y} \\ \frac{\partial g}{\partial x} & \frac{\partial g}{\partial y} \end{pmatrix}$$
$$= \begin{pmatrix} (1 - 2x)[a(yR_1 - R_2 - I_1) + I_2] & x(1 - x)aR_1 \\ y(1 - y)(R_4 - R_3) & (1 - 2y)[x(R_4 - R_3) - C_1] \end{pmatrix}$$
(6.9)

分别将五个局部平衡点代入式（6.9），可得所对应的雅可比矩阵的 det(J) 和 tr(J) 的值，如表 6 - 6 所示。

表 6 - 6 雅可比矩阵的 det(J) 和 tr(J) 值

均衡点	det(J)	tr(J)
(0, 0)	γC_1	$-\gamma - C_1$
(0, 1)	$(aR_1 - \gamma)C_1$	$aR_1 - \gamma + C_1$
(1, 0)	$\gamma \delta$	$\gamma + \delta$
(1, 1)	$(aR_1 - \gamma)\delta$	$-aR_1 + \gamma - \delta$
(x_d, y_d)	$\frac{C_1 \delta (R_2 + I_1 - I_2)(aR_1 - \gamma)}{aR_1(R_4 - R_3)}$	0

注：其中 $\gamma = a(I_1 + R_2) - I_2$，$\delta = R_4 - R_3 - C_1$。

根据式（6.4）、(6.8) 可知，当 $x = 0$、1 或 $y = \frac{a(I_1 + R_2) - I_2}{aR_1}$ 时，

企业采取采纳策略的概率是稳定的；当 $y = 0$、1 或 $x = \dfrac{C_1}{R_4 - R_3}$ 时，消费者采取购买策略的概率是稳定的。在 $R = \{(x, y) \mid 0 \leqslant x \leqslant 1, 0 \leqslant y \leqslant 1\}$ 所在平面区域内对博弈系统进行局部稳定性分析，根据 $0 \leqslant \dfrac{C_1}{R_4 - R_3} \leqslant 1$，$0 \leqslant \dfrac{a(I_1 + R_2) - I_2}{aR_1} \leqslant 1$，可得 $0 \leqslant C_1 \leqslant R_4 - R_3$，$0 \leqslant a(I_1 + R_2) - I_2 \leqslant aR_1$，在满足上述条件下，博弈系统的稳定性分析结果如表 6-7 所示。

表 6-7 博弈系统的局部稳定性分析结果

均衡点	det（J）	tr（J）	结果
(0, 0)	+	−	ESS
(0, 1)	+	+	不稳定点
(1, 0)	+	+	不稳定点
(1, 1)	+	−	ESS
(x_d, y_d)	+	0	不稳定点

由表 6-7 可得，博弈系统的局部稳定性分析结果存在 2 个 ESS，分别为 (0, 0) 与 (1, 1)。其中，(0, 0) 现实含义为企业与消费者同时选择等待策略；(1, 1) 现实含义为企业选择采纳策略的同时，消费者选择购买策略。根据博弈系统局部稳定性分析结果，可进一步得到博弈系统演化动态相位图，如图 6-2 所示。

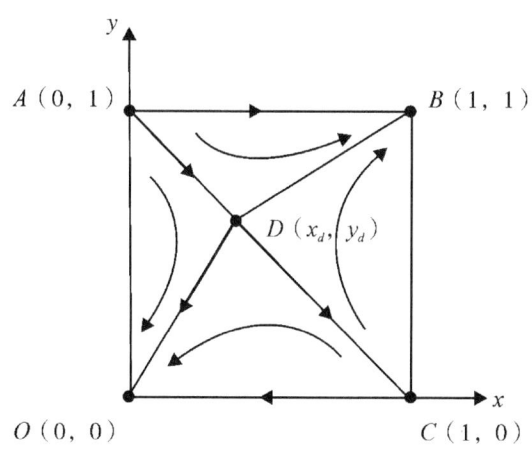

图 6-2 博弈系统演化动态相位图

如图6-2所示,随着博弈演化过程的进行,不稳定点A、C、D会逐渐向稳定点O、B逼近,D点位置将区域ABCO面积分为区域AOCD面积S_1和ABCD面积S_2两部分($S_1 + S_2 = 1$),S_1与S_2的大小将决定博弈系统结果趋向于点O还是点B,因此可以通过S_1的影响因素分析影响博弈系统稳定性的因素。

$$S_1 = \frac{1}{2}\left[\frac{C_1}{R_4 - R_3} + \frac{a(I_1 + R_2) - I_2}{aR_1}\right] \tag{6.10}$$

根据式(6.10)可知,R_1、R_2、R_3、R_4、C_1、I_1、I_2、a是S_1的影响因素,分别基于S_1对R_1、R_2、R_3、R_4、C_1、I_1、I_2、a求偏导数,可以得到各影响因素的影响效果如表6-8所示。

表6-8 博弈系统影响因素的效应结果

影响因素	偏导数	对S_1的影响
R_1	<0	↓
R_2	>0	↑
R_3	>0	↑
R_4	<0	↓
C_1	>0	↑
I_1	>0	↑
I_2	<0	↓
a	>0	↑

注:"↑"表示正相关,"↓"表示负相关,"-"表示无法直接判别。

根据表6-8的分析结果,可以得到如下结论。

结论1:在企业与消费者的博弈过程中,企业选择采纳策略、消费者选择购买策略的概率随着颠覆性技术产品为企业带来的收益增大而提高。

由于$\frac{\partial S_1}{\partial R_1} = -\frac{(I_1 + R_2) - I_2}{2aR_1} < 0$,$S_1$是关于$R_1$的单调减函数,$S_1$会随着博弈过程中颠覆性技术产品为企业带来的收益增大而减小,即演化结果逼近B点方向的概率不断提升,博弈中企业选择采纳策略、消费者选择购买策略的概率将提高。

结论2:在企业与消费者的博弈过程中,企业选择采纳策略、消费者选择购买策略的概率随着主流技术产品为企业带来的收益增大而降低。

由于 $\frac{\partial S_1}{\partial R_2} = \frac{1}{2R_1} > 0$，$S_1$ 是关于 R_2 的单调增函数，S_1 会随着博弈过程中销售企业生产主流技术产品的收益增大而增大，即演化结果逼近 B 点方向的概率不断降低，博弈中企业选择采纳策略、消费者选择购买策略的概率将降低。

结论3：在企业与消费者的博弈过程中，企业选择采纳策略、消费者选择购买策略的概率随着消费者从主流技术产品获得的收益增大而降低。

由于 $\frac{\partial S_1}{\partial R_3} = \frac{C_1}{2(R_4 - R_3)^2} > 0$，$S_1$ 是关于 R_3 的单调增函数，S_1 会随着博弈过程中消费者从主流技术产品获得的收益增大而增大，即演化结果逼近 B 点方向的概率不断降低，企业选择采纳策略、消费者选择购买策略的概率将降低。

结论4：在企业与消费者的博弈过程中，企业选择采纳策略、消费者选择购买策略的概率随着消费者从颠覆性技术产品获得的收益增大而提高。

由于 $\frac{\partial S_1}{\partial R_4} = -\frac{C_1}{2(R_4 - R_3)^2} < 0$，$S_1$ 是关于 R_4 的单调减函数，S_1 会随着博弈过程中消费者从颠覆性技术产品获得的收益增大而减小，即演化结果逼近 B 点方向的概率不断提升，企业选择采纳策略、消费者选择购买策略的概率将提高。

结论5：在企业与消费者的博弈过程中，企业选择采纳策略、消费者选择购买策略的概率随着消费者采纳颠覆性技术产品所需付出的成本增大而降低。

由于 $\frac{\partial S_1}{\partial C_1} = \frac{1}{2(R_4 - R_3)} > 0$，$S_1$ 是关于 C_1 的单调增函数，S_1 会随着博弈过程中消费者采纳颠覆性技术产品所需付出的成本增大而增大，即演化结果逼近 B 点方向的概率不断降低，博弈中企业选择采纳策略、消费者选择购买策略的概率将降低。

结论6：在企业与消费者的博弈过程中，企业选择采纳策略、消费者选择购买策略的概率随着企业选择采纳颠覆性技术所需投入的成本增大而降低。

由于 $\frac{\partial S_1}{\partial I_1} = \frac{1}{2R_1} > 0$，$S_1$ 是关于 I_1 的单调增函数，S_1 会随着博弈过程中企业选择采纳颠覆性技术所需投入的成本增大而增大，即演化结果逼近 B 点方向的概率不断降低，博弈中企业选择采纳策略、消费者选择购买策略的概率将降低。

结论7：在企业与消费者的博弈过程中，企业选择采纳策略、消费者选择购买策略的概率随着企业选择等待策略所需支付的成本增大而提高。

由于$\frac{\partial S_1}{\partial I_2} = -\frac{1}{2aR_1} < 0$，$S_1$是关于$I_2$的单调减函数，$S_1$会随着博弈过程中企业选择等待策略所需支付的机会成本增大而减小，即演化结果逼近B点方向的概率不断提升，博弈中企业选择采纳策略、消费者选择购买策略的概率将提高。

结论8：在企业与消费者的博弈过程中，企业选择采纳策略、消费者选择购买策略的概率随着企业所生产颠覆性技术产品占全部产品的比例增大而降低。

由于$\frac{\partial S_1}{\partial a} = \frac{I_2}{2a^2 R_1} > 0$，$S_1$是关于$a$的单调增函数，$S_1$会随着博弈过程中消费者购买颠覆性技术产品的收益增大而增大，即演化结果逼近B点方向的概率不断降低，企业选择采纳策略、消费者选择购买策略的概率将降低。

综上所述，针对企业与消费者的博弈过程，企业从颠覆性技术与主流技术产品中获得的收益、企业采纳颠覆性技术所需投入的成本与选择等待策略所需支付的成本、消费者从颠覆性技术与主流技术产品中获得的收益、消费者购买颠覆性技术产品所需支付的成本等因素，均会对博弈双方的最终策略选择产生影响。

6.3.3 数值仿真及分析

在对企业与消费者博弈过程进行稳定性分析的基础上，可通过借助MATLAB软件进行数值仿真来模拟动态演化的过程和结果，进一步验证与分析各相关影响因素对博弈双方最终策略选择的影响情况（曹阳春等，2021）。为保证参数设置的合理性以及提高相关研究结论的可靠性，本研究根据颠覆性技术相关领域研究专家学者的意见，并结合该模型的具体情境进行仿真模拟参数的设置。

本研究基于MATLAB软件，分别讨论系统初始状态以及各相关影响因素对博弈双方最终决策选择的影响效应。

（1）系统初始状态对博弈双方决策选择的影响。

为满足约束条件$0 \leq C_1 \leq R_4 - R_3$，$0 \leq a(I_1 + R_2) - I_2 \leq aR_1$，参数设置

为 $R_1=90$，$R_2=60$，$R_3=2$，$R_4=3$，$C_1=0.4$，$I_1=40$，$I_2=35$，$a=0.6$，故鞍点 $D(x_d, y_d)$ 为 $(\frac{2}{5}, \frac{25}{54})$。令横轴表示 x，纵轴表示 y，时间段为 $[0,10]$，在 $(0,1)$ 范围内对 x、y 分别选取初始值 $(0.1,0.5)$，$(0.2,0.2)$，$(0.3,0.4)$，$(0.4,0.6)$，$(0.5,0.5)$，$(0.9,0.4)$ 作为初始点，对不同条件下初始点向均衡点的演化过程进行比较。

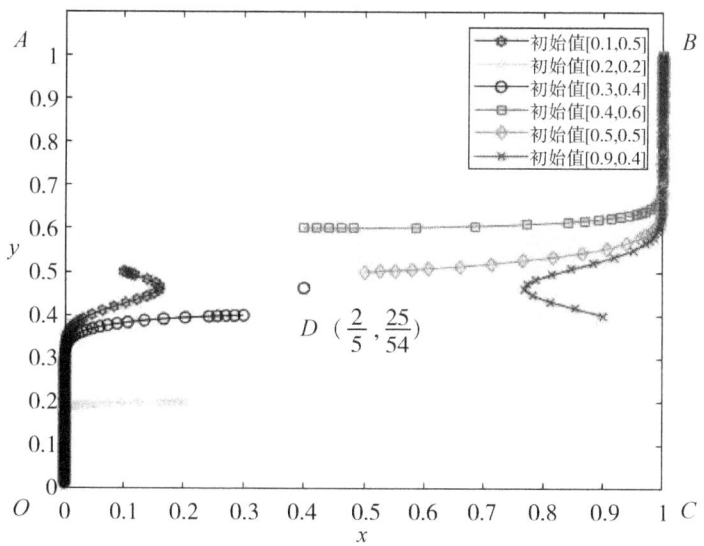

图6-3　不同初始状态下的博弈系统演化路径仿真图

由图6-3可知，坐标的初始值若位于区域 $ABCD$ 内，演化结果收敛于 B 点，即博弈双方均倾向于对颠覆性技术选择采纳策略；坐标的初始值若位于区域 $AOCD$ 内，演化结果收敛于 O 点，即博弈双方均倾向于对颠覆性技术选择等待策略。这表明初始值的设定对演化结果具有影响，即博弈双方最初对采纳颠覆性技术的态度对企业与消费者的最终选择有影响。

（2）颠覆性技术产品为企业带来的收益 R_1 对博弈双方决策演化的影响。

参数设置为 $R_2=60$，$R_3=2$，$R_4=3$，$C_1=0.4$，$I_1=40$，$I_2=35$，$a=0.6$，演化初始状态 $(x,y)=(0.5,0.5)$，根据约束条件可得 $R_1 \geq \frac{125}{3}$，令 $R_1=90,100,110,120$，可得 R_1 的大小变化对系统演化结果的影响（图6-4）。

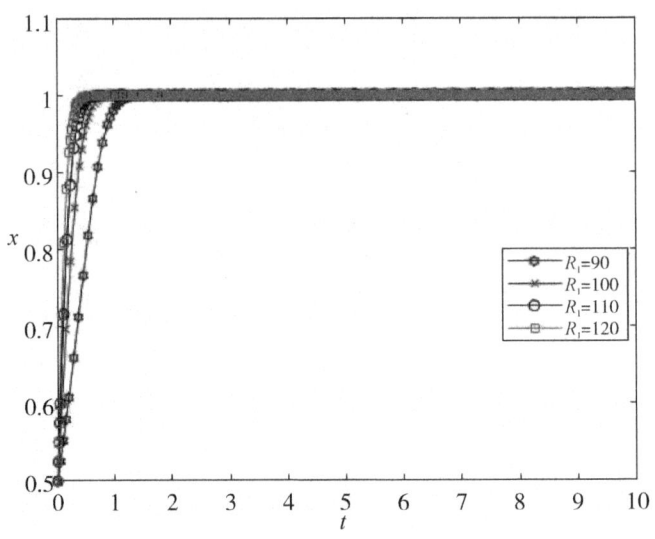

图6-4 R_1的大小变化对系统演化结果影响

根据图6-4可知,企业对颠覆性技术产品的收益预期可以促进企业对颠覆性技术采取采纳策略,并且随着企业对颠覆性技术产品的收益预期的增加,企业与消费者双方决策达到均衡所需的时间越来越短。企业对颠覆性技术产品的收益预期的增加,可以促进企业和消费者对颠覆性技术的采纳行为。

(3) 消费者从颠覆性技术产品获得的收益R_4对博弈双方决策演化的影响。

参数设置为$R_1=90$,$R_2=60$,$R_3=2$,$C_1=0.4$,$I_1=40$,$I_2=35$,$a=0.6$,演化初始状态$(x, y) = (0.5, 0.5)$,根据约束条件可得$R_4 \geq 2.4$,令$R_4=3,4,5,6$,可得R_4的大小变化对系统演化结果的影响(图6-5)。

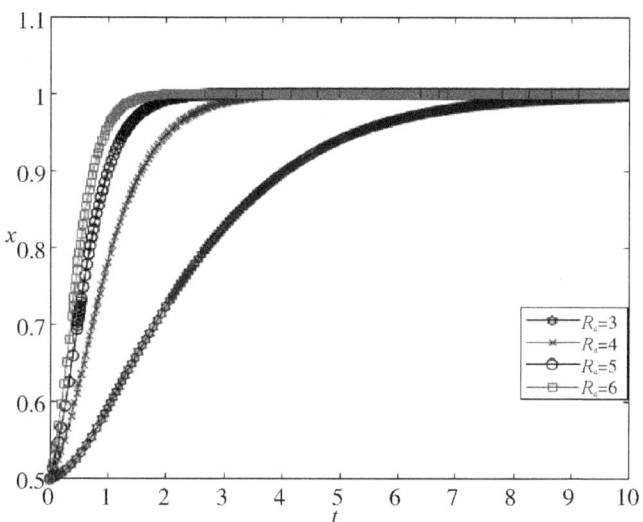

图 6-5 R_4 的大小变化对系统演化结果影响

根据图 6-5 可知,消费者从颠覆性技术产品获得的收益可以促进企业对颠覆性技术采取采纳策略,并且随着消费者从颠覆性技术产品获得的收益的增加,企业与消费者双方决策达到均衡所需的时间越来越短。消费者从颠覆性技术产品获得收益的增加,可以促进企业和消费者对颠覆性技术的采纳行为。

(4)消费者购买颠覆性技术产品所需付出的成本 C_1 对博弈双方决策演化的影响。

参数设置为 $R_1=90$,$R_2=60$,$R_3=2$,$R_4=3$,$I_1=40$,$I_2=35$,$a=0.6$,演化初始状态 $(x,y)=(0.5,0.5)$,根据约束条件可得 $0 \leqslant C_1 \leqslant 1$,令 $C_1=0.1$,0.3,0.5,0.7,可得 C_1 的大小变化对系统演化结果的影响(图 6-6)。

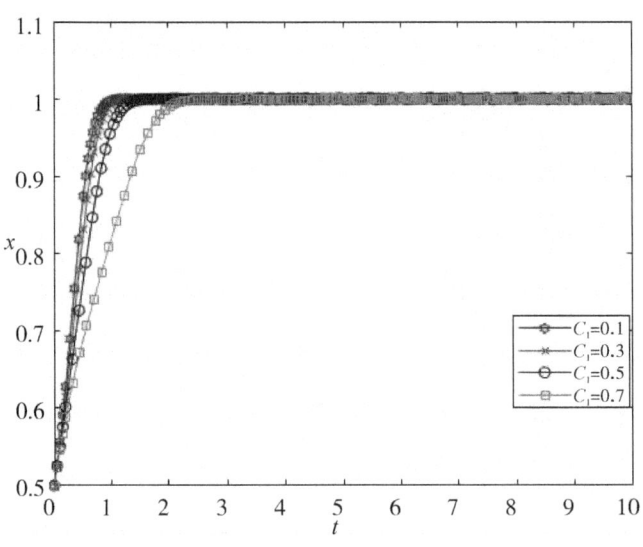

图6-6 C_1 的大小变化对系统演化结果影响

根据图6-6可知，消费者购买颠覆性技术产品所需付出的成本可以抑制企业对颠覆性技术采取采纳策略，并且随着消费者采纳颠覆性技术产品所需付出的成本的增加，企业与消费者双方决策达到均衡所需时间越来越长。消费者购买颠覆性技术产品所需付出成本的增加，可以抑制企业和消费者对颠覆性技术的采纳行为。

（5）企业选择采纳颠覆性技术所需投入的成本 I_1 对博弈双方决策演化的影响。

参数设置为 $R_1 = 90$，$R_2 = 60$，$R_3 = 2$，$R_4 = 3$，$C_1 = 0.4$，$I_2 = 35$，$a = 0.6$，演化初始状态 $(x, y) = (0.5, 0.5)$，根据约束条件可得 $0 \leqslant I_1 \leqslant \frac{265}{3}$，令 $I_1 = 10, 20, 30, 40$，可得 I_1 的大小变化对系统演化结果的影响（图6-7）。

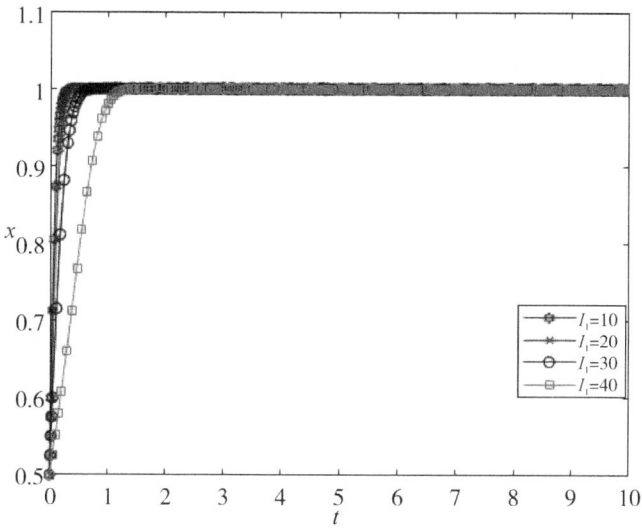

图6-7 I_1 的大小变化对系统演化结果影响

根据图6-7可知，企业选择采纳颠覆性技术所需投入的成本可以抑制企业对颠覆性技术采取采纳策略，并且随着企业选择采纳颠覆性技术所需投入的成本的增加，企业与消费者双方决策达到均衡所需时间越来越长。企业选择采纳颠覆性技术所需投入的成本的增加，会抑制企业和消费者对颠覆性技术的采纳行为。

（6）企业选择等待策略所需支付的机会成本 I_2 对博弈双方决策演化的影响。

参数设置为 $R_1=90$，$R_2=60$，$R_3=2$，$R_4=3$，$C_1=0.4$，$I_1=40$，$a=0.6$，演化初始状态 $(x,y)=(0.5,0.5)$，根据约束条件可得 $6\leqslant I_2\leqslant 60$，令 $I_2=35,40,45,50$，可得 I_2 的大小变化对系统演化结果的影响（图6-8）。

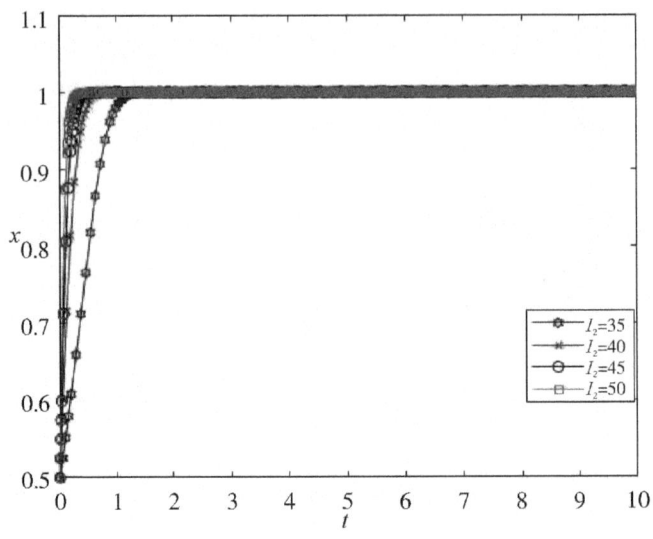

图6-8 I_2 的大小变化对系统演化结果影响

根据图6-8可知,企业选择等待策略所需支付的机会成本可以促进企业对颠覆性技术采取采纳策略,并且随着企业选择等待策略所需支付的成本的增加,企业与消费者双方决策达到均衡所需时间越来越短。消费者从颠覆性技术产品获得的收益,能够促进企业和消费者对颠覆性技术的采纳行为。

(7) 企业所生产颠覆性技术产品占全部产品的比例 a 对博弈双方决策演化的影响。

参数设置为 $R_1=90$,$R_2=60$,$R_3=2$,$R_4=3$,$C_1=0.4$,$I_1=40$,$I_2=35$,$a=0.6$,演化初始状态 $(x,y)=(0.5,0.5)$,根据约束条件可得 $0.35 \leq a \leq 1$,令 $a=0.40$,0.45,0.50,0.55,可得 a 的大小变化对系统演化结果的影响(图6-9)。

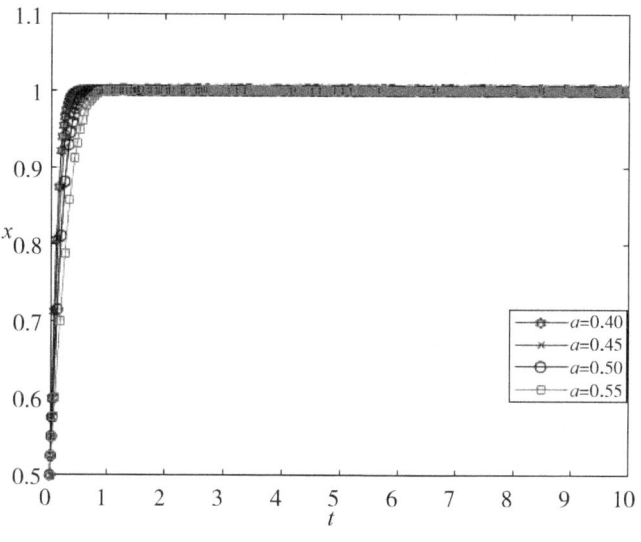

图 6-9　a 的大小变化对系统演化结果影响

根据图 6-9 可知，在 a 分别为 0.40，0.45，0.50，0.55 时，随着企业所生产颠覆性技术产品占全部产品的比例 a 的增大，演化曲线的斜率越来越小，博弈双方倾向于选择采纳策略所需的时间越来越长。企业所生产颠覆性技术产品占全部产品的比例增加，能够抑制企业和消费者对颠覆性技术的采纳行为。

6.4　政府参与的企业颠覆性技术采纳行为三方模型分析

6.4.1　博弈模型构建

（1）主体分析。

企业、消费者与政府是颠覆性技术采纳行为中的重要主体（Wu et al.，2023）。企业与消费者会根据现有资源实现自身决策收益的最优化，政府同样能通过消费者税收优惠与企业政策扶持等方式影响颠覆性技术的采纳行为演化结果（Gong & Dai，2022）。故本章选取企业、消费者与政府作为博弈主体：企业是指除拥有生产当前主流市场产品能力外，同时具有生产颠覆性技术产品能力的群体，但考虑到颠覆性技术产品为公司带来收益的不确定性，企业会综合考虑消费者与企业对待颠覆性技术产品的态度再决定生产颠覆性技术产品或者主流技术产品，即企业可以选择采纳或等待策略；消费者是指面对市场上颠覆性技术产品可以选择购买或等待策略的群体；政府是指面对市场上颠覆性技术产品可以提供政策扶持与税收优惠的群体，政府可以选择的策略为积极参与或消极参与。

(2) 模型基本假设。

H_1：颠覆性技术的采纳行为与成果的产业化进程需要企业、消费者与政府三方共同参与，在博弈过程中，三方会根据参与方的策略选择不断调整自身策略，直至实现稳定。在三方博弈过程中，假设企业选择采纳颠覆性技术策略，即企业选择生产颠覆性技术产品的概率为 x ($0 \leq x \leq 1$)；企业选择等待策略，即企业选择不生产颠覆性技术产品的概率为 $1-x$。假设消费者对颠覆性技术产品选择购买策略，即消费者选择购买颠覆性技术产品的概率为 y ($0 \leq y \leq 1$)；消费者选择等待策略，即消费者选择不购买颠覆性技术产品的概率为 $1-y$。政府选择积极参与策略，即政府选择对生产颠覆性技术产品的企业和购买颠覆性技术产品消费者提供政策扶持和税收优惠的概率为 z ($0 \leq z \leq 1$)；政府选择消极参与策略，即政府选择对企业和消费者不提供政策扶持和税收优惠的概率为 $1-z$。

H_2：三方主体对颠覆性技术产品采纳行为的策略选择均基于有限理性，并且博弈方均处于博弈环节的初始阶段，对其余博弈方的信息掌握具有不完全对称性，同时博弈过程中忽略其他可能对博弈结果有影响的主体。

H_3：在博弈过程中，企业为减少颠覆性技术采纳行为带来的风险，当选择采纳策略时，仍可同时生产主流技术产品，假设企业所生产颠覆性技术产品占全部产品的比例为 α ($0 \leq \alpha \leq 1$)。若企业选择采纳策略的同时消费者选择购买策略，企业分别从颠覆性技术产品获得收益 $\alpha \Delta P$、从主流技术产品获得收益 $(1-\alpha)P$，需支付企业采纳颠覆性技术所需投入的成本 C；若企业选择采纳策略同时消费者选择等待策略，企业仅能从主流技术产品中获得收益 $(1-\alpha)P$，但仍需支付企业采纳颠覆性技术所需投入的成本 C 且无法获得颠覆性技术产品的收益 $\alpha \Delta P$；若企业选择等待策略，则仅可从主流技术产品中获得收益 P，但需额外支付企业选择等待策略所需支付的机会成本为 I。

H_4：在博弈过程中，若企业选择采纳策略的同时消费者选择购买策略，消费者可获得使用颠覆性技术产品的收益 V_1 并支付颠覆性技术产品所需的成本 Q_1；若消费者选择购买策略但企业选择等待策略，消费者此时无法获取颠覆性技术产品，只能从主流技术产品中获得收益 V_2，需支付主流技术产品所需成本 Q_2 与关注颠覆性技术产品的成本 B；若消费者选择等待策略，消费者将继续使用主流技术产品,故其总收益为 $V_2 - Q_2$。

H_5:在博弈过程中,若政府选择积极参与策略,政府需要额外支付积极参与所需的成本 S,并同时对选择采纳策略的企业提供企业补助 βG(包含税收减免与扶持资金等),以及对选择采纳策略的消费者提供消费者补助 γQ_1(包含产品补助与政策优惠等),并且这一过程中三方均对颠覆性技术持有支持态度时会产生额外社会收益 T;若企业选择采纳策略,则政府可以获得颠覆性技术产品带来的社会效益 R;若企业选择等待策略,则政府会承担社会错过颠覆性技术机遇带来的风险 H。

6.4.2 博弈模型求解与分析

(1)均衡点求解。

根据假设 $H_1 \sim H_5$,可得企业、消费者与政府对颠覆性技术采纳行为的收益情况如表 6-9 和表 6-10 的收益矩阵所示,其中涉及变量的含义如表 6-11 所示。

表 6-9 政府积极参与下的三方博弈的收益矩阵

		消费者	
		购买	等待
企业	采纳	$(1-\alpha)P + \alpha\Delta P + \beta G - C$ $(\gamma-1)Q_1 + V_1$ $R + T - \beta G - \gamma Q_1 - S$	$(1-\alpha)P + \beta G - C$ $V_2 - Q_2$ $R - \beta G - S$
	等待	$P - I$ $V_2 - Q_2 - B$ $-H - S$	$P - I$ $V_2 - Q_2$ $-H - S$

表6-10 政府消极参与下的三方博弈的收益矩阵

		消费者	
		购买	等待
企业	采纳	$(1-\alpha)P + \alpha\Delta P - C$ $V_1 - Q_1$ R	$(1-\alpha)P - C$ $V_2 - Q_2$ R
	等待	$P - I$ $V_2 - Q_2 - B$ $-H$	$P - I$ $V_2 - Q_2$ $-H$

注：其中T（z）= xyzt。

表6-11 变量说明

参数	含义
P	企业从主流技术产品中获得的收益
ΔP	企业从颠覆性技术产品中获得的收益
C	企业生产颠覆性技术产品所需的成本
V_1	消费者从颠覆性技术产品中获得的收益
V_2	消费者从主流技术产品中获得的收益
Q_1	消费者购买颠覆性技术产品所付出的成本
Q_2	消费者购买主流技术产品所付出的成本
I	企业错过颠覆性技术机遇所需支付的机会成本
B	消费者无法购买到颠覆性技术产品所支付的关注成本
H	政府错过颠覆性技术机遇带来的风险
G	政府对企业生产的颠覆性技术产品的补贴总额
R	颠覆性技术产品被企业采纳产生的社会效益
T	三方均支持颠覆性技术产品产生的社会效益
S	政府积极参与所需额外支付的成本
α	企业所生产颠覆性技术产品占全部产品的比例

续表

参数	含义
β	政府对生产颠覆性技术产品的企业补贴系数
γ	政府对消费者购买颠覆性技术产品的补贴系数

根据博弈的收益矩阵可得：

当企业选择采纳策略时，企业的期望收益为：

$$U_{11} = yz[(1-\alpha)P + \alpha\Delta P + \beta G - C] + y(1-z)[(1-\alpha)P + \beta G - C]$$
$$+ (1-y)z[(1-\alpha)P + \alpha\Delta P - C] + (1-y)(1-z)[(1-\alpha)P - C]$$
(6.11)

当企业选择等待策略时，企业的期望收益为：

$$U_{12} = yz(P-I) + y(1-z)(P-I) + (1-y)z(P-I)$$
$$+ (1-y)(1-z)(P-I) = P - I \quad (6.12)$$

企业选择采纳和等待的混合策略期望收益为：

$$\overline{U}_1 = xU_{11} + (1-x)U_{12} \quad (6.13)$$

利用复制动态机制，可得企业选择采纳策略的复制动态方程为：

$$F(x) = \frac{dx(t)}{dt} = x(U_{11} - \overline{U}_1) = x(1-x)(y\alpha\Delta P + z\beta G + I - \alpha P - C)$$
(6.14)

当消费者选择购买策略时，消费者的期望收益为：

$$U_{21} = xz[(\gamma - 1)Q_1 + V_1] + x(1-z)(V_2 - Q_2) + (1-x)z(V_2 - Q_2 - B)$$
$$+ (1-x)(1-z)(V_2 - Q_2 - B) \quad (6.15)$$

当消费者选择等待策略时，消费者的期望收益为：

$$U_{22} = xz(V_2 - Q_2) + x(1-z)(V_2 - Q_2) + (1-x)z(V_2 - Q_2 - B)$$
$$+ (1-x)(1-z)(V_2 - Q_2) = V_2 - Q_2 \quad (6.16)$$

消费者选择购买策略和等待策略的混合策略期望收益为：

$$\overline{U}_2 = yU_{21} + (1-y)U_{22} \quad (6.17)$$

利用复制动态机制，消费者选择购买策略的复制动态方程为：

$$F(y) = \frac{dy(t)}{dt} = y(U_{21} - \overline{U}_2)$$
$$= y(1-y)[x(V_1 - V_2 + Q_2 - Q_1 + B - z\gamma Q_1) - B] \quad (6.18)$$

当政府选择积极参与的策略时，政府的期望收益为：

$$U_{31} = xy(R + T - \beta G - \gamma Q_1 - S) + x(1 - y)(R - \beta G - S)$$
$$(1 - x)y(-H - S) + (1 - x)(1 - y)(-H - S) \quad (6.19)$$

当政府选择消极参与的策略时，政府的期望收益为：

$$U_{32} = xyR + x(1 - y)R + (1 - x)y(-H) + (1 - x)(1 - y)(-H) \quad (6.20)$$

政府选择积极参与策略和等待策略的混合策略期望收益为：

$$\overline{U}_3 = zU_{31} + (1 - z)U_{32} \quad (6.21)$$

利用复制动态机制，可得政府选择积极参与策略的复制动态方程为：

$$F(z) = \frac{dz(t)}{dt} = z(U_{31} - \overline{U}_3) = z(1 - z)[xy(xyzt - \gamma Q_1) - x\beta G - S] \quad (6.22)$$

根据均衡理论[63]，为使参与者三方博弈有演化稳定策略，必须满足：

$$\begin{cases} \dfrac{dx}{dt} = 0 \\ \dfrac{dy}{dt} = 0 \\ \dfrac{dz}{dt} = 0 \end{cases}$$

解得，企业、消费者与政府三方之间的博弈行为有 8 个特殊的平衡点，分别为 (0, 0, 0)，(0, 0, 1)，(0, 1, 0)，(0, 1, 1)，(1, 0, 0)，(1, 0, 1)，(1, 1, 0)，(1, 1, 1)。

（2）稳定性分析。

1）企业的渐进稳定性分析

当满足 $F(x) = 0$，$F'(x) < 0$ 时，x 此时为稳定演化策略。令公式（6.14）中 $F(x) = 0$，可得 $x = 0$，$x = 1$，$y = \dfrac{\alpha P + C - I - z\beta G}{\alpha \Delta P}$。当 $y = \dfrac{\alpha P + C - I - z\beta G}{\alpha \Delta P}$ 时，$F(x) \equiv 0$。这代表所有的水平都是稳定状态，即企业的策略选择不会随着时间而改变。

当 $y > \dfrac{\alpha P + C - I - z\beta G}{\alpha \Delta P}$ 时，根据公式（6.14），$F(0) = F(1) = 0$，$F'(0) > 0$，$F'(1) < 0$。因此 $x = 1$ 是平衡点，这代表当企业进行策略选择时，若颠覆性技术产品的净收益与政府补贴期望之和大于生产颠覆性技术产品中所需的成本时，则对于颠覆性技术而言企业选择采纳策略是演化稳定策略。

第6章 颠覆性技术的采纳行为

当 $y < \dfrac{\alpha P + C - I - z\beta G}{\alpha \Delta P}$ 时,根据公式(6.14),$F(0) = F(1) = 0$,$F'(0) < 0$,$F'(1) > 0$。因此 $x = 0$ 是平衡点,这代表当企业进行策略选择时,若颠覆性技术产品的净收益与政府补贴期望之和小于生产颠覆性技术产品中所需的成本时,则对于颠覆性技术而言企业选择等待策略是演化稳定策略。

2)消费者的渐进稳定性分析

同理,令公式(6.18)中 $F(y) = 0$,可得当 $z\gamma Q_1 + V_1 - V_2 + Q_2 - Q_1 = 0$ 时,$F(y) \equiv 0$。这代表所有的水平都是稳定状态,即消费者的策略选择不会随着时间而改变。

当 $z\gamma Q_1 + V_1 - V_2 + Q_2 - Q_1 > 0$ 时,根据公式(6.18),$F(0) = F(1) = 0$,$F'(0) > 0$,$F'(1) < 0$。因此 $y = 1$ 是平衡点,这代表当消费者进行策略选择时,若颠覆性技术产品的净收益与政府补贴期望之和大于颠覆性技术产品与主流技术产品所需的成本差时,对于颠覆性技术而言消费者选择购买策略是演化稳定策略。

当 $z\gamma Q_1 + V_1 - V_2 + Q_2 - Q_1 < 0$ 时,根据公式(6.18),$F(0) = F(1) = 0$,$F'(0) < 0$,$F'(1) > 0$。因此 $y = 0$ 是平衡点,若颠覆性产品的净收益与政府补贴期望之和小于颠覆性技术产品与主流技术产品所需的成本差时,对于颠覆性技术而言消费者选择购买策略是演化稳定策略。

3)政府的渐进稳定性分析

同理,令公式(6.22)中 $F(z) = 0$,可得当 $x^2 y^2 zt - xy\gamma Q_1 - x\beta G - S = 0$ 时,$F(z) \equiv 0$。这代表所有的水平都是稳定状态,即政府的策略选择不会随着时间而改变。

当 $x^2 y^2 zt - xy\gamma Q_1 - x\beta G - S > 0$ 时,根据公式(6.22),$F(0) = F(1) = 0$,$F'(0) > 0$,$F'(1) < 0$。因此 $z = 1$ 是平衡点,这代表当政府进行策略选择时,若三方均支持颠覆性技术产品产生的超额社会效益大于政府积极参与所需支付的成本与补贴时,则对于颠覆性技术而言政府选择积极参与策略是演化稳定策略。

当 $x^2 y^2 zt - xy\gamma Q_1 - x\beta G - S < 0$ 时,根据公式(6.22),$F(0) = F(1) = 0$,$F'(0) < 0$,$F'(1) > 0$。因此 $z = 0$ 是平衡点,这代表当政府进行策略选择时,若三方均支持颠覆性技术产品产生的超额社会效益小于政府积极参与所需支付的成本与补贴时,则对于颠覆性技术而言政府选择消极参与策略是演化稳定策略。

4) 三方博弈系统的稳定性分析

根据均衡理论,均衡点的渐进稳定性取决于系统雅克比矩阵的特征值正负号情况,即系统满足 ESS 的充要条件是系统雅克比矩阵的特征值均为负数。因此,三方博弈系统的雅可比矩阵可表示为:

$$J(x,y,z) = \begin{pmatrix} \dfrac{\partial F(x)}{\partial x} & \dfrac{\partial F(x)}{\partial y} & \dfrac{\partial F(x)}{\partial z} \\ \dfrac{\partial F(y)}{\partial x} & \dfrac{\partial F(y)}{\partial y} & \dfrac{\partial F(y)}{\partial z} \\ \dfrac{\partial F(z)}{\partial x} & \dfrac{\partial F(z)}{\partial y} & \dfrac{\partial F(z)}{\partial z} \end{pmatrix} = \begin{pmatrix} J_{11} & J_{12} & J_{13} \\ J_{21} & J_{22} & J_{23} \\ J_{31} & J_{32} & J_{33} \end{pmatrix} \quad (6.23)$$

其中,$J_{11} = (1-2x)(y\alpha\Delta P + z\beta G + I - \alpha P - C)$,$J_{12} = x\alpha\Delta P(1-x)$,$J_{13} = x\beta G(1-x)$;$J_{21} = y(1-y)(z\gamma Q_1 + V_1 - V_2 + Q_2 - Q_1 + B)$,$J_{22} = (1-2y)[x(V_1 - V_2 + Q_2 - Q_1 + B - z\gamma Q_1) - B]$,$J_{23} = xy\gamma Q_1(y-1)$;$J_{31} = z(1-z)(2xy^2zt - xy\gamma Q_1 - x\beta G - S)$,$J_{32} = z(1-z)(2x^2yzt - x\gamma Q_1)$,$J_{33} = (1-2z)(x^2y^2zt - xy\gamma Q_1 - x\beta G - S) + x^2y^2zt(1-z)$。

分别将前文所得的 8 个均衡点代入,即可得所对应的雅可比矩阵的特征值与稳定性。下面以 $E_1(0,0,0)$ 和 $E_2(0,0,1)$ 为例对系统的稳定性进行分析。

博弈系统在 $E_1(0,0,0)$ 时的雅克比矩阵为:

$$J(0,0,0) = \begin{pmatrix} I - \alpha P - C & 0 & 0 \\ 0 & 0 & 0 \\ 0 & 0 & -S \end{pmatrix} \quad (6.24)$$

此时点 $E_1(0,0,0)$ 对应的特征值 $\lambda = \begin{pmatrix} I - \alpha P - C \\ -B \\ -S \end{pmatrix}$,其中 $\lambda_1 = I - \alpha P - C$,$\lambda_2 = -B < 0$,$\lambda_3 = -S < 0$。因此当满足约束条件 $\lambda_1 = I - \alpha P - C < 0$ 时,系统在点 $E_1(0,0,0)$ 满足三个特征值均为负数的条件,此时三方博弈系统在 $E_1(0,0,0)$ 处是条件稳定的。

博弈系统在 $E_2(0,0,1)$ 时的雅克比矩阵为:

$$J(0,0,1) = \begin{pmatrix} \beta G + I - \alpha P - C & 0 & 0 \\ 0 & -B & 0 \\ 0 & 0 & S \end{pmatrix} \quad (6.25)$$

此时 $E_2(0,0,1)$ 对应的特征值 $\lambda = \begin{pmatrix} \beta G + I - \alpha P - C \\ -B \\ S \end{pmatrix}$,其中 $\lambda_3 = S >$

0，则系统在点 E_8（1，1，1）的三个特征值不满足均为负数的条件，故三方博弈系统在 E_2（0，0，1）处是不稳定的。同理可得，其余各点的特征值与稳定性如表 6-12 所示。

表 6-12　三方博弈模型的特征值与稳定性

均衡点	特征值			稳定性
	λ_1	λ_2	λ_3	
E_1(0,0,0)	$I-\alpha P-C$	$-B$	$-S$	条件①
E_2(0,0,1)	$\beta G+I-\alpha P-C$	$-B$	S	不稳定
E_3(0,1,0)	$\alpha\Delta P+I-\alpha P-C$	B	$-S$	不稳定
E_4(1,0,0)	$\alpha\Delta P+\imath\beta G+I-\alpha P-C$	B	S	不稳定
E_5(0,1,1)	$\alpha P+C-I$	$V_1-V_2+Q_2-Q_1$	$-\beta G-S$	条件②
E_6(1,0,1)	$\alpha P+C-I-\beta G$	$V_1-V_2+Q_2-(1+\gamma)Q_1$	$\beta G+S$	不稳定
E_7(1,1,0)	$\alpha P+C-I-\alpha\Delta P$	$V_2-V_1+Q_1-Q_2$	$-\gamma Q_1-\beta G-S$	条件③
E_8(1,1,1)	$\alpha P+C-I-\alpha\Delta P-\beta G$	$V_2-V_1+(1+\gamma)Q_1-Q_2$	$\gamma Q_1+\beta G+S-t$	条件④

由表 6-12 可得，博弈系统局部稳定性分析结果可能存在的 ESS 分别为 E_1（0，0，0），E_5（0，1，1），E_7（1，1，0）和 E_8（1，1，1）。其中 E_5（0，1，1）代表企业选择等待策略，但消费者与政府分别选择采纳策略和积极参与策略，这与现实不符故不做进一步讨论。均衡点 E_1（0，0，0），E_7（1，1，0）和 E_8（1，1，1）可能成为三方博弈的演化均衡点。从约束条件来看，当 $I<\alpha P+C<I+\alpha\Delta P$，$V_2+(1+\gamma)Q_1<V_1+Q_2$，$\gamma Q_1+\beta G+S<t$ 同时满足时，此时系统存在三个可能的均衡点 E_1（0，0，0），E_7（1，1，0）和 E_8（1，1，1），这表明企业所生产颠覆性技术产品占全部产品的比例 α、政府对生产颠覆性技术产品的企业补贴系数 β、政府对消费者购买颠覆性技术产品的补贴系数 γ 等均是影响三方最终策略选择演化路径的重要参数。

6.4.3　数值仿真及分析

根据复制动态方程和最优均衡点 E_8（1，1，1）的约束条件，在对企业、消费者与政府对颠覆性技术采纳行为博弈过程的稳定性分析的基础上，可运用 MATLAB 软件进行数值仿真来模拟动态演化的过程和结果，进一步验证与分析各相关影响因素对博弈三方最终策略选择的影响情况。为保证参数设置的合理性以及提高相关研究结论的可靠性，本研究根据颠覆性技术相关领域研究专家学者的意见，并结合该模型的具体情境进行仿真模拟参数的设置。

基于 MATLAB 软件，分别讨论系统初始状态以及各相关影响因素对博弈三方最终决策选择的影响效应。

（1）系统初始状态对博弈三方决策选择的影响。

为满足约束条件 $I < \alpha P + C < I + \alpha \Delta P$，$V_2 + (1 + \gamma) Q_1 < V_1 + Q_2$，$\gamma Q_1 + \beta G + S < t$，将参数设置为 $P = 300$，$\Delta P = 600$，$C = 400$，$V_1 = 0.05$，$V_2 = 0.03$，$Q_1 = 0.03$，$Q_2 = 0.02$，$I = 60$，$B = 0.01$，$H = 100$，$G = 200$，$R = 200$，$T = 0.6$，$S = 80$，$\alpha = 0.3$，$\beta = 0.3$，$\gamma = 0.3$。令横轴表示 x，纵轴表示 y，竖轴表示 z，时间段为 [0, 100]，在三维坐标范围内对 x，y，z 分别选取若干初始值作为初始点，通过不同条件下初始点向均衡点的演化过程进行比较（图 6-10）。

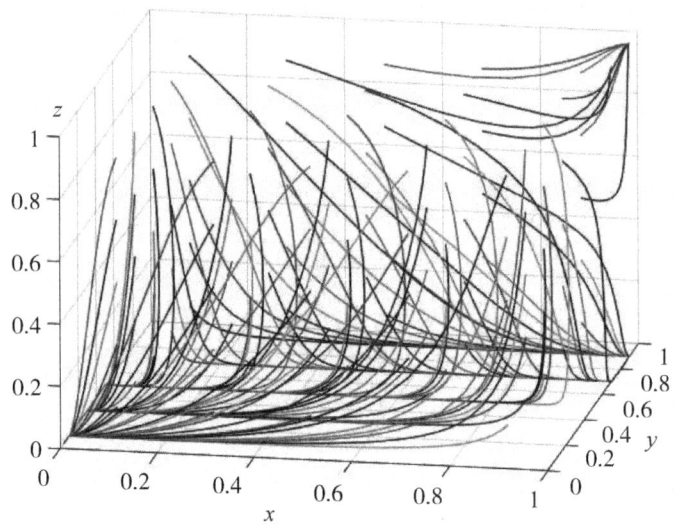

图 6-10 不同初始状态下的博弈系统演化路径仿真

由图 6-10 可知，演化结果趋近收敛于 (0, 0, 0)，(1, 1, 0)，(1, 1, 1)，这代表稳定性仿真结果符合动态方程稳定性分析结果；同时，还表明初始值的变化对演化结果具有较大影响，即博弈三方最初对采纳颠覆性技术的态度能影响博弈各方最终的策略选择。

（2）企业所生产颠覆性技术产品占全部产品的比例 α 对博弈演化进程的影响。

参数设置为 $P=300$，$\Delta P=600$，$C=400$，$V_1=0.05$，$V_2=0.03$，$Q_1=0.03$，$Q_2=0.02$，$I=60$，$B=0.01$，$H=100$，$G=200$，$R=200$，$T=0.6$，$S=80$，$\beta=0.3$，$\gamma=0.3$，演化初始状态 $(x, y, z) = (0.6, 0.8, 0.8)$，令 $\alpha=0.2$，0.5，0.8，可得 α 的大小变化对系统演化结果的影响（图 6-11）。

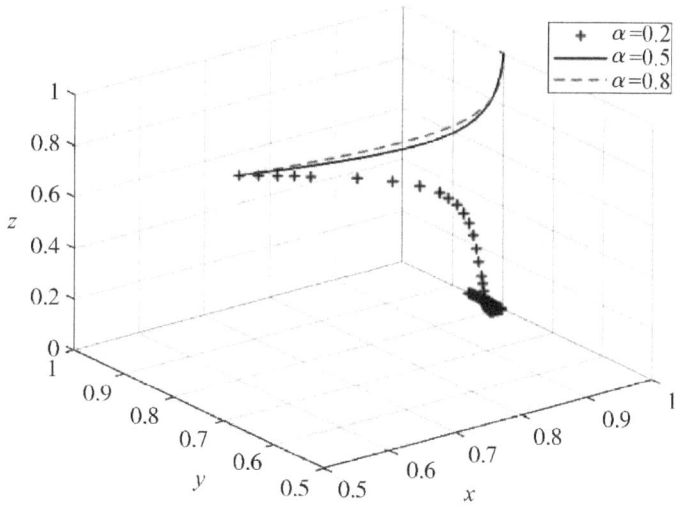

图 6-11 α 的大小变化对博弈演化进程的影响

由图 6-11 可知，企业与消费者双方决策达到均衡所需时间会随着企业所生产颠覆性技术产品占全部产品的比例 α 的增大而减少；政府决策会随着企业所生产颠覆性技术产品占全部产品的比例 α 的增大而将选择从消极参与转变为积极参与。因此，颠覆性技术企业所生产颠覆性技术产品占全部产品的比例 α 的增加有助于缩短技术采纳周期，同时政府会更倾向于扶持颠覆性技术产品生产占比更高的企业。

（3）政府对生产颠覆性技术产品的企业补贴系数 β 对博弈演化进程的影响。

参数设置为 $P=300$，$\Delta P=600$，$C=400$，$V_1=0.05$，$V_2=0.03$，$Q_1=0.03$，$Q_2=0.02$，$I=60$，$B=0.01$，$H=100$，$G=200$，$R=200$，$T=0.6$，

$S=80$,$\alpha=0.3$,$\gamma=0.3$,演化初始状态$(x,y,z)=(0.6,0.8,0.8)$,令$\beta=0.2$,0.5,0.8,可得β的大小变化对系统演化结果的影响（图6-12）。

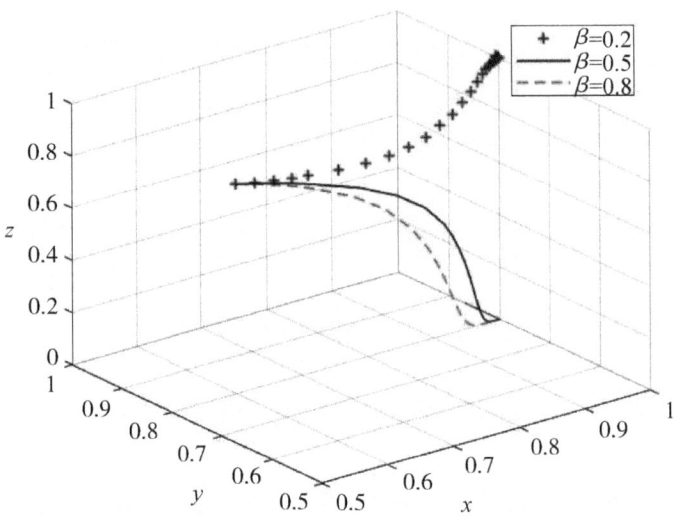

图6-12 β的大小变化对博弈演化进程的影响

由图6-12可知，企业与消费者双方决策达到均衡所需时间会随着政府对生产颠覆性技术产品的企业补贴系数β的增大而增大；政府决策会随政府对生产颠覆性技术产品的企业补贴系数β的增大而将选择从积极参与转变为消极参与。因此，政府对生产颠覆性技术产品的企业补贴系数β的增加将延长技术采纳周期，同时若政府对生产颠覆性技术产品的企业补贴系数β过高会让政府决策转变为消极参与。

6.5 研究结论与对策建议

6.5.1 研究结论

本章在回顾颠覆性技术、技术采纳等相关理论的基础上，紧紧围绕企业颠覆性技术采纳行为这一核心点进行深入的研究分析。依据经典扎根理论方法，进行数据收集、数据三级编码、理论饱和度检验、模型构建等过程，分析企业颠覆性技术采纳行为过程的影响因素。其中，内部因素和外部固有因素两个主范畴是颠覆性技术采纳行为的主要归因。内部因素是驱动企业采纳颠覆性技术的内生动力因素，包含经济层面影响因素、消费层面影响因素、技术层面影响因素；外部固有条件是影响企业采纳颠覆性技术的外部影响因素，属于社会环境因素。外部可变因素包含政府激励层面影响因素、政府治理需要层面影响因素，属于政策环境因素。

此外，根据上述影响因素分析结果和基于演化博弈理论假设，分别构建无政府参与的企业颠覆性技术采纳行为的两方演化博弈模型、政府参与的企业颠覆性技术采纳行为的三方演化博弈模型，通过分析演化博弈的均衡解与稳定性，结合数值仿真方法分析初始状态和各相关因素对企业颠覆性技术采纳行为最终决策的影响。通过上述研究，得到以下结论：①系统的初始状态对博弈系统的最终稳定结果选择存在显著影响，即企业与消费者对颠覆性技术的初始态度能对企业采纳颠覆性技术的行为产生影响。②数值仿真分析的结果说明：在无政府参与的情况下，颠覆性技术产品为企业带来的收益、消费者从颠覆性技术产品获得的收益、企业选择等待策略所需支付的机会成本的增大，能缩短博弈双方趋于稳定所需的时间，对博弈双方最终选择采纳颠覆性技术存在促进作用；消费者采纳颠覆性技术产品所需付出的成本、企业选择采纳颠覆性技术所需投入的成本、企业所生产颠覆性技术产品占全部产品的比例的增大，将延长博弈双方趋向于稳定所需的时间，对博弈双方最终选择采纳颠覆性技术存在抑制作用。在政府参与的情况下，对于颠覆性技术企业而言，更高的颠覆性技术产品生产占比有助于缩短颠覆性技术采纳周期，并能提高政府对企业提供扶持的期望。

6.5.2 实践启示

基于研究结论，对企业提出以下建议。

第一，建立健全颠覆性技术常态化管理机制与跟踪机制。企业应把握颠覆性技术的产生与演进规律，深入开展颠覆性技术战略研究。在颠覆性技术的种子阶段，企业应积极营造共享协作、鼓励创新、包容失败的创新企业文化；在颠覆性技术的萌芽阶段，企业应对新技术的市场前景进行预测，将新技术所呈现的特征与颠覆性技术的特征进行对比分析，科学遴选与识别出颠覆性技术；在颠覆性技术的成长阶段，企业应努力探索搭建更大的应用场景，适时选择场景开放机会，以促进颠覆性技术的成熟和发展。

第二，优化企业在颠覆性技术采纳行为过程中的成本投入和成果转化水平。消费者采纳颠覆性技术产品所需的成本及获得的收益是消费者选择采纳颠覆性技术的重要因素。对消费者而言,从颠覆性技术产品获得的收益大小能影响消费者对颠覆性技术的采纳行为。为降低消费者采纳颠覆性技术产品所需的成本,企业应致力于提高自身在颠覆性技术采纳过程中的资源整合效率,搭建技术攻关与市场应用相结合的协作平台,如利用相关协作平台内的企业间或产学研机构间的合作关系,围绕颠覆性技术产品的应用性和推广性等方面集中发力,共同推进产业融合与科技创新。

第三,建立颠覆性技术专项管理机制。企业应把握颠覆性技术的产生与演进规律,深入开展颠覆性技术战略研究。在颠覆性技术的萌芽阶段,企业应对新技术的市场前景进行预测,对比分析颠覆性技术与高新技术的差异,科学遴选与识别颠覆性技术。在颠覆性技术的成长阶段,企业应积极参与技术攻关与市场应用相结合的协作平台,努力扩张颠覆性技术的应用场景,促进颠覆性技术更快地发展和成熟。在颠覆性技术的应用阶段,企业除积极利用政府的政策扶持和减税降费等有利因素外,还应切实关注市场需求,借助市场的"无形之手"快速推动产品市场化,最终实现颠覆性创新。

6.6 本章小结

本章基于经典扎根理论与演化博弈理论两种方法,对企业颠覆性技术采纳行为的影响因素进行了研究。首先,根据经典扎根理论分析方法从相关数据中分析出企业颠覆性技术采纳行为的影响因素,建立企业颠覆性技术采纳行为影响因素的理论模型。其次,以有限理性为前提,分别构建无政府参与下企业对颠覆性技术采纳行为的两方演化博弈模型和政府参与下企业对颠覆性技术采纳行为的三方演化博弈模型,研究不同情境下企业采纳颠覆性技术的稳定策略共性和差异,再通过数值仿真验证稳定策略结果及分析各相关因素对企业最终策略选择的影响。最后,本章基于上述两组演化博弈模型的分析结果,得出企业颠覆性技术采纳行为博弈过程中决定最终策略选择的影响因素及影响效果。

第7章 颠覆性创新的价值创造

价值创造是企业颠覆性创新的本质和内核，如何在动荡的市场环境实现后发超越是创新管理领域的重要议题。本章将基于资源与能力匹配视角，针对比亚迪在新能源汽车行业的颠覆性创新案例，分析其如何实现颠覆性创新的价值创造过程。研究发现：①颠覆性创新的价值创造过程会经历价值主张、价值形成、价值扩散三个阶段；②在颠覆性创新的价值创造过程中，企业的资源行动策略会经历从资源拼凑到资源编排再到资源协奏的演化阶段，动态能力也会经历感知整合、探索开发、集成重构的主导变迁；③颠覆性创新的价值创造从低端市场开始侵蚀，逐步向中高端市场扩散，最终实现颠覆整个市场的价值实现。

在新时期创新型国家建设的战略指导下，主流创新范式开始从增量型的维持性创新向变革型的颠覆性创新转变，我国在诸多新兴产业领域也通过颠覆性创新实现了从"追赶"到"主导"的战略转变。党的二十大继续强调新能源技术、人工智能技术等颠覆性技术在推动创新型国家建设中的核心地位，将颠覆性创新作为实现国家科技自立自强与国际竞争格局重塑的重要抓手。越来越多的企业也纷纷重视探索新的市场机遇，通过颠覆性创新来寻求跨越式发展的机会（武建龙等，2023）。

颠覆性创新的顺利实现必须满足两个基本条件，一是能够为顾客创造优质的价值体验，二是所创造的价值得到市场的检验认可，因此，价值创造是颠覆性创新的本质和内核（束超慧等，2022）。如何锁定在位企业主与主流技术的价值盲区，并通过技术变轨的方式来实现新的价值创造，是把握颠覆性创新的内在规律与演化机理、推动颠覆性创新实现的核心难题。一方面，后发企业进入市场的时间节点较晚，在资源储备与技术基础上存在劣势，如何开展有限资源下的行动策略，是后发企业在颠覆性创新价值创造过程中取得生存空间的首要问题；另一方面，后发企业面对复杂市场环境中的能力适应问题，通过调整动态能力来匹配颠覆性创新技术演进与市场扩散中的实践需求，是后发企业在颠覆性创新价值创造过程中积累竞争优势的有力手段（曲冠楠等，2023）。在管理实践上，推动后发企业颠覆性创新的价值创造过程是新时期后发企业创新实践的重要战略目标。

现有文献围绕颠覆性创新的概念内涵（曲冠楠等，2023）、演进特征（许佳琪等，2023）、影响因素（唐旭丽和李信，2023）及发展路径（刘海兵等，2023）等开展了相应研究，并从价值创造视角探讨了颠覆性创新如何实现从价值主张到价值实现的过程机理（张光宇等，2021）。也有学者阐述了在颠覆性创新的不同演进阶段中，需要发挥资源要素与动态能力的协同作用，通过资源拼凑与灵活应对等方式来应对颠覆性创新发展过程中的高风险和不确定性（张亚莉等，2023）。总体来看，学者们基于组织管理视角对颠覆性创新的内在机理与演化路径进行了相应探讨，但关于颠覆性创新价值创造过程机理的研究仍不够丰富，打通颠覆性创新价值创造、资源策略与动态能力的理论堵点还有待突破，特别是其过程中资源与能力匹配演化的黑箱尚待打开。

出于实践需求与理论缺口，本研究将基于资源与能力匹配视角来探讨颠覆性创新的价值创造机理，结合颠覆性创新领域典型企业的发展实践展开分析，提炼颠覆性创新价值创造机理的关键要素与模型框架，以期为企业颠覆性创新战略的技术追赶需求与推动创新型国家建设的时代命题规划提供理论参考。

7.1 文献回顾与研究框架

7.1.1 颠覆性创新与价值创造研究

颠覆性创新最早由 Christensen 提出，其于 1995 年提出颠覆性技术的概念，随后在颠覆性技术的范畴基础上进一步凝练出颠覆性创新理论，指出企业可以通过变革技术路线与重塑商业模式来颠覆传统价值网络，形成竞争范式重构与新市场创造的效果（Christensen，1997）。在创新方式上，颠覆性创新与维持性创新处于不同的属性集，它致力于通过改变技术路线来重新定义竞争范式，通过大幅度、变革式的资源整合方式完成对技术范式、商业模式或竞争态势的重大变革，所需的资源投入会对创新主体带来巨大压力。在演进过程上，颠覆性创新不仅要克服技术研发的障碍鸿沟，还面临在位者与社会技术体制机制的巨大阻碍，具有高度的不确定性风险。理论界基于不同视角探讨了颠覆性创新的概念内涵及理论体系，其中重点对如何推动颠覆性创新的成长过程并发挥其作用效能开展了诸多探索，主要的研究视角大致可以分为以下三类：一是从战略管理视角研究颠覆性创新的战略规划，分析国家或企业在大变革时代下应对颠覆性创新活动的策略方式（陈字理等，2022）。二是基于创新生态视角探讨颠覆性创新的生态系统优化，研究如何促进多主体联动与多要素协同的共生演化（武建龙等，2023）。三是基于价值创造视角分析颠覆性创新的价值实现机理，解读创新主体如何实现从技术萌芽到主导设计的价值实现过程（Antonopoulou & Begkos，2020）。

价值创造理论诞生于财务管理领域，随后被上升到战略层面，用来解释目标主体如何通过实现资源要素的高效配置来创造竞争的价值优势（Mai & Ketron，2022）。价值创造理论与颠覆性创新的演化过程具有高度耦合性，颠覆性创新以定位潜在用户的价值需求为导向，从利基市场或新市场向主流市场发起渗透，最终实现新技术体系与竞争范式构建的价值目标，颠覆性创新的演进扩散过程实际上就是全新价值理念的创造与实现过程。从价值创造理论出发，颠覆性创新的研究重点应该围绕价值创造的来源、价值创造的过程以及价值创造的结果（马鸿佳和林樾，2023）。在价值创造来源上，企业要基于对目标客户特定需求的捕捉来确定战略发展的价值主张；在价值创造过程上，企业要通过利益相关主体的互补连接来推动竞争优势的价值形成；在价值创造的结果上，企业要通过生态系统的整合共享来实现范式重构的价值扩散（Trabucchi et al.，2022）。因此，本研究根据相关文献的梳理结果与颠覆性创新的阶段特征，基于价值创造的理论逻辑，将颠覆性创新的价值创造阶段划分为"价值主张—价值形成—价值扩散"的演化路径，进而继续探讨颠覆性创新的价值创造机理。

7.1.2 资源策略研究

早期的资源基础理论认为企业的竞争优势主要依托于内部的珍稀性、稀缺性和不可替代性资源，但关于环境复杂性对资源策略的影响关注不多。基于对资源基础理论的完善，学者们开始不断深入资源策略方面的研究，探讨企业资源获取及整合过程中的动态机理（Kraaijenbrink et al.，2010）。基于资源策略的行为选择研究，目前主要形成了资源拼凑理论、资源编排理论与资源协奏理论。资源拼凑理论聚焦企业创业初期的资源束缚问题，提出企业可以通过有机整合可及性资源，采取拼凑的方式来突破既有资源的限制，这也解释了资源并不充分的企业为何能取得成功（Baker & Nelson，2005）。此外，有学者融合资源管理和资产协奏理念，提出了资源协奏理论，认为企业创新的价值实现过程体现在资源的分解、捆绑及利用等一系列活动，并在演进过程中实现资源到能力再到价值实现的动态转化（Sirmon & Hitt，2009）。资源拼凑理论与资源协奏理论存在适配情境上的差异，相较于资源拼凑关注创业情境对资源突破的限制，资源协奏更关注一般情境下对资源的集约使用，但二者本质上都体现了在资源和能力上的组织适配。因此，还有学者从资源策略演化的角度分析资源拼凑到资源协奏的发展机理，提出企业的资源策略会体现为从资源拼凑到资源编排再到资源协奏的演化特征。在创新发展的初期，企业通过资源拼凑来实现创新要素的整合，随后企业会根据市场环境不断优化资源策略的动态适配，通过资源编排到资源协奏的进阶推动持续性竞争优势的形成（苏敬勤等，2017）。

在颠覆性创新的价值创造过程中，后发企业不仅要面临发展初期的资源束缚问题，还会有技术变轨所带来的市场认可和社会机制阻碍，通过动态调整资源策略实现能力构建与优势积累是企业的必然选择（曹阳春等，2022）。已有文献分析了创业导向、战略认知等前置因素对资源策略的影响，但一方面，资源策略选择的本质是如何适配内外环境的动态情境，涉及目标主体和环境的交互；另一方面，企业在颠覆性创新价值创造的不同阶段面临的要素环境不同，资源策略的重点内容和影响因素也存在差异，其中的机理问题仍待进一步探讨。

7.1.3 动态能力研究

动态能力是企业在复杂竞争环境下为了获取和维持竞争优势，吸收、整合及配置组织内外资源的能力，以及根据环境变化动态调整应对方案的水平（Teece et al.，1999）。动态能力理论自提出之后，便得到了战略管理领域的极大关注，特别是围绕如何去解构其能力维度，学者们从资源基础理论、组织学习理论等视角开展了众多研究。通过研究梳理可以发现，虽然不同学者对创新能力维度的划分存在差异，但主要体现在三个方面：一是学习吸收能力，关注企业如何基于现有的理论认知识别和发现外部资源要素，并将其价值内化为自身的竞争优势（徐细雄等，2023）；二是协调整合能力，探讨企业根据环境变化开展对内外部资源的整合配置，强调组织的自我管理与外部协调水平（周翔等，2023）；三是创新变革能力，聚焦企业顺应市场环境的发展导向来开展自我变革的行为，重点关注企业创新能力提升与市场竞争优势积累之间的联系（张昊和刘德佳，2023）。

颠覆性创新的价值创造过程面临的是高度不确定的市场环境，企业需要在价值认知上实现战略聚焦，在组织行为上强化策略支撑，通过提升动态能力来适应变化迅速的复杂态势。相较于常规能力，动态能力对企业获取并维持竞争优势的作用更大，是企业拼凑、编排和协奏异质性资源的基础，对指导企业迅速发现机会窗口和把握市场机遇具有重要作用，是颠覆性创新价值创造过程中的重要推手。

7.1.4 研究框架

通过研究梳理可以发现，价值创造是颠覆性创新的本质和内核，从价值创造视角可以将颠覆性创新过程划分为"价值主张—价值形成—价值扩散"的演化路径，企业在不同阶段中会调整优化认知和行为上的动态能力，并采取不同的资源策略来满足颠覆性创新技术演进和市场扩散的诉求。已有学者从价值创造、动态能力和资源策略视角开展对颠覆性创新的研究，但尚未在价值创造、动态能力和资源策略上搭建起颠覆性创新的对话桥梁。本研究试图从资源与能力匹配视角探讨颠覆性创新的价值创造机理，并基于文献对话与研究目标，构建起如下研究框架（图7-1）。

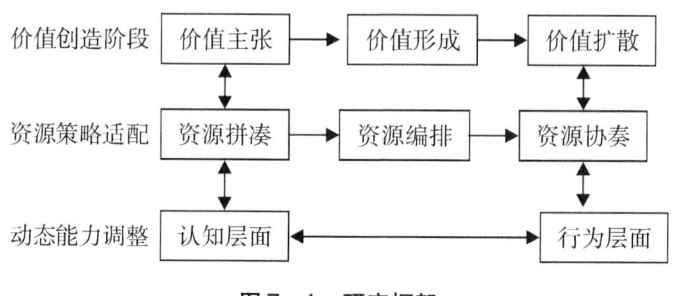

图7-1 研究框架

7.2 研究设计

7.2.1 方法选择

基于研究目标与问题的需求属性，本研究采用纵向单案例分析方法。首先，案例研究方法适用于解答"怎样""如何"之类的问题，而本研究旨在从资源与能力匹配视角探讨颠覆性创新"如何"实现价值创造，正属于此类范畴。其次，单案例相较于多案例能更加详细具体地阐述研究对象的相关情况，进而更好地呈现内在的理论逻辑。最后，纵向案例的分析范式能更深入地呈现案例情境，明晰颠覆性创新价值创造的动态演化过程，进而发现案例背后蕴藏的逻辑规律，实现从"好故事"到"好理论"的跨越（王凤彬和张雪，2022）。

7.2.2 案例选择

选择比亚迪作为研究对象，主要原因如下：第一，符合案例研究对象的适配原则。比亚迪从电池领域起家，在2003年开始进入汽车领域，初期的燃油车业务发展效果一般，但依托新能源汽车的转型布局，凭借开发的插电混动技术掀起了新能源汽车向燃油汽车的冲击号角，迅速成为汽车领域的龙头企业。比亚迪在2023年上半年的新能源汽车销量居全球第一，在整体车型中的销量也位居国内首位，改变了日德车系长期占据汽车销量榜首的格局，在新能源汽车领域可以说是典型的一匹"黑马"。第二，符合案例研究抽样的系统原则。本研究探讨的是颠覆性创新的价值创造机理，因此目标对象应该是已经完成了相关领域的价值实现目标，体现了相对完整且适合研究的发展过程。鉴于此，比亚迪在新能源汽车领域的颠覆性创新符合这一标准。首先，如今的比亚迪已经在新能源汽车领域占据主导地位，对燃油车领域的冲击让消费者逐渐转变汽车消费惯性的选择，契合对颠覆性创新研究对象的要求；其次，比亚迪在新能源汽车领域的成功并非一蹴而就，而是经历了由价值主张、价值形成到价值扩散的演化过程，每个阶段的战略导向与核心任务存在变化，随之蕴含的资源策略与动态能力也有显著的差别。

7.2.3 资料收集

本章采用多渠道的数据收集方式，包括一手调研资料和二手网络数据，以保障不同渠道数据能够实现彼此补充与交叉验证以丰富证据链，进而提升研究的信度与效度。①调研资料：第一，对比亚迪进行企业调研及半结构访谈，了解比亚迪在新能源汽车领域的发展布局情况，访谈内容包括战略规划、资源布局、行动方案、发展历程、政策环境等方面；第二，对深圳新能源车辆应用推广中心进行访谈调研，了解深圳在推动新能源汽车发展上的公共服务、产业链合作等宏观环境状况（表7-1）。②网络资料：通过公司网站、企业年报、学术期刊及网络资料等方式获取比亚迪在新能源汽车产业发展过程中的相关资料，重点涉及企业的产品变迁、市场规模等相关情况。

表 7-1 访谈对象的资料信息

目标对象	次数	时长（min）
比亚迪商用车事业部市场部总监	1	100
比亚迪股份有限公司副主任	1	100
比亚迪股份有限公司高级工程师	1	80
比亚迪股份有限公司接待科科长	1	100
深圳新能源车辆应用推广中心主任	2	120

7.2.4 数据分析

通过归纳式主题分析对数据资料进行分析，对原始资料进行一阶构念抽象、二阶主题归纳和聚合构念形成。在数据分析前，研究组成员已经对"颠覆性创新""价值创造""资源策略""动态能力"等主题有了初步认识，保障了资料编码的准确性与契合性。编码的过程如下：首先，由三名研究生对收集的数据资料开展一阶概念抽样的编码，对原始数据进行逐句、逐条的归纳整理并贴标签，当存在数据抽样表述差异时，通过开会研讨选择最精准契合的编码结果。其次，团队成员将编码好的概念进行二阶主题归纳，发现一阶概念之间的关系和规律，并通过文献阅读与对话，探讨新发现与既有理论的相似性与差异性。最后，在二阶主题的基础上提炼理论构念，搭建研究所需的理论框架。在研究过程中，通过对原始数据、理论涌现与文献查阅的反复补充和迭代，强化逻辑基础，不断推动数据与理论的匹配性，从而保障分析结构呈现的规范准确。

7.3 案例分析

企业如何基于颠覆性创新的价值创造实现从追赶到主导的过程机理是本研究聚焦的关键问题。结合比亚迪新能源汽车的发展历程，本节将其划分为启动阶段的价值主张、转型阶段的价值形成与扩散阶段的价值实现三个时期，其依据主要是考虑企业在不同发展阶段的价值创造目标演化、环境不确定性、资源与能力战略调整等特征。基于三大阶段的划分，本研究将进一步探讨比亚迪如何通过资源与能力的演化匹配，在颠覆性创新过程中顺利实现价值创造的内在机理。

7.3.1 启动阶段：颠覆性创新的价值主张

颠覆性创新的变革性特征为后发企业创新追赶的技术选择和战略制定提供了全新的思路，即通过挖掘主流市场的蓝海空间来创造新的需求属性，驱动形成新的商业模式（余维臻等，2022）。感知并把握机会窗口来制定契合情境的价值主张是企业颠覆性创新价值创造的前提基础，此过程不仅涉及技术路线变革与战略规划重塑，还要对既有资源进行集约整合并对环境的变化表现出高效的动态反应能力，即企业通过快速的试错学习来建立全新的价值主张，完成颠覆性创新的初期布局。

（1）资源拼凑策略。

对于后发新兴企业而言，启动阶段受限于资源和能力的可及性，企业必须将所有能够利用的资源进行拼凑组合，从而创造出必要的要素条件来满足创新需求。在比亚迪向汽车产业进军的启动阶段，其资源行动主要采取的是资源拼凑策略。首先，实施资源凑合。为了更快速地在汽车产业领域崭露头角，比亚迪通过企业收购与资产重组的方式迅速完成产业初期的基础构建。比亚迪于2003年收购秦川汽车后开始具备整车制造能力，并在此之前通过对吉驰模具厂的资产重组得到了轿车模具生产技术；2009年比亚迪又通过收购美的客车的方式来布局客车市场；比亚迪还通过模仿创新的方式进行适当参照与借鉴学习，利用低端市场渗透的方式来抢占市场空间。比亚迪生产的第一款福莱尔汽车用了奥拓的底盘、车身和仿制铃木的发动机，随后的F3车型也模仿了丰田花冠类汽车的外形，通过模仿创新和集成创新的方式来对成熟技术进行简化和重组，满足广大低端消费群体的需求。其次，尝试资源突破。比亚迪一方面突出经济适用的特色，对标低端市场来开拓空间，其F3系列产品还获得"最佳性价比汽车"等荣誉；另一方面瞄准新兴产品的特色，提前布局新能源汽车战略，并在2006年推出首款纯电汽车F3e、2008年推出首台双模电动车。最后，探索资源创作。通过技术积累、产品拓展与垂直整合的方式，比亚迪逐步完成了启动阶段的低端市场入侵目标，并形成了自身的价值优势。在技术积累上，比亚迪在进军汽车行业的首年便成立了涵盖车身设计、电子器件与安全装置等方面的汽车研发中心，在模仿创新的同时尝试自主技术突破；在产品拓展上，不断推出进化版车型，并丰富在客车、跑车以及新能源汽车等方面的产品布局；在垂直整合上，通过规划几乎覆盖汽车全部部件和"人+机器"的生产模式形成成本优势，并完善分销渠道来进行全球销售网络的扩展。

（2）动态能力解构。

在颠覆性创新价值创造的启动阶段，比亚迪通过资源拼凑策略完成发展初期的市场侵入与优势积累，这一时期的动态能力主要体现为机会感知能力与资源整合能力。在机会感知能力方面，其一，体现了对市场的感知，发现中国汽车市场渗透的巨大空间，对日益提升的产品需求给予关注；其二，体现了对政策的感知，抓住中国汽车产业发展政策的红利，如"十城千辆"工程和"十五"国家863新能源汽车重大专项计划；其三，体现了对技术的感知，面对国外的巨头汽车技术壁垒，一方面适度借鉴主流技术进行模仿创新，另一方面发挥在电池领域的技术优势来探索新的竞争路线。在资源整合能力方面，其一，体现了获取能力，通过资产重组获取汽车模具技术，通过企业收购获取整车制造能力，对内建设汽车生产和研发基地，对外签订汽车出口协议；其二，体现了研发能力，借鉴奔驰、铃木等车企推出系列产品，在构建研发体系的基础上推出自主研发的汽车产品，并在双模电动车上集合多项先进技术；其三，体现了优化能力，通过改造与拆分生产线单元优化生产流程，并通过"人海"战术、分销网络与垂直整合实现对成本的严格控制。

（3）价值主张。

颠覆性创新启动阶段的核心任务是锁定在位企业的价值盲区，通过技术变轨形成新的价值主张，为顾客提供差异化的产品来获得竞争优势，并通过低端市场渗透的方式来推动价值创造的引爆点（Ander，2002）。在启动阶段，比亚迪敏锐地感知到了汽车市场的未来前景，紧抓国家政策机遇，并识别自身和主流企业的技术差距，利用资源拼凑策略从低端市场开始突破，一方面在技术上借鉴糅合，配合垂直整合方式压缩生产成本，另一方面开始自研技术积累，贯彻技术为王的发展路线。在颠覆性创新的启动阶段，后发企业面临主流技术与在位企业的竞争压迫，资源的可及性受到限制，企业若要通过采取资源拼凑策略实现有限资源的整合，重点任务是通过技术模仿的方式来实现资源整合，构建关键能力以抓住市场机会。此外，感知能力与整合能力在颠覆性创新价值主张形成过程中起到了主导作用。敏锐的感知能力是颠覆性创新道路选择与价值创造的核心，对市场、政策和技术的感知保障了比亚迪颠覆性创新策略的正确性；同时，比亚迪凭借出色的整合能力不断完善研发体系，构建成本控制体系与搭建分销网络，逐步从激烈的竞争中脱颖而出，在2009年实现了国内自主品牌轿车销量首位的目标。

命题1：颠覆性创新启动阶段的价值创造核心是确立价值主张，企业由于技术与资本存量的限制，会采取资源拼凑策略，以市场为导向，发挥感知能力与整合能力推动技术模仿创新并从低端开始突破。在这一过程中，资源拼凑策略解决了颠覆性创新价值创造的要素瓶颈问题，感知能力与整合能力保障了价值创造的方向选择与效率（图7-2）。

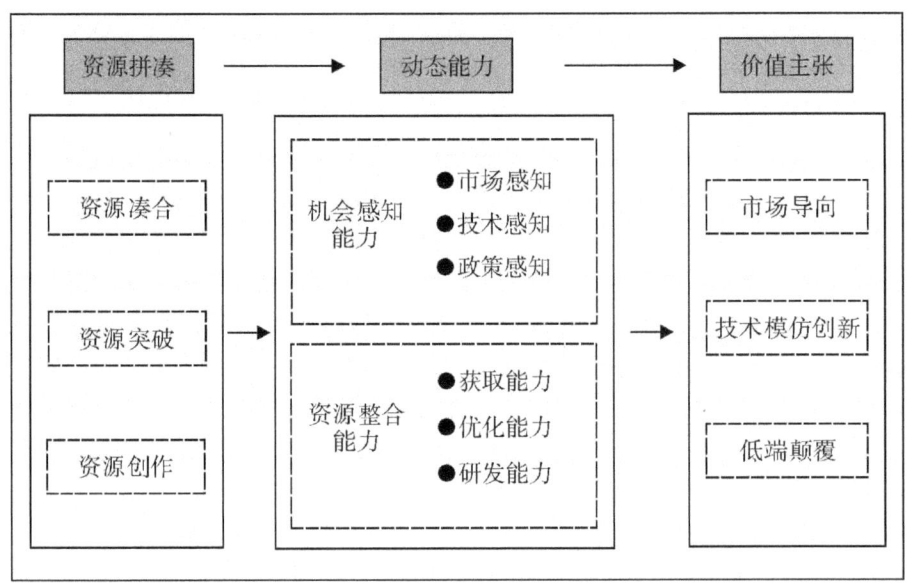

图7-2 颠覆性创新启动阶段价值主张的内在机理

7.3.2 转型阶段：颠覆性创新的价值形成

在颠覆性创新的价值创造过程中，企业通常从利基市场及边缘市场开始侵入，在积累了一定优势基础后向中高端的主流市场发起进攻（陈宇理，2022）。在转型时期的价值创造阶段，价值主张的意识形态与前期布局开始转向价值形成的成果显露。随着颠覆性创新的技术演进，其技术优势及市场生存能力不断提高并凸显颠覆性特征，企业逐渐扩大产业规模并开始成为市场关键主体，完成颠覆性创新价值形成的成功转型。

（1）资源编排策略。

在转型阶段，初创企业尽管完成了一定的资源和能力上的积累，但也更加认识到自身核心能力的相对缺失，开始将资源策略的重点倾向于核心能力

第 7 章 颠覆性创新的价值创造

构建，实现资源的有序组合和管理（黄明和吉祥熙，2023）。在比亚迪颠覆性创新的转型阶段，其经过启动阶段的资源积累已经形成了一定的资源基础，拥有了相对丰富的资源，开始有能力选择性地进行资源编排，通过培养核心能力推动颠覆性创新的价值形成。其资源策略主要体现在以下三个方面：其一，推动资源构建。一方面，比亚迪继续保持燃油车领域的竞争势头，丰富轿车、SUV、MPV 等产品组合，在变速器和发动机上积淀集成创新，以燃油车保障技术研发的现金流；另一方面，以成为新能源汽车全球领航者为目标，从双动力混合技术与双模电动车开始突破，在电池技术上开发磷酸铁锂电池，形成在整车制造、电机控制以及电池技术上的核心技术。从纯电汽车 E6 投入市场到插电式混合动力车型"秦"取得国内新能源汽车销量冠军，比亚迪新能源汽车的商业化进程取得重要进展。其二，推动资源归拢。一方面，比亚迪对外拓展合作网络，合作伙伴质量更高，范围更广。2010 年，比亚迪与汽车巨头德国戴姆勒公司集合双方的汽车技术与电池技术共同开发新一代新能源汽车，此后逐步与全球头部企业建立稳定的合作关系。2010 年 12 月，比亚迪向洛杉矶交付 10 台双模电动车，开启其在美国的新能源汽车示范推广，并通过合作建厂模式，逐步在长沙、天津、保加利亚和巴西等国内外区域建设新能源汽车制造基地，其电动大巴也在海外 10 多个国家通过运营测试。另一方面，比亚迪对内优化顾客体验。比亚迪基于市场调研搭建客户关系管理系统，追踪客户需求与市场反馈，提升技术研发与市场需求的匹配性。为了解决消费者一次性付款成本的压力，比亚迪对内成立汽车金融有限公司，为消费者提供汽车消费贷款与融资服务；对外与国家开发银行等金融机构进行合作，为汽车的零首付方案提供业务满足。针对汽车维护的顾虑，比亚迪承诺 10 万公里的超长保修，对大部分零部件进行保障，在市场群体中逐步提升品牌的认可度和影响力。其三，实现资源转化。在技术演进的过程中，比亚迪识别以物联网、AI 技术为代表的人工智能机遇，布局智能网联汽车战略。在 2012 年，比亚迪推出全球首款搭载遥控驾驶技术的"速锐"轿车；两年后，比亚迪又推出 G5 轿车，率先搭载智能平台，实现 Wi-Fi 情境下互联网接入，提供汽车的智能操作与驾驶体验。在随后的技术研发过程中，比亚迪也不断完善 IT 技术与汽车电子的深度融合。

（2）动态能力解构。

在颠覆性创新价值创造的转型阶段，比亚迪通过资源编排策略完成对发展初期积累资源的有机整合，开始进行市场拓展并实现价值形成，这一阶段的动态能力聚焦于探索学习能力与创新开发能力。在探索学习能力上，比亚迪的主要表现如下：其一，机遇把握能力。比亚迪把握住中国经济总量与城市化进程快速提升的契机，关注到由于全球能源危机所带来的新能源汽车旺盛需求，开始在国内外多个试点城市推广新能源汽车的规模化运营。其二，技术探索能力。随着众多车企集中涌入，新能源汽车技术得到了巨大提升，在操作体验、便利性与动力供应上与燃油车的差距不断缩小，比亚迪顺势在电池、电机、电控等模块布局突破，并识别到人工智能技术的潜力，积极推动汽车产品的智能化发展。其三，管理优化能力。在外部管理上，比亚迪采取战略并行手段，以燃油车业务保障新能源汽车研发现金流，将标准管理精细化到每个流程，并通过削减经销商数量来优化销售网络；在内部管理上，比亚迪不断优化内部管理能力，引进先进管理经验并推广扁平化的管理结构，为员工提供学习、成长和晋升上的平等机会。在创新开发能力上，比亚迪也开始收获成效。其一，技术研发能力。比亚迪在智能电子设备、电池技术、发动机与离合变速器等模块不断推出最新技术产品，开发出性能安全的磷酸铁锂电池技术。其二，市场拓展能力。在市场布局上，比亚迪积极拓展商业版图，推动新能源汽车的商业化进程，在深圳等地开始试运营新能源汽车与大巴，E6与K9等车型逐步向全国推广，在海外也建立销售总部，并得到欧盟WVTA整车认证；在客户管理优化上，比亚迪积极进行研发前端的需求调研与销售后端的反馈收集，通过提升质量标准与获取水平认证来提升品牌力，并为客户提供"零元购车"等资金解决方案，不断提升消费者的市场认可水平。其三，创新合作能力。比亚迪跟戴姆勒等头部企业开展技术联合攻关，与国家开发银行等实力金融机构建立资金合作关系，在业务与技术之间发挥高度协同，实现创新的叠加效应。

（3）价值形成。

颠覆性创新转型阶段的核心任务是通过优化要素资源与挖掘消费需求来构建创新的内在驱动力，通过创新价值链的整合优化实现价值形成，不断提升技术产品的性能体验来扩大竞争优势，通过契合多元消费主体需求不断拓展和深化在中高端市场中的地位水平（李东红等，2021）。通过数据编码与归纳分析，在颠覆性创新的转型阶段，比亚迪更加深刻地感受到新能源汽车的巨大前景，随着政府对新能源汽车补贴力度的提升与相关技术的不断成熟，比亚迪瞄准成为全球新能源汽车的引领者的目标进行布局。比亚迪基于前期的资金与技术积累，基于资源编排策略来实现目标导向与资源基础的有机匹配，一方面逐步脱离模仿创新的限制并集成自主优势技术，另一方面通过并行新旧战略、拓展合作网络、优化顾客体验与抢抓智能机遇等方式来向中高端市场发力，在提升产品价值属性的同时拓展多元顾客群体。这一时期，探索学习能力起到了重要作用，特别是在研发能力上突破模仿创新的瓶颈，通过自主优势技术的集成，在新能源汽车领域取得重要突破，推出了系列具有高性价比的中高端产品，在品牌影响力与行业技术标准上起到了引领作用。同时，创新开发能力也在这一阶段开始发挥作用，比亚迪除了依靠技术产品的更新迭代，还通过客户管理能力、系统管理能力与捆绑协同能力积极推动多主体价值共创的生态空间，在中高端市场上崭露锋芒。

命题2：颠覆性创新转型阶段的价值创造核心是推动价值形成，企业基于对前期技术与资本积累的有机组合会采取资源编排策略，以消费需求为导向，发挥探索学习能力与创新开发能力，推动自主技术集成创新并向中高端市场渗透。在这一过程中，资源编排策略与优化颠覆性创新价值创造的要素有机组合，探索学习能力与创新开发能力主导推动后发企业自主创新的技术变轨进程（图7-3）。

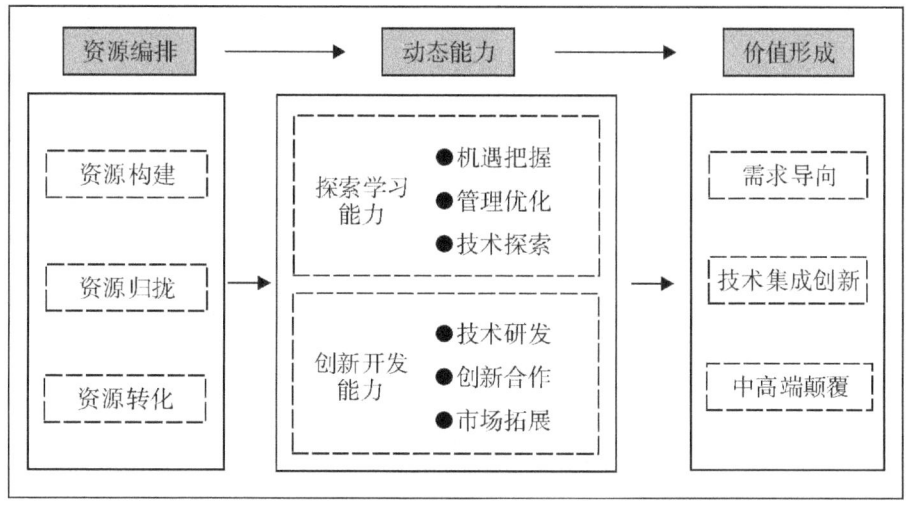

图7-3　颠覆性创新转型阶段价值形成的内在机理

7.3.3　拓展阶段：颠覆性创新的价值扩散

经过启动阶段的价值主张确定和转型阶段的价值形成，后发企业逐步构建起充足的资金储备、技术积累以及完整的产业链体系。随着后发企业颠覆性创新价值创造的不断深入，技术演进与市场扩散的进程不断加快，颠覆性创新的爆发性特征开始体现为价值扩散的迅猛态势。

(1) 资源协奏策略。

在拓展阶段,比亚迪进一步强化了资源行动的管理理念,强调对已有资源基础的协同管理,向资源协奏策略演进。在资源协奏策略引导下,比亚迪进一步优化内外部资源的深度与广度,并延伸企业能力,在长远战略导向下形成更高水平的多元产业协同。首先,持续资源优化。比亚迪积极优化产业生态系统,拓展资源获取能力并剥离价值较低项目。比亚迪通过非公开发行股票及债券,募集资金用于提升电池产能与基础产品研发项目;通过创新王朝系列与海洋系列产品组合来契合市场多元需求,进一步抢占市场空间;通过员工持股计划提升激励效应,激发员工的凝聚力与创新积极性;不断推进从燃油车向新能源行业的产业变革,并从2022年3月起停止燃油车整车生产业务以专注于新能源汽车领域布局。其次,推动资源捆绑。为了提升在新能源汽车领域的话语权,比亚迪积极拓展在产业链体系上的多元布局。考虑到锂资源的战略保障问题,比亚迪与青海盐湖成立合资公司进行盐湖锂元素的开采加工;为了突显智能网联与智能驾驶上的技术体验,与华为等高科技公司进行深度合作;出于提升车辆内饰品质考虑,与佛吉亚集团围绕座椅等配件产品开展战略合作;为了拓展电池外供业务,与长安等多家车企合资进行电池工厂建设,通过资源捆绑,比亚迪在新能源汽车产业链各环节集结优势主体,迅速提升产品质量与顾客体验,不断拓展市场空间。最后,实现资源协同。比亚迪不断优化其在汽车、人工智能及新能源领域的资源优势,构建起多领域协同交互的立体创新生态。在新能源汽车领域,除了强化乘用车的市场拓展,还推动公共交通的多元布局,包括在全球六大洲推进公交电动化战略以及为城市轨道交通领域所设计的"云轨"产品实现商用;在智能网络生态上不断优化DiLink、OTA智能远程升级等AI新业态;推出的插混专用发动机、EHS电混系统、插混专用刀片电池使得比亚迪成为新能源汽车领域的关键领导者。

(2) 动态能力解构。

在拓展阶段,比亚迪开始不断加速颠覆性创新的价值扩散进程,一方面通过系统集成能力巩固竞争优势,另一方面强化范式重构能力成为新的行业主导者。在系统集成能力上,比亚迪的表现凸显为三个方面:其一,业务整合能力。为了提升综合治理能力,比亚迪革新管理架构,下设五大事业群,通过强化战略聚焦提升企业的行动力与竞争力。其二,联盟构建能力。比亚迪不断推动与产业链核心企业的联盟合作,通过入股华大北斗、裕能新能源电池、阿特斯阳光电力等相关企业,推动产业链上下游的高端整合,牢固守卫产能、质量、技术与成本的控制权。其三,平台搭建能力。比亚迪发布

DiLink 智能网联系统，通过不断完善 Di 平台、DiUI、Di 生态、Di 云、Di 等五大开放板块，建立开放共享的技术资源平台"e 平台"。在范式重构能力上，比亚迪也呈现出优异表现：其一，技术变革能力。比亚迪一方面不断完善发动机、变速箱和底盘等传统三大件的技术积累，另一方面以智能网联突出产品体验优势，在车机系统、语音控制、远程控制、驾驶辅助等方面优化驾驶者的行驶体验，特别是契合新手司机对辅助驾驶保障的需求，抓住了相当一部分顾客的特殊诉求。其二，路线重塑能力。传统车企在混动技术上采取的是发动机配合油电混合系统提供动力输出，面对在位者的技术壁垒，比亚迪采取的是插电混动的全新技术路线，并通过发动机、电混系统与刀片电池的适配，为国内新能源车企提供了新的技术路线标杆。其三，生态拓展能力。比亚迪优化了前期利用成本优势来占领市场的战略，采用自主创新与技术变革来提升品牌竞争力，不仅迭代"秦"系列等入门性价比车型，所推出的"汉""唐"系列以及仰望车型在高端市场的份额也不断提升，逐步实现了全市场的产品覆盖。

（3）价值扩散。

颠覆性创新拓展阶段的核心任务是协调多元主体要素与主导竞争范式变革来引导新的产业业态，通过持续推进技术原始创新来实现全市场覆盖的颠覆布局，实现生态型商业模式的变革与重塑。通过数据编码与归纳分析，在颠覆性创新的拓展阶段，新能源汽车补贴政策的退坡让行业的市场化竞争日趋激烈，倒逼整个行业去优化产品结构与质量体系。比亚迪在此期间不断强化研发投入与技术革新，不仅在新能源汽车多个产品体系上多元发力，而且通过扩充产能来抢占市场空间。一方面，基于深耕的技术底蕴，比亚迪不断推动品牌高端化的建设力度；另一方面，通过实施全市场战略布局覆盖细分市场。系统集成能力让比亚迪可以高效地集结产业链上下游与组织内各部门的创新资源，通过资源的优化、捆绑与协同构建起强大的创新能力，助力比亚迪逐步成为新能源汽车领域的引导者；范式重构能力让比亚迪构建了自身的核心技术与竞争优势，实现从低端市场向高端市场的渗透扩散，不仅塑造国际竞争力，还推动中国新能源汽车行业形成完善的产业生态，实现在汽车行业的弯道超车。

命题3：颠覆性创新拓展阶段的价值创造核心是推动价值扩散，企业以生态为导向，通过资源协奏策略推动能力、资源与环境的系统演进，实现全市场覆盖的颠覆目标。在这一过程中，资源协奏策略强化了颠覆性创新价值创造的系统协同交互，动态能力聚焦于价值扩散过程中的系统集成与范式重构，共同推进颠覆性创新的价值扩散进程（图 7-4）。

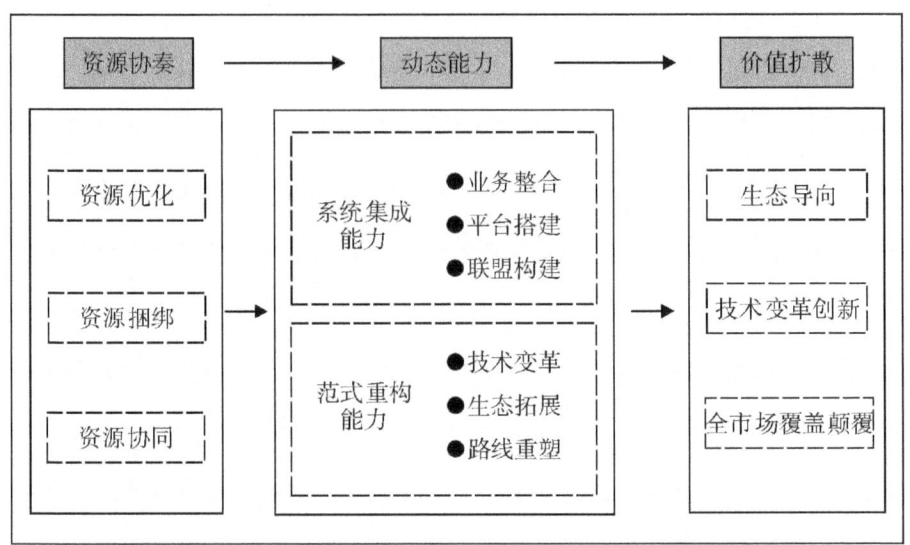

图7-4 颠覆性创新拓展阶段价值扩散的内在机理

7.4 结论与启示

7.4.1 研究结论

后发企业如何通过颠覆性创新实现从追赶到主导的相关研究已经得到学术界和实务界的重点关注,但基于价值创造理论,特别是结合资源和能力匹配视角的研究却相对较少。通过对比亚迪的案例分析,在归纳不同价值创造阶段的资源行动策略、动态能力结构以及核心价值任务的基础上可以构建出系统的理论模型(图7-5),并且基于资源与能力匹配视角研究后发企业颠覆性创新的价值创造机理,可以得出如下结论。

第一,后发企业颠覆性创新的价值创造并非一蹴而就,而是经历了"价值主张—价值形成—价值扩散"的阶段变迁。在后发企业颠覆性创新的价值创造过程中,首先会经历以市场为导向、技术模仿为手段的价值主张阶段。后发企业通过发现主流技术与在位企业的市场"价值盲区",并通过技术模仿的方式为顾客提供新的产品服务,通过低端市场渗透的方式来推动价值创造的主张形成。其次,随着颠覆性创新的逐步深入,后发企业的价值创造会进入到以需求为导向、技术集成为依托的价值形成阶段。在这一阶段中，后发企业通过完善产品服务与消费体验开始积累一定的顾客群体，利用对顾客需求痛点的精准定位和技术集成的优势积累，开始向中高端市场发起冲击。最后，后发企业会跃升至以生态为导向、技术变革为支撑的价值扩散阶段。后发企业开始突破既定的市场范式与竞争格局，通过多元主体赋能与多重利益融合的价值共创活动，引领高端市场上新主导设计的形成，并完成全市场颠覆的生态实现。

第二，后发企业颠覆性创新价值创造过程中的资源策略会表现为"资源拼凑—资源编排—资源协奏"的演化过程。在启动阶段的价值主张确立过程中，后发企业受限于主体资源限制与市场机制阻碍，在异质性资源的获取上存在压力。此时，后发企业通过资源拼凑策略将有限的资源凑合利用，并通过资源突破与资源创造的方式来奠定发展初期的创新基础。在转型阶段的价值形成过程中，后发企业内外部的创新资源逐步丰富，有可供合作拓展的外部资源要素。此时，后发企业通过资源编排策略丰富资源组合形式，通过归拢和构建内外部资源支撑企业的竞争优势，并提升资源的价值转化效率。在拓展阶段的价值扩散过程中，内外部创新资源更加丰富且多元，后发企业通过资源的优化、捆绑和协同来实现主体间强强联合的价值共创，不断推进价值扩散的拓展进程。

第三，后发企业颠覆性创新价值创造过程中每个阶段的核心动态能力各不相同，经历了由"机会感知＋资源整合"到"探索学习＋创新开发"再到"系统集成＋范式重构"的演化过程。在启动阶段的价值主张确立过程中，驱动企业行动的关键动态能力来源于对市场、政策及技术的机会感知能力，以及在资源整合上的获取、研发与优化能力，后发企业通过把握机会窗口与整合有限资源实现价值主张的确立。在转型阶段的价值形成过程中，激烈的市场竞争环境倒逼企业进行探索学习与创新开发，企业一方面把握外部机遇进行技术探索与管理优化，另一方面不断强化技术研发，并通过市场拓展与创新合作提升价值形成的效率。最后在拓展阶段的价值扩散过程中，后发企业对于颠覆性创新的系统集成与范式重构能力逐步突显，不仅通过构建联盟与搭建平台来推动企业业务整合的价值共创，还通过技术变革与路线重塑来拓展新的创新生态形成。

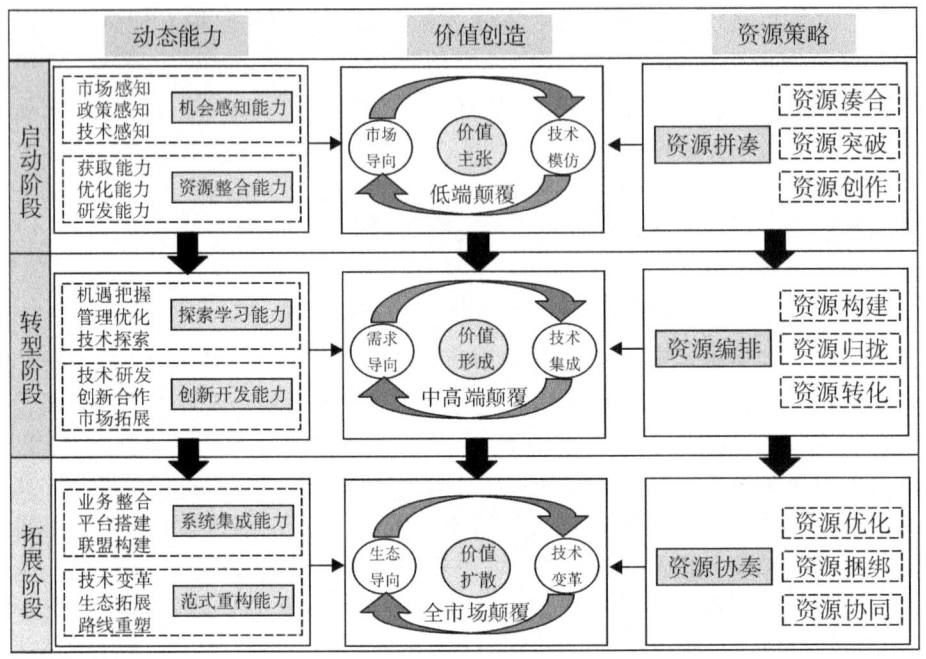

图 7-5　资源与能力匹配视角下颠覆性创新的价值创造机理

7.4.2　理论贡献

首先，本研究构建了颠覆性创新价值创造的机理模型，在一定程度上拓展了颠覆性创新的理论研究框架。现有研究多从宏观视角探讨颠覆性创新从技术形成到市场拓展的演进机理，对于颠覆性创新如何从价值创造视角实现由"追赶"到"主导"的路径机理关注不多。本研究将颠覆性创新的价值创造过程界定为"价值主张—价值形成—价值扩散"的阶段演进过程。其中，价值主张阶段是在市场导向下通过技术模仿完成低端市场侵入的初期探索；价值形成阶段是在需求导向下通过技术集成推动向中高端市场的竞争挑战；价值扩散阶段是在生态导向下基于技术变革实现高端市场的新业态形成。

其次，本研究融合"资源+能力"匹配的理论视角，为研究颠覆性创新价值创造机理提供了更为系统的框架。区别于现有研究从资源或能力的单一视角出发，本研究一方面将颠覆性创新价值创造过程的资源行动策略解构为"资源拼凑—资源编排—资源协奏"的跃迁过程，另一方面总结不同演进阶段中后发企业核心动态能力的差异与作用，解读后发企业如何通过机会感知、资源整合、探索学习、创新开发、系统集成与范式重构等能力的动态作用来实现价值创造的阶段递进。因此，本研究也在一定程度上深化了颠覆性创新与价值创造的既有研究，强化了动态能力理论与资源行动理论在颠覆性创新价值创造领域的应用。

7.4.3 实践启示

通过颠覆性创新实现从"追赶"到"主导"的价值创造目标是诸多企业均积极尝试的创新实践，但也普遍遇到了研发难、推广难、引爆难等障碍瓶颈。本研究通过对比亚迪颠覆性创新价值创造过程的剖析，对后发企业颠覆性创新的价值创造实践具有如下启示。

第一，颠覆性创新的价值过程可以划分为"价值主张—价值形成—价值扩散"的演进阶段，且每个阶段的发展目标与建设重点应有明确侧重。在启动阶段的价值主张确立过程中，要善于发现市场中的潜在机遇，并通过技术模仿的方式提供更加便捷、高效或实惠的产品服务，把握低端市场的消费需求。在转型阶段的价值形成过程中，要通过技术集成优化技术性能与提升产品服务，从而丰富产品体系与提升顾客体验。在拓展阶段的价值扩散过程中，要勇于开展技术变革，通过与利益相关者的价值共创实现创新生态的完善优化与拓展重塑。

第二，驱动企业颠覆性创新价值创造实现的关键因素不仅包括外部市场的竞争压力，还与企业动态能力的适配性密不可分。后发企业在实施颠覆性创新战略时，其领导团队要根据不同阶段的市场生态与消费需求进行总结和反思，在价值主张的启动阶段强化对机会的感知能力与有限资源的整合能力，把握潜在的机会窗口；在价值形成的转型阶段突出自身的探索学习与创新开发能力，形成自身的竞争优势；在价值扩散的拓展阶段提升对系统的集成能力与范式的重构能力，通过生态构建实现多元价值的共创。

第三，在颠覆性创新的价值创造过程中，企业要不断调整对资源的行动策略。对于刚确定价值主张的后发企业而言，启动阶段可供使用的资源相对匮乏，企业要创新对有限资源的利用方式，通过拼凑的方式来推动技术产品的成功落地；随着企业的发展与资源的积累，对资源的科学利用更加高效，企业要注意资源的科学编排以及不同要素的优化协奏。企业应根据颠覆性创新价值创造不同阶段的现实需求与资源情境，配置合理的资源行动策略，赋能颠覆性创新的价值创造。

第8章 颠覆性创新研发联盟的作用价值

后发企业在追逐颠覆性创新所带来的"变轨超车"机遇时,也在创新推进过程中面临巨大的挑战和困难:一方面,后发企业参与市场竞争的时间较晚,与在位企业在技术水平、市场规模等资源储备上存在相应的差距,通过研发联盟实现资源约束下的技术演进鸿沟,成为后发企业开展颠覆性创新的主要渠道;另一方面,通过研发联盟能够创造性地利用和整合现有资源以匹配技术创新需求,把握颠覆性创新的市场机遇。因此,如何深化研发联盟与颠覆性创新演化的耦合机制认识,把握颠覆性创新研发联盟的作用价值机理,并在此基础上获取和优化企业的可持续竞争优势,成为后发企业在颠覆性创新过程中需要解决的首要问题。基于此,本章将以具体的颠覆性技术为研究对象,探讨颠覆性创新研发联盟的作用价值,并通过分析研发联盟与颠覆性技术演化的耦合机制,研究颠覆性创新如何通过研发联盟来推进技术的演化进程,以期为企业和国家的颠覆性创新战略实践及理论研究提供相应经验和借鉴。

8.1 研究设计

8.1.1 概念背景与理论框架

(1) 概念背景。

21世纪是大变革时代,人工智能技术与传统行业产业的深度交融将对世界科技格局与社会经济结构带来深刻影响,颠覆性创新正迎来集中涌现的关键时期。面对技术革命的浪潮以及消费需求的日益多元,尽早识别和培育对经济发展具有重大战略影响的颠覆性技术,能够助力于抢抓技术产业变革的主动权(Christensen et al., 2006)。自动驾驶是指车辆依靠计算机与人工智能技术,在没有人为操纵的情况下,完成完整、安全、有效的驾驶行为,由于其进一步促进了汽车、交通、信息、通信等多个产业的融合创新,被认为是新一轮的颠覆性技术,将成为国民经济新的增长点。对于我国而言,加快发展自动驾驶等颠覆性技术不仅是解决交通拥堵等社会问题的重要手段,也是实施创新驱动发展战略、建成现代化强国的重要支撑。

自动驾驶技术具有战略引领的潜在价值,有望引领汽车行业发展的新趋势,对企业制造转型与价值创造具有导向作用,并且会对主流的商业模式造成巨大变革。但自动驾驶技术不仅涉及汽车制造、视觉计算、控制系统与定位系统等复杂技术模块,还关系到法律法规体系、伦理道德标准、社会保险制度与配套技术设施等领域的协同建设,技术演进过程相对复杂,多数企业难以精准把握技术机遇与市场窗口(赵禹程和俞乔,2021)。学界普遍认为,通过构建研发联盟能够实现对既有资源的整合,挖掘新价值并积极响应市场机遇,提升企业在资源整合与机会识别上的核心能力(尹国俊和蒋璐闻,2021)。但对于自动驾驶等颠覆性技术而言,如何通过研发联盟推动颠覆性技术的演进过程,以及实现企业在技术演化扩散中的优势获取等问题尚未得到清晰解答。此外,颠覆性创新研发联盟除内部网络特征外,还涉及技术演进阶段的动态变化、组织结构模式的优化调整以及外部生态空间的培育完善,技术、组织和环境如何发挥协同联动作用来推进颠覆性创新的实现还有待进一步探索。

(2)理论框架。

技术创新的日益复杂化给以单一技术因素识别为基础的传统创新管理手段带来重大挑战,基于全景视角和系统协同的新型创新管理模式成为新时期国家创新管理与现代化发展的题中之义(谭海波等,2019)。在此背景下,Tornatzky 等人(1990)提出的 TOE 模型将影响技术创新演化的因素划分为三种,即技术维度、组织维度与环境维度,该模型成为学者们探讨多层次技术应用情景和多视角技术管理效果的重要工具。

从技术角度审视颠覆性创新研发联盟的作用价值,既需要考虑颠覆性技术的多重特点,也需要兼顾颠覆性技术的动态演化阶段。新技术在不同发展过程当中会呈现出多样化特征,且面临着不同的发展障碍(李乾瑞等,2021)。并且,颠覆性技术的发展还会涉及技术体系的整体完善过程,需要基于多技术的协同作用实现对不同阶段的技术跃迁,同时促进主流技术规范标准与社会技术体制变革进行重组以更好契合颠覆性技术演化的需求(Nagy et al.,2016)。因此,对技术维度的分析过程既要体现颠覆性技术自身的链条化发展进程,又要考虑到技术体系的协同发展与内外部因素的共同作用。

在从组织维度来分析颠覆性创新研发联盟的作用价值中,齐美尔连接理论对于如何发挥个体间的互动合作机理提供了有力解释。齐美尔连接理论起源于德国社会学家 Simmel（1950）对于群体互动复杂结构的理论研究，其提出当网络结构中两个相互连接的创新主体都与第三方连接时，其运作模式不再局限于单一层面，而是具备了网络协作关系。共同第三方的加入改变了组织二元连接的特征与性质，其优越性表现在：一是提高了个体对于集体利益的重视程度，是解决利益冲突、保持联盟网络稳定的关键（徐建中等，2020）；二是适度削弱了个体地位与议价能力，降低了个体利益诉求对联盟合作关系的威胁（盛亚和李玮，2012）；三是齐美尔连接中的共同第三方还将发挥调解冲突、促进合作的作用（徐建中等，2020）。齐美尔连接通过构建三方网络协作关系，推动了颠覆性创新研发联盟网络结构的稳定性，在颠覆性技术的演化过程中能够有效促进合作企业间的异质性知识共享与技术交流，并且有利于控制单个主体的自利行为、缓和联盟风险冲突。

从环境维度来研究颠覆性创新研发联盟的作用价值主要源于以下思考：首先，主流的资源配置模式都是以契合在位技术为导向，加上颠覆性技术初期所存在的性能缺陷问题，需要通过政策引导整合社会资源，从而实现技术研发攻关与市场渠道开拓（Schot & Geels，2008）。其次，在颠覆性技术领域，实现消费者的用户偏好培养需要通过外部引导，并且技术配套设施往往有待完善，需要通过环境生态的优化来实现技术推动、需求拉动与政策保护的协力作用（朱承亮，2020）。

基于此，针对颠覆性创新研发联盟的作用价值问题，本研究以自动驾驶技术为研究对象，从技术、组织和环境维度分析颠覆性技术在不同演化阶段的特征表现，并深入剖析研发联盟在颠覆性创新的技术实现与优势获取过程中的价值作用。

8.1.2 研究方法与案例选取

本研究采用单案例研究方法来分析颠覆性创新研发联盟的作用价值问题，主要基于以下思考：①案例研究是质性研究的一种重要方法，是基于单个或多个案例材料的收集、梳理以及分析，探索尚未发现的新概念或者已有概念间的新关系，有助于构建新理论，或者通过挑战已有理论来进一步丰富现有理论，被广泛应用于回答理论体系尚不成熟领域中"如何/怎么样（how）"和"为什么（why）"的解释性研究问题；②案例研究对涉及多主体、多阶段的复杂问题更有优势，有助于对复杂阶段进行明确划分和科学提炼；③单案例研究更有助于对研究对象进行深度聚焦，能够提升研究结论的精准性和契合度，更贴合研究需要和具有参考价值（Yin，2004）。

基于颠覆性创新的研究情境，结合 Eisenhardt 和 Graebner（2007）对案例研究范式的设计框架，按照探索性单案例研究的逻辑范式，本研究选择自动驾驶技术作为研究目标，主要原因如下。

第一，综合研究情境与目标选择的适配性，自动驾驶技术属于具有代表性的颠覆性技术。自动驾驶技术是汽车行业全新的技术发展路线，是在传统主流技术追求舒适性、安全性与体验感提升之外另辟战场，一旦达到技术"引爆点"将对汽车行业带来变革性的冲击。此外，对于消费者而言，自动驾驶技术将带来出行方式、安全保障等领域的全新体验，为人类社会生活带来巨大影响，是具有共识性的颠覆性技术之一。本研究选择自动驾驶技术作为研究目标，具有代表性和精准性，有助于更加深入地解释和探讨颠覆性技术研发联盟的作用价值问题。

第二，考虑研究问题与目标对象的契合性，自动驾驶技术具有典型的模块合作特征。自动驾驶技术是涉及不同模块的技术体系，按照功能可以将其划分为感知系统（感知与定位系统）、决策系统（计算与智能决策）与执行系统（动力与方向控制）3 大模块。自动驾驶技术十分复杂，在其技术发展过程中，不同技术模块的企业主体通过技术融合和产业合作，基于协同创新和分工合作的形式来推动技术落地。因此，自动驾驶技术在研发联盟上的特征表现更加明显，十分契合本研究对研发联盟与颠覆性技术演化的分析问题，能够形成较具典型性和普适性的借鉴经验。

第三，综合研究设计与数据获取的可行性，自动驾驶技术已经积累了较为丰富的资料素材。自动驾驶已经成为新一轮技术变革中的关键核心技术，相关政府部门陆续出台多项政策规划文件，机构智库也不断发布关于自动驾驶技术发展情况的研究报告。相关数据库、企业市场信息、行业发展报告等都为自动驾驶技术的研究提供了较为丰富的资料素材，能够保障研究的完整性和科学性。

8.1.3 资料收集与数据验证

在案例研究过程中，多渠道的数据来源有助于提升研究结果的信度和效度，本研究的资料来源渠道主要包括一手调研资料与二手网络资料。其中，一手调研资料的收集包括：①企业调研，通过对代表性企业的实地参观与半结构化访谈形式收集信息，访谈对象涉及生产部部长、技术中心部部长、总经理办公室成员、接待科科长等人员；访谈内容包括自动驾驶等领域的颠覆性技术战略布局、资源整合策略、组织管理建设、技术转化历程和创新生态构建等方面。②科研机构和协会调研,通过对相关科研机构和行业协会进行调研,了解以自动驾驶为代表的颠覆性技术目前的产业发展环境,如政企之间、产业链企业之间的交流合作情况以及政府公共服务情况等。参考相关学者对一手数据的处理方式,按照多人记录、详尽细致、当天整理的原则来保障资料获取的真实性和完整性(臧树伟和陈红花,2019)。二手网络资料的搜集渠道包括企业网站、公司年报、内部刊物、行业报告、学术期刊网站和媒体报道等,重点关注自动驾驶技术在资源整合战略、企业合作研发以及重点事件进展等方面的信息。此外,为了保障研究的信度与效度,本研究借助二手资料对一手调研数据进行了三角验证(Ranta et al.,2021),具体情况如表8-1所示。

表8-1 资料的信度与效度检验

指标	含义	检验策略	应用阶段
信度	资料真实性检验,无歪曲、编造或选择性记录行为	遵循扎根理论的范式步骤进行研究 多渠道的资料收集方式 资料信息之间的相互验证	资料收集 资料分析
	资料客观性检验,站在受访者的角度进行记录,不主观刻画	事前了解目标企业及受访者的相关信息 第三方的意见征询,确保资料无主观臆断	资料收集 资料分析
效度	提出的概念是否准确反应实情与研究现象	与多个关键人物进行讨论交流 参考前期的相关研究成果 对编码结果进行反复论证	资料收集 资料分析
	推导的理论是否适用案例样本之外目标	考虑外部环境对资料收集的影响 检验研究结论对一般案例的适应情况	资料收集 资料分析
	研究的价值判断是否客观准确	三角检验	资料分析

8.2 案例介绍

随着第四次工业革命的兴起和数字信息技术的突破,自动驾驶技术作为汽车产业和物联网、云计算、人工智能、大数据等信息技术以及交通管理、社会保障和智慧城市等领域跨界融合的产物,对未来汽车产业甚至人类社会的生活方式带来巨大的变革潜力(Millard,2018)。自动驾驶技术涉及产业链长、潜在价值空间巨大,成为汽车产业和科技产业跨界融合的必争之地,加上技术突破、政策驱动、资本入局和场景拓展,各种迹象表明,自动驾驶技术已经推进到商业落地的关键节点,新的产业浪潮即将来临。

8.2.1 自动驾驶技术的发展概况

自动驾驶技术研究由 20 世纪 80 年代美国国防高级研究计划局(DARPA)首先开展,DARPA 先后举行了多次自动驾驶汽车大赛,以专项资金的形式围绕自动驾驶技术资助了大量开创性和颠覆性的研究,有力地促进了自动驾驶技术的快速发展,并确立了美国在自动驾驶领域技术创新的长期领先地位。在 DARPA 的引领下,行业的多个领先企业也先后加入,例如谷歌、Uber 以及美国通用汽车公司等。中国对自动驾驶领域的相关研究相对来说则起步较晚,开始于上个世纪 90 年代,但近年来由于相关企业的不断布局和政府的大力支持,发展较为迅猛。百度、阿里和腾讯等新兴科技企业,不断向自动驾驶技术领域的领先地位发起冲击。2018 年 7 月,百度与金龙客车公司联合研发的巴士达到自动驾驶的 L4 级水平;同年 9 月阿里也提出了新的车路协同技术和智能交通解决方案;腾讯也对自动驾驶算法以及仿真方面进行全面布局,自动驾驶技术在我国正处于快速发展的关键时期。2020 年 6 月,滴滴自动驾驶在上海率先落地,标志着我国智能网联汽车载人示范应用提前进入市场化阶段,自动驾驶技术迎来了新的里程碑。近年来,随着整个市场生态对汽车智能网联化的不断关注,自动驾驶技术潜在的市场经济价值不断得到深化认识,截至 2019 年,美国加州政府已向 60 多家企业发放了自动驾驶测试的牌照,中国各地政府也先后向 24 家企业发放了测试牌照。

根据美国汽车工程师协会(SAE)2014 年制订的自动驾驶技术分级标准(按照自动驾驶对于汽车操纵的接管程度和作用区域),自动驾驶技术可分为 L0—L5 共六级(表 8-2)。目前,大部分车型仍处于组合辅助功能的 L2 阶段,要实现自动驾驶的大范围商业化应用还需进一步的实验完善。

表8-2 自动驾驶等级划分标准

自动驾驶分级	SAE定义	控制	实施主体	作用域
0-无自动化	由人类完成全部驾驶操作,系统辅助	人类	人类	无
1-驾驶支援	系统可以对方向盘或加减速中的一项进行支援	人类和系统	人类	部分
2-部分自动化	系统可以对方向盘或加减速中的多项进行支援	人类和系统	人类	部分
3-条件自动化	系统完成所有驾驶操作,人类适当调整	系统	人类	部分
4-高度自动化	除限定条件外系统可以完成所有驾驶操作	系统	系统	部分
5-完全自动化	系统在所有环境下完成所有驾驶操作	系统	系统	全部

8.2.2 自动驾驶技术的系统模块

自动驾驶技术按照功能模块可以划分为感知、决策与控制3大核心系统(图8-1)。自动驾驶技术以取代人工操作为目的,按照人体机能类比,其感知系统相当于人的五官,主要用于感知周围环境,搜集信息并传输到决策系统;决策系统相当于人的大脑,主要负责处理感知到的数据,并做出对应的操作指令发送到控制系统;控制系统相当于人的四肢,承担执行大脑操作指令的职责。

第 8 章　颠覆性创新研发联盟的作用价值

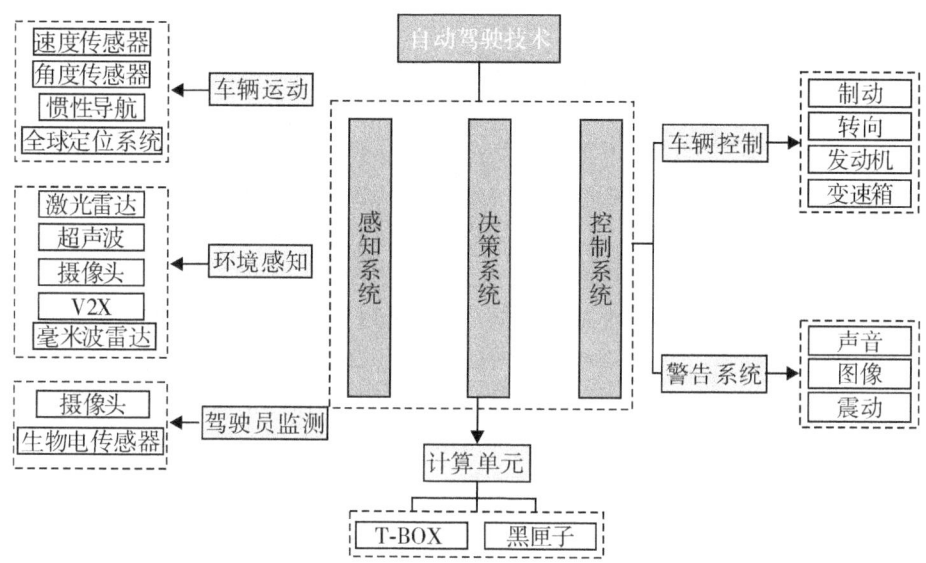

图 8-1　自动驾驶技术的系统模块

自动驾驶技术的感知系统包括车辆运动、环境感知与驾驶员监测三大模块。车辆运动模块主要是对车辆行驶的速度、角度、惯性和位置进行实时的信息监测。环境感知模块主要通过激光雷达、超声波、摄像头、V2X 和毫米雷达等硬件设备来感知车辆行驶过程中是否会遇到障碍物以及交通信号灯的状态。不同传感器由于工作原理差异被应用于不同的场景，并且通过组合效应满足对复杂场景的信息感知需求。驾驶员监测模块负责车内情况的感知，通过车内摄像头和置于方向盘内的生物电传感器来判断驾驶者的精神状态和操作情况。

自动驾驶技术的决策系统主要依托计算单元来执行，在收集传感信息之后，利用智能算法测度外界场景信息并规划行驶轨迹。其中，远程信息处理器（T-BOX）联通互联网与 CAN 总线，可以向 T-BOX 发送操作指令来进行车辆操控；黑匣子是负责监测控制指令和车辆行驶状态的设备，在发生事故后能够借助黑匣子来进行问题分析。

自动驾驶技术的控制系统包括车辆控制与警告系统，主要承担决策指令的执行任务。其中，车辆控制模块负责控制车辆的速度、方向等驾驶动作，实时调整车辆行驶状态，保障行驶的安全性与稳定性。警告系统负责对车辆行驶过程中的紧急、突发状况进行预警提醒，利用声音、图像或振动等形式向驾驶员及后台系统发出提醒信息。

8.2.3 自动驾驶技术的演化阶段

自动驾驶技术是传统汽车制造产业与人工智能、物联网和深度学习等新一代智能技术深度融合创新的产物，是当前全球汽车与交通出行领域智能化和网联化发展的重要方向，已成为世界各国努力争取的战略制高点。随着人工智能与汽车制造行业的快速发展，自动驾驶技术作为汽车行业的一种颠覆性发展趋势，将对未来的汽车产业格局产生巨大影响，行业增长的前景十分广阔，逐步成为社会关注的焦点（Wan et al.，2015）。自动驾驶技术自诞生以来，经过多年的沉淀与发展，在可行性、实用性和安全性等方面都取得了突破性的进展。从国际发展趋势来看，美国和德国引领自动驾驶技术的发展浪潮，日本和韩国快速兴起，我国积极推进呈追赶态势。可以预见的是，随着自动驾驶技术的不断成熟，其商业化落地场景将会不断地丰富拓展，例如在无人配送、物流运输、城市环卫和城市交通等方面，将会带来新一轮的技术变革。通过对自动驾驶技术演化阶段的概念范畴提取，可以将其划分为愿景构筑、技术实验、网络构建、创新扩散与产业培育五个重要时期（图8-2）。

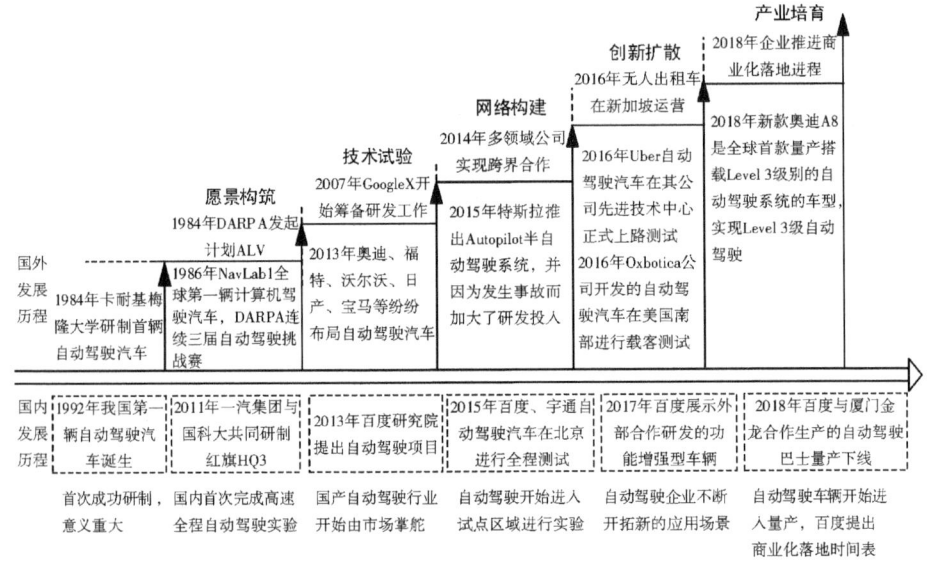

图8-2 国内外自动驾驶技术的发展历程与关键事件

第 8 章 颠覆性创新研发联盟的作用价值

在愿景构筑阶段，自动驾驶技术的愿景由来已久，随着 DARPA 在自动驾驶技术领域的引领，美国众多企业与科研机构开始加入，例如 1984 年美国卡耐基梅隆大学成功研制首辆自动驾驶汽车，并在 1995 年圆满通过了横穿美国东西部的自动驾驶实验；在 DARPA 组织的系列挑战比赛中，美国斯坦福大学改造的无人汽车穿越了沙漠河床等复杂地形，并获得最终胜利。大学和研究机构在相关领域的成功尝试，进一步加快了自动驾驶技术的研究进展。我国的自动驾驶技术研究始于 1992 年，由国防科技大学成功研制了中国第一辆红旗系列自动驾驶汽车，并在 2011 年进行了全程自动驾驶实验，这标志着我国自动驾驶技术在复杂环境识别与智能行为决策和控制等方面取得了重要突破。

在技术实验阶段，由于自动驾驶技术的复杂性与集成性，Google X 实验室作为自动驾驶技术的领导者，从 2007 年就已经开始在自动驾驶技术领域进行产业布局，随后谷歌公司宣布组建自动驾驶技术的顶尖研发团队，特斯拉、宝马等行业巨头也纷纷加入自动驾驶领域，加快了自动驾驶技术的研发进程。截至 2016 年，谷歌已拥有 58 辆自动驾驶汽车，这些汽车在美国各州允许行驶自动驾驶汽车的区域进行路测，累计行驶里程已经超过 2.9×10^6 km，美国内华达州机动车驾驶管理部门还为谷歌的自动驾驶汽车颁发了首个自动驾驶汽车的实验许可。特斯拉 Model S 系列汽车在操作系统上的重大突破，实现了在某些限制条件下也能够进行自动驾驶，虽然仍被有关部门鉴定为 L2 阶段，但特斯拉已经成为当时量产车型中自动驾驶系统应用最为成功的企业之一，获得了众多试驾者的一致好评。这一阶段中，国内百度研究院最先提出进军自动驾驶项目，代表着国内的自动驾驶行业开始逐步转向企业掌舵。

在网络构建阶段，自动驾驶技术已经得到逐步优化，但对于一些实况问题的处理陷入了瓶颈。2015 年，特斯拉自动驾驶汽车发生了严重事故，也为自动驾驶技术领域研究敲响了警钟。传统车企、后发企业以及学研机构开始寻求构建合作网络，通过跨界合作与优势互补来提升自动驾驶技术的稳定性和安全性，不仅有利于促进自动驾驶技术的创新优化，也有利于构建稳固的研发联盟以规避风险。例如丰田公司对 Uber 进行战略投资，双方不仅在租赁业务上进行合作，也在自动驾驶方面进行共同研发。随后 Uber 与沃尔沃进行合作，计划在 2021 年推出自动驾驶出租车。随着技术的不断完善，我国自然科学基金委也开始举办中国智能车未来挑战赛，国内高校如清华大学、国防科技大学等团队与一汽、上汽集团等国内知名汽车企业也开始布局技术合作，极大地推动了我国自动驾驶技术的发展。

在创新扩散阶段，自动驾驶技术已经得到了政府及公众的初步认可，搭载该技术的车辆被允许在特定的区域内进行日常运营。2016 年，Uber 自动驾驶汽车在其公司先进技术中心正式上路测试；Oxbotica 公司开发的自动驾驶汽车在美国南部进行载客测试；同年，NuTonomy 公司基于企业技术优势，在新加坡率先完成了自动驾驶出租车的运营载客。NuTonomy 通过使用激光雷达更准确地获取定位数据，还能够检测道路上的物体运动状态，为了更好地发挥其经济价值，该公司还专门为自动驾驶出租车开发了云计算软件用以进行指挥调配。国内的 IT 企业以及各大汽车企业也在逐步提升自动驾驶技术领域的研发投入。2015 年，百度深度学习研究所与宝马签订了战略协议，在北京展示了自动驾驶技术的原型车。2016 年，百度与福特达成共识，通过共同投资激光雷达生产企业 Velodyne 以实现降低激光雷达生产成本的目的；同年 9 月，百度与 NVIDIA 宣布合作构建面向中国以及全球汽车生产商开放的自动驾驶云平台。

在产业培育阶段，各大公司逐渐达到自动驾驶技术规模化生产条件，开始对符合条件的车型进行量产。2018 年，新款奥迪 A8 是全球首款搭载最新自动驾驶系统的量产车型，能够实现 Level 3 级自动驾驶。国内百度与厦门金龙达成了战略合作关系，共同生产的自动驾驶巴士量产下线，并提出了自动驾驶商业化落地的时间表。2016 年，北汽集团与盘锦市大洼区人民政府达成自动驾驶汽车合作协议，共同建设自动驾驶体验项目。2016 年，京东对外宣布其自主研发的国内首辆无人物流配送车已进入测试流程，并预计在 2017 年开展大规模商用。可以看出，尽管国内汽车企业和科技信息公司进入自动驾驶技术领域时间较晚，但是随着创新资源的投入与联盟资源的整合，我国的自动驾驶技术发展迅速，不断接近国际领先水平。

8.3 案例分析

根据对自动驾驶技术案例的研究可知，在其技术演化的多个阶段中，技术、组织和环境维度要素的活跃程度有所不同，不同阶段的主导因素也有所区别。在愿景构筑和技术实验期，技术研发因素占主导地位，技术的创新突破是演化发展与阶段跃迁的核心推动力量。到了网络构建和创新扩散期，随着市场因素和政策因素的介入，企业通过多种途径建立研发联盟合作网络，并通过形成齐美尔连接加速技术研发与商业化进程。到了产业培育期，产业链及配套模式基本成型，市场需求逐渐占据主导地位。通过资料梳理与编码

第 8 章 颠覆性创新研发联盟的作用价值

提炼，可以总结得到自动驾驶技术在不同阶段的技术演化特征及联盟作用机制，其理论模型如图 8-3 所示。

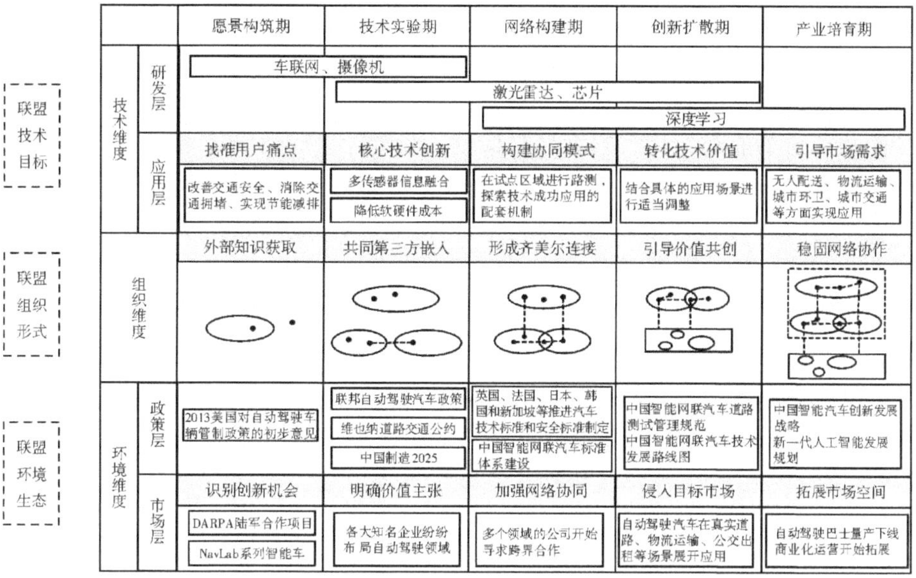

图 8-3 自动驾驶技术演化阶段及研发联盟作用机制

8.3.1 技术维度

技术维度体现了研发联盟的技术发展目标，主要包括研发层与应用层。研发层是指通过研发联盟对自动驾驶共性核心技术的协同研发。自动驾驶的核心技术包括对外部环境的感知以及对收集数据的实时分析，通过智能控制从而达到自动驾驶的最终目的，而这些方面的技术都需要依托 5G 移动通信技术来实现智能网联。在发展初期，中国自动驾驶技术产业链的快速发展得益于 5G 技术在国内的快速推广与应用。自动驾驶领域普遍认为，自动驾驶不仅需要实现智能控制车辆，还需要满足智能控制的道路交通相配合。利用 5G 技术低时滞、高稳定性、高速率和快速传输的特性，自动驾驶不仅可以实现帮助车辆进行驾驶意图的沟通以及稳定的驾驶控制，更可以利用路边的交通标志对环境进行精准感知。而随着技术的不断成熟，多数企业开始考虑如何降低智能汽车规模化生产的成本，这一时期激光雷达与芯片成为多数研发企业重点投入的对象。伴随着越来越多的企业开始进行道路测试，自动驾驶技术的智能水平不断上升,但受深度学习和算法水平的制约,仍难以达到完全自动化的状态,核心技术的迭代创新成为影响自动驾驶产业培育的重中之重。就目前而言,制约自动驾驶技术演化的瓶颈问题主要有两点:一是如何实现更高效快速的多传感器信息融合,该问题缘于自动驾驶对于行驶路径的选择主要依赖于对周围环境的实时检测,对此,亟待加快技术的更新迭代、优化道路交通基础设施以及提升导航地图精准性;二是如何在保证驾驶性能及安全的前提下最大限度地降低投入成本,自动驾驶技术是一系列新技术的集合体,例如激光雷达、车载摄像头、超声波设备以及 GPS 等,激光雷达售价过高而导致无法规模化应用,是大多数自动驾驶汽车企业目前遭遇的主要问题,部分企业通过投资合作的方式来解决技术瓶颈,如百度与福特共同投资激光雷达的生产商 Velodyne。针对自动驾驶技术在感知、决策和控制系统上的技术优化问题,通过研发联盟来整合研发力量进行技术攻关,始终是加快技术落地与市场推广进程的重要手段。

应用层是自动驾驶技术相关企业通过研发联盟来共同推进技术的市场化应用过程。一项新技术尤其是颠覆性技术进入市场,其背后的企业必须要找准用户的痛点,为用户的真实需求与价值而服务。自动驾驶企业为了改善城市交通拥堵与满足人们出行需求,着眼于颠覆主流出行方式及体验,目的在于改善交通安全、消除交通拥堵、实现节能减排、增强移动能力和促进产业转型,以此提出颠覆性技术的价值主张。而随着技术研发进程的不断推进,多传感器信息融合与降低软硬件成本成为影响自动驾驶核心技术创新的瓶颈。随着技术的不断成熟,企业逐步达到产品量产的标准,开始着眼搭建配套的基础设施,并通过试点区域的实测效果,不断进行试错完善以推进技术研发进程。当自动驾驶技术通过实验要求,则需要结合具体的应用场景进行市场推广,多数企业选择与目标市场的在位企业构建研发联盟关系,共同开发新市场需求。进一步地,自动驾驶技术开始探索产品量产以尝试产业应用,逐步在无人配送、物流运输、城市环卫和城市交通等方面进行实验推广。

8.3.2 组织维度

组织维度反映了研发联盟的组织形式演化,充分表现了研发联盟在颠覆性技术演化过程中通过完善组织架构推动技术演进的作用,并呈现出不同阶段的典型特征。一是外部知识获取,当企业制定拓展性技术赶超策略,就具备了异质性知识的获取需求,在技术发展初期,为了适应并加快技术研发进程,企业通过调整组织结构与调配创新资源来为颠覆性技术研发做准备,主动引入外部创新资源和创新知识。二是共同第三方嵌入，随着企业间合作风险的出现以及知识密度的制约，企业创新能力的提升逐步减缓，部分企业通过建立公共技术平台或产学研合作机制的方式，与第三方企业建立合作关系，有效地促进了技术转移转化。三是形成齐美尔连接，逐步稳定的三方关系有效地缓解了原有企业存在的利益冲突，企业基于共同的价值需求与产业链上下游企业进行深度合作，共同开发技术产品，最为典型的就是 Uber、丰田和沃尔沃等后发企业和传统车企通过跨界合作的方式避免陷入技术及市场风险，并以此获取异质性知识、实现颠覆性创新。四是引导价值共创，同样，企业通过与用户建立齐美尔连接来获得用户的产品需求与反馈，对于目标市场而言，可以将消费者分为领先用户、主流用户与潜在用户，通过领先用户与主流用户的反馈不断调整产品功能，并关注潜在用户对产品价值的需求，探索被忽略的利基市场。五是稳固网络协作，通过与产业链上下游企业及用户建立网络协作关系，逐步形成稳固的研发联盟网络，改变了传统的组织二元连接，有效地提升了价值网络的连接效率，为颠覆性技术的研发与创新扩散提供了基础。

8.3.3 环境维度

环境维度代表了研发联盟的创新环境生态，主要包括政策层与市场层。政策层体现了政府政策工具对自动驾驶技术研发联盟构建与技术研发的重要推动作用。美国于 2016 年发布了《美国自动驾驶汽车政策指南》，并在多个州形成了较为完整的自动驾驶汽车管理条例；德国在 2013 年便允许自动驾驶汽车开展道路实测，并要求自动驾驶汽车安装黑匣子进行数据监控；英国、法国、日本、韩国和新加坡等国家也陆续出台了相关扶持政策，并逐步着眼于统一的自动驾驶汽车技术标准和安全标准制定。我国也十分看好自动驾驶技术的未来发展前景，国务院在出台的《中国制造 2025》规划中明确指出，智能网联汽车是今后 10 年内国家智能制造突破的关键领域，并指出到 2020 年要掌握智能辅助驾驶的总体技术框架及各项关键技术，2025 年要掌握自动驾驶的总体技术框架及各项关键技术。随后我国陆续颁布了《中国智能网联汽车标准体系建设》《先进驾驶辅助系统术语和定义》和《中国智能网联汽车技术发展路线图》等方案大力扶持自动驾驶技术的发展。尽管实现自动驾驶技术商业化落地是一个较为漫长的过程，但各国不断给予的政策支持营造了良好创新生态，有力推动了技术演化进程。

在市场层，自动驾驶技术企业基于有利的创新生态空间与研发联盟网络,不断推进自动驾驶技术的市场化进程。国内外自动驾驶技术的市场推广历程主要经历了识别创新机会、明确价值主张、加强网络协同、侵入目标市场和拓展市场空间这几大阶段。一是识别创新机会,国外自动驾驶技术发展的由来主要是DARPA与陆军的合作项目,并且随后举办了多届自动驾驶汽车竞赛,由此出现了一系列优秀技术成果,例如NavLab系列智能车等,为自动驾驶技术的后续发展奠定了坚实的基础。二是明确价值主张,随着创新愿景的构筑,企业开始思考未来场景与自身技术轨道的相关性,并选择参与其中,例如谷歌、特斯拉、宝马等知名企业纷纷超前布局自动驾驶研究领域。三是加强网络协同,为了提高自动驾驶技术商业化落地的可能性,企业不断探索被忽视的利基市场以寻求利益的最大化,并且多个领域的企业开始构建研发联盟并寻求齐美尔连接,这不仅有效地为自动驾驶技术提供了丰富的应用场景,也避免了意料之外的市场风险。四是侵入目标市场,即达到商业化落地条件,在应用场景进行试运营。五是拓展市场空间,即不断改善和优化运作模式,逐步影响乃至变革传统交通运输行业。

8.4 研究结果

自动驾驶技术作为一项颠覆性技术,在其演化过程中面临着诸多障碍。首先,颠覆性技术的演化发展路径是复杂的,尤其是在技术早期阶段,自动驾驶技术稳定性较差,容易出现交通问题。其次,除了对目标技术的变革影响,颠覆性技术往往涉及技术体系的协同发展,这些技术群落所带来的行业结构变革将面临更大的阻碍压力,会伴随着大量的技术迭代、产品更新或组织创新。最后,颠覆性创新往往涉及多个企业间的联盟创新及协同互动,其实践过程比理论假设更为复杂。自动驾驶技术通过在技术维度、组织维度与环境维度的研发联盟要素整合,构建了有利的技术产业化体系,并通过技术实验的不断推广与应用场景的不断拓展,通过研发联盟不断加快自动驾驶技术商业化落地进程。通过对自动驾驶技术演化与研发联盟作用机制进行分析,可以得到以下主要结论。

第一,颠覆性技术的演化过程具有复杂性与动态化特征,基于Christensen的理论基础与SNM的演进思想,可以将颠覆性技术的演化过程解构为愿景构筑、技术实验、网络构建、创新扩散与产业培育五个阶段。此外,颠覆性技术除对目标技术产生影响外,由于其技术体系涉及多项分支,这些技术对行业结构的共同破坏会使得技术演化面临更大的阻力。研发联盟基于在技术突破、组织优化与生态完善上的协同作用，推动颠覆性技术的演进跃迁得以实现，最终完成对整个市场空间的颠覆性价值创造过程。

第二，研发联盟通过在技术突破、组织变革与生态优化方面的协同效应，形成推动颠覆性技术演进的系统动力。在技术突破上，需要根据技术研发实际情况完善顶层设计，加强对关键共性技术的联合研发与政策支持力度；在组织变革上，要在企业间形成齐美尔连接，提升颠覆性技术交叉融合与孕育发展的可能；在生态优化上，政府应立足于现实需求以及颠覆性技术的阶段性需求，定位于前瞻性的颠覆性技术研发管理和超前部署，依托创新政策为新技术打造保护空间，提供更多的路径保护与试错机会（欧春尧等，2020）。

第三，研发联盟的多元性有利于加快颠覆性技术研发转化进程。以政府部门为核心，联合企业、高校、研究所、银行和风投机构等主体形成开放型科技创新体系，可以充分联系政产学研各创新主体以整合创新资源，搭建多层次网络协作关系持续优化创新生态系统以促进颠覆性创新发展，能够为颠覆性技术的发展提供全方位的战略指导与创新支持（张延平和冉佳森，2019）。

第四，研发联盟中的核心企业对于引领颠覆性技术商业化落地有重要作用。颠覆性技术的产业化是一个动态过程，所涉及的资源、要素等更加复杂多样，创新的预判和微调又是孕育技术创新的关键所在。要改变创新研发效能低下的窘境，需要形成以核心企业为主要节点的研发联盟网络关系，并发挥初创企业在市场方向把握上的优势，灵活运用多种创新政策充分调动全社会创新力量，鼓励中小微企业积极进行颠覆性技术研发，同时引入第三方参与、充分调动企业研发的积极性，并为其可能面临的技术市场风险提供必要保障。

8.5 本章小结

本章通过理论梳理与案例归纳，探讨了研发联盟与颠覆性技术演化的耦合机制，对颠覆性创新研发联盟的作用价值进行了分析。研究主要通过结合探索性单案例研究方法和 TOE 框架对颠覆性技术的演化阶段进行划分，并从技术、组织与环境视角对研发联盟的价值作用进行具体探讨，通过把握颠覆性创新研发联盟的施力方向与作用机理，强化对研究对象的理论认识，并为后续章节的研究提供理论支撑。

第9章 颠覆性创新研发联盟的生成机制

在颠覆性创新的技术演化过程中,相关主体以共同利益为基础,以优势资源的互补共享为前提,基于趋同的愿景目标和互补的资源需求形成研发联盟,通过共同投入、共同参与和共享成果的方式进行创新合作,最终完成颠覆性创新的目标(毕静煜等,2021)。已有研究已经充分表明研发联盟能够推动颠覆性创新的技术演化,政府、企业和研究机构均在颠覆性创新研发联盟的运作过程中具有重要作用,但对于不同创新主体的利益博弈过程关注较少,仍缺乏探讨不同影响因素对颠覆性技术研发联盟生成构建的作用机制及其边界条件。因此,本章将以自动驾驶技术为例,以有限理性为前提,构建政府驱动下自动驾驶技术企业与学研机构为参与主体的演化博弈模型,探讨自动驾驶技术研发联盟构建策略选择的稳定性问题,并借助MATLAB仿真工具演示不同状态下的投入成本、额外收益、政府激励、违约金以及收益分配系数等因素对研发联盟生成构建的影响,以期为颠覆性创新研发联盟的管理培育提供理论认识与实践指导。

9.1 引言

自动驾驶技术作为全球汽车产业及技术的重要发展趋势,在提供更便捷、舒适与安全的出行与物流解决方案的同时,逐渐与人工智能、信息通讯、智慧城市和轨道交通等技术深度交融,正在变革与重塑汽车及相关产业的创新生态和价值体系(Bouhoute et al.,2019)。发展以颠覆性技术为驱动核心的战略性新兴产业,是一个多主体参与、多要素协同的动态复杂过程,其中不仅会面临主流企业的技术锁定,还需要遭受社会技术体制的阻碍压力(吴滨和韦结余,2020)。不管是在自动驾驶技术发展初期的创新研发阶段还是后期的市场扩散阶段,仅依靠独立的企业要素投入或者学研机构的创新能力无法应对颠覆性技术范式变迁的创新需求,通过研发联盟整合创新资源要素成为自动驾驶技术创新演化的必然之路。

为了推进自动驾驶技术的创新研发与市场推广进程，我国通过探索构建政府宏观驱动、相关企业与学研机构积极参与的自动驾驶产业协同创新发展模式，引导构建技术研发联盟汇聚资源要素与整合互补优势，为自动驾驶技术的创新发展构建优质的生态空间（唐兴华等，2019）。交通运输部先后出台了《关于促进自动驾驶技术发展和应用的指导意见》以及《关于组织开展自动驾驶技术和智能航运先导应用试点的通知》，鼓励产学研用多方参与，推动建设以试点为抓手、应用为导向、场景为支撑的具有示范效应的试点项目。作为改革开放的前沿阵地，广州相继出台了《在不同混行环境下开展智能网联汽车（自动驾驶）应用示范运营的工作方案》《广州市智能网联汽车测试开放道路管理办法》等政策文件，通过政策利好，推动产业链集群效应，促进整车企业、车载导航、软件算法以及通信技术等产业链上下游企业协同发展，为推进自动驾驶技术产业规模化应用做出重要推动。可见，以协同创新为基础的研发联盟在助推我国抢抓自动驾驶技术风口中发挥着重要作用。

关于自动驾驶技术的创新发展问题，学者们主要围绕技术发展轨迹与产业演进脉络开展了相关研究，主要内容包括三大方面：首先是自动驾驶技术的基础建设问题，学者们重点关注自动驾驶技术发展的模块测试（Acar et al.，2020）、技术突破和安全保障（侯博等，2018）等技术体系完善研究，并不断对自动驾驶技术产业协同创新的生态构建与完善问题进行探讨；其次是自动驾驶技术的顶层设计研究，重点围绕自动驾驶技术治理机制的建立与完善，包括其权责划分（张力和李倩，2018）、政策规制（贾开和赵彩莲，2018）以及应用挑战（王莹，2021）的体制机制设计不断进行优化；最后是自动驾驶技术的市场应用问题，自动驾驶技术的社会经济效应逐渐得到共识，自动驾驶技术的场景赋能应用与产业协同发展方面成为主要关注方向，如自动驾驶技术在产业融合（刘颖琦等，2021）、智慧城市（徐祥运和赵燕楠，2021）和智能驾驶（Seacrist et al.，2020）等场景的变革性应用及效应研究。

相关理论成果为自动驾驶技术的研发联盟研究奠定了相应的研究基础，但仍需进一步完善与深化。首先，与其他技术的协同创新进程相比，自动驾驶技术表现出新的属性特征，在自动驾驶技术的协同创新过程中，政府除了开展资金投入与政策支持的扶持工作，还在一定程度上扮演了技术推广早期的首批消费者角色，在智慧城市、智能交通等应用场景率先向自动驾驶技术企业进行服务采购，为自动驾驶技术的协同创新营造了良好的市场需求生态，而这部分特殊作用的关注力度较小。其次，目前涉及自动驾驶技术协同创新问题的研究主要是基于静态视角，较少关注到自动驾驶技术协同创新过程的动态演化特征以及对研发联盟策略选择影响的量化分析。

鉴于研究不足与实践需求，本章基于有限理性前提，构建政府驱动下自动驾驶技术研发联盟策略选择的演化博弈模型，分析自动驾驶技术企业与学研机构研发联盟策略选择的动态博弈过程，对要素变动下研发联盟策略选择的演化结果进行仿真模拟。这对把握自动驾驶技术研发联盟的生成机制与发展特征，并据此开展系统精准的政策布局，促进自动驾驶技术产业发展进程具有相应的指导价值。

9.2 模型构建

9.2.1 自动驾驶技术研发联盟主体分析

本章所研究的研发联盟主体主要包括自动驾驶技术企业、学研机构以及政府。自动驾驶技术企业作为研发联盟构建的关键主体，其研发联盟策略的选择不仅会与企业内部经营状态有关，还会与外部环境主体如学研机构与政府的相关行为有关。当自动驾驶技术企业选择与学研机构构建研发联盟，将更有助于提升企业的技术创新优势，在技术创新过程中实现主导设计标准的制定，取得更大的收益回报。政府是自动驾驶技术创新的重要引导者，政府政策工具及产业发展规划是自动驾驶技术企业选择加入研发联盟的重要因素，政府对自动驾驶技术企业的创新研发支持、税收优惠政策以及技术产品的购买推广能够优化企业与学研机构联盟创新的外部生态。学研机构是自动驾驶技术研发创新的核心技术支撑，其技术创新实力、技术转化能力以及对收益分配方式的满意度会对技术创新进程以及研发联盟的实施效果带来影响。

综上所述，自动驾驶技术企业、学研机构与政府作为自动驾驶技术研发联盟的核心利益主体，拥有不同的优势资源、相异的行动目标和独立的选择权力，各自的创新策略选择相互关联，且对整个自动驾驶技术的研发联盟构建产生影响。

9.2.2 基本假设

H_1：自动驾驶技术的研发创新以及技术成果的产业转化需要各研发联

盟主体的协同参与，在研发联盟构建过程中，各主体会根据要素状况调整动态决定研发联盟的策略，直至最终稳定。在自动驾驶技术企业与学研机构的利益博弈中，假定自动驾驶技术企业选择加入研发联盟策略的概率为 x（$0 \leqslant x \leqslant 1$），学研机构选择加入研发联盟策略的概率为 y（$0 \leqslant y \leqslant 1$）。

H_2：自动驾驶技术企业与学研机构的研发联盟策略选择均基于有限理性，博弈双方主体在信息掌握程度上具有不完全对称性，并且均处于博弈过程的初始阶段；在博弈过程中忽略可能对结果带来影响的其他主体。

H_3：非合作情况下，自动驾驶技术企业与学研机构的收益为 U_i（$i=1, 2$），投入成本为 I_i（$i=1, 2$）；合作情况下，双方会得到额外的收益 E_i（$i=1, 2$），若途中有任意一方违约，则双方都没有合作收益；在研发联盟构建过程中，双方会产生设备、人力和服务等方面的成本，将自动驾驶技术企业与学研机构的投入成本记为 C_i（$i=1, 2$）。

H_4：在研发联盟构建过程中，自动驾驶技术企业将与学研机构签订合作契约，如果合作过程中存在违约行为，则违约方要支付另一方违约金 L。

H_5：为了提升自动驾驶技术研发联盟构建的积极性，政府会对积极加入研发联盟的企业与学研机构根据投入成本给予相应激励。为了利于分析，将政府的财政激励力度设定为 b，则政府的财政支持规模为 bC_i，如中途有一方违约，则政府会收回违约方的财政支持。并且，政府除进行财政资金的直接激励外，还会采取政府采购的方式购买自动驾驶技术服务，合作情况下的技术与服务质量更具有竞争优势，假定非合作情况下政府从自动驾驶技术企业的购买支出为 G'，合作情况下政府的购买支出为 G（$G>G'$）；r 为利益分配系数（$0<r<1$），即自动驾驶技术企业从政府购买所获得的收益为 rG，学研机构的收益为 $(1-r)G$。

9.3 政府驱动下的自动驾驶技术研发联盟策略选择演化博弈分析

根据假设 $H_1 \sim H_5$，可以计算出政府驱动下自动驾驶技术研发联盟策略选择的演化博弈支付矩阵（表9-1）。

表9-1 自动驾驶技术研发联盟策略选择的演化博弈支付矩阵

自动驾驶技术企业	学研机构	
	合作（y）	违约（$1-y$）
合作（x）	$U_1 + E_1 + bC_1 + rG - C_1$； $U_2 + E_2 + bC_2 + (1-r)G - C_2$	$U_1 + L + bC_1 + G' - C_1$； $U_2 - L - I_2$
违约（$1-x$）	$U_1 + G' - L - I_1$；$U_2 + L + bC_2 - C_2$	$U_1 + G' - I_1$；$U_2 - I_2$

根据博弈矩阵可以得出：

自动驾驶技术企业选择研发联盟策略的期望收益为：

$$P_{1A} = y(U_1 + E_1 + bC_1 + rG - C_1) + (1-y)(U_1 + L + bC_1 + G' - C_1) \tag{9.1}$$

自动驾驶技术企业选择违约的期望收益为：

$$P_{1B} = y(U_1 + G' - L - I_1) + (1-y)(U_1 + G' - I_1) \tag{9.2}$$

自动驾驶技术企业的平均期望收益为：

$$\overline{P}_1 = xP_{1A} + (1-x)P_{1B} \tag{9.3}$$

学研机构选择研发联盟策略的期望收益为：

$$P_{2A} = x[U_2 + E_2 + bC_2 + (1-r)G - C_2] + (1-x)(U_2 + L + bC_2 - C_2) \tag{9.4}$$

学研机构选择违约的期望收益为：

$$P_{2B} = x(U_2 - L - I_2) + (1-x)(U_2 - I_2) \tag{9.5}$$

学研机构的平均期望收益为：

$$\overline{P}_2 = yP_{2A} + (1-y)P_{2B} \tag{9.6}$$

为了对研发联盟的策略选择开展稳定性分析，需要对继续选择研发联盟策略的复制动态方程进行计算。其中，自动驾驶技术企业继续选择研发联盟策略的复制动态方程为：

$$F(x) = \frac{d_x}{d_t} = x(1-x)[(E_1 + rG - G')y + L + I_1 - (1-b)C_1] \tag{9.7}$$

学研机构继续选择研发联盟策略的复制动态方程为：

$$F(y) = \frac{d_y}{d_t} = y(1-y)[(E_2 + G - rG)x + L + I_2 - (1-b)C_2] \tag{9.8}$$

第9章 颠覆性创新研发联盟的生成机制

令 $\frac{d_x}{d_t}=0$，$\frac{d_y}{d_t}=0$，得到演化博弈系统存在的 5 个平衡点分别为：(0, 0)，(0, 1)，(1, 0)，(1, 1)，$\left[\frac{(1-b)C_2-I_2-L}{E_2+G-rG},\ \frac{(1-b)C_1-I_1-L}{E_1+G-rG'}\right]$。

演化博弈系统平衡点的稳定性可以基于雅克比矩阵进行分析，其雅克比矩阵为：

$$J=\begin{pmatrix}(1-2x)[(E_1+rG-G')y+L+I_1-(1-b)C_1] & x(1-x)(E_1+rG-G') \\ y(1-y)(E_2+G-rG) & (1-2y)[(E_2+G-rG)x+L+I_2-(1-b)C_2]\end{pmatrix}$$

(9.9)

根据复制动态方程（9.7）与（9.8）可知，当 $x=0$、1 或者 $y=\frac{(1-b)C_1-I_1-L}{E_1+rG-G'}$ 时，自动驾驶技术企业选择研发联盟策略的概率是稳定的；当 $y=0$、1 或者 $x=\frac{(1-b)C_2-I_2-L}{E_2+G-rG}$ 时，学研机构选择研发联盟策略的概率处于稳定状态。在 $R=\{(x,y)\mid 0\leqslant x\leqslant 1, 0\leqslant y\leqslant 1\}$ 平面内讨论博弈系统的均衡点及稳定性，根据 $0\leqslant\frac{(1-b)C_2-I_2-L}{E_2+G-rG}\leqslant 1$，$0\leqslant\frac{(1-b)C_1-I_1-L}{E_1+rG-G'}\leqslant 1$ 得到约束条件：$0\leqslant(1-b)C_2-I_2-L\leqslant E_2+G-rG$，$0\leqslant(1-b)C_1-I_1-L\leqslant E_1+rG-G'$，在此约束条件下，系统一共存在 5 个局部平衡点，各平衡点的稳定性分析结果如表 9-2 所示。

表 9-2 博弈系统的局部稳定性分析结果

	均衡点	DetJ	TrJ	局部稳定性
O	$x=0$，$y=0$	+	−	ESS
A	$x=0$，$y=1$	+	+	不稳定
B	$x=1$，$y=0$	+	+	不稳定
C	$x=1$，$y=1$	+	−	ESS
D	$x=\frac{(1-b)C_2-I_2-L}{E_2+G-rG}$，$y=\frac{(1-b)C_1-I_1-L}{E_1+rG-G'}$	−	0	不稳定

根据表9-2的分析结果,在博弈系统的5个均衡点中有2个ESS,即自动驾驶技术企业与学研机构共同选择研发联盟策略与共同选择违约策略。此外,可以根据表9-2绘制出自动驾驶技术研发联盟策略选择博弈相位图(图9-1)。

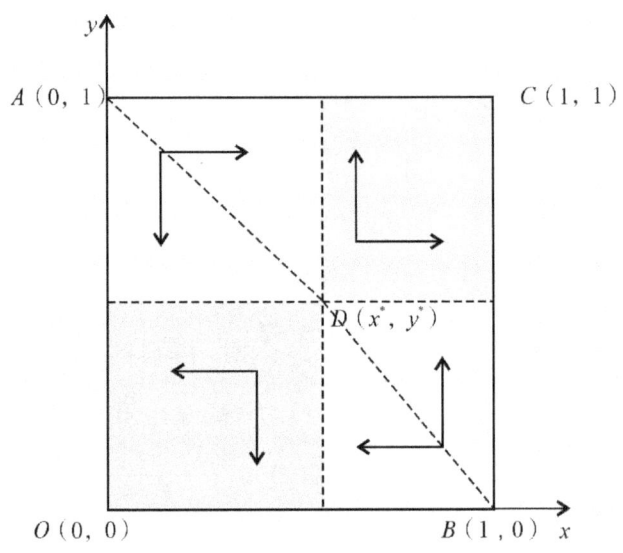

图9-1 自动驾驶技术研发联盟策略选择博弈相位图

在自动驾驶技术企业与学研机构的博弈演化过程中,平衡点 A、B、D 均处于不稳定状态,会逐步向稳定点 O 与 C 靠近。最后的稳定策略时选择 O 点还是 C 点,取决于初始阶段 D 点的位置,区域 $AODB$ 的面积 S_1 与区域 $ACBD$ 的面积 S_2 之间的大小决定博弈系统更趋向于哪一演化结果,当 $S_2 > S_1$ 时,博弈系统更趋向于双方共同选择研发联盟策略的状态。加上 S_1 与 S_2 之和为1,因此,研究研发联盟策略稳定性的因素即研究影响 S_1 取值的因素。

$$S_1 = \frac{1}{2}\left[\frac{(1-b)C_2 - I_2 - L}{E_2 + G - rG} + \frac{(1-b)C_1 - I_1 - L}{E_1 + rG - G'}\right] \quad (9.10)$$

根据公式(9.10)得出,影响 S_1 取值的因素有 C_1、C_2、I_1、I_2、E_1、E_2、G、G'、L、b、r,分别基于 S_1 对这些元素求偏导数,可以得到自动驾驶技术研发联盟策略影响因素的效应结果(表9-3)。

表9-3 自动驾驶技术研发联盟策略影响因素的效应结果

影响因素	偏导数	对 S_1 的影响
C_1、C_2	>0	↑
I_1、I_2	<0	↓
E_1、E_2	<0	↓
G	<0	↓
G'	>0	↑
L	<0	↓
b	<0	↓
r	-	-

注：其中"↑"表示正相关，"↓"表示负相关，"-"表示无法直接判别。

根据表9-3对影响因素的分析结果，可以得到以下结论：

结论1：自动驾驶技术企业与学研机构在研发联盟构建过程中，选择合作的概率随着过程投入成本的增加而减少。

由于 $\frac{\partial S_1}{\partial C_1} = \frac{1-b}{2(E_1 + rG - G')} > 0$，$\frac{\partial S_1}{\partial C_2} = \frac{1-b}{2(E_2 + G - rG)} > 0$，$S_1$ 是 C_1 与 C_2 的单调递增函数，S_1 随着协同创新过程中双方投入成本的不断增加而扩大，即演化结果倾向于 O 点方向概率不断提升，双方选择研发联盟策略的概率不断降低。

结论2：自动驾驶技术企业与学研机构在非合作情况下的投入成本越高，选择合作的概率越大。

由于 $\frac{\partial S_1}{\partial I_1} = -\frac{1}{2(E_1 + rG - G')} < 0$，$\frac{\partial S_1}{\partial I_2} = -\frac{1}{2(E_2 + G - rG)} < 0$，$S_1$ 是 I_1 与 I_2 的单调递减函数，S_1 随着双方非合作情况下投入成本的不断增加而减少，即演化结果倾向于 C 点方向概率不断提升，双方选择研发联盟策略的概率不断提升。

结论3：自动驾驶技术企业与学研机构通过研发联盟所获得的额外收益越高，选择合作的概率越大。

由于 $\frac{\partial S_1}{\partial E_1} = -\frac{(1-b)C_1 - I_1 - L}{2(E_1 + rG - G')^2} < 0$，$\frac{\partial S_1}{\partial E_2} = -\frac{(1-b)C_2 - I_2 - L}{2(E_2 + G - rG)^2} < 0$，$S_1$ 是 E_1 与 E_2 的单调递减函数，S_1 随着双方额外收益的不断增加而减少，即演化结果倾向于 C 点方向概率不断提升，双方选择研发联盟策略的概率

不断提升。

结论4：研发联盟情况下，政府对自动驾驶技术购买服务支出规模越大，双方选择合作的概率越大。

由于，$\frac{\partial S_1}{\partial G} = -\frac{[(1-b)C_2 - I_2 - L](1-r)}{2(E_2 + G - rG)^2} - \frac{[(1-b)C_1 - I_1 - L]r}{2(E_1 + rG - G')^2}$

<0，S_1 是 G 的单调递减函数，S_1 随着政府对自动驾驶技术购买服务支出规模的不断增加而减少，即演化结果倾向于 C 点方向概率不断提升，双方选择研发联盟策略的概率不断提升。

结论5：非合作情况下，政府对自动驾驶技术购买服务支出规模越大，双方选择合作的概率越小。

由于 $\frac{\partial S_1}{\partial G'} = \frac{(1-b)C_1 - I_1 - L}{2(E_1 + rG - G')^2} > 0$，$S_1$ 是 G' 的单调递增函数，S_1 随着非合作情况下政府服务购买支出规模的不断增加而扩大，即演化结果倾向于 O 点方向概率不断提升，双方选择研发联盟策略的概率逐步降低。

结论6：自动驾驶技术企业与学研机构放弃研发联盟所产生的违约金越高，双方选择合作的概率越大。

由于 $\frac{\partial S_1}{\partial L} = -\frac{1}{2}(\frac{1}{E_2 + G - rG} + \frac{1}{E_1 + rG - G'}) < 0$，$S_1$ 是 L 的单调递减函数，S_1 随着违约金的不断增加而减少，即演化结果倾向于 C 点方向概率不断提升，双方选择研发联盟策略的概率逐步提高。

结论7：政府对自动驾驶技术创新的直接财政补贴力度越大，自动驾驶技术企业与学研机构选择合作的概率越大。

由于，$\frac{\partial S_1}{\partial b} = -\frac{1}{2}(\frac{C_2}{E_2 + G - rG} + \frac{C_1}{E_1 + rG - G'}) < 0$，$S_1$ 是 b 的单调递减函数，S_1 随着政府对自动驾驶技术创新的直接财政补贴力度不断增加而减少，即演化结果倾向于 C 点方向概率不断提升，双方选择研发联盟策略的概率逐步提高。

结论8：自动驾驶技术企业与学研机构的利益分配系数对双方研发联盟策略选择的影响要看 r 具体的取值范围。

由于 $\frac{\partial S_1}{\partial r} = \frac{[(1-b)C_2 - I_2 - L]G}{2(E_2 + G - rG)^2} - \frac{[(1-b)C_1 - I_1 - L]G}{2(E_1 + rG - G')^2}$，当 $[(1-b)C_2 - I_2 - L](E_1 + rG - G')^2 > [(1-b)C_1 - I_1 - L](E_2 + G - rG)^2$ 时，$\frac{\partial S_1}{\partial r} > 0$，$S_1$ 是 r 的单调递增函数，随着 r 的增加，演化结果倾向

于 O 点方向概率不断提升,双方选择研发联盟策略的概率逐步降低;当 $[(1-b)C_2-I_2-L](E_1+rG-G')^2 < [(1-b)C_1-I_1-L](E_2+G-rG)^2$ 时,$\frac{\partial S_1}{\partial r}<0$,$S_1$ 是 r 的单调递减函数,随着 r 的增加,演化结果倾向于 C 点方向概率不断提升,双方选择研发联盟策略的概率逐步提升。

综上,在自动驾驶技术研发联盟的构建过程中,不同状态下的投入成本、额外收益、政府激励、违约金与利益分配系数会对自动驾驶技术企业与学研机构的研发联盟策略选择产生显著影响。

9.4 MATLAB 数值仿真模拟

9.4.1 参数设置

在对自动驾驶技术研发联盟策略选择稳定性分析的基础上,借助 MATLAB 软件工具进行仿真模拟能够更直观地展现研发联盟策略选择的动态过程以及相关因素对联盟构建的影响效果(胡俏和齐佳音,2021)。为了保障参数设置的合理性和研究结论的可靠性,本研究通过对高校和研究机构专家、企业技术管理人员以及政府公共管理领域的相关专家进行意见咨询,并结合仿真参数设定规律以及该情境下博弈模型的约束条件对相关参数进行设置。

9.4.2 仿真分析

基于 MATLAB 平台进行数值仿真分析,并根据仿真分析结果,分别探讨初始状态对研发联盟策略演化结果的影响以及政府财政激励力度、政府服务购买力度、利益分配系数、违约金额度的影响效应进行分析。

(1)初始状态对研发联盟策略演化的影响。

参数值设置为 $C_1=21$,$C_2=18$,$E_1=8$,$E_2=6$,$b=\frac{1}{3}$,$r=\frac{1}{3}$,$G=6$,$G'=3$,$L=5$,$I_1=3$,$I_2=5$,满足 $0\leqslant(1-b)C_2-I_2-L\leqslant E_2+G-rG$、$0\leqslant(1-b)C_1-I_1-L\leqslant E_1+rG-G'$ 的约束条件,得到鞍点 D 为 $(\frac{1}{5},\frac{6}{7})$。在区域内分散地选取 6 个点进行仿真,即 $(x,y)=(0.1,0.5)$、

(0.3, 0.3)、(0.5, 0.1)、(0.5, 0.8)、(0.7, 0.7)、(0.9, 0.4),不同初始状态下的系统演化轨迹如图9-2所示。

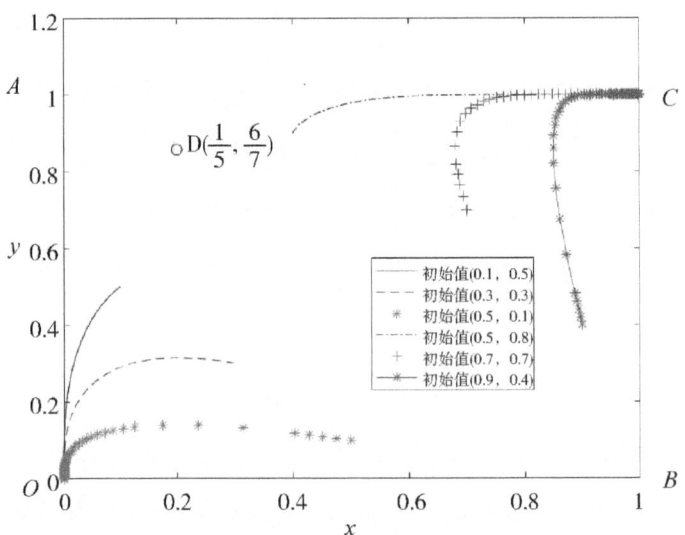

图9-2 不同初始状态下的系统演化轨迹

由图9-2可知,当 (x, y) 位于 $ABCD$ 区域时,演化结果将收敛于 $(1, 1)$;当 (x, y) 位于 $AODB$ 区域时,演化结果将趋近于 $(0, 0)$,该结果表明最终的稳定策略是趋向 O 点还是 C 点,与初始阶段 D 点的位置相关,即初始状态会对演化结果具有重要作用。

(2)政府财政激励力度对研发联盟策略演化的影响。

参数值设置为 $C_1=21$,$C_2=18$,$E_1=8$,$E_2=6$,$r=\frac{1}{3}$,$G=6$,$G'=3$,$L=5$,$I_1=3$,$I_2=5$,演化初始状态 $(x, y)=(0.5, 0.5)$,根据约束条件求出 $\frac{4}{9} \leqslant b \leqslant 1$,令 b 分别为0.5、0.6、0.7、0.8、0.9,得到 b 的取值对系统演化结果的仿真情况(图9-3)。

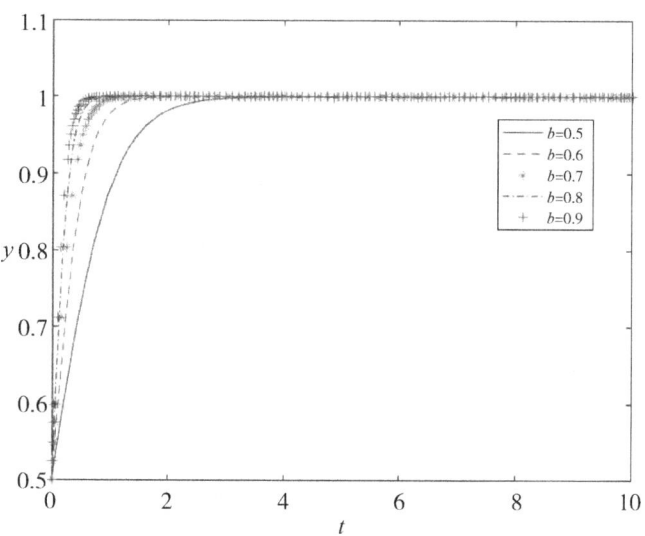

图9-3 不同政府财政激励力度下的系统演化轨迹

根据图9-3可知,政府的财政激励会对研发联盟策略选择产生积极影响,并且财政激励力度越大,演化轨迹的斜率越大,表明博弈双方向联盟创新稳定点的移动速度越快。政府通过出台对技术创新的财政激励政策有利于为企业与学研机构的研发联盟营造优质创新生态环境,促进自动驾驶技术企业与学研机构向联盟合作方向演化,提高研发联盟构建的动因。

(3) 政府服务购买力度对研发联盟策略演化的影响。

参数值设置为 $C_1=21$,$C_2=18$,$E_1=8$,$E_2=6$,$b=\frac{1}{3}$,$r=\frac{1}{3}$,$G'=3$,$L=5$,$I_1=3$,$I_2=5$,演化初始状态 $(x,y)=(0.5,0.5)$,根据约束条件求出 $G\geq0$,令 G 分别为4、5、6、7、8,得出 G 的变动对系统演化影响的仿真结果(图9-4)。

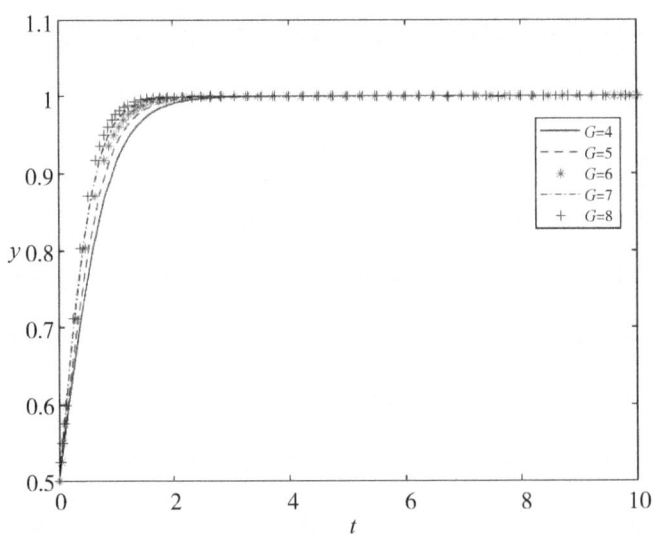

图 9-4 不同政府购买力度下的系统演化轨迹

根据图 9-4 可知，政府对自动驾驶技术服务的采购政策能够促使自动驾驶技术企业与学研机构选择研发联盟策略，并且随着政府购买力度的增强，双方向研发联盟稳定点的演化效率越高。自动驾驶技术的市场推广过程与众多因素相关，首先，自动驾驶技术的系统模块与技术服务在前期较为昂贵；其次，自动驾驶技术在发展初期稳定性还不完善；最后，消费者对自动驾驶技术的认可需要一定时间，这些会给自动驾驶技术的研发联盟构建带来阻碍。而政府对自动驾驶技术服务的采购政策能够为技术领先企业的市场推广创造有利环境。依托政府的财政扶持、宏观保护等激励手段，自动驾驶技术企业与学研机构联盟创新的外部生态能够有效优化。

（4）利益分配系数对研发联盟策略演化的影响。

参数值设置为 $C_1=21$，$C_2=18$，$E_1=8$，$E_2=6$，$b=\dfrac{1}{3}$，$G=6$，$G'=3$，$L=5$，$I_1=3$，$I_2=5$，演化初始状态 $(x, y)=(0.5, 0.5)$，根据约束条件求出 $r\geqslant\dfrac{1}{6}$，令 r 分别为 0.2、0.3、0.4、0.5、0.6、0.7、0.8，得出 r 的变动对系统演化影响的仿真结果（图 9-5）。

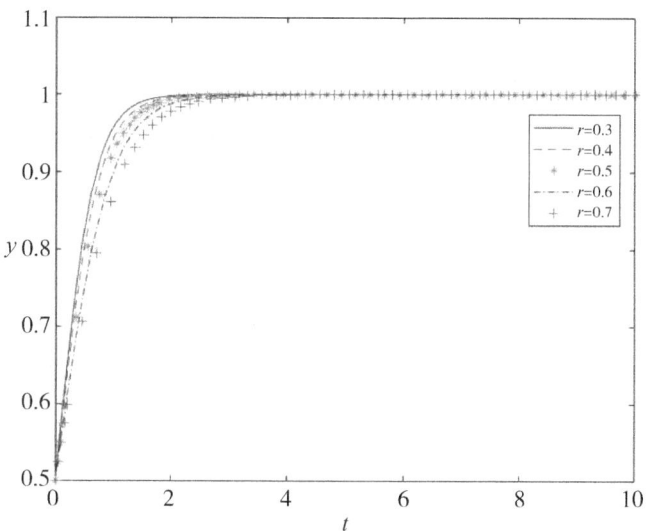

图9-5 不同利益分配系数下的系统演化轨迹

由图9-5可知,利益分配方式对研发联盟策略的稳定性具有重要影响,在不同利益分配模式下,博弈双方主体趋向于稳定研发联盟策略的演化效率有所区别。当自动驾驶技术企业处于相对较高的收益分配比例状态下,企业的收益水平优于学研机构,不过虽然学研机构的收益较低,但缺乏成功转化与市场推广的渠道,学研机构无法取得创新的产出收益,于是还是选择与自动驾驶技术企业构建研发联盟,但是这种状态下双方趋向稳定研发联盟策略选择的效率相对会较低。当自动驾驶技术企业处于相对较低收益分配比例状态下,学研机构的收益水平优于自动驾驶技术企业,作为研发联盟的重要主体,企业会基于市场发展的长远利益,选择与学研机构构建研发联盟,并且这种状态下双方趋向稳定研发联盟策略选择的效率会更高。

(5)违约金额度对研发联盟策略演化的影响。

参数值设置为 $C_1=21$,$C_2=18$,$E_1=8$,$E_2=6$,$b=\frac{1}{3}$,$r=\frac{1}{3}$,$G=6$,$G'=3$,$I_1=3$,$I_2=5$,演化初始状态 $(x,y)=(0.5,0.5)$,根据约束条件求出 $4 \leqslant L \leqslant 7$,令 L 分别为4.5、5、5.5、6、6.5,得出 L 的变动对系统演化影响的仿真结果(图9-6)。

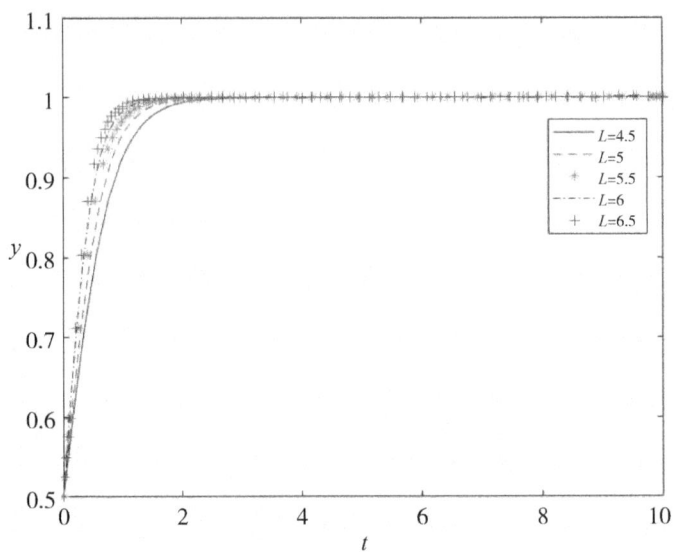

图 9-6 不同违约金额度下的系统演化轨迹

由图 9-6 可知，违约金制度会驱动自动驾驶技术企业与学研机构向着研发联盟策略的方向演化，并且违约金额度越高，双方主体选择研发联盟策略的演化效率越高。违约金制度的目的是保障研发联盟合作的稳定性和有序性，利用违约金制度能够在一定程度上约束双方主体遵循既定的协议进行研发联盟创新。当联盟双方感受到违约会对自身发展带来一定的损失时，会倾向于继续维持研发联盟策略，并且违约所面临的损失越大，对研发联盟决策的约束性越强。

9.5 研究结果与启示

9.5.1 研究结果

本章构建了基于政府驱动的自动驾驶技术企业与学研机构研发联盟策略选择的演化博弈模型，对双方主体研发联盟策略选择行为进行了博弈分析和仿真模拟，主要探讨了自动驾驶技术研发联盟的生成机制及相关影响因素，包括不同情境下的投入成本、额外收益、政府激励、违约金以及收益分配系数等，能够得出政府的政策驱动、企业的主体功能与市场的体制作用会对颠

第 9 章 颠覆性创新研发联盟的生成机制

覆性技术研发联盟的生成构建带来显著影响。

第一，政府驱动是优化颠覆性技术协同创新与市场外部生态环境的重要手段。政府对自动驾驶技术研发联盟的财政扶持以及政府服务采购有助于缓解自动驾驶企业在技术创新初期所承受的研发投入压力与市场风险问题，提升企业与学研机构选择研发联盟策略的积极性与稳定性。

第二，企业不同状态下的投入成本以及研发联盟情境下的市场额外收益能够影响颠覆性技术企业与学研机构的合作意愿，研发联盟情境下的投入成本与非联盟情境下的投入成本需要保持在一定水平之内，二者分别会对研发联盟策略的选择带来负向效应与正向影响；研发联盟情境下的额外收益会为双方主体创造优质的未来预期，提升双方的联盟意愿。

第三，合理的利益分配机制与有效的监督惩罚机制是保障颠覆性技术研发联盟生成构建的关键手段。合理的利益分配机制能够使得博弈双方获得满意的创新收益，实现研发联盟策略的共赢；有效的监督惩罚机制能够约束博弈双方遵循既定联盟策略开展创新合作，保障双方选择研发联盟策略的稳定性。

9.5.2 研究启示

基于演化博弈的分析结果，为了进一步提升颠覆性技术研发联盟策略选择的意愿，可以从政府、企业与市场视角分别提出强化政府政策驱动、优化企业主体功能与完善市场体制作用的对策路径。

第一，强化政府在推进颠覆性技术创新与市场扩散中的驱动作用。政府可以不断优化有助于颠覆性技术研发联盟构建的创新生态支撑体系，提升政府在颠覆性技术发展过程中的财政支持规模，持续增加对关键核心技术和行业共性技术研发的投入保障，发挥政策驱动的宏观调控作用来激活社会主体创新的积极性。此外，还可以通过政府的服务购买政策与社会引导效应，优化颠覆性技术发展的市场环境，吸引社会资本以及消费者对颠覆性技术的关注与青睐。

第二，优化企业在颠覆性技术研发联盟构建过程中的成本投入与成果转化水平。企业应当致力于提升自身在研发联盟构建过程中的资源整合效率，通过搭建技术攻关与市场推广的开放性创新合作平台，如利用技术行业协会的渠道作用强化企业之间以及企业与学研机构之间的研发联盟关系，在颠覆性技术的性能优化、安全保障与成本控制上集中发力，围绕技术研发和业务匹配开展合作，实现多行业、多领域的跨界融合与创新应用。

第三，完善市场在颠覆性技术研发联盟发展过程中的体制机制。发挥利益激励对研发联盟策略选择的动力助推作用，针对颠覆性技术研发联盟的利益分配模式优化问题，尝试构建第三方评估机构参与的评价机制，根据研发联盟主体的投入规模、贡献力度以及风险程度等水平，公平合理设定创新主体的收益分配比例，在促进整体效益最大化的基础上平衡不同主体的利益诉求。此外，正负性质激励制度可以产生不同作用效果，可以发挥市场主体作用构建差异化和多样化的激励保障制度，提升研发联盟构建的稳定性和运作的高效性。

9.6 本章小结

本章围绕"颠覆性技术研发联盟的生成机制"这一关键问题展开研究，基于有限理性，构建了政府驱动下自动驾驶技术研发联盟策略选择的演化博弈模型，并对要素变动下研发联盟策略选择的演化结果进行了仿真分析。研究表明，不同状态下的投入成本、额外收益、政府激励、违约金以及收益分配系数等因素对自动驾驶技术的研发联盟策略具有显著影响。本章的贡献主要体现在两个方面：首先，现有研究对政府在自动驾驶技术协同创新中的作用多基于单一视角，本章拓展了其中政府驱动的作用方式，从政府财政资金扶持与产品服务购买两个方面界定政府对自动驾驶技术研发联盟策略的驱动作用，为研究政府驱动对颠覆性技术研发联盟构建的影响提供了新的视角。其次，借助演化博弈的方法，构建自动驾驶技术研发联盟策略选择的动态博弈模型，将以往学者的静态研究激活，从不同状态下的投入成本、额外收益、政府激励、违约金以及收益分配系数等方面研究相关因素对颠覆性技术研发联盟生成构建的影响效应，为环境动荡性与颠覆性技术研发联盟构建与优化研究提供了一种新的解释。

第10章 颠覆性创新研发联盟的网络演化研究

创新网络理论指出研发联盟是企业挖掘外部知识信息以及与外部主体重新配置创新资源,进而构建竞争优势的关键创新策略,对推进颠覆性创新的技术演进进程具有重要指导作用(Beltagui et al., 2020)。前文利用探索性案例研究了颠覆性创新研发联盟的作用价值,并结合演化博弈工具分析了颠覆性创新研发联盟的生成机制,进一步地,当颠覆性创新研发联盟构建之后,其在网络演化上会具体存在怎样的特征表现成为继续深入研究的新命题。基于此,本章以区块链技术与自动驾驶技术的专利数据为研究样本,结合技术生命周期理论与社会网络分析法,对颠覆性创新研发联盟网络的整体演化与个体演化特征进行分析,从整体网络演化上探讨研发联盟网络的规模特征、凝聚性与小世界水平;从个体网络演化上探讨核心主体的动力机制与合作模式的演化变迁。研究结论不仅能够深化对颠覆性创新研发联盟网络的理论认识,而且能够为政府及企业对颠覆性创新研发联盟网络的治理优化和对策设计提供管理启示。

10.1 引言

技术创新是知识经济时代企业发展的主导驱动力,随着新一轮产业变革浪潮的来临,技术迭代逐渐加快、产品生命周期不断缩短、市场需求日益多元,传统维持性创新的渐进式改进策略对竞争优势提升的作用不断弱化,企业和国家的创新发展战略面临更高水平的变革需求(Colombo et al., 2021)。Christensen 于 1995 年提出了颠覆性技术的概念,随后又在颠覆性技术的范畴基础上进一步凝练出颠覆性创新理论,指出企业可以通过变革技术路线与重塑商业模式来颠覆传统价值网络,形成竞争范式重构与新市场创造的效果(Christensen et al., 2019)。颠覆性创新理论对新时期企业的创新发展战略与国家的未来竞争布局提供了新的理论思考,越来越多的研究表明,谁能及时发现和提前布局颠覆性技术发展机遇,谁就能在未来的竞争中赢得先机（Bhattarai et al.，2019）。

研发联盟是企业挖掘外部知识信息以及与外部主体重新配置创新资源，进而构建竞争优势的创新范式，构建研发联盟对推进颠覆性创新的技术演进具有重要助推作用。首先，在创新方式上，颠覆性技术与主流技术处于不同的属性集，前者致力于通过改变技术路线来重新定义竞争范式，通过大幅度、变革式的资源整合方式完成对技术范式、商业模式或竞争态势的重大变革，所需的巨大资源投入会对创新主体带来较大压力（邵美蓉等，2021）。其次，在演进过程上，颠覆性技术不仅要克服技术研发的障碍鸿沟，还面临在位者与社会技术体制机制的巨大阻碍，具有高度的不确定性风险（Parry & Kawakami，2017）。因此，企业的颠覆性创新更加需要将自己与外部行动者联系起来，通过研发联盟整合研发活动所需的渠道资源和市场机会，并分担创新活动中的诸多风险。

关于颠覆性创新的研发联盟研究，大部分学者主要基于相关领域的典型案例来分析创新合作的模式构建问题，如屈婷婷与刘戟锋（2013）探讨了军事领域颠覆性技术合作在项目立项、技术选择、决策流程以及风险管理等方面的困境及破解途径；冯立杰等（2019）分析了小米公司如何通过搭建合作网络建立契约关系以促进价值网络融合与核心竞争力提升；李东红等（2021）探讨了百度自动驾驶开放跨界平台在技术网络与市场网络上对颠覆性创新的驱动机制。也有一部分学者结合问卷的定量分析范式，对颠覆性创新合作的影响机制问题进行验证研究，如张金福与黄雪晴（2020）探讨了网络中心性、稳定性及结构洞对颠覆性创新的影响机制问题；徐建中等（2020）实证检验了齐美尔连接对企业颠覆性创新的正向影响以及知识共享在其中发挥的正向调节作用；李奉书等（2021）指出了联盟管理能力对企业的颠覆性创新具有正向影响，并且知识重构能力在其中发挥积极的推动作用。

通过文献梳理，可以发现对颠覆性创新研发联盟的重要价值、影响因素及模式构建问题已经有相关学者进行了涉猎，但理论研究成果相对于实践指导需求仍有待进一步完善。首先，在研究对象上，聚焦于典型行业或单个企业的经验总结及问卷验证能够提升研究结论的精准性，但对探讨普适性结论的大样本分析尚关注较少，如专利作为技术创新最有效的载体，是科学发现的重要模块，包含了90%以上的最新科技情报，是研究技术创新合作的重要数据来源（Pilkington et al.，2002），但在颠覆性创新研发联盟研究中尚应用较少。其次，在研究视角上，现有成果对于颠覆性创新研发联盟网络在整体特征和个体表现上的综合分析尚较少关注，并且对于不同阶段的演进特征缺乏多阶段衔接的动态探讨，而这恰恰是对颠覆性创新技术演进复杂性问题进行深入分析的重要方式。

因此，本章在颠覆性创新领域选择自动驾驶技术与区块链技术，以专利信息作为数据分析来源，并基于社会网络分析方法和企业专利联合申请信息构建研发联盟，分析颠覆性创新研发联盟在网络整体演化与个体演化上的内在机理，以期为深化颠覆性技术演进规律认识和推动颠覆性创新研发联盟网络演化发展提供理论指导。

10.2 研究设计与方法

10.2.1 研究框架

根据研究目标与思路，将社会网络分析方法与技术生命周期分析软件相结合，研究不同时间阶段颠覆性创新研发联盟的网络整体演化状态和网络个体演化特征，具体的研究框架如图10-1所示。

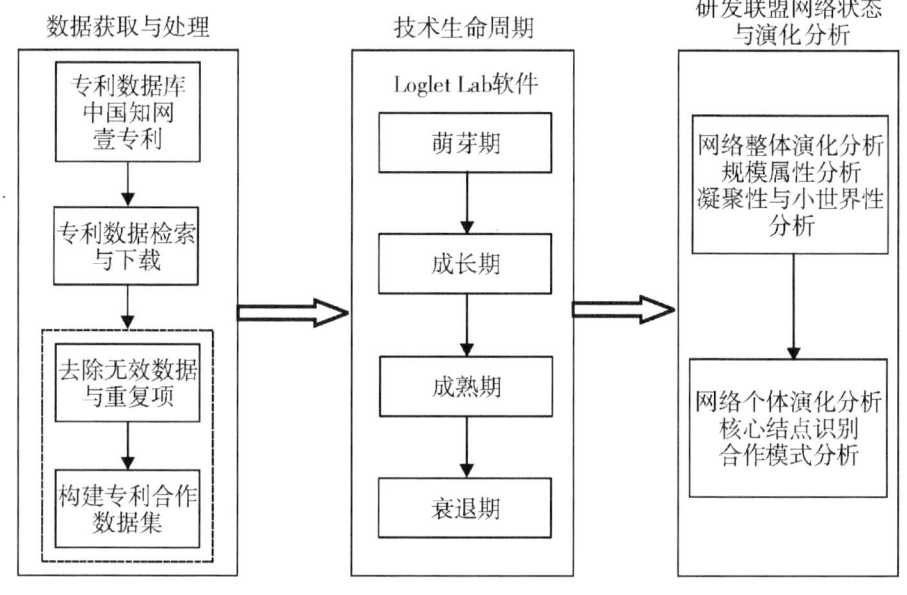

图10-1 研究框架

首先，完成数据的获取与处理工作，从中国知网与壹专利数据库进行自动驾驶与区块链技术的专利检索与下载，对获取数据进行相应处理，包括剔除无效与重复数据,并基于专利联合申请信息构建研发联盟网络。其次,基于 Loglet Lab 软件和专利统计数据对自动驾驶与区块链技术的生命周期进行判断划分,分析颠覆性技术在生命周期上的特征表现。最后,遵循社会网络分析的范式计算网络分析指标,分析研发联盟网络整体演化在规模属性、凝聚性与小世界性上的演化特征,以及个体网络演化在核心结点与合作模式上的相关表现。

10.2.2 研究方法

研发联盟是技术创新中的普遍现象,创新主体之间的研发联盟关系可以借助网络的形式来生动呈现。在创新活动中,如果任意两个创新主体参与到同一个研究项目中,他们之间的关系就可以用直线连接起来,多样的合作关系组合起来就形成了相关领域的研发联盟,其网络结点不仅可以表示个人,也可以表示组织、区域以及国家(Tojeiro & Moreno,2019)。社会网络分析是一种适用于探讨关系数据的方法工具,为理解网络的结构特征及动态演化提供了诸多参考,在过去的 20 多年中被广泛应用于对研发联盟的研究分析(Crespo et al.,2016)。研发联盟通常表现为结点属性与网络属性,类似于地理空间主体,合作网络中的主体也占据着不同的位置,这些位置可以通过各种网络指标来测度,如中心度与结构洞等,这些指标的分析有助于理解网络主体的作用和影响(Jackson et al.,2017)。本章将遵循社会网络分析的构建思路与指标测度方式,对颠覆性创新研发联盟网络的动态演化模式进行研究分析。

10.2.3 数据获取与处理

样本专利数据来源于中国知网专利数据库以及壹专利数据库,其中自动驾驶技术的检索方式为"TI =(自动驾驶 or 无人驾驶),NOT TI =(飞行器 or 飞机 or 轮船)"(李昌等,2018),区块链技术的检索方式为"TAC = 区块链"(刘星等,2020),筛选专利状态为有效。由于专利申请一般需要经过大约 18 个月的审查流程,因此,将专利的时间检索截点设置为 2018 年 12 月 31 日,分别获得 2702 条区块链技术专利信息与 7699 条自动驾驶技术专利信息。参考曾德明等学者(2021)的研究,如果申请人 A 和申请人 B 在目标年份共同申请一项专利,则认定 A 与 B 之间存在合作关系,以此构建两类颠覆性创新的研发联盟网络。

10.3 技术基本情况分析

10.3.1 技术年度专利分析

通过对区块链技术与自动驾驶技术的专利申请情况进行年度统计,得到两种技术的专利年度申请数量的趋势图(图10-2)。

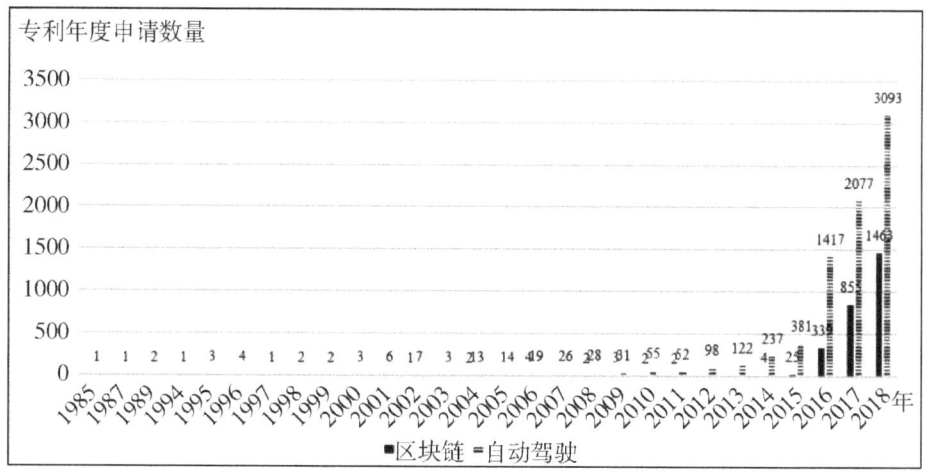

图10-2 区块链与自动驾驶技术专利申请数量的年度分布
数据来源:基于作者对专利申请数量的统计。

由图10-2的统计分析结果可以发现,区块链技术与自动驾驶技术的专利申请记录分别起始于2002年与1985年,相似的是,两类技术的专利申请都经历了很长一段时间的缓慢发展,都在最近几年迎来爆发式增长。区块链技术的专利申请数量在2015年之前一直仅为个位数,从2015年开始突破至两位数,并在之后以437%的年均增长率不断提升;自动驾驶技术的专利申请数量突破至十位数、百位数与千位数所花费的时间分别为19年、9年与3年。区块链技术与自动驾驶技术的专利申请年度统计情况表明,颠覆性技术的演进过程虽然艰难,但一旦崭露头角便能快速向市场扩散,极大地冲击主流技术,破坏现有秩序和平衡,留给创新主体机遇把握的"时间窗口"十分短暂和宝贵。

10.3.2 技术生命周期分析

技术生命周期分析的主要方法包括专利指标法、相对增长率法、S 曲线法以及 TAC 分析法等，其中 S 曲线是基于软件算法精准测度各阶段指标水平的工具，是最重要的技术生命周期分析方法之一。基于技术轨道理论，技术生命周期 S 曲线能够反映颠覆性技术的阶段性特征，当技术进入成熟期则进入了技术颠覆后的渐进式创新阶段，而新技术轨道的出现意味着新的颠覆性技术开始形成（黄鲁成等，2019）。为了刻画颠覆性技术的生命周期 S 曲线，本研究参考高新技术领域相关研究，采用 logistic 曲线展开模拟，结合区块链技术与自动驾驶技术的专利年度申请数据，以累计专利数量为纵坐标，以年份为横坐标，应用 Loglet Lab 模拟技术成长曲线。

（1）区块链技术的技术生命周期分析。

区块链技术最早的专利申请记录是在 2002 年，因此本研究选取2002—2018 年的专利累计数量输入 Loglet Lab 软件，进行 logistic 曲线拟合，生成区块链技术的技术生命周期 S 曲线，如图 10-3 所示。通过计算，得出该技术的成长时间 tg（growth time）为 9 年，反曲点 tm（midpoint）为 2020 年，从而计算出该技术萌芽期与成长期的分界点 $t_1 = tm - tg/2$ 约为 2015 年，成长期与成熟期的分界点 $t_2 = tm$ 为 2020 年，成熟期与衰退期的分界点 $t_3 = tm + tg/2$ 为 2025 年，从而判断其技术涌现期为 2020 至 2025 年，而本实证研究的时间跨度为该颠覆性技术的萌芽期与成长期阶段。

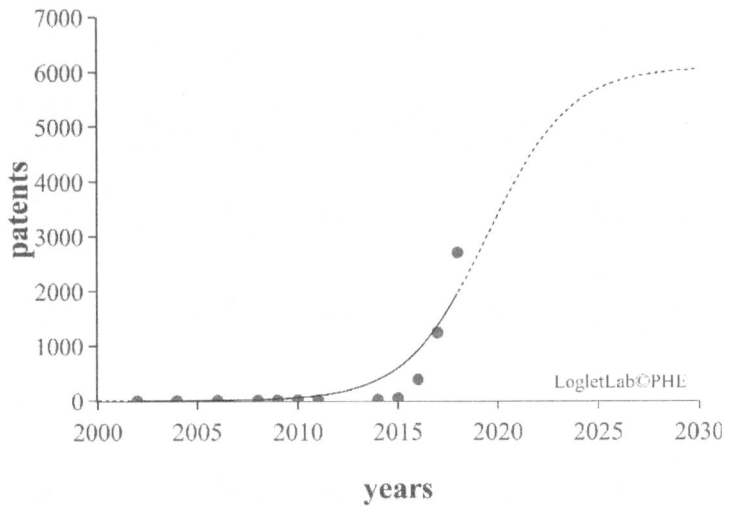

图 10-3　区块链技术的技术生命周期 S 曲线

（2）自动驾驶技术的技术生命周期分析。

自动驾驶技术最早的专利申请记录是在 1985 年，因此本研究选取 1985—2018 年的专利累计数量输入 Loglet Lab 软件，进行 logistic 曲线拟合，生成自动驾驶技术的技术生命周期 S 曲线，如图 10-4 所示。通过计算，得出该技术的成长时间 tg（growth time）为 6.6 年，反曲点 tm（midpoint）为 2020 年，从而计算出该技术萌芽期与成长期的分界点 $t_1 = tm - tg/2$ 约为 2016 年，成长期与成熟期的分界点 $t_2 = tm$ 为 2020 年，成熟期与衰退期的分界点 $t_3 = tm + tg/2$ 为 2024 年，从而判断其技术涌现期为 2020 年至 2024 年，而本实证研究的时间跨度为该颠覆性技术的萌芽期与成长期阶段。

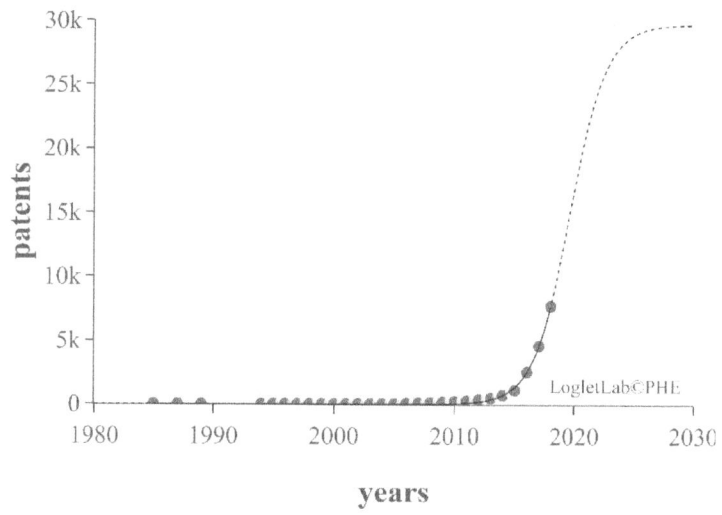

图 10-4　自动驾驶技术的技术生命周期 S 曲线

10.4　颠覆性创新研发联盟的网络演化分析

10.4.1　网络整体演化分析

针对研发联盟网络整体演化的分析，参考段欣等学者（2020）的做法，本研究按照专利申请数量的年度分布情况分别将区块链技术划分为三大演进阶段、自动驾驶技术划分为四大演进阶段，以节点数、边数和联结次数指标来衡量技术领域研发联盟网络的规模性；利用网络密度与平均距离指标来测度技术领域研发联盟网络的凝聚性和小世界性水平,并完成对每个阶段整体网络演化情况的图谱可视化制作,相关的指标测度及图谱制作结果如表10-1、10-2所示。

表10-1 区块链技术研发联盟网络的整体演化

网络指标	2008—2012年	2013—2015年	2016—2018年
节点数	2	4	118
边数	1	3	90
联结次数	2	6	188
网络密度	2	0.6667	0.0332
平均距离	1	1.5	1.645
整体网络			

表10-2 自动驾驶技术研发联盟网络的整体演化

网络指标	2004—2009年	2010—2012年	2013—2015年	2016—2018年
节点数	6	12	38	213
边数	3	9	29	298
联结次数	6	18	58	362
网络密度	0.2000	0.2576	0.0825	0.0160
平均距离	1.000	1.000	1.289	1.530
整体网络				

在网络规模上，随着阶段的演进，区块链技术与自动驾驶技术的节点数、边数与联结次数均呈现不断上升趋势，虽然前期增长缓慢，但随着技术的演进，二者的增速日益提升，在最后一个阶段处于爆发式的增长态势。这表明越来越多的主体开始关注到相关技术领域的契机，并通过加入研发联盟来开展技术研发，形成了不断扩大的合作网络规模。同时，该现象也验证了颠覆性技术在成长初期由于会面临主流技术的"路径依赖"与"技术锁定"，需要承受在位企业和主流市场的挤压和排斥，成长过程异常艰难，面临"长不大"的挑战；但颠覆性技术一旦发展到引爆的临界点，便能够快速占领市场，极大地冲击主流技术，创新主体主动应用的时间窗口十分紧迫，体现出"来不及"的特征。

在凝聚性与小世界性水平上，区块链技术与自动驾驶技术在研发联盟中均表现出整体网络密度不断降低、平均距离不断增加的演化趋势，表明随着技术演进的不断推进，创新主体不断加入研发联盟网络，但区块链与自动驾驶领域的知识交流强度反而处于不断下降的态势，研发联盟网络主体间信息传递的有效性并没有得到增加，凝聚性与小世界性效应处于弱化状态。这一点在整体网络的可视化图谱上也得到了生动体现，虽然创新主体与网络规模在不断扩大，但创新主体间的合作主要还是以独立的小团体为主，合作状态较为分散，网络整体资源交互的广度相对较低。

10.4.2　网络个体演化分析

（1）核心主体识别。

中心性是刻画目标主体在网络结构中所处地位水平的一种指标，主要用于识别网络中的关键节点，其中，度中心度是指目标主体直接连接的其他网络主体数量，目标主体的度中心度值越大，表示在研发联盟网络中拥有更为丰富的创新资源，具有更强的凝聚力与资源控制能力（曲刚等，2020）。为了识别研发联盟网络中的核心主体，本研究对每个阶段创新主体的点度中心度进行测算，相应的统计结果如表10-3、10-4所示。

表10-3 区块链技术研发联盟网络中心度Top10主体

2008—2012年		2013—2015年		2016—2018年	
名称	度	名称	度	名称	度
慧帝科技（深圳）有限公司	1	布比（北京）网络技术有限公司	3	国家电网公司	9
慧荣科技股份有限公司	1	布萌（上海）科技有限公司	1	国网电子商务有限公司	6
		布比（重庆）区块链技术有限公司	1	国家电网有限公司	4
		布诺（深圳）科技有限公司	1	现代财富控股有限公司	4
				富邦金融控股股份有限公司	4
				Modernity Financial Holdings Ltd	4
				京信通信系统（中国）有限公司	3
				国网浙江省电力公司电力科学研究院	3
				京信通信系统（广州）有限公司	3
				Fubon Financial Holding Co	3

表10-3是区块链技术研发联盟网络中心度排名前10的统计结果。随着时间阶段的推进，选择加入研发联盟网络的主体逐步增加，尤其是最后一个阶段的网络规模增速迅猛。在三个阶段中，并没有始终保持前10的主体，前两个阶段排名靠前的核心主体在第三阶段的网络合作参与活跃度并不高，说明前期的主导机构并没有积极参与到中后期的创新合作中。在主体性质方面，前两个阶段主要以有外资背景的科技型民营企业为主，国有企业在第三

第10章 颠覆性创新研发联盟的网络演化研究

个阶段开始发挥重要作用,其中国家电网及其相关子公司在前10中占据4席,此外,针对区块链技术的研发联盟而言,金融行业企业在其中的表现也比较活跃,在第三个阶段中达到近一半比例。可以发现,企业是颠覆性技术市场机遇发现与研发推广的重要主体,并且国家力量在颠覆性创新研发联盟的网络构建中起到重要支撑作用。

表 10-4 自动驾驶技术研发联盟网络中心度 Top10 主体

2004—2009 年		2010—2012 年		2013—2015 年		2016—2018 年	
名称	度	名称	度	名称	度	名称	度
凯旋游艇有限公司	1	浙江吉利汽车研究院有限公司	2	合肥工业大学	4	浙江吉利控股集团有限公司	6
吉林大学	1	浙江吉利汽车研究院有限公司杭州分公司	2	北京锐驰国铁智能运输系统工程技术有限公司	3	大众汽车有限公司	6
内蒙古交通职业技术学院	1	杭州大吉新材料开发有限公司	2	北京市华铁信息技术开发总公司	3	清华大学	6
深圳市海斯比船艇科技发展有限公司	1	中国水电顾问集团华东勘测设计研究院	2	中国铁道科学研究院通信信号研究所	3	丰田自动车株式会社	4
株式会社爱德克斯	1	浙江华东测绘有限公司	2	国家电网公司	3	三思光电科技(上海)有限公司	3
株式会社电装	1	浙江吉利控股集团有限公司	2	中国铁道科学研究院	3	曼卡车和巴士股份公司	3
		鸿海精密工业股份有限公司	1	浙江吉利汽车研究院有限公司	2	北京锐驰国铁智能运输系统工程技术有限公司	3
		鸿富锦精密工业(深圳)有限公司	1	浙江吉利汽车研究院有限公司杭州分公司	2	中国移动通信有限公司研究院	3
		株式会社 IHI	1	斯坎尼亚 CV 股份有限公司	2	吉利四川商用车有限公司	3

189

续表

2004—2009 年		2010—2012 年		2013—2015 年		2016—2018 年	
名称	度	名称	度	名称	度	名称	度
		株式会社 IHI 芝浦	1	浙江吉利控股集团有限公司	2	中国神华能源股份有限公司	3

表10-4是自动驾驶技术研发联盟网络中心度排名前10的统计结果。自动驾驶技术研发联盟的网络主体更加多元，在研发联盟的网络演进过程中，企业、大学和研究机构均承担了相应的重要角色，产学研交融现象更加明显。领域相关企业是每个阶段中研发联盟构建的主导力量，其中吉利集团及下属公司、研究院在网络合作参与中的积极性较高，并且活跃度不断提升，表明市场需求在颠覆性创新研发联盟构建中发挥着重要的引导作用。此外，中国铁道研究院、国家电网、中国移动等国有企业也在不同阶段中表现出积极参与活跃度，也体现着国家力量对颠覆性技术研发起到了有力的推动作用。

（2）合作模式分析。

为进一步探讨研发联盟网络中的个体演化特征，本研究参考曹霞等学者（2019）的做法，采用"合作广度—合作深度"框架对网络主体的合作模式进行分析。其中，合作广度表示目标主体的资源拥有量与凝聚力，用度中心度来衡量，即与目标主体直接连接的网络主体数量；合作深度表示目标主体与其他网络主体的合作关系稳固性，用单位权值来衡量，即网络连接的单位权重（连接数量/度中心度），并根据目标主体的合作广度与合作深度匹配情况，将其合作模式划分为贫乏合作型（低合作广度—低合作深度）、探索合作型（高合作广度—低合作深度）、培养合作型（低合作广度—高合作深度）与高质合作型（高合作广度—高合作深度）。通过对区块链技术与自动驾驶技术研发联盟网络主体的合作广度与深度测度，可以分别得到两类技术的合作模式演进（图10-5、图10-6）。

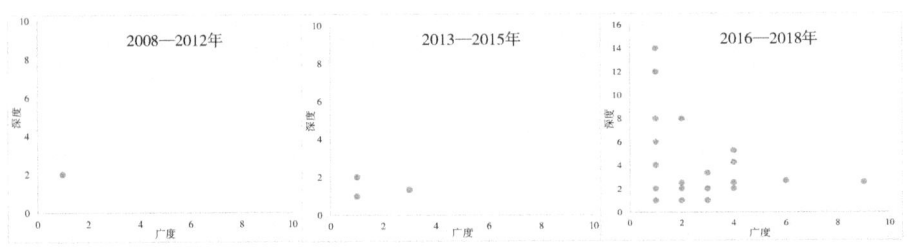

图10-5　区块链技术的合作模式演化

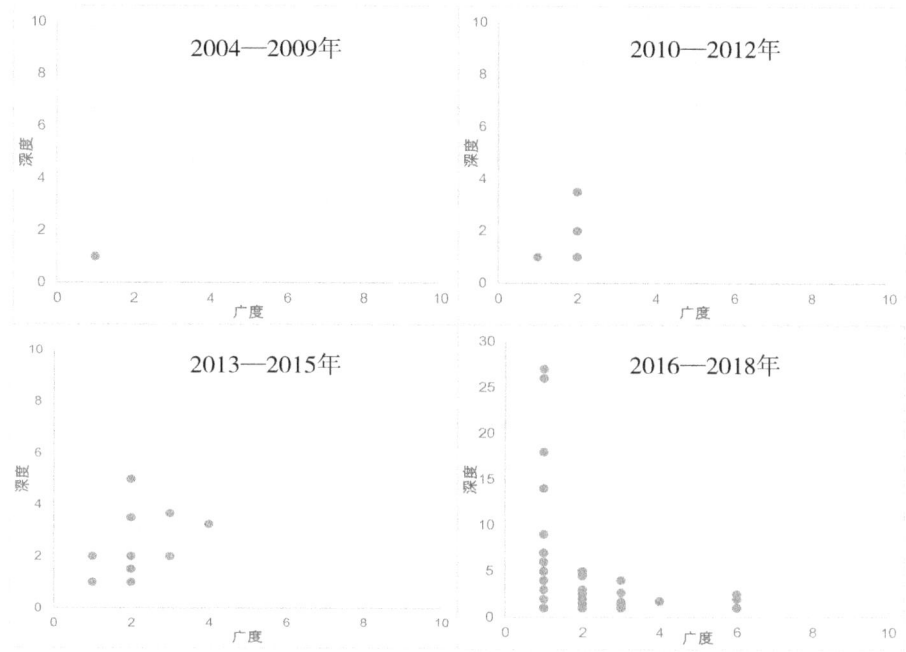

图 10-6 自动驾驶技术的合作模式演化

从图 10-5 与图 10-6 可以直观感受到，区块链技术与自动驾驶技术在研发联盟初期的合作模式主要以贫乏合作型为主，合作的广度和深度水平较低。随着研发联盟的逐步发展，伴随着参与主体的不断增加，联盟主体的合作模式开始逐渐向探索合作型与培养合作型发展，开始表现出更高广度与深度水平的合作关系，并且从总体上的演进历程来看，无论是区块链技术还是自动驾驶技术，网络主体的合作模式演进更倾向于培养合作型的选择，在深度上的表现要优于广度上的表现。此外，区块链技术与自动驾驶技术的研发联盟网络主体较少有高质合作型模式的选择，这表明研发联盟中既有广度又有深度的核心影响力企业还相对较少。

10.5 研究结果与启示

10.5.1 研究结果

本章在梳理相关文献的基础上，从揭示颠覆性创新研发联盟的网络演化特征问题出发，选择区块链技术与自动驾驶技术为研究对象，以中国知网与壹专利数据库为样本数据来源，结合技术生命周期理论与社会网络分析法，通过构建研发联盟网络和分析演化阶段指标，从研发联盟网络整体演化与个体演化视角的多个维度进行综合分析，最终得到以下结论。

第一，在技术生命周期上，颠覆性技术的成长演化会表现出前期的潜伏性与成熟后的爆发性特征。根据 Loglet Lab 软件的 logistic 曲线拟合分析结果，区块链技术与自动驾驶技术的成长时间分别为 9 年与 6.6 年，时间较短暂。其他学者的研究也为这一结果提供了验证对比，根据李林等学者（2020）对先进制造技术的生命周期模拟结果，增材制造技术作为共识性颠覆性技术类型之一，其技术成长时间仅为 5.12 年，远低于其总体研究对象平均数值的 17.94 年；对比之下，傅瑶等学者（2013）运用同样的方法分析了 30 个领域的技术发展轨迹，所得到的技术平均成长时间达到了 15.44 年。可见，颠覆性技术前期的成长过程由于面临范式重构带来的技术研发困难与体制机制阻碍，发展异常艰难，但一旦技术突破研发瓶颈或面临新的政策机遇，颠覆性技术便会快速迎来发展爆发点，以极快的速度发起对主流技术与在位市场的颠覆进程。

第二，在网络整体演化上，颠覆性创新研发联盟的网络规模不断扩大，但凝聚性与小世界性水平不断下降。与其他学者对专利网络演化研究的结论相似的是，两类颠覆性创新研发联盟网络的规模随着时间的推进不断扩大，二者的节点数、边数与联结次数均呈现上升趋势，并且增加速度日益提升。与此同时，颠覆性创新研发联盟网络在凝聚性与小世界性的演化趋势上具有新的表现，不同于相关学者发现集成电路（刘晓燕等，2019）、语音识别（关鹏等，2021）等技术领域合作的凝聚性和小世界性不断强化的结论，两类颠覆性技术在研发联盟网络中呈现出密度水平不断降低和平均距离不断提升的演化趋势。可以总结出，颠覆性创新研发联盟虽然随着时间的演进，在网络规模上有所扩大，但网络主体之间信息交互的效率并没有得到有效提升，技术创新的深入合作与资源共享水平仍有待进一步提升。

第三，在核心网络主体上，颠覆性创新研发联盟呈现出市场与政府"双轮驱动"的动力机制。在区块链与自动驾驶技术研发联盟的网络演化过程中，一方面，相关领域的科技型企业是技术机会识别与市场应用推广的重要主体，尤其是在技术早期的研发布局阶段起着重要推动作用；另一方面，在技术的市场推广过程中，以国有企业为代表的政府力量在方向引导与资源凝聚上发挥了自身的优势，积极推进技术的演进进程。此外，产学研的多主体参与机制也为加速颠覆性创新研发联盟的网络构建与推动颠覆性技术的研发应用贡献了重要力量。

第四,在合作模式演化上,颠覆性技术呈现出由贫乏合作型模式向探索合作型模式与培养合作型模式发展的趋势。颠覆性创新研发联盟在初期主要以"低合作广度—低合作深度"的贫乏合作型模式为主,随着研发联盟的不断演进,网络主体的合作广度与合作深度不断提升,但网络主体的合作模式倾向于合作广度或合作深度的单向深入选择,更多的主体选择"低合作广度—高合作深度"的培养合作型模式,也有主体选择"高合作广度—低合作深度"的探索合作型模式,但选择"高合作广度—高合作深度"的高质合作型模式主体较少。这表明颠覆性创新领域的创新主体更倾向于以固定的小团体进行技术创新,在小范围内通过提升合作的深度来推进研发创新。但颠覆性技术本质上更加强调异质性、新颖性知识元素的获取,外部关系的多样性是非冗余信息的来源和知识重组的原材料(尹航等,2019),低合作广度可能在一定程度上会对颠覆性技术的合作创新带来不利影响。

10.5.2 研究启示

根据对以区块链技术和自动驾驶技术为代表的颠覆性创新研发联盟网络演化特征的研究结论,本章对优化颠覆性技术研发联盟网络提出如下建议。

第一,针对颠覆性技术演化的爆发性特征,政府应该提前建立颠覆性技术预警机制,并发挥研发联盟的资源凝聚作用,整合社会科技资源强化对颠覆性技术的遴选、研发和培育工作;企业等创新主体要积极加入研发联盟,加速网络信息资源的有效传递,紧抓潜在的颠覆性技术创新机遇,并营造以核心企业为中心、上下游企业积极参与的合作创新浪潮。第二,发挥企业与政府在颠覆性创新研发联盟网络演化中的"双轮驱动"作用,一方面要重视企业在颠覆性技术方向研判上的市场敏感优势,尤其是在技术萌芽阶段,在构建研发联盟中要强化对企业合作参与的政策支持力度,提升企业参与的积极性;另一方面要发挥政府在方向引导与资源整合方面的优势力量,通过以国有企业为实施主体,联合技术领域其他科技企业开展技术攻关与市场推广,优化颠覆性创新研发联盟的整体作用。第三,在鼓励创新主体加入研发联盟以扩大网络规模的基础上,要引导各主体间建立更加多元的合作路径来提升对异质性资源的利用效率,注重对新颖性知识信息的获取和搜集;在提升创新合作深度水平的基础上,加强对创新合作广度水平的提升,引导企业通过采取高质合作型的模式来提升其在颠覆性技术领域的有利地位。

10.6 本章小结

本章围绕"颠覆性创新研发联盟的网络演化"这一核心命题开展研究,以区块链技术与自动驾驶技术的专利数据为研究样本,结合技术生命周期理论与社会网络分析法,对颠覆性创新研发联盟网络的整体演化与个体演化特征进行分析。研究结果表明:颠覆性技术的演进过程更加短暂,但一旦成熟便能表现出极大的爆发效率,具有"来不及"的特点;在整体演化上,颠覆性创新研发联盟的网络规模不断扩大,但其凝聚性与小世界性水平却不断降低,知识交流与信息传递的强度处于下降态势;在核心主体上,呈现出市场与政府"双轮驱动"的动力机制;在合作模式演化上,表现出由贫乏合作型模式向探索合作型模式与培养合作型模式发展的趋势。在研究结论的基础上,本章从多元主体联动与合作模式优化等方面提出对颠覆性创新研发联盟网络治理与优化的路径思考。

第 11 章 颠覆性创新研发联盟的绩效影响——回归分析

前文分析了颠覆性创新研发联盟的作用价值、生成机制以及网络演化问题，表明企业通过研发联盟能够加速技术范式转变，在整合网络内外部资源要素的基础上加快颠覆性技术形成。但对于颠覆性创新研发联盟如何具体地对创新绩效发挥作用，包括网络特征的直接影响以及外部环境要素在其中的调节效应，仍需要进一步结合具体的分析数据进行实证检验。本章将以自动驾驶技术为例，基于社会网络理论构建企业颠覆性创新研发联盟，从宏观层面与微观层面构建颠覆性创新研发联盟与企业创新绩效的系统分析模型，即从网络结构特征与网络关系特征层面探讨颠覆性创新研发联盟对企业创新绩效的影响效应。此外，由于颠覆性创新过程不仅会面临研发突破的技术压力，还会受到在位技术的社会体制机制阻碍，考虑到外部环境将发挥相应的调节作用，本研究采用区域创新投入与知识产权保护指标来衡量企业的外部区域环境，以期打开颠覆性创新研发联盟与企业创新绩效之间的"黑箱"。

11.1 理论分析与研究假设

随着技术创新的迅猛发展与创新环境的动荡变化，主流创新竞争战略逐渐从增量型的维持性创新向变革型的颠覆性创新方向转变。然而，以新能源汽车、太阳能光伏为代表的颠覆性技术复杂的产业化过程表明，建立新的技术体系与市场秩序会遭遇现有社会技术体制的路径依赖及技术锁定威胁，依靠单个企业的力量难以克服技术跃迁过程中的诸多阻碍。因此，跨越组织边界来构建研发联盟成为后发企业实施颠覆性创新战略的新趋势，这也是实现后发企业创新绩效提升与追赶超越的重要支撑。一方面，开放式的创新环境使得创新主体之间的联系愈加紧密，企业在创新过程中的边界日益模糊，传统的封闭式创新已经无法适应当下科技创新的需求，从外部寻求创新合作成为企业提升颠覆性创新效率的重要方式。另一方面，颠覆性创新更加强调创新的新颖性和路径的突破性，必须融合异质化、非冗余性知识以形成创新要素，而研发联盟所提供的网络关系资源是异质化和非冗余性知识的重要来源渠道（König et al.，2019）。

关于研发联盟与企业创新绩效的研究，学者们多借助社会网络分析方法，从网络层面与企业层面等视角，揭示网络异质性对创新绩效的作用机制。网络特征是研发联盟研究中的重要主题之一，已有研究主要将研发联盟的网络特征归纳为结构特征（Jackson et al.，2017）与关系特征（杨张博，2018），主要分析联盟企业的网络位置、网络构成、认知距离等因素对企业创新绩效的影响。但相关研究仍存在一定的局限性：第一，多聚焦单一层面，对宏观网络层面的结构特征与微观网络层面的关系特征对企业创新绩效的交互影响尚有待进一步探讨；第二，多基于在位企业视角，对以后发企业为代表的新兴经济体如何通过研发联盟网络实现颠覆性技术"变轨超车"的诉求关注不足；第三，侧重于网络内部的前置因素影响研究，对区域环境的调节效应研究尚涉及较少，尤其在颠覆性技术领域，关于网络特征、区域环境与创新绩效的定量研究尚未得到充分关注。

有鉴于此，本章聚焦典型颠覆性创新领域实践，构建融合研发联盟网络宏观层面结构属性与微观层面关系属性的系统研究框架，并且将区域环境的创新投入与创新保护作为调节变量纳入理论模型，从而构建"宏微观结合、内外部交互、软硬件并行"的系统通道，试图打开颠覆性创新研发联盟与企业创新绩效之间的"黑箱"。本章的研究结论不仅丰富了网络特征对颠覆性创新绩效影响的情境研究，而且拓展了对社会网络视角下区域环境与颠覆性创新绩效的关系机制的认识。

11.1.1 颠覆性创新与研发联盟

颠覆性创新是新技术对主流技术范式产生替代性变革的过程，后发企业面向新市场或利基市场，引入满足低端或新用户需求的技术产品，逐步破坏现有规则乃至取代在位企业（Christensen et al.，2015）。颠覆性创新是相对于维持性创新而言的概念，二者的核心差异在于创新程度与影响效应的大小。维持性创新是延续既有的技术产品路线，通过优化产品性能以保持和提升竞争优势；颠覆性创新则发起于非主流市场并以取代在位企业为目的，后发企业通过重构价值网络与竞争范式创造价值空间，引入满足低端或新用户需求的技术产品，逐步破坏现有规则乃至取代在位企业（张春辉和陈继祥，2011）。颠覆性创新致力于市场"蓝海"空间的创新方式，能够为后发企业争取非竞争性的发展空间,提供优势积累与技术赶超的契机。

研发联盟是指企业与其他企业、高校、科研机构等创新主体,为了提升创新效率、降低过程中的不确定性风险以及节约成本而组建的合作关系,以共同利益为基础,以资源互补为前提,并通过契约的形式实现联合行动的研发组织(王龙伟和陈婉,2017)。根据称谓差异,研发联盟的具体形式包括技术创新联盟、技术标准联盟、专利联盟以及研发联合等;在组织形式上,还可以将研发联盟划分为股权联盟与契约联盟(Faems et al.,2005)。研发联盟是企业开展创新活动的重要载体,主要原因如下:一方面,研发联盟能够在事前形成机制上传递企业创新能力的积极信号,通过契约等制度建立的联盟体系,具有较高的可靠性和认证效应,参与研发联盟的企业往往具有较高的研发水平和创新能力,能够缓解创新主体之间的信息不对称问题(Ahuja,2000);另一方面,研发联盟可以在事后组合优势上提升企业的创新能力,有助于企业获取技术、市场和信息等外部资源,降低企业创新研发的不确定性风险,增强企业的竞争优势(Gulati,2000)。

关于网络视角下的研发联盟研究主要包括两个互补层面的视角,即宏观层面与微观层面,不同层面因素对企业创新绩效的影响机制存在差异(Crespo et al.,2016)。宏观层面聚焦于整体的网络结构,关注分散网络与紧密网络的不同结构特点对创新绩效的影响(Huggins & Thompson,2015)。微观层面聚焦于以特定主体为中心的网络,其又称为联盟组合,由一系列创新主体直接联系组成,主要关注网络主体相互联系的程度,并据此将网络联系划分为弱联系与强联系(汤超颖等,2018)。宏观层面与微观层面的研发联盟网络研究探讨了网络特征如何影响企业的知识吸收和资源利用能力,解释了网络结构与网络联系对网络知识转移和扩散的影响,以及网络关系特征、网络结构特征、网络参与者及创新绩效之间的关系(徐露允等,2018)。但已有研究并没有在网络关系特征与网络结构特征对创新绩效的影响机制上形成共识,并且研发联盟网络研究在颠覆性创新领域的应用尚未得到较多关注,相互冲突的结论为颠覆性创新研发联盟的新情境问题提供了进一步研究的机会。

11.1.2 颠覆性创新研发联盟网络特征与企业创新绩效

本章在借鉴已有研究的基础上,按照以下原则来确定研发联盟的网络特征变量:第一,特征变量应当在相关研究中得到共识性的应用,具有坚实的理论基础;第二,基于当下主流的网络结构属性与关系属性相结合的研究范式,特征变量的选取需要融入网络多层次的分析理念。有鉴于此,本研究从宏观与微观层面构建起了颠覆性创新研发联盟网络特征分析框架。其中,本研究在宏观层面关注整体网络的结构特征,选取网络密度为具体指标;在微观层面聚焦核心企业与联盟企业的网络关系特征,选取关系强度作为具体指标。

(1) 网络结构特征:网络密度。

网络密度是刻画整体网络结构的重要指标,从网络全局表示联盟网络中各企业主体之间联系的紧密程度,从整体视角描述企业知识元素的整合状态,反映联盟企业之间资源交换的深度和广度(李言睿和马永红,2021)。网络密度高表明企业具有较为系统和完善的研发合作体系,形成了稳定的技术创新轨道,而这容易导致路径依赖现象的产生,且不利于创新轨道跃迁与路径突破的颠覆性创新活动。

首先,从资源投入上,网络密度高意味着企业基于全局资源要素的利用形成了稳定的创新路径(Crossan et al.,1999),进行颠覆性创新要打破既定路径的均衡状态,所需的巨大资源投入会抑制企业开展颠覆性创新的积极性。其次,在收益产出上,网络密度高表明企业对已有网络资源间的整合关系已经进行了相对深入的挖掘,在这种状态下既有的创新路径能够有利于提升创新转化的可靠性,减少创新的不确定性风险,短期收益的回报性会分散企业对颠覆性创新活动的探索热情(Fleming,2001)。最后,从惯性依赖上,网络密度较高表明企业已经通过合作在行业领域中构建起了彼此的信任与默契,容易产生惯性依赖心理而不愿意跨越创新边界在新的环境中探寻及获取新知识,这抑制了企业对新知识的创新和探索,对企业创新绩效的提升带来消极影响(郑小勇,2021)。基于上述分析,本章提出如下假设:

H_1:颠覆性创新研发联盟网络密度与企业创新绩效呈负向影响。

(2) 网络关系特征:关系强度。

关系强度是社会网络理论的重要指标之一,体现的是企业与联盟成员的网络合作关系。作为网络关系的特征体现,关系强度对企业创新绩效的影响体现在三个方面:首先,影响企业跨组织转移知识的意愿。企业间的知识转移需要基于分享意愿,企业间的关系强度会影响知识转移的动机,弱关系强度会给知识提供者带来知识保护的顾虑,并造成知识接收者对机会主义的担心,影响双方知识转移的意愿;强关系强度能够带来认知信任和社会认同,提升知识转移双方的合作意愿,促进知识转移效率和质量的提升(谢永平和王晶,2017)。其次,影响联盟企业对网络资源的处理。强关系强度能够提升联盟企业对创新情境的理解程度,在知识获取与资源整合过程中,更能够将网络资源与企业实际相结合，促进企业创新绩效的提升（Ferreras et al.，2015）。最后，影响联盟企业创新合作的稳定性。强关系强度提升了联盟企业的彼此了解，形成了潜在的情感资源基础，有利于合作创新中矛盾冲突的解决，提升研发联盟的稳定性和创新绩效（Arikan & Knoben，2014）。

综上所述，在颠覆性创新外部环境日益复杂与创新能力要求不断提升的背景下，拥有强关系强度的企业能够进行频繁沟通，建立相互信任机制，并提升合作的稳定性，从而对企业创新绩效形成积极效用。基于上述分析，本章提出如下假设：

H_2：颠覆性创新研发联盟关系强度与企业创新绩效呈正向影响。

11.1.3 区域环境的调节作用

相比于维持性创新而言，颠覆性创新的实现不仅要突破技术演进过程的"路径依赖"与"技术锁定"，还要承受在位企业和主流市场的挤压和排斥，其成长过程异常艰难。为了保障颠覆性创新的顺利推进，除了通过企业研发联盟的形式来加快技术突破，还需要营造良好的创新环境，政府需要培育适宜颠覆性创新成长的生态土壤，继而提升颠覆性创新成功的可能，但目前国内外学者对区域环境如何影响网络活动与颠覆性创新绩效还知之甚少（Ben et al.，2020）。因此，本研究基于政策工具视角，从创新投入与创新保护角度探讨区域创新投入与知识产权保护的调节效应。

目前，国内外学者关于区域创新投入对企业创新绩效的作用尚未形成一致认识，大多数学者认为在创新投入水平较高的地区，企业面临的研发资金约束较少，有利于提升企业创新的产出与效率，对创新绩效具有正向溢出效应（Szczygielski et al.，2017）；也有学者提出区域创新投入增长悖论，认为不断提升的政府创新投入会助长企业技术创新的惰性，对企业创新投入具有挤出效应，并没有提升企业的创新绩效（张杰等，2021）。针对颠覆性技术的特殊性，从整体网络视角来看，网络密度更高表明企业在创新体系的系统化与路径方向的多元化上更有优势，更有利于把握和获取政府在创新投入支持方面的多元化资金，缓解打破路径依赖时的投入压力，并减少创新回报的不确定性风险，在一定程度上能够鼓励企业对新知识的创新和探索（余菲菲和钱超，2017）；从微观网络视角来看，关系强度更高的企业在联盟内部资源获取与转移整合上更具优势，对外部政府投入的依赖性相对较低（Hong et al.，2016），此外，政府在执行区域创新投入政策时往往会附带相应的管制约束与考核条件，颠覆性创新的高风险性使得企业会面临相应的绩效考核的潜在压力，这会在一定程度上降低企业对颠覆性创新的研发激情（王晓珍等，2017）。基于上述分析，本研究提出如下假设：

H_3：区域创新投入能够缓解颠覆性创新研发联盟网络密度对企业创新绩效的负向影响。

H_4：区域创新投入能够降低颠覆性创新研发联盟关系强度对企业创新绩效的正向作用。

知识产权保护是针对技术创新而出台的政策工具，知识产权保护对创新绩效的影响也是学者们关注的重要问题（杨丽君，2020）。知识产权保护作为一项正式制度，是保障创新主体获取其技术创新经济价值和法律地位的重要手段，能够有效缓解技术创新的高风险投入与"搭便车"现象的矛盾（姜南等，2021）。颠覆性创新比维持性创新具有更大的不确定性，巨大的研发风险和"搭便车"现象令很多企业望而却步。知识产权保护通过法律制度对创新成果给予保护，尤其是对于研发联盟网络中的核心企业而言，知识产权保护能够为高网络密度与强关系强度的研发联盟企业在信息传递与资源流动时提供保护空间，减少受到模仿者和机会主义行为利益侵犯的风险，提升企业开展颠覆性创新活动的积极性。基于此，本研究提出如下假设：

H_5：知识产权保护缓解了颠覆性创新研发联盟网络密度与企业创新绩效之间的负向影响。

H_6：知识产权保护提升了颠覆性创新研发联盟关系强度与企业创新绩效之间的正向作用。

根据上述研究假设，本章研究的理论模型如图 11-1 所示。

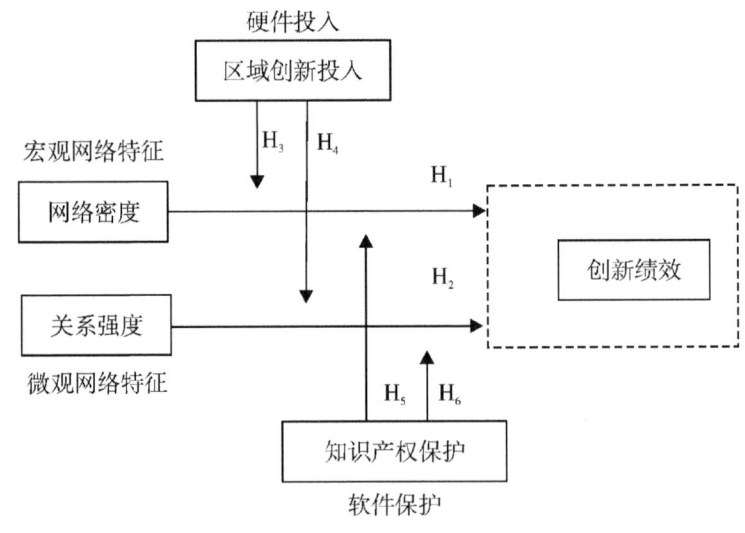

图 11-1　理论模型

第 11 章　颠覆性创新研发联盟的绩效影响——回归分析

11.2　研究设计

11.2.1　样本选择与数据来源

（1）样本选择。

本研究选择自动驾驶技术作为颠覆性创新研发联盟的样本对象，主要基于以下考虑：①技术的颠覆性。自动驾驶技术是传统汽车制造产业与人工智能、物联网、深度学习等新一代智能技术深度融合创新的产物，作为汽车行业的颠覆性发展趋势，将对未来汽车产业格局带来变革性影响。②创新的模块化。自动驾驶技术涉及传感器、芯片、操作系统和信息处理等多个模块，不同领域企业通过构建合作网络、实现资源互补来加快自动驾驶技术的研发进程，使得研发联盟的网络特征更加外显化。③政策的扶持性。国家十分重视自动驾驶技术的未来发展前景，在《中国制造 2025》中明确提出自动驾驶技术的进程规划，并出台了一系列配套政策标准与发展路线图来扶持自动驾驶技术的发展，契合研究所需的创新环境特性。

（2）数据收集。

以国内自动驾驶技术领域的相关企业为研究对象，通过专利数据挖掘方式，将企业作为网络节点，根据企业间的专利合作关系定义网络连线，并通过匹配企业属性数据，构建自动驾驶技术领域的研发联盟网络分析面板数据。

首先，通过与自动驾驶企业技术专家的访谈了解自动驾驶技术的特征，并通过借鉴公开文献中关于自动驾驶技术的检索方式（李昌等，2018），最终确定自动驾驶技术的专利检索式为 "TI =（自动驾驶 or 无人驾驶），NOT TI =（飞行器 or 飞机 or 轮船）"。依托 CNKI 专利数据库为检索来源，选择专利分类号和关键词相结合的检索方式，将公开日期的截止时间设置为 2019 年 12 月 31 日，经过人工去噪流程，最终获得自动驾驶技术领域的 10703 项专利数据。

其次，根据专利信息中的合作关系构建研发联盟。假定同一专利的联合申请企业构成一个研发联盟，并且该研发联盟的关系会持续三年，前一年与后一年发布的专利数量均会反映出目标年份的研发联盟关系，因此采用连续三年滚动的方式构建研发联盟网络（陈静等，2021）。

最后，通过企查查、企业主页和企业工商信息公开系统等渠道搜集企业基本信息数据,并从省级统计年鉴、国家知识产权局获取区域创新投入与知识产权保护的数据信息,以完成企业信息数据的匹配工作。

11.2.2 变量测量

(1) 因变量。

创新绩效是指资源要素通过创新活动过程形成的产出成果,体现为产出水平、产出效率以及对企业发展的影响作用(Hagedoorn & Cloodt,2003)。许多学者从技术产出视角将专利申请数量作为企业的创新绩效测度指标(陈培祯等,2021),并且论证了专利指标对衡量企业创新绩效的有效性,该路径能够在保证客观性的同时,体现创新绩效的时序性和可比性(赵炎等,2021)。基于此,本研究采用企业在自动驾驶技术领域的专利申请数量来表征其创新绩效,此外,为了契合研究对象的颠覆性特征,本研究借鉴赵博和毕克新(2016)、蒋艳辉(2018)、毕静煜和谢恩(2021)等学者的做法,选择专利类型中具有更高创造性和新颖性的发明专利来表征企业创新绩效,剔除实用新型和外观专利的干扰(梁杰等,2020)。

(2) 自变量。

关系强度:参考 Gonzalez 等人 (2013) 的研究,基于企业的联盟网络计算其关系强度,即企业在联盟网络中所拥有的关系总量 (m) 与合作伙伴数量 (n) 的比例,其中合作伙伴数量代表自我网络规模(除去自身,即 size-1)。

网络密度:网络的紧密程度通过计算以该点为中心的网络密度得到(Leenders & Dolfsma,2016),代表了网络主体的分离程度,其计算公式为:

$$D = \frac{2m}{n(n-1)} \tag{11.1}$$

其中,m 为关系总数,即行求和或者列求和,n 为节点的网络规模,即每个节点的连接主体数量。

(3) 调节变量。

区域创新投入:采用省域研发投入强度来刻画区域创新投入水平,具体计算公式为企业所属地区的创新投入与 GDP 的比值(Cruz et al.,2013)。

知识产权保护:参考 Kafouros 等人 (2015) 的研究,将区域已解决的知识产权侵权案件与该地区知识产权侵权总数的比值作为知识产权保护的测度方式,由于这些案件通常需要一年以上的时间才能得到解决,故使用累计数量进行测量。

(4) 控制变量。

为了减少潜在变化因素对研究结果的影响,模型中纳入了中心度、网络规模、企业规模、企业年龄与企业性质作为控制变量。中心度与网络规模通过 Networkx 工具库进行测算;企业规模根据目标企业的注册资本来衡量;企业年龄计算其注册时间到目标年份所经历的年数;企业性质按照国有、国内私营和中外合资,分别赋值为 1、2、3。

11.2.3 模型选择

由于因变量是企业专利申请数量,取值为非负整数,呈现过度分散特点,不具有正态分布性,在回归分析时采用负二项回归模型或泊松分布模型更加适宜。泊松分布模型存在均值与方差相等的前提条件(Hausman, 1984),但是目标企业的规模不同、专利数存在较大离散性,因此,本研究选择负二项回归模型进行实证分析。此外,目标企业存在不可观测的异质性,观测数据可能会存在不随时间变化的潜在变量,需要通过固定效应模型或者随机效应模型控制其个体效应,根据豪斯曼检验结果($p<0.01$,接受原假设),最终选择固定效应模型进行分析。

11.3 实证结果及分析

11.3.1 描述性统计分析

采用 Stata16 对数据进行处理分析,变量的描述性统计与相关性分析结果如表 11-1 所示。根据表 11-1 可以看出,各变量之间的相关系数绝对值均不超过 0.7,并且各变量的方差膨胀因子 VIF 系数均不超过 1.93,表明研究变量之间不存在多重共线性问题,可以进行回归模型分析。

表 11-1 变量的描述性统计与相关系数

变量	(1)	(2)	(3)	(4)	(5)	(6)	(7)	(8)	(9)	(10)
(1) 创新绩效	1.000									
(2) 网络密度	-0.117	1.000								
(3) 关系强度	0.381	-0.050	1.000							

续表

变量	(1)	(2)	(3)	(4)	(5)	(6)	(7)	(8)	(9)	(10)
(4) 区域创新投入	-0.153	-0.032	-0.171	1.000						
(5) 知识产权保护	0.004	-0.064	0.002	-0.028	1.000					
(6) 中心度	0.012	0.324	0.121	0.160	-0.145	1.000				
(7) 网络规模	-0.066	0.600	-0.059	-0.020	-0.027	0.128	1.000			
(8) 企业年龄	-0.015	0.088	-0.011	-0.008	-0.049	0.018	0.001	1.000		
(9) 企业规模	-0.003	0.099	-0.020	-0.192	-0.007	0.004	0.118	-0.031	1.000	
(10) 企业性质	-0.007	-0.251	0.021	0.142	0.005	0.046	-0.074	-0.038	-0.200	1.000
平均值	1.459	25.668	2.446	0.035	0.959	0.050	1.577	13.721	210.519	1.873
标准差	3.506	43.041	3.508	0.012	0.399	0.125	1.382	15.563	1355.998	0.640
VIF		1.93	1.07	1.13	1.02	1.24	1.62	1.02	1.09	1.15

11.3.2 回归分析

根据研究假设，本研究共建立了 6 个回归模型，在对具有交互作用的变量进行去中心化处理后，放入负二项回归模型中，各回归模型的分析结果如表 11-2 所示。

表 11-2 回归结果

变量	创新绩效					
	模型 1	模型 2	模型 3	模型 4	模型 5	模型 6
网络密度		-0.013** (0.005)	-0.017*** (0.005)		-0.016*** (0.005)	
关系强度		0.080*** (0.018)		0.099*** (0.019)		0.093*** (0.033)
区域创新投入			-8.588 (14.792)	6.890 (16.068)		
知识产权保护					0.852** (0.387)	-4.526*** (1.646)

续表

变量	创新绩效					
	模型1	模型2	模型3	模型4	模型5	模型6
区域创新投入×网络密度			0.915*** (0.330)			
区域创新投入×关系强度				-3.465** (1.502)		
知识产权保护×网络密度					0.039*** (0.014)	
知识产权保护×关系强度						0.465*** (0.166)
中心度	0.574 (0.695)	1.857** (0.871)	1.437 (0.915)	0.736 (0.719)	3.580*** (0.976)	5.308 (7.467)
网络规模	0.315** (0.139)	0.374*** (0.123)	0.416*** (0.131)	0.364*** (0.130)	0.392*** (0.123)	0.419 (0.414)
企业年龄	0.041* (0.025)	0.033* (0.017)	0.055*** (0.019)	0.033 (0.020)	0.045** (0.018)	0.032 (0.027)
企业规模	0.000 (0.000)	0.000 (0.000)	0.000 (0.000)	0.000 (0.000)	0.000 (0.000)	0.000 (0.000)
企业性质	0.859*** (0.295)	0.702** (0.309)	0.721** (0.310)	1.032*** (0.317)	0.655** (0.294)	0.656 (0.446)
常数项	-3.635*** (0.723)	-3.460*** (0.712)	-3.905*** (0.733)	-4.080*** (0.755)	-3.661*** (0.680)	-2.881** (1.188)
Wald chi2	15.130	52.930	32.860	46.600	35.540	26.450
Prob > chi2	0.010	0.000	0.000	0.000	0.000	0.001

注：括号中是标准误差值，***代表$p<0.01$，**代表$p<0.05$，*代表$p<0.1$。

模型1是只包含控制变量的基础模型。其中，网络规模、企业年龄和企业性质均对企业颠覆性创新绩效具有正向影响。该结果一方面说明颠覆性创新具有一定的积累效应，企业的网络规模优势与研发经验积累有助于提升其在颠覆性创新绩效上的表现；另一方面表明相对国有企业而言，私营企业及中外合资企业在颠覆性创新活动上更具有体制机制优势，表现更加突出。

模型2检验了颠覆性创新研发联盟网络密度与关系强度对企业创新绩效的影响。根据分析结果，两个自变量的回归结果均显著，网络密度对企业创新绩效的负向影响显著（$\beta = -0.013$, $p < 0.05$）；关系强度对企业创新绩效的正向影响显著（$\beta = 0.080$, $p < 0.01$），假设H_1和H_2得到分析结果的验证。

模型3、模型4检验了区域创新投入在颠覆性创新研发联盟网络特征与企业创新绩效之间的调节效应。在模型3中，区域创新投入与网络密度交互性系数正向显著（$\beta = 0.915$, $p < 0.01$），表明区域创新投入缓解了网络密度对企业创新绩效的负向影响，假设H_3得到验证。在模型4中，区域创新投入与关系强度交互性系数负向显著（$\beta = -3.465$, $p < 0.05$），表明区域创新投入降低了关系强度对企业创新绩效的正向作用，假设H_4得到验证。图11-2展示了不同区域创新投入水平的调节效应，直观体现了区域创新投入能够缓解网络密度与企业创新绩效的负向影响，但会降低关系强度与企业创新绩效的正向作用。

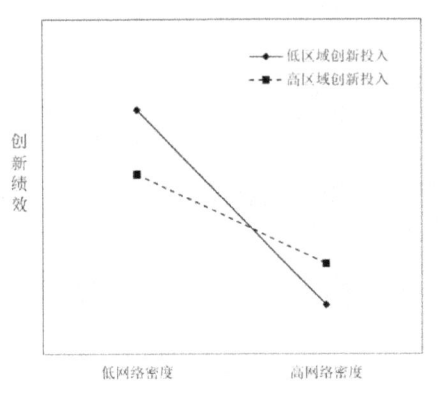
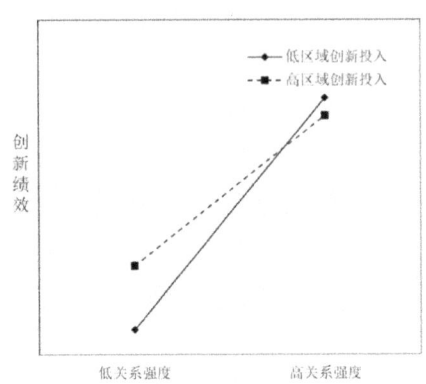

图11-2 区域创新投入的调节效应

模型5、模型6检验了知识产权保护在颠覆性创新研发联盟网络特征与企业创新绩效之间的调节效应。在模型5中，知识产权保护与网络密度交互性系数正向显著（$\beta = 0.039$，$p < 0.01$），表明知识产权保护缓解了网络密度与企业创新绩效之间的负向影响，假设 H_5 得到验证。在模型 6 中，知识产权保护与关系强度交互性系数正向显著（$\beta = 0.465$，$p < 0.01$），表明知识产权保护提升了关系强度与企业创新绩效之间的正向作用，假设 H_6 得到验证。图 11-3 展示了不同知识产权保护力度的调节效应，可以进一步发现，知识产权保护不仅能够缓解网络密度与企业创新绩效的负向影响，而且能够在整体上对企业创新绩效产生促进作用；此外，知识产权保护还能够强化关系强度与企业创新绩效的正向作用。

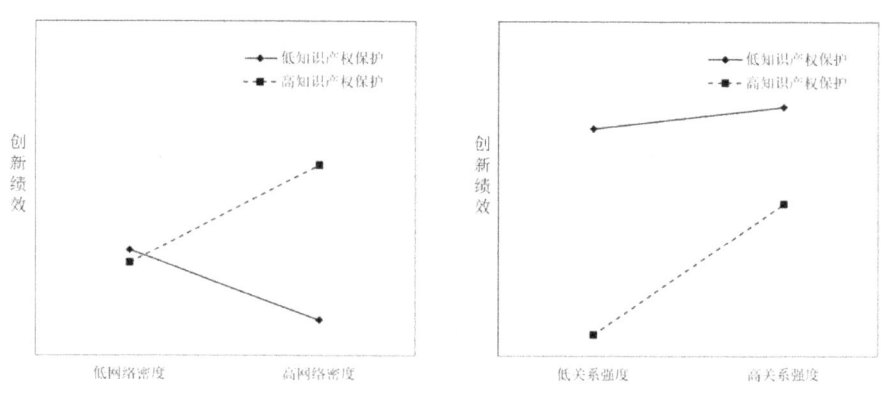

图 11-3　知识产权保护的调节效应

为了检验研究结果的可靠性，本研究在去掉了企业特征中的年龄与规模两个控制变量之后重新进行回归分析，各关键解释变量的显著性基本一致，研究结果仍支持所有研究假设。此外，本研究替换了前五年专利累积量作为因变量后重新进行回归分析，所有研究假设依旧得到支持，表明本研究的实证结果是稳健可信的。

11.4　研究结果与启示

11.4.1　研究结果

本研究基于国内自动驾驶技术领域的专利数据和企业信息数据构建研发联盟，利用负二项回归模型对颠覆性创新研发联盟网络特征与企业创新绩效的影响以及创新环境的调节效应进行分析。实证研究发现以下结论。

第一，企业在颠覆性创新研发联盟中的高密度水平会对创新绩效的提升产生抑制作用。高密度水平表明企业具有较为系统和完善的技术"抱团"群体，基于相近技术体系的企业通过合作形成了稳定的技术创新轨道。这种既定的路径轨道抑制了企业对新知识的创新和探索，对企业颠覆性创新绩效的提升带来消极影响。

第二，在颠覆性创新研发联盟中提升企业间关系强度能够推动企业创新绩效的提升。拥有强关系强度的企业能够进行频繁沟通，建立相互信任机制。此外，强关系强度有助于提升合作中的默契程度，减少合作中出现的冲突频率，提升合作的稳定性，从而对企业颠覆性创新绩效产生积极效用。

第三，知识产权保护相对于区域创新投入对企业颠覆性创新绩效的作用更大。知识产权保护通过法律制度对创新成果给予保护，有效缓解了技术创新的高风险投入与"搭便车"现象的矛盾，不仅能够缓解网络密度与企业创新绩效之间的负向影响，还能够提升关系强度与企业创新绩效之间的正向作用。区域创新投入缓解了网络密度水平高的企业在打破路径依赖时的资本压力，减少创新回报的不确定性风险，在一定程度上能够鼓励企业对新知识的创新和探索，缓解网络密度对企业创新绩效的负向影响。但另一方面，区域创新投入所导致的考核标准压力与企业寻租风险，会在一定程度上降低企业对颠覆性创新的研发激情，降低关系强度对企业创新绩效的正向作用，如在新能源汽车领域，政府的过度补贴导致了企业"欺骗补贴"的事件，随后政府不得不逐步降低补贴标准来推动企业的自主创新。

11.4.2 理论贡献

本章通过构建颠覆性创新研发联盟，并将网络特征、区域环境与企业创新绩效纳入同一理论模型，对研发联盟与颠覆性创新研发管理均具有一定理论贡献，具体表现为以下四个方面：①弥补了现有研发联盟研究主要集中于在位企业"创新者窘境"视角的策略分析，丰富了后发企业颠覆性创新领域"变轨超车"的新情境；②现有对网络特征的研究多聚焦单个层面要素，本研究融合了宏观层面的结构特征与微观层面的关系特征，研究其对企业创新绩效的交互影响；③以区域环境为调节变量，探讨"硬件"（创新投入）与"软件"（创新保护）因素的区域背景对颠覆性创新研发联盟网络特征与企业创新绩效的调节作用，不仅能够为企业改善网络特征以提升颠覆性创新绩效提供思路，也为政府优化颠覆性创新政策工具提供参考；④从技术特征出发，利用专利挖掘方法对颠覆性技术领域的企业创新绩效进行测度，并对其影响机制问题进行分析，丰富了颠覆性技术领域的定量研究方法。

11.4.3　研究启示

颠覆性创新涉及对现有竞争范式的重新定义和社会体制机制的重构过程，仅依靠单个企业难以克服颠覆过程中的资源约束以及外部环境压力。研发联盟是新时期颠覆性创新活动开展的重要载体，通过优化企业网络特征与创新政策工具能够提升颠覆性技术研发联盟的资源整合作用，助力企业创新绩效的提升。

在微观网络层面，企业可以通过加强与研发伙伴之间的关系强度来提升研发联盟的凝聚水平，保障知识转移的质量与效率以形成认知信任与社会认同，通过高质量的"抱团取暖"方式实现颠覆性技术的"变轨超车"。在宏观网络层面，企业要注意避免由于缺乏新鲜力量加入造成的生存环境单一与资源"同质化"现象，避免网络密度过高所带来的资源锁定与路径依赖，应积极与网络外部其他企业进行合作，通过提升合作的广度来拓展网络规模，获得更多的创新资源。此外，在政策工具的设计中，针对颠覆性创新的特殊性，政府应该尤其重视对知识产权保护等制度环境建设的完善来发挥多元创新政策的组合效应，营造安全公平的颠覆性创新生态，强化对技术成果的权利保护；同时合理利用区域创新投入工具，针对合作关系密集的研发团体予以更多创新投入来提升创新深度；对合作关系固化的研发团体要通过政策扶持方向的多元化鼓励企业拓展合作伙伴关系，不断提升研发联盟伙伴的异质性，从而实现在优化创新投入对企业研发的激励作用基础上，控制其对企业研发的挤出效应目标。

11.5　本章小结

本章围绕"颠覆性创新研发联盟对创新绩效的影响"这一关键问题展开研究，以自动驾驶技术为例，基于社会网络理论构建了企业颠覆性创新研发联盟，并探讨了其网络特征、区域环境与企业创新绩效的关系。研究结果表明：在颠覆性创新领域，研发联盟中企业的网络密度会对企业创新绩效产生负向影响，而关系强度对创新绩效具有正向作用；知识产权保护相对于区域创新投入对企业创新绩效的作用更大，知识产权保护不仅能够缓解网络密度对企业创新绩效的负向影响,还能够提升关系强度对企业创新绩效的正向作用;区域创新投入虽然缓解了网络密度对企业创新绩效的负向影响,但也降低了关系强度对企业创新绩效的正向作用。

第12章 颠覆性创新研发联盟的绩效影响——组态分析

颠覆性创新研发联盟对企业创新绩效的影响不仅涉及创新网络的结构特征与创新主体的策略选择,还受到外部政策工具的环境制约,但已有研究仍存在理论视角和研究方法上的局限性。在理论视角上,已有研究多从单个理论进行研究检验,忽视了不同理论视角间的协同整合;在研究方法上,更倾向于探讨特定因素的"净效应"分析,轻视了多个影响因素的"联合效应"。因此,本章将基于集合论思想,构建包含研发联盟、双元战略以及政策工具3个维度6个因素在内的企业创新绩效影响机制模型,探讨研发联盟情境下的高创新绩效构型与非高创新绩效构型,并分析不同路径构成要素间的替代或互补关系。

面对世界百年未有之大变局深度演化和中国开启全面建设社会主义现代化国家新征程相互交融的时代特征,"十四五"规划提出将坚持创新驱动作为塑造发展新优势的重要手段(陈丽姗和傅元海,2019)。随着技术经济发展的不断推进,创新系统的模块化和链条化推动创新形式向协同化转变,越来越多的企业打破传统的封闭式创新走向开放式合作模式,通过跨越组织边界谋求合作以获取新知识,这些合作包括跨国界的联盟、跨行业的研发伙伴关系以及差异性较大的机构之间建立的研发联盟(Fisher et al., 2021)。究其根源,其一,技术生命周期的缩短加剧了创新的时间成本压力,单一企业难以在复杂的竞争环境中保持持续性竞争优势;其二,技术复杂性与知识迭代性的提升也对知识的流动交互与分工的专业配合提出了更高的要求(Martinez & Garcia, 2021)。

研发联盟是企业进行颠覆性创新活动的重要载体,具有优质性、价值性、新颖性的要素在研发联盟中不断被吸收、传递及整合,在实现技术优化与产品迭代的基础上推动技术创新的范式转变。然而,如何通过颠覆性创新研发联盟来激活企业创新绩效的理论解答仍然不够清晰,一方面,颠覆性创新研发联盟本身具有合作网络的复杂性和不确定性特征,另一方面,颠覆性创新研发联盟的绩效产出不仅涉及企业内部的创新方向决策,还与外部政策工具的生态优化息息相关（毕静煜和谢恩，2020）。从社会网络理论来看，随着信息技术范式的形成，企业创新活动日趋复杂化、链条化与网络化，完全依靠自身资源实现技术创新日益困难，通过组建颠覆性创新研发联盟，企业可以汇聚资本、知识和人才等核心资源以形成竞争优势，在研发联盟中占据有利结构特征与关系特征成为企业完成技术创新和构建核心竞争力的重要手段（Jakobsen，2020）。从双元创新理论分析，基于颠覆性创新研发联盟网络资源，一方面，企业可以依托与一流企业的链接关系，融合从外部环境所吸收的创新要素以前瞻性地布局新兴技术的探索性开发；另一方面，企业还可以通过与外部企业的资源整合实现内部管理与生产流程优化，改进现有技术的利用水平，与此同时，在有限资源约束的情况下，如何合理实现双元创新战略的平衡成为企业创新策略选择的重要命题（赵文等，2022）。从政策工具理论出发，企业创新活动深嵌于复杂多样的制度环境之中，创新的持续性、风险性和不确定性使得政策工具组合对研发联盟的创新生态构建产生重要影响，是企业创新策略选择和创新绩效产出的重要外部因素（吴伟伟和张天一，2021）。

借助社会网络理论、双元创新理论与政策工具理论，创新管理学者对研发联盟进行了诸多的探索，结果表明颠覆性创新研发联盟对企业创新的影响不仅涉及创新网络的结构特征与创新主体的策略选择，还受到外部政策工具的环境制约，但已有研究仍存在理论视角和研究方法上的局限性。在理论视角上，已有研究多从单个理论进行研究检验，忽视了不同理论视角间的协同整合，导致在对类似问题的分析过程中既存在理论解释的薄弱性，也导致单一视角下研究结论的大相径庭；在研究方法上，更倾向于探讨特定因素的"净效应"分析，轻视了多个影响因素的"联合效应"，在解释、预测和指导研发联盟实践上存在一定的无力感和无效性（徐欣等，2019）。因此，基于集合论思想构建多理论融合的整合框架有助于探讨不同相关因素间的互动关系，对于理解和解释颠覆性创新研发联盟与企业创新绩效之间的关系变得极其必要与紧迫。

鉴于此，本章整合社会网络理论、双元创新理论与政策工具理论视角，基于模糊集定性比较分析方法（fsQCA），研究在颠覆性创新研发联盟情境下，能导致企业高创新绩效的联盟网络特征、创新战略选择与政策工具水平的可行性组合，所聚焦的问题主要包括：①影响企业创新绩效水平的关键因素包括哪些？②企业产生高（非高）创新绩效的前因组合有哪几种？③不同情境下的影响因素如何通过彼此的交互作用形成对企业创新绩效的"联动效应"？上述问题的解答有利于突破颠覆性创新研发联盟与企业创新绩效研究的传统范式,能够为企业整合研发联盟网络资源、优化创新策略选择与政府完善政策工具设计提供智力支撑。

12.1 文献回顾及研究框架

创新是企业获取和维持市场竞争力的核心战略行为,在经济转型的新发展态势下,整合社会网络理论、双元创新理论与政策工具理论进行情境嵌入式研究,是探讨研发联盟与企业创新绩效影响机制的新思路。本研究立足于中国企业创新生态情境,整合三大理论框架并基于 fsQCA 方法,研究相关前因条件的交互协同对企业创新绩效的影响机制。其中,社会网络理论从企业研发联盟角度关注宏观网络密度与微观关系强度,双元创新理论包括探索式创新与利用式创新,政策工具理论包含区域创新投入与知识产权保护,本研究重点围绕这 6 个前因条件对企业创新绩效的组态效应进行研究。

12.1.1 研发联盟:宏观网络密度与微观关系强度

研发联盟的研究可以追溯到 Powell 等人(1996)提出的合作创新网络概念,其将网络视为创新的中心,该观点迅速得到其他学者的关注和拓展,在此基础上所形成的社会网络理论也成为研发联盟研究的核心指导思想。相关研究从创新复杂性、知识异质性、网络特征性等不同视角以及企业层面和网络层面等不同维度展开探讨,解释联盟网络对创新绩效的作用机制(Zhang & Tang,2020)。其中,网络特征对创新绩效的影响是研发联盟研究的重要主题之一,该类研究主要通过分析相关因素的作用效果,如网络结构组成、网络位置差异、主体异质性等,来解释创新绩效的差异(Kok et al.,2020)。关于研发联盟网络特征的研究可以进一步划分为互补的两个层面,即宏观层面的网络结构属性与微观层面的网络关系属性(宋耘和王婕,2020)。

宏观网络特征重点关注研发联盟的整体网络结构,分析紧密网络与分散网络的特点,强调不同层面要素对创新绩效影响机制的差异性。该类研究可参考 Crespo 等学者(2016)的做法,将网络密度作为结构属性的测度指标,以刻画研发联盟中各主体之间的资源整合状态,体现资源交互的深度和广度。网络密度水平越高表明企业在研发联盟中具有更加全面和广泛的合作伙伴关系,在创新合作体系中拥有多样化的信息资源渠道,在创新机会发现与资源整合过程中处于相对优势的地位，有利于降低创新的不确定性风险（Fleming，2001）。

微观网络特征主要分析组织之间联系的性质，探讨强关系与弱关系的差异以及网络联系的动态性。参考 Huggins 和 Thonmpson（2015）的研究，利用关系强度指标来测度联盟网络主体之间的相互联系水平。关系强度水平越高表明创新主体之间的相互信任和社会认同越高，越有利于降低创新主体对机会主义的担心，增加资源分享与研发合作的意愿，从而提升技术创新的转化效率；此外，高关系强度也表明创新主体之间对共同目标领域有更为深入的理解和共识，有利于解决研发合作中的相关矛盾冲突（Ferreras et al.，2015）。

12.1.2 双元创新：探索式创新与利用式创新

社会网络理论指导下的研发联盟不仅承认网络资源在创新过程中的重要性，也十分关注企业如何对网络资源进行整合与利用。在此背景下，双元创新作为指导企业创新策略决策的重要理论开始逐步进入学者的视野。双元创新是指企业在创新战略选择上的探索式创新与利用式创新，二者的主要区别在于企业技术轨道、创新程度与知识基础的不同。企业的探索式创新往往会偏离传统技术轨道，是一种大幅度、激进式的创新形式，指企业在现有产品模式和功能定位上进行颠覆，以创造全新的技术产品和商业模式来开拓新的市场空间（Slavova & Jong，2021）。利用式创新是相对保守的创新形式，企业基于现有技术轨道路线进行小幅度、渐进式的创新改进，对现有产品模式和技术性能进行优化，是对既有资源的整合利用和产品功能的拓展开发，往往通过降低成本和提升效率来为消费者提供更好的服务（谭云清和马永生，2020）。

探索式创新虽然具有周期长、风险高等特点，但却是企业迅速突破现有创新体系，创造新市场敏感点和消费需求的重要手段。探索式创新的技术或产品一旦成功投入市场，行业竞争对手难以在短时间内进行模仿，将为企业建立显著性的竞争优势，加速构建企业核心竞争力，在开拓市场机遇的同时，直接提升了企业的创新绩效。相对于探索式创新而言，企业在进行利用式创新活动时面临的潜在风险和经营压力相对较低，短期回报性也更加明显。利用式创新能够在短期内通过完善技术性能和功能作用优化技术产品的消费体验，提升企业的市场竞争力；此外，在企业内部运营方面，利用式创新能够推动生产工艺和流程的优化，提升企业资源利用效率，进而促进企业创新绩效的提升（曹冬勤等，2021）。

探索式创新与利用式创新之间的平衡一直是学者们关注的焦点。资源基础观学者认为，企业无论是在长期还是短期都需要提升对异质资源和核心能力的培育，单独重视探索式创新将导致企业在追求长期利润的同时面临较大的经营压力，仅强调利用式创新则会使得企业在沉浸于短期回报的满足中失去可持续竞争的发展动力（戴海闻等，2020）。因此，从双元创新的角度来看，企业的创新发展战略既要坚持对未来潜在技术的探索，也要强化对现有技术路线的不断优化，在保障短期收益的同时抢占未来竞争的优势地位。

12.1.3 政策工具：区域研发投入与知识产权保护

为了保障颠覆性创新的顺利推进，除了通过企业研发联盟的形式来加快技术突破和组织双元创新策略的有机组合来优化资源利用效率，还需要营造良好的创新环境。政府通过政策工具培育适宜技术成长的生态土壤，继而提升技术创新潜力以及创新绩效的产出（李晓敏等，2022）。关于政策工具的分类方式，目前学者沿用最多的是参考 Rothwell 等（1981）的观点，从供给侧、需求侧与环境侧对政策工具进行划分。在三类政策工具的实践运行效果上，当下使用频率最高的是环境型政策工具，并且新时期不断强调在供给侧结构性改革上的力度（李梓涵昕等，2020）。基于已有研究基础与现实发展情境，本研究基于资源禀赋视角，从供给侧的区域创新投入与环境侧的知识产权保护探讨其在颠覆性创新研发联盟与企业创新绩效中的组合效应。

区域研发投入是企业开展创新活动时除企业内部的创新投入外，来自政府财政支持的外部创新资源，是政府激励企业创新的重要政策工具（郭秀强和孙延明，2020）。关于区域研发投入对企业创新绩效的影响机制问题，学者们尚存在一定程度的争议。Leyden 等人（1989）提出了区域研发投入增长悖论，指出政府研发投入会提升企业创新惰性，对企业内部创新投入产生挤出效应，不利于企业创新绩效的提升。大多数学者倾向于区域研发投入的正向作用，认为区域研发投入有利于缓解企业技术创新的外部性问题，缓解企业研发投入的压力，对创新绩效具有推动作用（Szczygielski et al., 2017）。针对新兴技术领域投资规模大、周期长、风险大等不确定风险，区域研发投入可以通过资源引导机制弥补市场失灵，促进企业创新绩效的提升。

知识产权保护是企业创新动力的基本保障，也是激发其创新活力的重要手段。创新的外部性风险和模仿机会行为是影响企业颠覆性创新积极性的重要因素，政府对创新成果的法律保护制度越健全，企业开展颠覆性创新研发的积极性越高。当知识产权保护缺位时，企业的颠覆性创新成果容易成为社会公益品，竞争对手的模仿创新亦可商业化，而有力的知识产权保护能够缓解企业颠覆性创新的外部性风险，使得企业的创新成果具有法律保护性，提升企业开展颠覆性创新活动的积极性和保障创新绩效的产出（Bhaven & Heidi，2019）。

12.1.4　研究框架

通过梳理研究领域的相关文献可以发现，在颠覆性创新研发联盟情境下，研发联盟网络特征、双元创新策略选择与政策工具效度水平对企业创新绩效具有重要的影响。截至目前，学界围绕相关因素的影响机制问题已经取得了一定的研究成果。本研究在已有文献对单一因素与企业创新绩效影响机制的分析基础上，通过组态视角对企业创新绩效的协同驱动路径进行探讨，结合研发联盟、双元创新与政策工具的主要指标构建起企业创新绩效的组态研究框架，具体如图12-1所示。

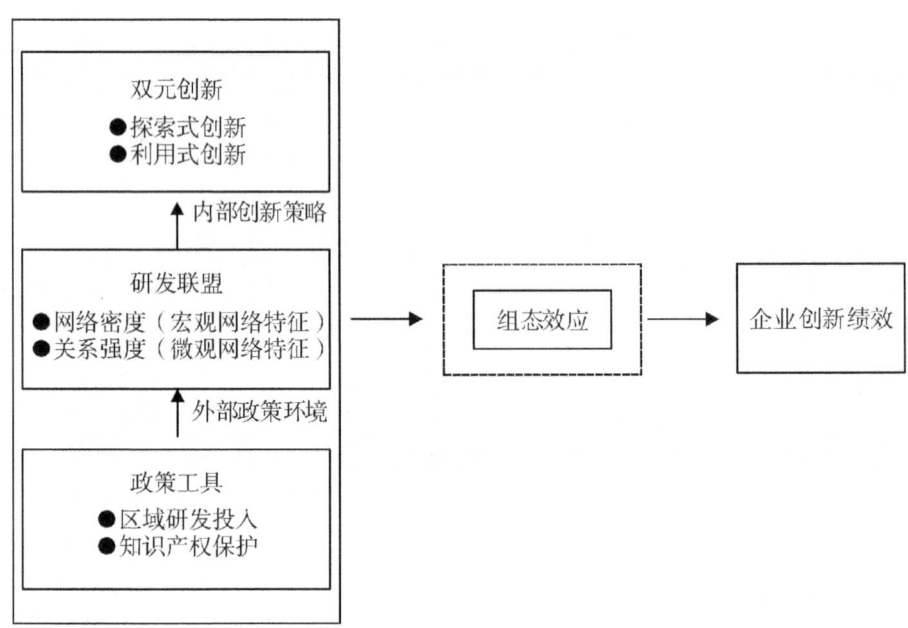

图12-1　企业创新绩效分析的组态研究框架

12.2 研究设计

12.2.1 研究方法

区别于传统实证计量分析的线性思维模式，本研究尝试基于集合论思想，选择模糊定性比较分析法（fsQCA）探索颠覆性创新研发联盟情境下企业创新绩效的多重并发因果组合，其原因主要基于以下思考：首先，在解释力方面，企业创新绩效的产生是一个复杂过程，文献梳理发现，研发联盟、双元创新和政策工具等因素的独立作用难以完美地解释创新绩效背后的产生逻辑，相比之下，基于集合论的 fsQCA 方法能够从整体性的角度来处理多个变量的协同驱动机制，并识别哪些因素为核心变量以及边缘条件。其次，在非对称性上，企业在获取创新绩效的过程中，各因素的影响程度和作用方向可能不尽相同，fsQCA 方法能够较好地解释自变量与因变量之间的非对称性关系。最后，在等效性上，企业获取高创新绩效的路径可能存在多种，fsQCA 方法可以用来解释不同前因变量组合形成等效结果的多重策略，契合现实情境的特点（Campbell et al., 2016）。

综上所述，fsQCA 方法基于集合论思想，能够更加契合企业创新绩效分析中影响因素的依赖性和因果复杂性情境，并且，其整体性和多维度理念有助于深化对研发联盟与企业创新绩效的系统逻辑认识。

12.2.2 数据选取

本研究选取的样本数据来自国内自动驾驶领域相关企业的专利数据与地区统计年鉴数据。首先，通过专利数据挖掘，从 CNKI 标准数据库中获取国内自动驾驶领域的专利申请数据，专利检索式为"TI =（自动驾驶 or 无人驾驶），NOT TI =（飞行器 or 飞机 or 轮船）"，设置公开日期的截止时间为 2019 年 12 月 31 日。其次，利用 Python 工具提取专利信息中的合作关系，当存在专利的联合申请现象时，定义合作主体之间存在联盟关系，以此构建自动驾驶领域的研发联盟网络，并利用 Python 工具的网络指标测度功能，对关系总数、网络规模等指标进行测度。由于研究的主体是企业创新绩效，故剔除了样本中的非企业主体。最后，从国家知识产权局、地区统计年鉴中获得知识产权保护与区域研发投入等数据信息。根据 Paolo（2015）、陈红等人（2021）的研究，利用 fsQCA 进行年度数据分析需要加入时间轴，即对单个年度的路径进行独立分析，其原因在于当处在时间跨度大的情况下，企业的条件因素不一，路径也会发生改变。此外，因为创新绩效具有滞后效应，考虑到滞后处理的需求，本研究选取了 2018 年度的横截面数据进行分析，最终得到包含 121 家企业信息的样本数据。

12.2.3 变量测量

（1）结果变量。

创新绩效是表示企业创新产出数量与竞争优势的重要指标，许多学者将企业的专利申请数量作为衡量企业创新绩效的方式，原因在于专利信息相对客观，并且具有时间和数量序列上的可比性（Kim et al.，2016）。基于此，本研究将以企业在自动驾驶领域的专利申请数量来刻度企业的创新绩效，并进行滞后一期的处理。

（2）前因条件。

1）研发联盟

网络密度：参考 Leenders 和 Dolfsma（2016）的研究，通过测算以该点为中心的网络连接主体密度，用主体之间的分离程度表示网络密度，具体的计算公式如下：

$$D = \frac{2m}{n(n-1)} \quad (12.1)$$

式中，m 为关系总数，即行求和或者列求和；n 为节点的网络规模，即每个节点的连接主体数量。

关系强度：参考 Gonzalez 等人（2013）的研究，将创新主体在研发联盟中所拥有的关系总量（m）与合作伙伴数量（n）的比例来表示其关系强度，其中，合作伙伴数量用自我网络规模测度（除去自身，即 size-1）。

2）双元创新

随着专利信息挖掘研究的深入，越来越多的学者通过利用专利引用数据或者国际专利分类号来测度企业的双元创新（Phelps，2010）。参考戴海闻等学者（2020）的做法，本研究利用国际专利分类号来计算企业的双元创新程度。具体而言，提取出目标企业当年申请专利的分类号前三位，如果企业在过去 5 年中未申请包含相同分类号的专利，则将此专利视为探索式创新；如果在过去 5 年中申请了包含相同分类号的专利，则将此专利视为利用式创新。

3）政策工具

区域研发投入：参考 Cruz 等人（2013）的研究，利用省级研发强度作为区域研发投入的测度指标，具体计算方式为企业所在省域的研发投入与 GDP 的比值。

知识产权保护：借鉴 Kafouros 等人（2015）的研究，将企业所在地区当年已解决的知识产权侵权数量占侵权总数的比率作为知识产权保护的计算方式，由于许多案例的处理时间需要 1 年以上，故使用累计数量进行测量。

12.2.4　变量校准

在进行组态分析之前需要对构型的前因变量和结果变量进行数据校准，即设定完全隶属、交叉点和完全不隶属 3 个锚点，并根据锚点将原始数据转化为介于 0—1 的集合隶属分数。多数情况下，学者们主要采取的是直接校准的方式，本研究参考 Coduras 等人（2016）的做法，将样本数据中的最大值作为完全隶属点，平均值作为交叉点，最小值作为完全不隶属点，在设置好 3 个锚点之后，利用 fsQCA3.0 中的"Calibrate"函数功能对各变量数据执行校准，各前因变量和结果变量的校准值如表 12-1 所示。

表 12-1　变量的校准值

构型变量		数据校准		
		完全隶属	交叉点	完全不隶属
前因变量	网络密度	100	28.815 4	0
	关系强度	28	2.879 1	1
	探索式创新	14	1.355 4	0
	利用式创新	24	0.743 8	0
	区域研发投入	217.206	147.840 5	5.837
	知识产权保护	0.999 7	0.944 3	0.789 5
结果变量	创新绩效	118	4.214 9	1

12.3 案例分析

12.3.1 单因素必要性分析

在进行组态分析前，本研究对各解释变量进行必要条件分析，结果如表12-2所示。必要条件是结果发生时一定存在的条件，但仅有必要条件并不一定导致结果的发生，并且，如果该解释变量的一致性高于0.9，则该解释变量是结果的必要条件。根据表12-2的分析结果，各解释变量的一致性水平均低于0.9，表明单个研发联盟网络特征、双元创新战略以及政策工具水平变量对企业创新绩效的解释力不足，创新绩效的高低由多个解释变量形成的复杂组态共同决定，其原因具有多元性。

表12-2 单因素必要性分析结果

解释变量	高创新绩效		非高创新绩效	
	一致性	覆盖度	一致性	覆盖度
网络密度	0.5630	0.7074	0.8535	0.3884
~网络密度	0.5132	0.9715	0.2817	0.1729
关系强度	0.8023	0.8816	0.7845	0.2795
~关系强度	0.3443	0.8313	0.6676	0.5226
探索式创新	0.7708	0.8683	0.6366	0.2325
~探索式创新	0.3187	0.7312	0.6394	0.4749
利用式创新	0.8868	0.9139	0.7479	0.2499
~利用式创新	0.3187	0.7301	0.7423	0.6800
区域研发投入	0.5986	0.8676	0.7113	0.3342
~区域研发投入	0.5406	0.8524	0.7183	0.3672
知识产权保护	0.5726	0.8043	0.6930	0.3342
~知识产权保护	0.5525	0.8473	0.5944	0.2955

第 12 章 颠覆性创新研发联盟的绩效影响——组态分析

12.3.2 组态分析

在数据校准与必要性分析之后,本研究通过进一步构建真值表来分析导致结果变量的不同构型。借鉴杜运周等人(2017)的做法,将样本出现频数的门槛值设置为案例总数的 1.5%,并设置原始一致性阈值为 0.8,当 PRI 一致性高于 0.7 时,保留该逻辑条件组合的结果变量;当 PRI 一致性低于 0.7 时,则手动将该逻辑条件组合的结果变量改为 0。在构建完真值表之后,运用软件的 Quine-McCluskey 算法分析不同前因组合对企业创新绩效的关系路径,分别得到复杂解、中间解和简约解三种方案,通过综合简约解与中间解得到影响结果变量的核心条件与辅助条件,整理后的组态分析结果如表 12-3 所示。

表 12-3 企业创新绩效影响机制的组态分析结果

变量组合	高创新绩效				非高创新绩效	
	A1	A2	A3	A4	B1	B2
网络密度	•	⊗	•	●	●	⊗
关系强度	⊗	●	⊗	⊗		●
探索式创新			●	●	●	⊗
利用式创新	•	●	●	⊗		
区域创新投入	●	•		⊗	⊗	⊗
知识产权保护	●	⊗	•	●	⊗	•
一致性	0.828	0.822	0.891	0.862	0.859	0.876
原始覆盖率	0.304	0.295	0.362	0.336	0.313	0.276
唯一覆盖率	0.079	0.019	0.015	0.055	0.003	0.012
解的一致性	0.856				0.891	
解的覆盖率	0.643				0.726	

注:"●"表示核心变量存在,"•"表示辅助变量存在,"⊗"表示变量缺失,"空白"表示变量可有可无。

由表 12-3 可知,共有 4 种等效组态构型导致企业高创新绩效,共有 2 种等效组态构型导致非高创新绩效,其中各组态构型的一致性均高于 0.8,

原始覆盖度均位于 [0.25，0.75] 之间，导致企业高创新绩效的各组态构型总体覆盖度为 0.643，表明这 4 种构型可以解释 64.3% 的高创新绩效企业样本案例；导致企业非高创新绩效的各组态构型总体覆盖度为 0.726，表明这 2 种构型可以解释 72.6% 的非高创新绩效企业样本案例。

(1) 高创新绩效构型分析。

构型 A1 可以概括为"环境驱动型创新"。区域创新投入与知识产权保护是该构型中的核心条件，表明良好的政策工具环境能够缓解企业在创新过程中的外部性风险，提升企业开展创新活动的积极性，对企业创新绩效的提升具有推动作用。此外，企业在研发联盟中的高密度水平有助于企业通过多元渠道获取创新要素，并且可以通过利用式创新策略优化自身技术产品，推动企业创新绩效的提升。综上，该类型的企业可以概况为：在区域创新投入与知识产权保护力度较大的区域，企业基于在研发联盟中的高密度水平优势，采取利用式创新策略开展研发活动能够提升创新绩效。

构型 A2 可以概括为"资源整合型创新"。关系强度与利用式创新是该构型中的核心条件，区域创新投入发挥边缘作用。在缺乏知识产权保护与高密度水平的情况下，企业通过资源整合策略，基于在研发联盟中的高关系强度可以建立稳固长期的合作关系，能够充分基于利用式创新策略构建创新知识基础，强化企业在信息获取与资源整合方面的深度，并且较高的区域研发投入也能够引导社会资金进入创新活动之中，对企业创新绩效的提升带来积极作用。综上，该类型的企业可以概括为：在研发联盟中具有高关系强度的企业，基于稳定的创新合作关系和利用式创新策略，在区域创新投入的资本引导下能够形成较高的创新绩效。

构型 A3 可以概括为"双元并驾型创新"。探索式创新与利用式创新是该构型中的核心条件，网络密度与知识产权保护在其中发挥相应的辅助作用。企业的探索式创新与利用式创新作为双元创新策略的两个方面，一个发挥对长远愿景的前瞻布局，另一个承担对已有创新元素的高效整合，企业本身通过"双元并驾"的方式能够在保障短期收益的同时抢占未来发展先机。此外，企业结合在研发联盟中的伙伴数量优势汲取知识信息，在知识产权保护作用下实施双元创新策略，对创新绩效产出发挥着重要助推作用。综上，该类型的企业可以概括为：在研发联盟中具有高网络密度的企业，在较好的知识产权保护环境中，通过以探索式创新与利用式创新的"双元并驾"策略为驱动核心，形成了较高的创新绩效。

构型 A4 可以概括为"知识保护型创新"。知识产权保护与网络密度是该构型中的核心条件，探索式创新发挥辅助作用。完善的知识产权保护制度能够降低企业在开展探索式创新时的"搭便车"与"机会主义"风险，使得企业的创新转化成果受到法律保障。并且，通过在研发联盟的高密度水平优势，企业能够更加及时地收集多来源的知识信息，更早地把握创新的机会窗口，企业也倾向于超越现有知识基础来开发新技术产品，实现企业探索式的创新跃迁。综上，该类型的企业可以概括为：在知识产权保护制度完善的环境中，企业倾向于利用研发联盟网络中的网络连接优势，通过探索式创新实现企业创新绩效的跨越式提升。

（2）非高创新绩效构型分析。

构型 B1 可以概括为"生态匮乏型创新"。在此状态下，企业的外部政策环境比较恶劣，既没有相应的区域研发投入，知识产权保护也处于缺位的状态。尽管企业在研发联盟中拥有一定合作伙伴关系，但一方面企业执着于对未来长远规划的探索性创新，短期绩效便难以保障，并且另一方面恶劣的外部政策环境也抑制了合作伙伴在进行创新合作时的积极性，难以形成较高的创新绩效。综上，该类型的企业可以概括为：在区域研发投入与知识产权保护缺位的匮乏型生态环境中，尽管企业拥有研发联盟的网络连接优势，但仅凭探索式创新策略难以实现创新绩效的提升。

构型 B2 可以概括为"消极作为型创新"。在此状态下，企业无论是对探索式创新还是对利用式创新均处于消极状态，对创新活动开展缺乏积极性，而双元创新策略是企业针对研发联盟创新资源的整合处理方式，尽管企业在研发联盟网络中具有稳定的合作伙伴关系，外部政策环境也强化了对知识产权的保护，但企业对创新的消极态度直接抑制了创新绩效的提升。综上，该类型的企业可以概括为：研发联盟中拥有高关系强度的企业在知识产权保护制度相对完善的环境中，如缺乏积极的双元创新策略，也难以形成较高的创新绩效。

12.3.3 稳健性检验

考虑到 fsQCA 的分析结果对因变量的赋值方式存在一定的敏感性，故本研究对分析结果进行了进一步的稳健性检验。具体地，对因变量（创新绩效）的赋值标准进行了相应调整，在保留发明专利的基础上剔除了外观和实用新型专利，并重新进行软件运算，其输出结果与之前基本一致，且覆盖度与呈现的组合类型与之前结果高度吻合。这表明研究结论具有良好的稳定性，能够比较稳健地解释研发联盟网络对创新绩效的影响机制。

12.4 结语

12.4.1 结论与启示

通过搜集整理121家自动驾驶技术领域的企业样本数据，本研究从研发联盟、双元创新和政策工具视角构建起涵盖3个层面、6个前因条件的组态分析模型，利用fsQCA方法探讨影响企业创新绩效的多重组合路径和因果复杂机制，所得到的相关结论及启示如下。

第一，"内外兼修"方能创新制胜。研究整合了研发联盟、双元创新与政策工具视角，得出导致企业高创新绩效的4条路径（环境驱动型创新、资源整合型创新、双元并驾型创新和知识保护型创新）以及导致非高创新绩效的2种类型（生态匮乏型创新和消极作为型创新）。其中，在导致高创新绩效的4条路径中，企业除在研发联盟中具备网络密度或关系强度的优势外，在内部也通过探索式创新或者利用式创新强化对资源要素的整合效率，同时，在外部生态的环境构建中，企业也享受到了在区域研发投入或知识产权保护上的政策工具扶持；与之相对的是，在导致非高创新绩效的2种类型中，企业或者在创新的外部政策工具环境上处于劣势，或者在内部的创新资源利用策略上采取非作为态度。通过对导致两种创新绩效结果变量的构型分析可以发现，企业通过"内外兼修"的方式能够在创新生态系统中取得相应的优势，获取较高的创新绩效。

第二，"相辅相成"亦可赢得优势。通过对影响企业创新绩效各种组态的内部因素分析可以发现，部分因素之间存在相辅相成的关系，这些关系共同驱动企业高创新绩效的产生。如在环境驱动型创新与资源整合型创新的对比中可以发现，网络密度与关系强度之间具有较强的互补性和替代性；在双元并驾型创新与知识保护型创新的对比中可以发现，探索式创新与利用式创新对企业创新绩效的影响也具有相互辅助作用。企业通过相关要素及策略的相辅相成，能够更好地发挥对创新绩效的提升作用。

第三，"殊途同归"需要精准施策。通过对企业创新绩效的组态分析，能够发现在研发联盟、双元创新与政策工具等因素的多重作用形势下，存在多种能够导致高创新绩效的构型。在不同的研发联盟情境下，企业既可以在高区域研发投入下通过利用式创新强化对既有资源的整合效率与质量，又可以在高知识产权保护水平下借助探索式创新强化对前瞻技术的早期布局。创新绩效的不同组态结果表明，在不同的创新路径下，需要有针对性地进行企业创新策略选择与政府政策工具优化。

12.4.2 贡献与意义

在方法贡献方面，本研究区别于传统的统计学量化分析方法，尝试在创新管理领域基于集合论思想研究研发联盟与企业创新绩效的多变量系统性关系。在方法应用上，借助 fsQCA 方法整合多个相互作用的前因条件于同一分析框架，通过组态分析凸显了各影响因素背后的主体能动性与环境动荡性，并通过"殊途同归"的多样化路径展现了对新时期企业创新绩效的系统化探讨和认识。此外，在数据选取上，融合专利数据挖掘与企业特征数据匹配的方式，也是 fsQCA 方法与传统统计学方法的集成应用。

在理论贡献方面，本研究将社会网络理论、双元创新理论与政策工具理论融合到企业创新绩效的评估框架中，为企业创新绩效提升提供了系统化指引和参考，丰富和拓展了企业创新的研究情境。在创新绩效提升方面，延续了已有研究强调内部结构与外部生态融合的思想，通过系统组合研发联盟特征、双元创新策略与政策工具环境，成功识别出 4 类高创新绩效构型与 2 类非高创新绩效构型，深化了企业创新研究领域的新主张。

在实践意义上，本研究证实了内外协同对企业创新绩效的战略支撑价值。因此，企业应基于自身在研发联盟中的网络特征水平，在契合政策工具环境的创新生态中选择适宜的创新策略；政策工具在制定设计之初，需要根据区域企业的研发联盟合作状况，不断调整在硬件上的创新研发投入以及在软件上的知识产权保护水平，通过发挥"内外兼修"的协同创新模式，共同推进企业创新绩效的提升。

第13章 颠覆性创新研发联盟的绩效影响——元分析

在开放式创新环境下,越来越多的企业通过构建创新网络来推动颠覆性创新绩效实现,但关于网络嵌入与企业颠覆性创新绩效关系的研究尚未达成一致结论。究其根源,一方面,学者们开展网络嵌入研究的视角不一,包括同一产业内的企业创新网络、跨行业的创新网络以及跨区域的创新网络,不同层次的网络嵌入视角可能会导致研究结果的差异性;另一方面,颠覆性创新绩效的测度存在样本特征和测量方法的差异,并且不同外部因素也会存在差异化的调节作用,系统化的研究框架仍待构建。基于此,本研究将构建起"企业—产业—区域"三维一体的多层次网络嵌入模型,利用元分析方法,以58个独立研究作为样本,系统探讨多层次网络嵌入与企业颠覆性创新绩效的整体效应,并运用亚组分析探讨调节效应的作用。

随着国际创新竞争的日趋激烈,颠覆性创新作为抢占未来机遇与战略空间的重要抓手,不仅是国家实施科技强国战略的必要途径,也是推动后发企业突破"卡脖子"困境与构建创新优势的核心动力。习近平总书记多次强调要高度重视颠覆性创新,并且国家科技创新规划以及政府工作报告也明确了颠覆性创新的重要价值(许佳琪等,2023)。在推动颠覆性创新发展过程中,创新网络作为提升颠覆性创新绩效的重要方式日益受到关注。一方面,颠覆性创新要克服范式变革所带来的技术突破瓶颈以及在位技术的路径依赖阻力,通过创新网络寻求联盟伙伴是提升创新实力的应有之义;另一方面,颠覆性创新的变革性与异轨性特征强调对异质性知识的吸收重组,而创新网络是获取异质性和多元化知识的重要渠道(张越等,2023)。因此,如何更好地发挥创新网络的作用来提升颠覆性创新绩效成为当下学术界的热点问题。

在关于创新网络对颠覆性创新绩效影响的研究中,学者们重点探讨了网络嵌入、网络治理以及网络作用机制等问题,其中网络嵌入作为创新合作网络的核心属性,是影响企业颠覆性创新绩效的重要因素,得到创新管理领域学者的关注也最多(Si et al., 2020)。Granovetter(1985)在对网络嵌入进

第 13 章 颠覆性创新研发联盟的绩效影响——元分析

行界定时指出,网络嵌入是指在创新活动中,个人或组织间通过建立信任、搭建联盟等手段嵌入创新网络之中,从而形成稳定的联盟关系以获取异质性创新资源,该定义强调创新主体的活动会受到所处社会关系和结构的影响,并据此将嵌入划分为关系嵌入与结构嵌入两种,这也是网络嵌入领域沿用最多的一种分类方式。在此基础上,学者们从不同视角对创新网络嵌入与颠覆性创新绩效之间的关系展开探讨,并形成了一定研究成果。一些学者认为创新网络嵌入会正向促进企业颠覆性创新能力提升,如 Gilsing 等(2008)通过对制药企业进行实证分析,发现创新合作网络中高中心度和高网络密度能够正向影响企业颠覆性创新能力的提升;李国强等(2019)在对不同高新技术行业企业的调查分析中发现,网络密度与网络异质性水平是企业颠覆性创新活动的关键要素。也有部分学者关注创新网络嵌入的负向作用,如王石磊等(2021)发现关系嵌入过度会导致资源溢出,资源未能有效利用的结果并不利于企业创新;Senyard 等(2014)认为过度的创新合作网络嵌入会导致企业深陷"盘丝洞",进而妨碍企业高效运转各种创新资源。

通过研究梳理可以发现,学者们在关于创新网络嵌入对颠覆性创新绩效影响的认识上并没有达成共识。究其根源,一方面,学者们开展网络嵌入研究的视角不一,包括同一产业内的企业创新网络、跨行业的创新网络以及跨区域的创新网络,不同层次的网络嵌入视角可能会导致研究结果的差异性,但目前这一方面的比较研究较少被涉及;另一方面,颠覆性创新绩效的测度存在样本特征和测量方法的差异,并且不同外部因素也会存在差异化的调节作用,系统化的研究框架仍待构建。因此,有必要对创新网络嵌入与颠覆性创新绩效的影响关系进行多层次和系统化的深入探讨。

基于此,本研究基于社会网络嵌入理论和创新生态系统理论,从多层次视角出发,构建"点—线—面"的三维一体分析模型,从企业网络、产业网络和区域网络三个层面探讨创新网络嵌入对颠覆性创新绩效的影响机制,提出有助于企业颠覆性创新绩效提升的科学网络模式和治理对策。具体地,首先,围绕网络嵌入与颠覆性创新绩效的关系进行系统梳理;其次,将多层次视角嵌入至"点—线—面"模型中,构建起三维创新网络嵌入驱动颠覆性创新绩效的分析框架,从微观、中观到宏观分别探讨企业网络嵌入、产业网络嵌入及区域网络嵌入对颠覆性创新绩效的影响;最后,运用元分析方法,整合众多单项研究结果,进一步分析网络嵌入及其多维度对颠覆性创新绩效的影响是否存在差异,以及发现潜在调节变量的作用。本研究的边际贡献在于,一是运用元分析方法整合不同研究结果,从整体论和集合视角为解释网络嵌入与颠覆性创新绩效之间复杂关系和相异结论提供新思路;二是构建网络嵌入与颠覆性创新绩效的三维模型,在已有研究多从关系和结构维度分析网络嵌入与颠覆性创新绩效关系的基础上,从多层次与系统化的视角构建起企业网络嵌入、产业网络嵌入和区域网络嵌入的三维分析模型,有助于丰富网络嵌入与颠覆性创新绩效的理论研究框架。

13.1 文献回顾与假设

13.1.1 颠覆性创新与网络嵌入

颠覆性创新概念可以追溯到 Christensen 在 1995 年提出的颠覆性技术理念,Christensen 从技术维度出发,指出颠覆性技术通过提供更便捷、更廉价或更简单的技术产品,对主流技术发起变革性替代,并逐步改变甚至取代主流技术的在位优势。随着研究的不断深入,除了技术维度,商业模式等新的颠覆形式也逐渐被关注,颠覆性创新的概念范畴不断完善,从非主流市场开始侵蚀、以取代主流技术或在位企业为目的,通过对创新体系的价值重构来形成新竞争范式的创新模式称之为颠覆性创新。相较于传统的创新模式,颠覆性创新面临更大的压力与挑战:首先是难度大,除了需要攻克技术难关,还需要面临主流技术的主导设计压力与在位企业的市场抵制阻碍,其技术成长过程更为艰难;其次是资源少,颠覆性创新技术作为一项全新的技术范式,具有变革性与异轨化的特征,在崭露头角之前的市场共识性不高,必须组建多主体参与、多要素协同的合作网络才能克服资源整合的障碍瓶颈。

资源基础理论认为,企业之所以能快速地实现创新突破,离不开对创新资源的吸收、整合和转化。企业通过在创新过程中与其他主体形成创新合作网络,获得知识、信息以及资金等资源,在提升自身议价能力的同时带来创新水平的同步提升。基于此基础上衍生的网络嵌入理论进一步关注主体经济行为与所处创新网络位置关系,认为创新主体之间可以建立相互信任与信息共享来提升解决问题的能力,并且主体所融入的网络类型决定了其机会获取的可能性(Uzzi,1996)。进一步地,Granovetter(1985)从行为主体的视角,将创新网络嵌入划分为结构嵌入和关系嵌入,其中,结构嵌入主要是从宏观视角聚焦创新网络的整体结构,分析网络密度、网络异质性、网络规模、网络中心性等网络特征对企业创新的影响;关系嵌入主要从微观视角聚焦以焦点主体为中心的网络,分析焦点企业与其他创新主体的相关关系,如关系质量、联系强度及关系稳定性等网络关系特征对企业创新的影响,从而更深层次地反映创新合作生态中主体间真实的伙伴关系。根据网络嵌入理论，企业开展颠覆性创新活动并非是孤立的个体行为，需要积极嵌入至不同的创新网络中来获取关系和结构上的优势位置，以更好地联结各创新主体进行资源与要素互动以解决创新资源的瓶颈局限。

13.1.2 多层次网络嵌入与颠覆性创新绩效

随着经济全球化以及产业链协同创新的迅速发展，通过创新网络合作来推动颠覆性创新活动开展已经成为广泛共识。网络嵌入作为影响企业颠覆性创新网络合作效果的重要因素，如何发挥网络嵌入的功能作用来提升企业的颠覆性创新绩效成为学术界的重点议题。相关学者从不同层次视角探讨了网络嵌入程度以及不同维度的嵌入水平对企业颠覆性创新绩效的影响，但通过研究梳理发现，在相关领域，共识其实并未达成，特别是关于关系嵌入与结构嵌入的影响仍存在不同意见，并且缺乏从整体视角上探讨不同层次网络嵌入对企业颠覆性创新的影响研究。为了系统探讨网络嵌入对颠覆性创新绩效的影响，本研究从多层次视角出发，构建"企业—产业—区域"的"点—线—面"三维一体分析模型，并沿用经典关系与结构的网络嵌入分析框架，从企业网络、产业网络和区域网络三个层面探讨网络嵌入对颠覆性创新绩效的影响机制。

（1）企业网络嵌入与颠覆性创新绩效。

企业网络嵌入是创新合作网络的微观层面，聚焦于同产业链内部的企业间合作，企业通过与同产业链上下游伙伴进行要素分享与资源互补，能够更高效地实现资源的拼凑与整合，进而推动创新活动的开展与创新绩效的提升。企业是创新生态系统中的核心主体，如何最大程度地发挥企业创新网络对颠覆性创新的作用，帮助企业突破技术短板和实现弯道超车吸引了众多学者关注。

关于企业关系嵌入对创新绩效的影响，一部分学者持肯定态度，认为强关系有利于建立合作信任和监督，能够提升信任互惠基础上的分享意愿，避免企业在知识接受过程中对机会主义的顾虑，助力创新主体更快速和高质量地获取外部资源（Partanen et al.，2014）。特别是针对隐性知识的获取问题，缘于隐性知识复杂程度所带来的邻近和粘滞效应，强关系所带来的信任和依赖能够促进隐性知识的顺畅交流，进而促进企业创新绩效的提升（Dyer & Nobeoka，2000）。也有一部分学者持否定态度，认为关系亲密容易带来柔性降低与依赖过度的困境，虽然有频繁的互动，但信息和资源同质化程度较高也对新知识的形成带来阻碍,对企业创新带来不利影响(Rowley et al.,2000)。针对颠覆性创新的特殊情境,后发企业受限于技术研发与市场推广的双重压力,更加强调对高质量合作关系的稳定诉求,需要通过较低的交易成本来完成外部知识获取与技术模仿创新,并且强关系也有助于企业在颠覆性创新合作中实现知识理解程度与资源处理效率的提升(文金艳等,2021),对颠覆性创新绩效带来促进作用。

关于企业结构嵌入对创新绩效的影响,同样存在两种不同的声音。首先是关于结构嵌入的正向作用。高结构嵌入体现了对资源的获取和控制能力,企业可以通过占据有利的网络中心位置来与大量的网络伙伴建立合作关系,通过建立信息资源池来获取多元的互补知识,通过掌握产业中的关键资源来形成其他合作伙伴的依赖性,从而提升自身对网络资源的控制能力(Kim,2019)。其次是关于结构嵌入的负向认识。结构嵌入反映了企业信息交换的广度,过高的结构嵌入容易导致知识信息的冗余,此外,维持广泛的网络连接需要巨大的成本精力,从而导致边界收益的递减,不利于创新绩效的提升(Kumar & Zaheer,2019)。颠覆性创新的变革性特点决定了企业要对市场的复杂信息保持高度的敏感,并通过信息识别去探索发现潜在的市场机遇,高结构嵌入能够让企业有更多元的渠道来辨别和评估信息,更加容易感知到市场环境动荡中的机会与威胁,促进战略的灵活调整,并将机会转化为绩效产出(Pan et al.,2019),从而助力企业颠覆性创新活动的开展。

基于理论推演,本研究提出以下假设:

H_{1a}:企业关系嵌入水平与颠覆性创新绩效呈正相关。

H_{1b}:企业结构嵌入水平与颠覆性创新绩效呈负相关。

(2)产业网络嵌入与颠覆性创新绩效。

产业网络嵌入是创新合作网络的中观层面,其关注跨产业和跨领域的创新合作,以及企业如何通过跨产业联合实现异质性资源的整合互动,推动创新活动的产业融合。随着创新环境的开放性不断提升,基础学科与新型产业交叉融合的步伐不断推进,企业除了与同产业内部的主体进行联盟,也积极打破产业边界,实现跨产业与多领域的创新合作,针对产业网络嵌入与颠覆性创新绩效的研究也逐步被学者们涉及。

从区域关系嵌入的角度来看,企业与跨产业的创新主体建立强关系合作能够提升颠覆性创新合作中的认知水平与相互信任,有助于企业在颠覆性创新过程中开展架构创新,从而促进技术突破的颠覆性成果产出(周江华等,2022)。此外,颠覆性创新的驱动模式除技术发展驱动外,还存在另外一种重要的形式是商业模式驱动,即通过改变主体之间的交易和链接方式来实现商业模式的颠覆性创新。而这一模式往往体现为跨产业的深度融入,如互联网企业与交通运营企业通过信息通讯技术的集成融合,实现网约车领域需求预测、智能派单、路线优化的技术变革,这正是基于强关系嵌入合作下的跨界商业模式颠覆。

从产业结构嵌入的维度出发,与跨产业的创新主体开展广泛的创新合作确实能够保障多元化的知识摄入,但跨产业的信息冗余现象会更加严峻,高价值和互补性知识的搜索整合成本更加庞大,对于后发企业的颠覆性创新活动会带来较高的成本压力,并且不同产业间的网络存在非同构性,结构嵌入会显著降低组织创新绩效(杨博旭等,2019)。此外,跨产业的结构嵌入会降低主体间互动交流的频率,不利于复杂和隐性知识的流通与分享,颠覆性创新作为一项复杂的创新活动,除了显性知识的互动,更依赖于深度互动和交流基础上所形成的隐性知识互动,跨产业的结构嵌入可能会导致隐性知识在传播过程中的失真(杨博旭等,2019)。

基于理论推演,本研究提出以下假设:

H_{2a}:产业关系嵌入水平与颠覆性创新绩效呈正相关。

H_{2b}:产业结构嵌入水平与颠覆性创新绩效呈负相关。

(3)区域网络嵌入与颠覆性创新绩效。

区域网络嵌入是创新合作网络的宏观层面,聚焦于跨区域的创新合作,企业通过跨区域的外部知识搜索获取多元创新要素,实现区域创新资源优化配置,从而推动国家视域下的创新生态构建与优化。随着数字全球化与区域一体化的进程,区域内企业间的创新逐渐成为相互依存、不可分割的整体,企业创新的区域界限日益模糊,区域创新合作成为新时期颠覆性创新的重要形式之一。

从区域关系嵌入的角度来看,在区域创新网络中拥有高关系嵌入水平有助于促进合作双方愿景构建与创新效率提升,加快资源的传播与扩散,提高知识流动与技术创造的效率,从而促使相关主体的创新积极性提高(Schilling & Phelps,2007)。此外,区域关系嵌入水平越高,越有利于企业以较低的成本来实现外部知识获取,越容易与跨区域主体搭建稳定的关系网络,形成更多元化的资源及吸收能力,能有效打破技术困境,为企业获得差异化竞争优势提供新的契机,从而促进企业颠覆性创新绩效的提升(陈文婕等,2016)。

从区域结构嵌入的维度出发,位于区域创新网络核心节点的企业比其他主体更容易获得关键资源,从而提升企业的核心竞争能力与创新的可能性,并且其结构嵌入水平越高,受到其他区域的限制越少,越能巩固和优化主体间的二元及多元联系（Yan & Guan，2018）。此外，高度的结构嵌入能够强化跨区域主体间的信任互惠和认同感，加速知识和资源的跨区域流动，并推动与供应商、消费者等建立稳定的关系（王菡丽和冯熹，2023），提升企业的颠覆性创新效率。

基于理论推演，本研究提出以下假设：

H_{3a}：区域关系嵌入水平与颠覆性创新绩效呈正相关。

H_{3b}：区域结构嵌入水平与颠覆性创新绩效呈负相关。

13.1.3　网络嵌入对颠覆性创新绩效影响的调节变量分析

通过梳理网络嵌入对企业颠覆性创新影响的实证研究发现，各研究间存在变量效应方向及强度不一致的现象，这可能是受样本限制未深入探讨调节变量的影响，从而导致相关研究的差异化结果。通过元分析方法，能够基于已有研究的大样本梳理对网络嵌入与颠覆性创新绩效关系发挥调节作用的潜在变量。目前，关于元分析方法中调节变量的选取主要是基于实证分析中的控制变量，通常包括情境因素与测量因素，其中情境因素聚焦组织内外部环境因素，测量因素聚焦绩效测量方式以及地区选取维度（解学梅和陈佳玲，2022）。因此，本研究在情境因素维度上选择政策导向与企业规模作为调节变量，在测量因素维度上选择颠覆性创新绩效的测量方式作为调节变量。

（1）政策导向的调节作用。

新制度经济学提出政策导向对技术革新具有重要作用，通过政策导向能够集结社会创新资源向关键核心技术倾斜，从而推动社会创新的进程。因此，在探讨网络嵌入对颠覆性创新绩效的影响过程中，不得不提到政策导向的调节作用。当企业所从事的颠覆性创新活动符合国家政策导向的关注时，良好的制度环境能够放大网络嵌入对颠覆性创新绩效的作用效果。一是在良好的制度环境氛围下，政府能够为创新合作提供更加完善的政策保障和多元化的资源支持，如政府基于企业研发活动实施的财政补贴政策，有效地激励了企业开展创新活动的积极性（Caloffi et al.，2018）；二是拓展了企业创新资源的获取渠道，使得企业不仅能从传统渠道获取创新所需信息、政策等要素，还能通过制度渠道获取，从而降低企业创新活动的边际成本（李玉刚等，2022）；三是良好的制度环境为企业提供了更广阔的消费者市场，消费者对于新产品具有更高的认同感和接受度，能够增强企业开展颠覆性创新活动的积极性。基于此，本研究提出如下假设：

H_4：政策导向对网络嵌入与企业颠覆性创新绩效之间的关系具有调节

作用，能够促进网络嵌入对企业颠覆性创新绩效产生影响。

（2）企业规模的调节作用。

关于企业规模对颠覆性创新活动的影响一直是学术界争议的问题。一方面，大企业拥有更丰富的资源底蕴与研发能力，在技术创新实力上更有优势，同时也更有底气承担创新失败的风险，可以高效率开展创新活动（冯长利和程悦，2020）；另一方面，当企业规模扩大后，组织的制度化程度更加严谨，灵活性随之降低，相比之下，中小企业的灵活性更具优势，在复杂多变的动态环境中更容易适应转变，并针对颠覆性创新的需求进行组织内部的动态调整（Chang et al.，2011）。虽然已有少部分文献探讨了企业规模与颠覆性创新绩效之间的关系，但较少探讨企业规模在网络嵌入与颠覆性创新绩效之间的调节效应，这也是本研究所关注的重要问题。针对颠覆性创新的特殊情境，本研究认为中小企业的灵活性优势能够助力企业颠覆性创新活动的探索，基于此，提出如下假设：

H_5：企业规模在网络嵌入与企业颠覆性创新绩效之间的关系具有调节作用，并且中小企业的网络嵌入对颠覆性创新绩效的影响更为显著。

（3）绩效测量方式的调节作用。

创新绩效的测量方式主要包括主观测度与客观测度两种，目前学界对于颠覆性创新绩效测度的探索还处于不断完善之中，但同样也是基于主观和客观两种方式，包括主观上对于探索性创新行为和能力的主观判断，客观上基于专利数据等统计指标的客观分析。由于专利数据具有一定的滞后性，创新绩效的客观测度会在一定程度上滞后于现实水平（Faems et al.，2005）。此外，颠覆性创新绩效的变革性特征也不能完全通过专利指标来进行反映。基于此，本研究提出如下假设：

H_6：绩效测量方式对网络嵌入与企业颠覆性创新绩效之间的关系具有调节作用，并且主观测量方法下的网络嵌入与企业颠覆性创新绩效关系更显著。

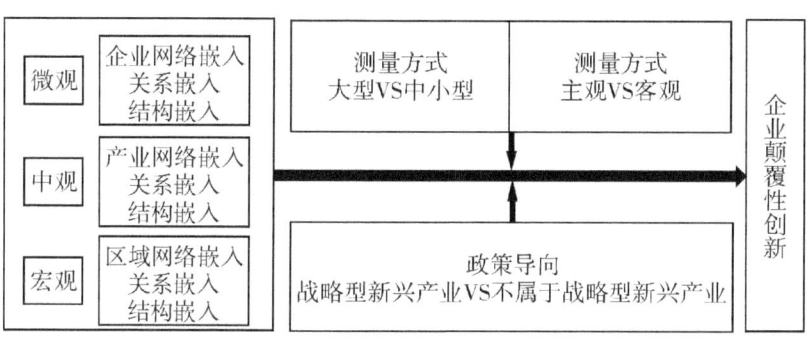

图 13-1　理论模型

13.2 研究设计

元分析方法最初源于心理学领域,现如今已被广泛运用至管理、金融等社会科学领域,已然成为一项重要的研究方法。与一般的描述性综合方法相比,元分析能够站在前人的"肩膀"上整合现有研究成果进行二次分析,基于不同研究的效应值差异,通过对不同研究精度差异赋予不同权重,进而计算出加权平均值,还原变量间到底是正向关系还是负向关系以及变量间效应大小,从而厘清造成多样性结果的本质原因;同时,元分析还能够进一步探析变量间的关系边界条件,从而弥合现有研究间的不同观点。所以,元分析方法对回答学者重点聚焦且备受争议的研究问题具有重要意义。

本研究选择运用元分析方法的主要原因在于:第一,通过梳理已有研究发现关于网络嵌入与企业颠覆性创新绩效的作用关系并未达成一致结论,不同研究结果呈现出对两者关系强弱和方向的认识差异;第二,已有学者多从单一维度剖析各因素对企业颠覆性创新绩效的影响,未能将涉及不同层次和不同要素的定量研究整合起来,而元分析能够将多元研究整合起来,实现从个别研究的发现到一般结论的科学归纳,还可以进一步深层次分析研究结论受到哪些潜在变量的影响。因此,本章选择元分析方法对以下三个问题展开具体分析:①在多层次视角下构建网络嵌入对企业颠覆性创新绩效影响的理论模型;②不同层次及维度下的网络嵌入对企业颠覆性创新绩效将具有怎样的影响?③网络嵌入对企业颠覆性创新作用受到哪些调节因素影响?

13.2.1 文献收集与筛选

数据的完备性是研究质量的重要保障。为提高研究的质量与完整性,本研究采用以下检索技术定位已有研究成果从而构建元分析数据库:首先,基于研究对象并结合相关研究学者运用的关键词,对中文和英文两类数据库进行检索。中文文献选择 CNKI 数据库,选取"颠覆性创新、颠覆性技术、突破性创新、突破性技术、破坏性创新、破坏性技术、网络嵌入、关系嵌入、结构嵌入"为主题词,检索时间截至 2023 年 5 月,文献类别选择 CSSCI 与北大核心,为保障分析数据的完备性,以"企业双元创新"为检索词进行二次检索,掘取文献中颠覆性创新部分的数据进行补充。英文文献是以 "disruptive innovation" "disruptive technolog" "radical innovation" "dual innovation""network embeddedness""relational embeddedness""structural embeddedness"作为主题词,在 Web of Science、Science Direct、Wiley、Taylor&Francis、IEEE Xplore 和 Springer 数据库及谷歌学术中进行检索;其次,对颠覆性创新领域 9 本重要期刊进行专项检索,包括 *Harvard Business Review*,*Strategic Management Journal*,*Academy of Management Review* 等;最后,为防止缺漏重要文献,本文将收集到的文献与其参考文献进行意义对比,查漏补缺。

数据的精准性是提升研究准度的重要前提。本研究先对检索到的文献进行初步筛选,通过对文献题目、关键词和摘要进行初步阅读,剔除与网络嵌入和企业颠覆性创新不相关的文献,对契合主题的文献进行下载。其次,对筛选后的文献制定筛选标准:①研究主题应为网络嵌入(或子维度)与企业颠覆性创新关系;②属于实证类的研究且文献中须包含元分析计算所需的样本量、相关系数(r)或回归系数(β)等效应值;③研究样本应相互独立,对于运用同一组样本数据发表的不同实证研究只选其一,若是文献报告了同一变量不同维度下的多个效应值时,运用加权平均的方式进行转化提取,从而避免样本独立性偏差(Rosenbusch et al.,2011)。基于以上 3 项筛选原则,本研究最终筛选出 58 篇样本文献。数据采集与选择流程如图 13 - 2 所示。

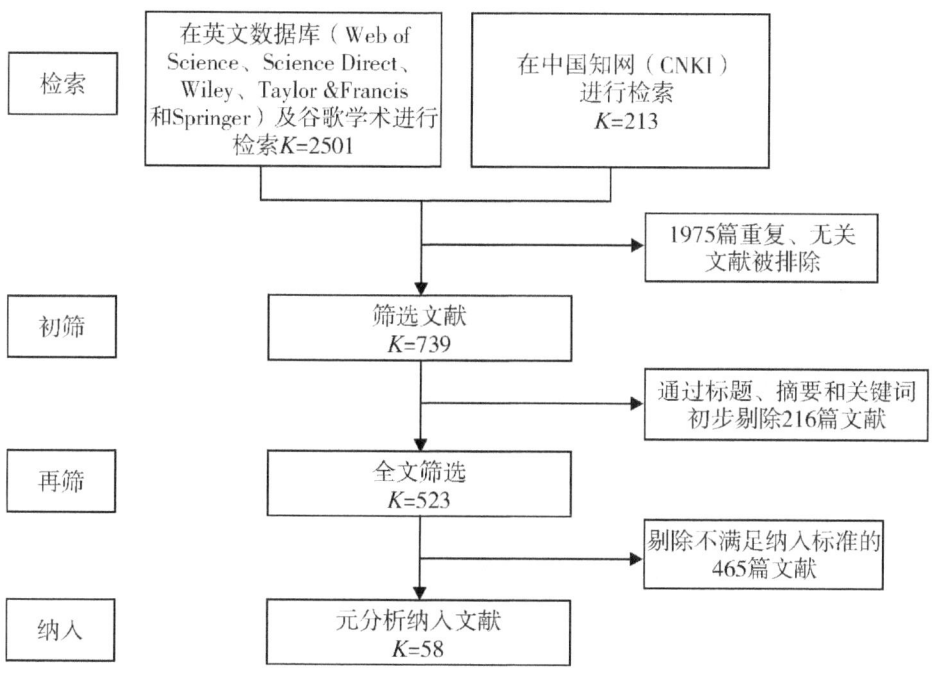

图 13 - 2 文献检索与筛选流程

13.2.2 文献编码

本研究基于研究目的并结合 Lipsey 和 Wilson（2001）推荐的步骤对提取到的研究样本进行编码，将其转化为元分析软件可识别的信息，并为保障数据编码的准确性，制定相关的编码准则。首先，由两名创新管理领域的研究人员在熟悉编码标准后分别进行独立编码。编码内容主要包含三部分：一是研究的基本特征描述，主要包含作者及发表年限、期刊名称、样本量、变量测量方式等相关信息；二是效应值，主要包含变量间的相关系数、样本量及能够转化为相关系数的统计量；三是影响研究变量的特征值，主要包含企业类别、年龄、行业类别等。此外，为检验不同影响因素对创新网络嵌入与颠覆性创新关系的调节作用，通过 0-1 形式对调节变量进行编码，根据 2017 年国家统计局发布的《大中小微企业划分办法》对企业规模进行分别编码，将大型企业编码为 1，中小型企业编码为 0；根据国家统计局发布的《战略性新兴产业分类（2018）》对企业类别进行编码，将属于战略性新兴产业的企业编码为 1，不属于战略性新兴产业的企业编码为 0；根据绩效测量方式的分类，分别将主观测量方式与客观测量方式编码为 0 和 1。在首次编码工作结束后，两名编码者对整理好的编码信息进行交叉核对，若是核对过程中发现存在不一致的编码信息则进行回溯原文，并通过讨论达成共识，以保证数据的真实与准确。

13.2.3 元分析过程

本研究主要借鉴 Pigott（2006）的步骤并借助 CMA3.0 进行元分析。首先，对整理好的文献进行编码处理，将文献发表年份、作者名称、样本量等作为样本的描述项。其次，若文献中明确给出网络嵌入与企业颠覆性创新绩效之间关系的相关系数，则记录为效应值；若文献中未明确标注网络嵌入与企业颠覆性创新绩效两者间的相关系数，只报告了 β 值、F 值或 t 值，则参考 Peterson 和 Brown（2005）的方法将相关系数转化为可以统一衡量的，再将转换后的相关系数作为效应值进行分析，具体转换公式如式 13.1～式 13.3。对于一个研究中包含几个测量子概念时，本研究主要通过加权平均数的方法来确定变量的相关系数，从而提高数据的可靠性。为了核验纳入研究的样本与研究主题的契合性，需要对整合好的研究样本进行发表偏倚分析，主要采用漏斗图和失安全系数方法来对发表偏差程度进行检验。最后，本研究对样本进行元分析时,主要运用随机效应和固定效应两个统计模型。其中,固定效应模型只考虑了研究内的差异,而随机效应模型不仅考虑研究内的差异,还将研究间的差异考虑在内。由于本研究整合了多元研究样本,各研究间样本大小、测量等存在一定差异,采用随机效应模型能够有效解析数据间异质性,因而本研究在元分析时选择随机效应模型。

$$r = \sqrt{\frac{t^2}{t^2 + df}} \tag{13.1}$$

$$r = \sqrt{\frac{F}{F + df}}\sqrt{\frac{F}{F + df}} \tag{13.2}$$

$$r = 0.98\beta + 0.05\lambda(\beta \geqslant 0, \lambda = 1; \beta < 0, \lambda = 0) \tag{13.3}$$

其中,r 表示变量相关系数,t 表示检验系数不为 0 的概率,df 表示自由度,F 表示方程显著性,β 与 λ 表示回归系数。

13.3 研究结果和分析

13.3.1 发表偏差检验

为避免收集到的原始样本存在出版偏差,本研究对收集到的 58 篇原始样本进行出版偏差检验。首先,借助漏斗图来初步判断是否存在出版偏差。图 13-3 的 x 轴是转换后的效应值,y 轴为标准误差,该图清晰地呈现了网络嵌入与颠覆性创新绩效之间的关系,可以看到研究样本集中分布于漏斗顶端且均匀分布在平均效应值两侧,则纳入元分析的样本存在出版偏倚的可能性较小。由于对漏斗图的判断具有一定的主观性,为降低可能存在的出版偏倚风险,本研究采用 Rosenthal(1978)提出的失安全系数 N(Fail-safe N)统计量进一步检验研究样本是否出版物偏差问题,检测的失安全系数 N = 7227,大于临界值 $5k + 10$($k = 58$),因此,可以认为本研究结论受到出版偏差影响的可能性比较小。

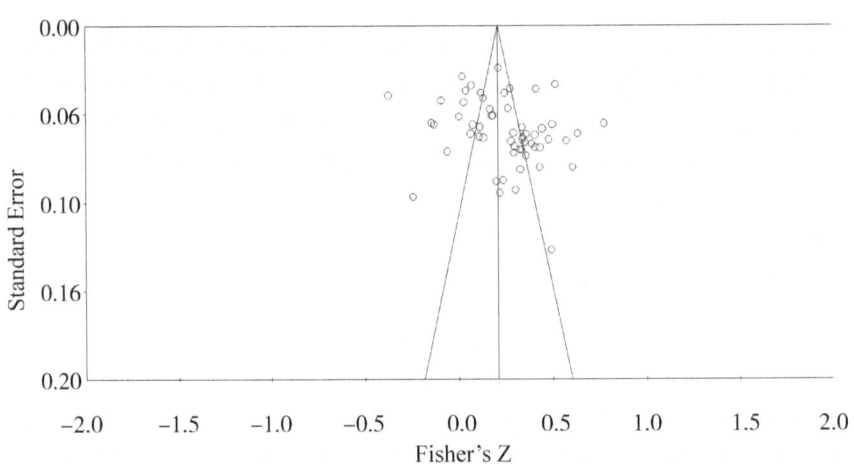

图 13-3　网络嵌入对颠覆性创新绩效影响的漏斗图

13.3.2　整体效应分析及异质性检验

在进行效应分析时，应先确定研究间是否存在异质性问题，而 Q 值和 I^2 是判断研究间异质性问题的主要依据。通过检验发现，Q 值为 1226.846，在 0.01 水平上显著。I^2 是异质性而非偶然性导致的研究中总变异的百分比。本研究的 $I^2 = 95.354 > 75$，表明研究中 95.354% 的观察变异由效应量真实差异造成。τ^2 的值是 0.055，说明研究间的变异有 5.5% 可用于计算权重；当 $\tau^2 = 0$ 时，固定效应模型是随机效应模型的特殊形式。因此，在探讨网络嵌入对企业颠覆性创新绩效的关系强度时，不适合采用固定效应模型，而应采用随机效应模型。表 13-1 呈现了随机效应分析的结果，共有 58 项研究满足元分析标准，根据 Lipsey 和 Wilson（2001）对于效应值大小的解释，0.1~0.4 之间为中等强度关系，大于等于 0.4 是强效应。在随机效应模型中，网络嵌入与企业颠覆性创新绩效之间的相关系数为 0.257（$p<0.01$），说明网络嵌入对企业颠覆性创新绩效有积极的影响，且 95% 的置信区间为 $r_z = 0.197$ 到 $r_z = 0.314$（不包含 0），表明平均效应值在该置信区间所指定的水平上是显著的。由此可以看到网络嵌入正向影响颠覆性创新绩效，说明企业在开展创新活动过程中通过与多边伙伴交流合作构筑创新合作网络，获取高质量异质资源，能够为企业颠覆性创新绩效的提升带来积极影响。

第 13 章 颠覆性创新研发联盟的绩效影响——元分析

表 13-1 整体效应关系及异质性检验结果

模型	r	K	N	异质性				Tau-squared			双尾检验	95% CI	
				Q 值	df	P 值	I^2	τ^2	SE	方差	Z 值	下限	上限
固定	0.217	58	25350	1226.846	57	0.000	95.354	0.055	0.013	0.000	32.544***	0.204	0.230
随机	0.257	58	25350								8.211***	0.197	0.314

注：K 为研究数量；N = 所包含研究的总样本大小；95% CI = 95% 置信区间的范围；* 表示在 0.1 水平下显著，** 表示在 0.05 的水平下显著，*** 表示在 0.01 水平下显著，后同。

基于异质性检验结果，由此采用随机效应模型分别对不同维度创新网络嵌入与颠覆性创新绩效之间的关系进一步检验。表 13-2 的分析结果表明，从不同维度网络嵌入与企业颠覆性创新绩效的关系来看，关系嵌入与企业颠覆性创新绩效效应值为 0.334（$p<0.01$），95% 置信区间为 0.248 ~ 0.414，两者之间存在中等程度的正相关关系，且失安全系数为 939（939>200，$k=38$），表明效应值的稳健性很好；结构嵌入与企业颠覆性创新绩效之间效应值为 0.275（$p<0.01$），95% 置信区间为 0.181 ~ 0.363，且失安全系数为 1337（1337>235，$k=45$），表明效应值是稳健的。因此，创新网络嵌入中的结构嵌入和关系嵌入与企业颠覆性创新绩效都呈中等程度的正相关关系，表明在创新合作网络中，无论是结构嵌入还是关系嵌入，都能有效促进企业颠覆性创新绩效，与已有研究的结论存在一定的一致性。

表 13-2 网络嵌入对颠覆性创新绩效元分析结果

作用关系		r	K	异质性			Tau-squared			双尾检验		95% CI	Fail-safe N
				Q 值	df	I^2	τ^2	SE	方差	Z 值	P 值		
网络嵌入—颠覆性创新绩效													
关系嵌入	颠覆性创新绩效	0.334	38	920.578***	37	95.981	0.082	0.023	0.001	7.266	0.000	[0.248, 0.414]	939
结构嵌入		0.275	45	1731.359***	44	97.459	0.109	0.028	0.001	5.618	0.000	[0.181, 0.363]	1337

13.3.3 多元网络嵌入对企业颠覆性创新绩效的影响

从多层次视角出发，构建由点到线再到面的"三维一体"分析模型，从企业网络、产业网络和区域网络三个层面探讨创新网络嵌入对颠覆性创新绩效的影响机制,以期从大样本的角度来判断不同维度之间是否存在显著差异(表13-3)。

(1) 企业网络嵌入对企业颠覆性创新绩效的影响。

从表13-3的检验结果可以看出,企业网络嵌入中的关系嵌入和结构嵌入与企业颠覆性创新绩效之间均呈显著的正相关关系,并且变量之间的相关性存在一定差异,其中关系嵌入与企业颠覆性创新绩效的效应值为0.314($p<0.01$),95%的置信区间为0.228~0.395,两者之间存在中等强度正相关关系,同时失安全系数为2284(2284>105,$k=19$),表明结果的稳健性很好,即H_{1a}得到验证。结构嵌入与企业颠覆性创新绩效的效应值为0.212($p<0.01$),均存在中等强度的正相关关系,95%的置信区间为0.121~0.300,表明相关关系是显著的,失安全系数为2300(2300>150,$k=28$),表明结果较为稳健,由此H_{1b}得到验证。

研究结果表明,在企业层面创新网络嵌入中,无论是关系嵌入还是结构嵌入均与企业颠覆性创新绩效存在中等强度正相关关系。因此,在构建以企业为主导的创新合作网络中,企业与其他的创新主体间的联盟关系越稳定,越能有效提升企业的颠覆性创新水平;在结构嵌入上,企业应积极占据网络中的最优资源位,承担起创新生态中企业的领导作用,从而有效助力企业颠覆性创新绩效的提升。此外,企业网络嵌入两个维度对颠覆性创新绩效的作用程度不同,企业关系嵌入的正向作用略强于企业的结构嵌入,表明在企业网络嵌入中要尤其关注与创新合作伙伴搭建稳固而高强度的联盟关系。

(2) 产业网络嵌入对企业颠覆性创新绩效的影响。

从表13-3的检验结果可以看出,产业网络嵌入的两个维度与企业颠覆性创新绩效之间的元分析结果和以往研究结论存在一定差异性,产业网络的关系嵌入与企业颠覆性创新绩效的效应值为0.274($p<0.01$),说明关系嵌入与企业颠覆性创新绩效之间存在中等强度的正向相关关系,且十分稳健(失安全系数为2434,远大于90,$k=19$),即产业网络中的关系嵌入程度越深,企业的颠覆性创新水平越高,即假设H_{2a}得到验证;但是产业网络中结构嵌入与企业颠覆性创新绩效的效应值为-0.118($p<0.05$),说明结构嵌入与企业颠覆性创新绩效之间存在弱的负相关关系,在0.05水平上显著,且失安全系数为138(138>50,$k=8$),表明产业网络中结构嵌入会降低企业的颠覆性创新水平,即假设H_{2b}得到验证。

研究结果表明,在产业层面创新网络嵌入中,如果企业的关系嵌入在众多嵌入方式中占优势,说明企业已经建立起牢固的跨产业链信息共享与互惠

第 13 章 颠覆性创新研发联盟的绩效影响——元分析

机制,能够借助"协作导向"在创新网络中汲取更多的价值性知识和前瞻性信息,从而提升企业颠覆性创新绩效。但是在产业网络中,结构嵌入与颠覆性创新绩效呈反向变动关系,反映了产业集群的特性,集群企业依托产业链互补搭建起保护空间,网络内结构多层且复杂,即使企业占据一定的优势结构位,但在跨产业链的多元网络合作中面临较大的机会成本和链接阻力,并不一定能攫取到高质量的异质性资源和前沿市场动态,所以应将产业创新网络规模控制在合理范围内,避免由于结构冗余而带来的额外创新成本。

(3)区域网络嵌入对企业颠覆性创新绩效的影响。

通过表 13-3 的元分析检验结果还可以看到,区域网络嵌入对企业颠覆性创新绩效的作用程度比其他维度的作用效果都要强。其中关系嵌入与企业颠覆性创新绩效的效应值为 0.347($p<0.01$),95% 的置信区间为 0.221~0.461,失安全系数为 2304(2304>85,$k=15$),即区域关系嵌入程度越深,企业的颠覆性创新水平越高,假设 H_{3a} 得到验证;结构嵌入与企业颠覆性创新绩效的效应值为 0.439($p<0.01$),呈现出高强度的相关关系,失安全系数为 4964(4964>90,$k=16$),表明结果的稳健性很好,即企业嵌入区域网络中占据最优战略生态位,对企业颠覆性创新效能提升明显,假设 H_{3b} 得到验证。

研究结果表明,企业在区域创新网络中的关系强度与结构位置是影响颠覆性创新绩效提升的重要条件,异质性资源是否能够转化为创新绩效取决于企业能否在区域网络中保持与其他网络主体稳定和多元化的合作关系。通过关系与位置的双驱优势,企业能够高效、低成本地整合多元区域资源,为企业进行市场机会识别和新产品开发提供先发优势。

基于上述分析可知,网络嵌入对企业颠覆性创新绩效的影响是分层次的,不同层次的网络嵌入对企业颠覆性创新绩效的作用效果大小不同,且存在一定的方向差异。在关系嵌入维度上,三个网络层次的关系嵌入均与企业颠覆性创新绩效呈现显著的正相关,并且作用效果上呈现产业、企业到区域的逐步增加;在结构嵌入维度上,产业结构嵌入与企业颠覆性创新绩效呈负相关关系,企业结构嵌入与区域结构嵌入则发挥正向作用,并且区域结构嵌入的效果更大。

表 13-3 多层次网络嵌入与颠覆性创新绩效关系的元分析结果

作用关系		r	K	N	异质性 Q值	df	I²	Tau-squared τ²	SE	方差	双尾检验 Z值	P值	95% CI	Fail-safe N
企业网络嵌入—颠覆性创新绩效														
关系嵌入	颠覆性创新绩效	0.314	19	6992	233.377***	18	92.287	0.038	0.017	0.000	6.850	0.000	[0.228, 0.395]	2284
结构嵌入	颠覆性创新绩效	0.212	28	10810	640.431***	27	95.784	0.060	0.020	0.000	4.491	0.000	[0.121, 0.300]	2300
产业网络嵌入—颠覆性创新绩效														
关系嵌入	颠覆性创新绩效	0.274	19	8525	308.060***	18	94.157	0.038	0.017	0.000	5.987	0.000	[0.187, 0.356]	2434
结构嵌入	颠覆性创新绩效	-0.118	8	7869	25.736**	7	72.800	0.004	0.004	0.000	-4.112	0.000	[-0.174, -0.062]	138
区域网络嵌入—颠覆性创新绩效														
关系嵌入	颠覆性创新绩效	0.347	16	4598	324.996***	15	95.385	0.074	0.031	0.001	5.174	0.000	[0.221, 0.461]	2304
结构嵌入	颠覆性创新绩效	0.439	17	5856	416.527	16	96.159	0.075	0.032	0.001	6.904	0.000	[0.325, 0.541]	4964

13.3.4 调节效应检验

通过对整体效应的异质性检验可以知道，网络嵌入与企业颠覆性创新绩效之间存在高度异质关系，意味着两者的关系受到潜在的调节变量的影响。为更好地打开网络嵌入与企业颠覆性创新绩效之间的"黑箱"，挖掘两者之间真实的相关关系，本研究将取结构嵌入与关系嵌入的加权平均值作为网络嵌入的综合取值，调节变量划分为情景因素和测量因素两类，并选择随机效应模型来开展亚组分析，具体地，借鉴王洪青和彭纪生（2018）及解学梅和陈佳玲（2022）的观点，通过 Q 统计量来对调节效应进行检验。

（1）政策导向的调节分析。

将样本是否属于国家重点部署的战略性新兴产业作为政策导向的衡量标准（潘教峰等，2023）。表13-4给出了政策导向（属于战略性新兴产业 VS 不属于战略性新兴产业）对网络嵌入与颠覆性创新绩效关系的亚组分析结果。首先，从企业层面来看，是否属于政策导向下的战略性新兴产业对网络嵌入与颠覆性创新绩效的作用关系存在显著差异（$Q_B = 3.412$，$p < 0.1$），表明在企业层面不管是否类属于国家战略布局下的战略性新兴企业，网络嵌入对颠覆性创新绩效均呈正向促进作用，其中属于战略性新兴产业的企业网络嵌入对颠覆性创新绩效的促进效应（$r = 0.303$，$p < 0.01$）要远大于不属于战略性新兴企业网络嵌入所带来的促进效应（$r = 0.165$，$p < 0.05$）。其次，从产业层面来看，是否属于国家政策导向下战略性新兴产业的情境其作用效果存在显著差异（$Q_B = 3.920$，$p < 0.05$），尽管不同产业的网络嵌入对颠覆性创新绩效都呈现正相关关系，分别为0.107（$p < 0.01$）和0.257（$p < 0.05$），但属性为战略性新兴产业所构建的产业网络嵌入对于颠覆性创新的作用效果会更大。最后，从区域层面来看，属于战略性新兴产业的创新网络嵌入对颠覆性创新的效应值（$r = 0.373$，$p < 0.01$）要高于不属于战略性新兴产业的企业效应值（$r = 0.332$，$p < 0.01$），但组间异质性不显著（$Q_B = 0.25$，$p > 0.1$）。基于上述分析，假设 H_4 得到部分支持。

表 13-4 政策导向亚组分析结果

作用关系	分类	r	K	95%CI	Z 值	I^2	Q 值	df
企业网络嵌入—颠覆性创新	属于	0.303	18	[0.236, 0.367]	8.472***	85.403	116.460***	17
	不属于	0.165	12	[0.029, 0.295]	2.381**	95.720	257.003***	11
	组间异质性						3.412*	1
产业网络嵌入—颠覆性创新	属于	0.257	7	[0.172, 0.338]	5.801***	95.782	42.276***	6
	不属于	0.107	9	[0.017, 0.229]	1.686*	85.807	189.646***	8
	组间异质性						3.920**	1
区域网络嵌入—颠覆性创新	属于	0.373	15	[0.234, 0.415]	5.003***	96.27	375.499***	14
	不属于	0.332	8	[0.244, 0.415]	7.030***	85.98	49.927***	7
	组间异质性						0.250	1

注：Q_B = 组间异质性检验统计量，后同。

(2) 企业规模的调节分析。

通过表 13-5 可以得出，企业规模差异对不同层次网络嵌入与颠覆性创新绩效的作用关系存在一定调节作用。首先，从企业层面来看，企业规模对网络嵌入与颠覆性创新绩效作用关系的调节作用不显著（$Q_B = 0.821$，$p > 0.1$），表明在同一产业链内部，选择大企业与中小企业进行颠覆性创新合作并没有带来绩效上的显著差异。其次，从产业层面来看，企业规模在网络嵌入与颠覆性创新绩效的作用关系上呈显著的调节作用（$Q_B = 5.333$，$p < 0.05$），尽管不论是大型企业还是中小型企业对两者关系都呈正向促进作用，分别为 0.112（$p < 0.05$）和 0.293（$p < 0.01$），但是中小型企业起到的作用效果更加显著。最后，从区域层面来看，不同层次的企业规模对网络嵌入与颠覆性创新绩效的调节效应存在显著差异（$Q_B = 7.054$，$p < 0.01$），但是中小型企业网络嵌入对颠覆性创新的作用程度（$r = 0.535$，$p < 0.01$）要远大于大型企业所带来的网络嵌入对颠覆性创新的作用程度（$r = 0.255$，$p < 0.01$）。基于以上分析，假设 H_5 得到部分支持。

表 13-5 企业规模亚组分析结果

作用关系	分类	r	K	95%CI	Z值	I^2	Q值	df
企业网络嵌入—颠覆性创新	大型企业	0.207	15	[0.079, 0.327]	3.153**	91.739	302.779***	14
	中小型企业	0.277	16	[0.186, 0.364]	5.770***	95.376	181.572***	15
	组间异质性						0.821	1
产业网络嵌入—颠覆性创新	大型企业	0.112	10	[0.006, 0.216]	2.066**	93.653	141.794***	9
	中小型企业	0.293	6	[0.180, 0.399]	4.918***	86.707	37.613***	5
	组间异质性						5.333**	1
区域网络嵌入—颠覆性创新	大型企业	0.255	14	[0.165, 0.340]	5.424***	91.715	156.911***	13
	中小型企业	0.535	7	[0.351, 0.678]	5.093***	95.287	127.299***	6
	组间异质性						7.054***	1

(3) 绩效测量方式的调节分析。

绩效测量方式的亚组分析结果如表 13-6 所示。首先,从企业层面来看,不同绩效测量方式下网络嵌入对颠覆性创新绩效的作用存在显著的差异 ($Q_B = 9.989$, $p < 0.01$),并且基于主观测量方法下的网络嵌入与颠覆性创新绩效的关系 ($r = 0.319$, $p < 0.01$) 会比基于客观测量方法下的结果 ($r = 0.116$, $p < 0.05$) 更加强烈;其次,从产业层面分析网络嵌入对颠覆性创新的作用效果时,不同绩效测量方法之间存在显著差异 ($Q_B = 9.415$, $p < 0.01$),相比起客观测量方法下网络嵌入对颠覆性创新的作用关系来说 ($r = 0.107$, $p < 0.05$),以主观测度方法的分析得出的关系强度会更大 ($r = 0.349$, $p < 0.01$);最后,从区域层面来看,不同绩效测度方法的作用关系也存在显著差异 ($Q_B = 7.319$, $p < 0.01$),采用主观绩效测量方式下的网络嵌入与颠覆性创新的关系呈现高度正相关 ($r = 0.418$, $p < 0.01$),而以客观绩效测量方式时,两者关系呈现低程度相关关系 ($r = 0.192$, $p < 0.05$)。基于以上分析,假设 H_6 可以得到支持。

表13-6 测量来源亚组分析结果

作用关系	分类	r	K	95%CI	Z值	I^2	Q值	df
企业网络嵌入—颠覆性创新	主观测度	0.319	21	[0.256, 0.379]	9.439***	82.439	113.891***	20
	客观测度	0.116	13	[0.004, 0.226]	2.027**	95.437	263.003***	12
	组间异质性						9.989**	1
产业网络嵌入—颠覆性创新	主观测度	0.349	5	[0.232, 0.445]	5.602***	81.170	21.243***	4
	客观测度	0.107	14	[0.004, 0.208]	2.039**	96.261	347.644***	13
	组间异质性						9.415**	1
区域网络嵌入—颠覆性创新	主观测度	0.418	18	[0.330, 0.562]	6.532***	96.122	438.421***	17
	客观测度	0.192	6	[0.040, 0.336]	2.460**	94.632	93.146***	5
	组间异质性						7.319**	1

13.3.5 敏感性检验

为更好地检验元分析中所得出的效应值是否稳健，本研究运用敏感性分析来进一步验证。由于敏感性分析在不同研究中可以检验不同研究结果，因此本研究聚焦于在整合的效应值中是否存在异常效应值，以及异常值与其他效应值之间是否存在本质性差异。采取逐一排除的方式对整合效应值进行敏感性检验，通过每排除一个研究效应值，同时计算剩余研究的综合效应值的方式来核验结果是否产生异常波动，得出敏感性检验的结果（图13-4）。从图13-4中可以看到整体的效应值以及95%置信区间并未存在明显波动，由此可以得出网络嵌入与企业颠覆性创新绩效的关系具有可靠的稳定性，不受任何一个效应值的影响，表明本研究得出的元分析研究结果是稳定可信的。

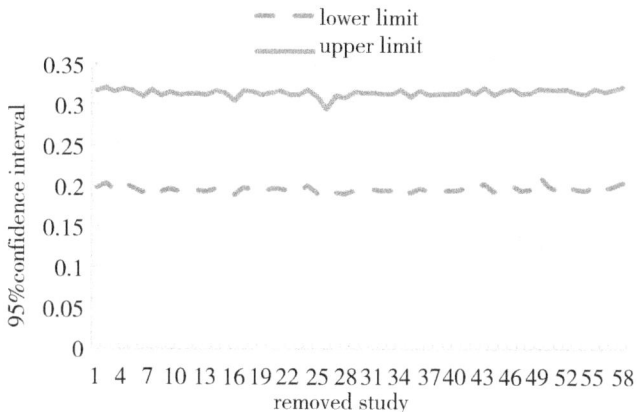

图 13-4 敏感性检验

13.4 研究结论

在开放式创新背景下，在激烈的市场竞争中构筑强有力的创新合作模式来推动颠覆性创新发展是助力企业实现"弯道超车"的重要抓手。因此，探索多层次网络嵌入与企业颠覆性创新绩效之间复杂的链接关系具有重要现实意义。本研究借助元分析方法，以已有的 58 个独立研究作为样本，深入探析多层次网络嵌入对企业颠覆性创新绩效的驱动关系及调节机制，主要的研究结论和理论贡献如下。

第一，构建了"点—线—面"多层次网络嵌入与企业颠覆性创新绩效的理论分析模型。目前，已有关于网络嵌入与颠覆性创新绩效的文献主要是基于企业、产业或区域单一视角的实证分析，样本量较少且涵盖面不足，所形成的研究结果也并没有达成共识。本研究通过文献梳理的系统分析，结合多层次理论与网络嵌入理论，构建起"企业—产业—区域"三维一体的多层次网络嵌入模型，并从结构维度与关系维度开展研究设计，不仅是对研究领域的系统回顾，更进一步拓展了网络嵌入与颠覆性创新绩效的理论分析框架。

第二，探讨了多层次网络嵌入与企业颠覆性创新绩效的影响机理。在已有研究基础上，进一步解剖企业网络、产业网络、区域网络层次视角下关系嵌入和结构嵌入与颠覆性创新绩效之间的复杂作用关系。实证研究结果证明，企业网络和区域网络的关系嵌入和结构嵌入均会促进颠覆性创新绩效的提升，其中区域网络的促进作用最明显，企业网络次之；虽然产业网络中的关系嵌入会促进企业颠覆性创新绩效提升，但其结构嵌入则对颠覆性创新绩效起反向变动作用。研究结果揭示了不同层次结构嵌入和关系嵌入对企业颠覆性创新绩效的影响，对企业如何发挥不同层次网络嵌入的作用起到了实践指导，如重点关注跨区域的合作关系建立，在保证合作深度水平的基础上开展合作网络的拓展行动；在跨产业的合作过程中，要在强化创新合作关系深度的基础上适度控制网络规模的过度泛化；在产业内部的创新合作中，要强化关系水平与网络规模的同步作用，最终实现不同情境下网络嵌入方式的合理选择与动态优化。

第三，深化了对网络嵌入对企业颠覆性创新绩效影响调节变量的理论认识。已有研究多聚焦于网络嵌入与颠覆性创新绩效之间的链接关系，缺乏对情境因素等调节变量的机理探讨。本研究构建了一个包含情境因素和测量方式的调节变量模型，来分析政策导向、企业规模以及绩效测量方式等调节变量的影响。研究结果揭示，政策导向的支持会促进企业和产业层面网络嵌入与颠覆性创新绩效的关系，中小型企业相对于大型企业在不同层次网络嵌入与颠覆性创新绩效之间关系的表现上会更具优势；在采用主观绩效测量方式的研究结果中，不同层次网络嵌入对颠覆性创新绩效的效应会更加突出。

13.5 本章小结

企业开展颠覆性创新活动并非是孤立的个体行为，其应嵌入至不同网络中，通过联结各创新主体，以有效解决企业创新资源局限的问题，然而，以往的研究并未就网络嵌入与企业颠覆性创新绩效的关系达成共识。通过梳理，本研究发现针对这种关系有三种不同观点，包括线性正相关、线性负相关和不相关。此外，以往的研究未从多层次视角来进一步探索网络嵌入与企业颠覆性创新绩效之间的内在关系，并且存在部分研究忽略了调节变量的作用，这可能会导致对网络嵌入与企业颠覆性创新绩效关系的看法不一致。

因此，为了更好地厘清网络嵌入与企业颠覆性创新绩效之间的关系，本研究采用元分析方法整合已有学者的研究结论。首先，利用关键词检索对相关文献进行全面筛选，并结合研究对象制定文献筛选标准。在剔除无关文献后，整理出本文的编码数据库，其中包含58个独立样本，25350个观测值；其次，利用CMA3.0对各样本的效应值和样本量进行分析；再次，为了保证结果的准确性和可靠性，采用漏斗图和Fail-safe N 进行发表偏移检验，并利

第 13 章 颠覆性创新研发联盟的绩效影响——元分析

用 q 值和 I^2 进行异质性检验从而选择契合本研究的随机效应模型；最后，进一步检验网络嵌入与企业颠覆性创新关系的整体效应，以及从不同层次不同维度对网络嵌入与企业颠覆创新绩效之间的关系进行探讨。此外，还通过亚组分析进一步探讨了调节变量的作用，并进行了敏感性分析来证实结果的真实性与可靠性。

第 14 章 结论与展望

本书以颠覆性创新为理论基础,从研发联盟视角出发,紧密围绕"颠覆性创新的技术演进与价值实现"这一核心问题,按照"技术演进过程→联盟作用机理→创新价值实现"的逻辑步骤,通过分析颠覆性技术的演化特征提炼研发联盟的重要性,再分别利用演化博弈分析、社会网络分析和因果模型检验等分析方法对颠覆性创新研发联盟的生成机制、网络演化和绩效影响进行深入研究。本章是对前文研究的梳理总结,分别从研究的主要结论、管理启示、创新之处及局限与展望四个方面进行阐述与分析。

14.1 研究的主要结论

本书将研发联盟理论整合到颠覆性创新的研究框架中,分别从技术演进过程、联盟作用机理、创新价值实现等方面探讨了颠覆性创新的技术演进与价值实现问题,主要包含理论研究、案例分析、演化博弈、网络分析和实证检验等子研究,根据逻辑结构得到以下主要研究结论。

(1) 研发联盟理论为颠覆性创新的理论研究与实践指导提供了新的分析视角,进一步揭示了颠覆性创新的技术演进逻辑与价值实现过程,为企业的颠覆性创新策略制定与政府的政策工具组合优化提供了路径指导。

1) 颠覆性创新是一项多主体参与、多要素协同与多阶段衔接的动态复杂过程,中间必然会遭遇现有社会技术体制形成的具有极强稳定性的路径依赖和技术锁定的挑战。企业自身的知识与技术资源有限,开展颠覆性创新仅仅依靠企业的单一力量几乎难以实现,需要企业不断突破自身边界,与外部主体共同进行协作创新。

2) 研发联盟作为企业进行颠覆性创新活动的重要载体,不仅是知识共享与创新孵化的重要依托,而且能够促使企业实现异质性知识的获取和创新绩效的提升。优质性、价值性和新颖性的创新要素在研发联盟中不断被吸收、传递及整合,在实现全新技术架构与产品迭代的基础上实现颠覆性创新的范式转变。

3）研发联盟为颠覆性创新提供了信息获取与资源整合的渠道，然而企业能否取得较高质量的创新绩效产出，还取决于自身在研发联盟网络中的位置和能力。企业需要在研发联盟网络中占据优势位置，提升网络控制能力并获取在信息交换与机遇把握上的优势，从而在获取新鲜知识元素与分担技术研发风险上更具主动权；政府也可以在把握研发联盟网络特征的基础上，通过政策工具组合来优化颠覆性技术的培育生态。

（2）通过对颠覆性创新研发联盟的作用价值分析，归纳出颠覆性创新的技术演化将经历"愿景构筑—技术实验—网络构建—创新扩散—产业培育"的演进阶段，研发联盟通过技术维度、组织维度和环境维度等因素的协同效应来推动颠覆性技术的演进。

1）颠覆性创新的技术演进过程具有复杂性与动态化的特征，基于Christensen的理论基础与SNM的演进思想，将颠覆性创新的技术演化过程解构为愿景构筑、技术实验、网络构建、创新扩散与产业培育五个阶段，研发联盟通过在技术、组织和环境维度的协同作用来推动颠覆性创新的技术演化过程，实现技术的演进跃迁，最终完成对整个市场空间的颠覆性价值创造过程。

2）"技术突破—组织变革—生态优化"的协同效应是推动颠覆性创新技术演进的系统动力，在技术突破上，需要根据技术研发实际情况完善顶层设计，加强对关键共性技术的联合研发与政策支持力度；在组织变革上，要在企业间形成齐美尔连接，提升颠覆性技术交叉融合与孕育发展的可能；在生态优化上，政府应立足于现实需求以及颠覆性技术的阶段性需求，定位于前瞻性的颠覆性技术研发管理和超前部署，依托创新政策为新技术打造保护空间，提供更多的路径保护与试错机会。

3）研发联盟的多元性有利于加快颠覆性技术研发的转化进程。以政府部门为核心，联合企业、高校、研究所、银行和风投机构等主体构建开放型科技创新体系，可以充分联系政产学研各创新主体以整合创新资源，搭建多层次网络协作关系持续优化创新生态系统以促进颠覆性创新发展，能够为颠覆性技术的发展提供全方位的战略指导与创新支持。

4）研发联盟中的核心企业对于引领颠覆性技术商业化落地有重要作用。要改变创新研发效能低下的窘境，必须形成以核心企业为主要节点的研发联盟网络关系，提升对初创企业发展的重视程度，灵活运用多种创新政策充分调动全社会创新力量，鼓励企业进行颠覆性技术研发，并为其可能面临的技术市场风险提供必要保障。

(3) 通过对颠覆性创新研发联盟生成机制的演化博弈分析，得出投入成本、额外收益、政府激励、违约金以及收益分配系数等因素会对研发联盟的构建带来显著影响，表明政府政策驱动、企业主体功能与市场体制机制共同作用于研发联盟的构建工作。

1) 政府驱动是优化颠覆性技术协同创新与市场发展外部生态的重要助力。政府对颠覆性创新研发联盟的技术研发扶持以及产品服务购买能够缓解颠覆性技术企业在发展初期面临的研发投入压力与市场不稳定性问题，提升创新主体加入颠覆性创新研发联盟的意愿。

2) 企业不同状态下的投入成本以及研发联盟情境下的市场额外收益能够影响颠覆性创新研发联盟的构建。研发联盟的投入成本与非协同创新下的投入成本应该控制在一定范围之内，二者分别会对研发联盟策略的选择带来负向与正向效应；研发联盟情境下的额外收益会为博弈双方带来良好的未来预期，强化双方的合作意愿。

3) 市场合理的利益分配机制与有效的监督惩罚机制是提升颠覆性创新研发联盟构建积极性的重要手段。合理的利益分配机制能够保障博弈双方获得满意的合作收益，实现研发联盟策略的共赢；有效的监督惩罚机制能够约束博弈双方按照既定协作策略进行创新合作，保障双方研发联盟策略的稳定性。

(4) 通过基于颠覆性创新研发联盟的网络演化特征研究，可以发现颠覆性技术的生命周期具有前期的潜伏性与成熟后的爆发性特征，其在整体规模不断扩大的同时，伴随着凝聚性与小世界性水平的降低，呈现出市场与政府"双轮驱动"的动力机制，并在合作模式上由贫乏合作型模式向探索合作型模式与培养合作型模式发展。

1) 在技术生命周期上，颠覆性技术的成长演化会表现出前期的潜伏性与成熟后的爆发性特征。颠覆性技术前期的成长过程由于面临范式重构带来的技术研发困难与体制机制阻碍，发展异常艰难，但一旦技术突破研发瓶颈或面临新的政策机遇，便会快速迎来发展爆发点，以极快的速度发起对主流技术与在位市场的颠覆进程。

2) 在网络整体演化上，颠覆性创新研发联盟的网络规模不断扩大，但凝聚性与小世界性水平不断下降。颠覆性创新研发联盟网络虽然随着时间的演进，在规模上有所扩大，但网络主体之间信息交互的效率并没有得到有效提升，技术创新的深入合作与资源共享水平仍有待进一步提升。

3) 在核心网络主体上，颠覆性创新研发联盟呈现出市场与政府"双轮驱动"的动力机制。一方面，相关领域的科技型企业是技术机会识别与市场应用推广的重要主体；另一方面，以国有企业为代表的政府力量在方向引导与资源凝聚上发挥了自身的优势。此外，产学研的多主体参与机制也为加速颠覆性创新研发联盟的网络构建与推动颠覆性技术的研发应用贡献了重要力量。

4）在合作模式演化上，颠覆性技术呈现出由贫乏合作型模式向探索合作型模式与培养合作型模式发展。颠覆性创新研发联盟在初期主要以"低合作广度—低合作深度"的贫乏合作型模式为主，随着研发联盟的不断演进，更多的主体选择"低合作广度—高合作深度"的培养合作型模式，也有一小部分选择"高合作广度—低合作深度"的探索合作型模式，表明颠覆性技术领域的创新主体更倾向于以固定的小团体进行技术创新，在小范围内通过提升合作的深度来推进研发创新。

（5）本研究通过基于颠覆性创新研发联盟对创新绩效的影响研究，得到企业的创新绩效水平不仅会受到单个层面网络密度与关系强度的影响，还会受到创新策略与政策工具的组态效应，以及存在企业、产业及区域层面的影响差异。

1）企业在颠覆性创新研发联盟中的高密度水平会对创新绩效的提升产生抑制作用。研发联盟的网络密度越高，表明企业越具有较为系统和完善的研发合作体系，形成了稳定的技术创新轨道，容易产生惯性依赖心理而不愿意跨越创新边界在新的环境中探寻及获取新知识，减少企业对颠覆性创新活动的探索热情，不利于创新轨道跃迁与路径突破的颠覆性创新活动。在颠覆性创新研发联盟中提升企业间关系强度能够推动企业创新绩效的提升。在颠覆性创新外部环境日益复杂与创新能力要求不断提升的背景下，拥有强关系强度的企业能够进行频繁沟通，建立相互信任机制，提升知识转移双方的合作意愿，促进知识转移效率和质量的提升，并通过潜在的情感资源基础，提升研发联盟的稳定性和创新绩效。

2）"内外兼修"方能创新制胜。整合研发联盟、双元创新与政策工具视角，可以得出导致企业高颠覆性创新绩效的四条路径，分别为环境驱动型创新、资源整合型创新、双元并驾型创新和知识保护型创新。其中，企业除在研发联盟中具备网络密度或关系强度的优势外，在内部也通过探索式创新或者利用式创新强化对资源要素的整合效率，同时，在外部生态的环境构建中，企业也享受到了在区域研发投入或知识产权保护上的政策工具扶持。并且，企业通过实现相关要素及策略的相辅相成，能够更好地发挥对创新绩效的提升作用。

3）企业网络和区域网络的关系嵌入和结构嵌入均会促进颠覆性创新的

提升，其中区域网络的促进作用最明显，企业网络次之；虽然产业网络中的关系嵌入会促进企业颠覆性创新绩效提升，但其结构嵌入对颠覆性创新绩效起反向变动作用。研究结果还揭示，政策导向的支持会促进企业和产业层面网络嵌入与颠覆性创新绩效的关系，中小型企业相对于大型企业在不同层次网络嵌入与颠覆性创新绩效之间关系的表现上会更具优势；在采用主观绩效测量方式下的研究结果中，不同层次网络嵌入与颠覆性创新绩效的效应会更加突出。

14.2 研究的管理启示

"十四五"时期是世界百年未有之大变局深度演化和中国开启全面建设社会主义现代化国家新征程相互交融的重要时期。在此期间，颠覆性创新成为新时期抢占未来竞争战略主动权和防范其他国家技术突袭的共识性手段。本书通过对研发联盟视角下颠覆性创新的技术演进与价值实现问题进行研究，对颠覆性创新领域企业的研发联盟策略优化与政府的培育体制机制完善提供了一定的管理启示。

（1）优化研发联盟的网络演化水平能够更好地发挥对颠覆性创新的推动作用，应该在重视整体网络的前瞻布局和资源聚合作用基础上，发挥个体网络的资源优势与多元协同效用，并推动颠覆性技术研发联盟网络规模与合作质量的共同优化。

首先，针对颠覆性技术演化的爆发性特征，政府应该提前建立颠覆性技术预警机制，并发挥研发联盟网络的资源凝聚作用，整合社会科技资源强化对颠覆性技术的遴选、研发和培育工作；企业等创新主体要积极加入研发联盟，加速网络信息资源的有效传递，紧抓潜在的颠覆性创新机遇，并营造以核心企业为中心、上下游企业积极参与的合作创新氛围。其次，发挥企业与政府在颠覆性技术研发联盟网络演化中的"双轮驱动"作用，一方面要重视企业在颠覆性技术方向研判上的市场敏感优势，尤其是在技术萌芽阶段，在构建研发联盟过程中要强化对企业合作参与的政策支持力度，提升企业参与的积极性；另一方面要发挥政府在方向引导与资源整合方面的优势力量，通过以国有企业为实施主体，联合技术领域其他科技企业开展技术攻关与市场推广，优化颠覆性技术研发联盟网络的整体作用。最后，在鼓励创新主体加入研发联盟以扩大网络规模的基础上，引导各主体间建立更加多元的合作路径来提升对异质性资源的利用效率，注重对新颖性知识信息的获取和搜集，在提升创新合作深度水平的基础上，加强对创新合作广度水平的提升，通过采取高质合作型的模式来提升企业在颠覆性技术领域的优势地位。

（2）优化创新主体研发联盟的策略选择倾向有助于为颠覆性技术的创新研发提供不竭动力，这需要构建政府、企业与市场的三位一体协同施力机制，通过强化政府政策驱动、优化企业主体功能和完善市场体制作用来优化颠覆性创新研发联盟的构建生态。

首先，强化政府在推进颠覆性创新与市场扩散中的驱动作用。政府可以不断优化有助于颠覆性技术研发联盟构建的创新生态支撑体系，提升政府在颠覆性技术发展过程中的财政支持规模，持续增加对关键核心技术和行业共性技术研发的投入保障，发挥政策驱动的宏观调控功能来激活社会主体创新的积极性；此外，还可以通过政府的服务购买政策与社会引导效应，优化颠覆性技术发展的市场环境，吸引社会资本以及消费者对颠覆性技术的关注与青睐。其次，优化企业在颠覆性技术研发联盟构建过程中的成本投入与成果转化水平。企业应当致力于提升自身在研发联盟构建过程中的资源整合效率，通过搭建技术攻关与市场推广的开放性创新合作平台，如利用技术行业协会的渠道作用强化企业之间以及企业与学研机构之间的研发联盟关系，在颠覆性技术的性能优化、安全保障与成本控制上集中发力，围绕技术研发和业务匹配开展合作，实现多行业、多领域的跨界融合与创新应用。最后，完善市场在颠覆性技术研发联盟发展过程中的体制机制。发挥利益激励对研发联盟策略选择的动力助推作用，针对颠覆性技术研发联盟的利益分配模式优化问题，尝试构建第三方评估机构参与的评价机制，根据研发联盟主体的投入规模、贡献力度以及风险程度等水平，公平合理设定创新主体的收益分配比例，在促进整体效益最大化的基础上权衡不同主体的利益诉求。此外，正负性质激励制度可以产生不同作用效果，可以发挥市场主体作用构建差异化和多样性的激励保障制度，提升研发联盟构建的稳定性和运作的高效性。

（3）优化研发联盟网络特征与政策工具的组合功能有助于提升颠覆性技术的创新绩效产出水平，企业应在微观网络层面与宏观网络层面精准施策，并通过政策工具的有机组合来更好地发挥颠覆性技术研发联盟对创新绩效的作用效果。

首先，在微观网络层面，企业可以通过加强与研发联盟伙伴之间的关系强度来提升研发联盟网络的凝聚水平，保障知识转移的质量与效率以形成认知信任与社会认同，并通过高质量的"抱团取暖"方式实现颠覆性技术的"变轨超车"。其次，在宏观网络层面，企业要注意避免由于缺乏新鲜力量加入造成的生存环境固化与资源"同质化"现象，避免网络密度过高所带来的资源锁定与路径依赖，而应积极与网络外部其他企业进行合作，通过提升合作的广度来拓展网络规模，获得更多的创新资源。最后，在政策工具的设计中，针对颠覆性创新的特殊性，政府应该尤其重视对知识产权保护等制度环境建设的完善来发挥多元创新政策的组合效应，营造安全公平的颠覆性创新生态，强化对技术成果的权利保护；同时合理利用区域创新投入工具，针对合作关系密集的研发团体予以更多创新投入来提升创新深度水平；对合作关系固化的研发团体要通过政策扶持方向的多元化鼓励企业拓展合作伙伴关系，不断提升研发联盟伙伴的异质性，从而实现在优化创新投入对企业研发的激励作用基础上，控制其对企业研发的挤出效应目标。

14.3 研究的创新之处

本书基于研发联盟视角，围绕"颠覆性创新的技术演进与价值实现"这一核心问题进行系统探讨，基于"技术演进过程—联盟作用机理—创新价值实现"的逻辑主线，借助探索性案例研究、演化博弈分析、专利社会网络分析和因果模型检验等分析方法对研发联盟视角下颠覆性创新的技术演进与价值实现问题展开研究。在归纳梳理与总结借鉴学界关于颠覆性创新及研发联盟相关研究的基础上，本研究的特色和创新之处主要表现在以下方面。

（1）在研究视角与问题切入方面，将研发联盟这一创新领域的重要理论与颠覆性创新这一重要的时代命题有机结合，探索研发联盟在颠覆性创新领域的资源整合与生态优化作用，契合新形势下颠覆性创新发展与技术管理的时代需求。

本研究基于对颠覆性创新领域研究的系统梳理，结合颠覆性创新的时代战略价值与现实情境问题，探讨颠覆性创新研发联盟网络对企业创新绩效的影响作用。目前，学界对研发联盟理论的研究主要是基于一般创新情境下的协同创新问题，在研发联盟视角下对颠覆性创新管理与生态构建的理论研究还相对缺乏。颠覆性创新作为一种全新的创新范式，具有更强的复杂性和不确定性，在其演进过程中不仅需要克服新技术体系的研发障碍，还需要克服社会技术体制机制由主流技术主导的不利形势，其研发联盟网络与创新绩效实现将表现出更多的新内容与新特征。因此，引入研发联盟理论对颠覆性技术特征规律及创新绩效问题开展研究，以研发联盟来刻画颠覆性创新的资源整合平台，能够优化从创新网络中实现不同知识来源获取和新颖性知识组合的创新实践，克服颠覆性技术演进过程中的"锁定效应"，也有利于拓展颠覆性创新研究的理论情境，丰富和完善颠覆性创新理论的体系结构。

（2）在研究内容与框架设计方面，遵循"技术演进过程—联盟作用机理—创新价值实现"的逻辑主线对颠覆性创新研发联盟的生成机制、网络演化与绩效影响进行研究，增加了对颠覆性创新研发联盟的理论认识的丰富性和系统性。

1）基于TOE框架探讨颠覆性创新研发联盟的作用价值，分析研发联盟如何推动颠覆性技术实现从技术创意到主导设计的演化过程，以及在演化的不同阶段中，如何发挥技术、组织和环境的协同作用来共同推动技术实现。颠覆性技术通过创造性地利用和整合现有资源以匹配技术机遇，但如何理解并抓住颠覆性技术演化的特征机理，获取和优化企业的可持续竞争优势，是学界需要解决的难题。本研究利用案例研究构建新理论与丰富现有理论的解释性功能，通过结合探索性单案例研究方法对TOE框架下颠覆性技术不同演进阶段的特征机理进行分析，发现研发联盟对颠覆性技术演化的价值作用，能够对颠覆性技术与研发联盟的理论研究与实践指导提供借鉴。

2）模拟关键因素对颠覆性创新研发联盟构建的影响作用和边界条件。已有理论成果为颠覆性创新研发联盟研究提供了坚实基础，但仍有尚待进一步完善之处，首先，相对于其他技术的研发联盟构建过程，颠覆性技术领域具有新的特征表现，政府不仅给予了极大规模的财政资金及政策支持，还在很大程度上扮演了市场推广初期的第一批消费者角色；其次，已有关于颠覆性创新研发联盟问题的研究主要是从静态视角展开研究，较少体现研发联盟策略选择的动态演化规律以及对影响要素的量化分析。本书通过构建政府驱动下自动驾驶技术研发联盟策略选择的演化博弈模型，对要素变动下研发联盟策略选择的演化结果进行仿真分析，是对颠覆性创新研发联盟生成机制研究的有益补充。

3）结合技术生命周期理论与社会网络分析法，揭示颠覆性创新研发联盟网络演化特征。关于颠覆性创新研发联盟的重要价值、影响因素及模式构建问题已经有相关学者进行了涉猎，但理论研究成果相对于实践指导需求仍有待完善。首先，在研究对象上，聚焦于典型行业或单个企业的经验总结及问卷验证能够提升研究结论的精准性，但对探讨普适性结论的大样本分析尚关注较少。其次，在研究视角上，对颠覆性技术研发联盟在网络整体特征和个体表现上的综合分析尚关注较少，并且对于不同阶段的演进特征缺乏多阶段衔接的动态探讨。本研究通过分析颠覆性技术在技术生命周期上的特征表现，探讨颠覆性技术在研发联盟网络整体演化与个体演化上的内在机理，有助于深化对颠覆性技术演进规律的认识和推动颠覆性技术研发联盟网络演化发展。

4）实证检验颠覆性创新研发联盟网络特征对企业创新绩效的影响。已有研究主要分析了联盟企业的网络位置、网络构成、认知距离等因素对企业创新绩效的影响。但相关研究仍存在一定的局限性：第一，多聚焦单一层面，对宏观网络层面的结构特征与微观网络层面的关系特征对企业创新绩效的交互影响尚有待进一步探讨；第二，多基于在位企业视角，对以后发企业为代表的新兴经济体如何通过研发联盟网络实现颠覆性技术"变轨超车"的诉求关注不足；第三，侧重于网络内部的前置因素影响研究，对区域环境的调节效应研究涉及较少。本书有鉴于此，首先，在回归分析模块，构建融合研发联盟网络宏观层面结构属性与微观层面关系属性的系统研究框架，探讨颠覆性创新研发联盟网络特征对企业创新绩效的影响；其次，在组态分析模块，从研发联盟、双元创新和政策工具视角构建起涵盖组态分析模型，利用fsQCA方法探讨影响企业创新绩效的多重组合路径和因果复杂机制；再次，在元分析模块，建起"企业—产业—区域"三维一体的多层次网络嵌入模型，利用元分析方法系统探讨多层次网络嵌入与企业颠覆性创新绩效的整体效应。通过融合回归分析、组态分析以及元分析方法，本书试图从多个层次、多个维度全面打开颠覆性创新研发联盟与企业创新绩效之间的"黑箱"。

（3）本书在研究方法与工具应用方面，围绕颠覆性创新的技术演进与价值实现问题，分别采用了探索性案例研究、演化博弈分析、社会网络分析和因果模型检验等方法工具进行研究，提升了研究结论的系统性和科学性。

1）采取探索性案例研究探讨颠覆性技术的演化阶段及不同阶段的联盟作用机理。如何把握颠覆性技术在不同阶段的演化特征并分析不同要素的组合作用在学界仍处于理论完善的阶段，从方法论角度来看，探索性案例研究被广泛应用于回答理论体系尚不成熟领域中"如何/怎么样（How）"和"为什么（Why）"的解释性研究问题，对涉及多主体、多阶段的复杂问题更有优势，能够对研究对象进行深度聚焦，提升研究结论的精准性和契合度。本研究按照探索性单案例研究的逻辑原则对颠覆性技术的演化特征进行聚焦分析，从技术、组织和环境的维度解析颠覆性技术演化的特征机理，并从中探讨研发联盟对颠覆性技术演化的耦合机制与重要价值。

2）采用演化博弈分析探讨颠覆性创新研发联盟的生成机制问题。演化博弈是在有限理性和不完全信息前提下，分析主体行为选择的影响因素和边界条件。颠覆性创新研发联盟的策略选择不仅与创新主体自身发展水平相关，还会受到其他联盟主体以及政府行为的影响。已有关于颠覆创新研发联盟问题的研究主要是从静态视角展开研究，较少体现颠覆性创新过程的动态演化规律以及对研发联盟策略选择影响要素的量化分析。本研究通过构建政府驱动下企业与学研机构的颠覆性创新研发联盟策略选择演化博弈矩阵，分析影响颠覆性技术研发联盟构建的影响因素和边界条件，能够为颠覆性技术研发联盟的组织优化和创新主体制定科学的应对策略提供相应参考。

3）采用社会网络分析法对颠覆性创新研发联盟的网络演化特征进行探讨。社会网络分析是一种适用于探讨关系数据的方法工具，为理解网络的结构特征及动态演化提供了诸多助力，在过去的 20 多年中也被广泛应用于对研发联盟网络的分析。研发联盟网络通常表现为结点属性与网络属性，类似于地理空间主体，合作网络中的主体也占据着不同的位置，这些位置可以通过各种网络指标来测度，如中心度与结构洞等，对这些指标的分析有助于理解网络主体的作用和影响。本研究遵循社会网络分析的构建思路与指标测度方式，能够较为深刻地揭示颠覆性创新研发联盟网络的动态演化模式。

4）采用实证回归检验颠覆性创新研发联盟网络特征对企业创新绩效的影响。本研究聚焦典型颠覆性技术领域实践，构建了融合研发联盟网络宏观层面结构属性与微观层面关系属性的系统研究框架，并且将区域环境的投入力度与保护水平作为调节变量纳入理论模型，从而构建"宏微观结合、内外部交互、软硬件并行"的系统通道，试图打开颠覆性技术研发联盟网络特征与企业创新绩效之间的"黑箱"，为研究结论的凝练和政策建议的设计提供实证支撑。

5）基于模糊集定性比较分析（fsQCA）探讨颠覆性创新研发联盟创新绩效路径的多样性架构，区别于以往采用线性思维来探讨架构问题的研究，提出在双元创新策略、研发联盟网络特征以及政策工具类型等不同因素下的组合效用路径，为颠覆性创新研发联盟的绩效优化提供对策思路。

6）利用元分析方法从多层次视角下构建网络嵌入对企业颠覆性创新绩效影响的理论模型，基于"企业—产业—区域"三维一体的多层次网络嵌入模型，分析不同层次及维度下的网络嵌入对企业颠覆性创新绩效将发挥怎样的影响，并探讨网络嵌入对企业颠覆性创新的作用受到哪些调节因素作用，从而厘清造成多样性结果的本质原因，并进一步探析变量间的关系边界条件，从而弥合现有颠覆性创新研发联盟绩效影响研究间的不同观点。

14.4 研究局限与展望

从研发联盟视角出发,本研究围绕"颠覆性创新的技术演进与价值实现"这一核心问题展开系统研究,在研究的理论视角、关注内容及方法应用方面体现了一定的创新性,但也受制于数据样本以及研究水平,仍存在一定的研究局限,根据逻辑结构将对应部分的研究局限以及未来展望归结如下。

首先,本研究通过探索性单案例分析颠覆性创新研发联盟的作用价值,以自动驾驶技术为例,对颠覆性技术的演进阶段进行归纳,并进一步提炼研发联盟在颠覆性技术不同演进阶段的多维作用表现,但考虑到颠覆性技术的复杂性特征与案例选择的代表性限制,理论模型及结论的普适性还有待进一步检验与完善。未来研究可以进一步丰富案例样本,通过典型颠覆性技术领域的跨案例研究,对研发联盟的价值作用进行横向对比分析;亦可从颠覆性技术群落中选择一个或数个典型案例进行扎根研究,探索中国情境下颠覆性技术演化的特征变量及研发联盟作用机理。

其次,本研究通过演化博弈的方法探讨颠覆性创新研发联盟生成构建的影响因素,并结合仿真工具对投入成本、额外收益、政府激励、违约金以及收益分配系数等影响因素的边界条件进行模拟分析。但颠覆性技术在实际发展过程中的参与主体更加多元,环境因素更加复杂,并且相关指标的计算及赋值受制于专家判断的主观性偏差,可能会对研究结论存在一定的影响。在后续研究的完善过程中,一方面可以通过建立主体更加多元、因素更加丰富的博弈模型来提升理论解释的覆盖性,另一方面也可以配合实证数据或案例分析来检验研究结论的科学性。

再次,本研究以区块链技术与自动驾驶技术为例,对颠覆性创新研发联盟网络的动态演化特征进行系统分析,通过不同技术的对比研究提升了研究结论的科学性和普适性,但由于分析范式与数据采集的限制,未来的研究还可以在相关方面开展更为深入的补充工作。比如,在数据采集上,由于专利数据的获取具有一定的滞后期,后期可以延长样本收集的时间截点,利用更新的数据样本或选择更多的技术案例来验证已有研究结论,不断强化对颠覆性创新研发联盟网络演化的认识和理解。

最后,本书通过因果模型分析检验颠覆性创新研发联盟对企业创新绩效的影响问题,但仍存在一定的局限性和待完善之处:其一,在回归分析模

第 14 章 结论与展望

块,后续研究中可以进一步扩大技术领域的覆盖性,并且可以尝试建立更加科学的融合颠覆性特征的绩效测度方法。其二,在组态分析模块,组态条件的选择一定程度上会存在主观判断差异,指标测度方式的多样性也可能对分析结果产生一定的影响,导致其普适性受到限制,未来研究可进一步拓展前因条件的组合来分析创新绩效的影响机制,并且未来可结合时序 QCA 方法的新应用,结合纵贯性数据来探讨不同前因变量对企业创新绩效的影响轨迹。其三,在元分析模块,相关的研究文献数量有限,尤其是实证类的文献相对较少,未来亦可进一步探讨不同情景因素的动态作用。

总而言之,本书基于研发联盟视角对颠覆性创新的技术演进与价值实现进行系统思考与理论验证,在分析颠覆性创新的技术演进过程基础上,分别对颠覆性创新研发联盟的生成机制、研发联盟的网络演化及创新绩效的影响效应问题进行了逐步探讨,对颠覆性创新研发联盟领域的研究缺口起到了一定的补充作用,拓展了颠覆性创新的情境视角和理论体系。从整体框架与核心内容来看,本研究聚焦于颠覆性创新研发联盟这一主要对象,试图解释"是什么""为什么"以及"怎么办"的问题,即厘清颠覆性创新研发联盟的理论内涵与价值作用,探讨其生成构建的影响因素,分析其网络演化的特征表现,并研究其对创新绩效的影响效应,最终提出有针对性的对策建议。但颠覆性创新的技术演进特征及其市场扩散路径充满了不确定性,如何利用研发联盟更好地指导企业的创新战略制定和国家的培育生态构建是一项极其复杂且具有挑战性的任务,受限于研究水平与内容篇幅,本书的相关工作只是揭示了其中的冰山一角,相关问题的研究仍有待进行更为深入的追踪和探讨。

参考文献

[1] Acar O U, Güvenc L, Altug E. Hardware in the loop testing of automatic lift dropping system for heavy trucks [J]. Journal of Intelligent & Robotic Systems, 2020, 98 (3): 693-703.

[2] Ander R. When are technologies disruptive? a demand-based view of the Emergence of competition [J]. Strategic Management Journal, 2002, 23 (8): 667-688.

[3] Ahuja G. Collaboration networks, structural holes, and innovation: A longitudinal study [J]. Administrative Science Quarterly, 2000, 3 (45): 425-455.

[4] Alegre J, Lapiedra R, Chiva R. A measurement scale for product innovation performance [J]. European Journal of Innovation Management, 2006, 9 (4): 333-346.

[5] Amit R, Zott C. Value creation in E-business [J]. Strategic Management Journal, 2001, 6-1 (22): 493-520.

[6] Adner R, Levinthal D. Demand heterogeneity and technology evolution: Implications for product and process innovation [J]. Management Science, 2001, 47 (5): 611-628.

[7] Ansari S S, Garud R, Kumaraswamy A. The disruptor's dilemma: TiVo and the U. S. television ecosystem [J]. Strategic Management Journal, 2016, 9 (37): 1829-1853.

[8] Antonopoulou K, Begkos C. Strategizing for digital innovations: Value propositions for transcending market boundaries [J]. Technological Forecasting and Social Change, 2020, 156: 120042.

[9] Appleyard M M, Wang C Y, Liddle J A, et al. The innovator's non-dilemma: The case of next-generation lithography [J]. Managerial and Decision Economics, 2008, 29 (5): 407-423.

[10] Arikan A T, Knoben J. Sources of inter-firm heterogeneity in accessing

knowledge-creation benefits within technology clusters [J]. Industry and Innovation, 2014, 6 (21): 476-493.

[11] Baker T, Nelson R E. Creating something from nothing: Resource construction through entrepreneurial bricolage [J]. Administrative Science Quarterly, 2005, 50 (3): 329-366.

[12] Balachandran S, Hernandez E. Networks and innovation: Accounting for structural and institutional sources of recombination in brokerage triads [J]. Organization Science, 2018, 29 (1): 80-99.

[13] Barrie J, Zawdie G, João E. Leveraging triple helix and system intermediaries to enhance effectiveness of protected spaces and strategic niche management for transitioning to circular economy [J]. The International Journal of Technology Management & Sustainable Development, 2017, 16 (1): 25-47.

[14] Behrens J, Patzelt H. Incentives, resources and combinations of innovation radicalness and innovation speed [J]. British Journal of Management, 2018, 29 (4): 691-711.

[15] Beltagui A, Rosli A, Candi M. Exaptation in a digital innovation ecosystem: The disruptive impacts of 3D printing [J]. Research Policy, 2020, 49 (1): 103-133.

[16] Ben S K, Diridollou C, Hamadache K. The legitimation strategies of early stage disruptive innovation [J]. Technological Forecasting & Social Change, 2020, 15 (8): 120-161.

[17] Bhattarai C R, Kwong C C Y, Tasavori M. Market orientation, market disruptiveness capability and social enterprise performance: An empirical study from the United Kingdom [J]. Journal of Business Research, 2019, 96: 47-60.

[18] Bhaven S, HeidI L W. How do patents affect follow-on innovation? Evidence from the human genome [J]. American Economic Review, 2019, 1 (109): 203-236.

[19] Botsman R, Rogers R. Beyond zipcar: collaborative consumption [J]. Harvard Business Review, 2010, 88 (10): 30.

[20] Bouhoute A, Oucheikh R, Boubouh K, et al. Advanced driving behavior analytics for an improved safety assessment and driver fingerprinting [J]. IEEE Transactions on Intelligent Transportation Systems, 2019, 20 (6):

[21] Bourdieu P. Distinction: A social critique of the judgement of taste [M]. Cambridge: Harvard University Press, 1987.

[22] Bower J L, Christensen C M. Disruptive technologies: Catching the wave [J]. Harvard Business Review, 1995, 1 (73): 43–53.

[23] Burgess J, Chilvers J. Upping the ante: A conceptual framework for designing and evaluating participatory technology assessments [J]. Science & Public Policy, 2006, 33 (10): 713–728.

[24] Burt R S. Structural holes [M]. Cambridge: Harvard University Press, 1992.

[25] Caloffi A, Mariani M, Rossi F, et al. A comparative evaluation of regional subsidies for collaborative and individual R&D in small and medium-sized enterprises [J]. Research Policy, 2018, 47 (8): 1437–1447.

[26] Campbell J T, Sirmon D G, Schijven M. Fuzzy logic and the market: A configurational approach to investor perceptions of acquisition announcements [J]. Academy of Management Journal, 2016, 59 (1): 163–187.

[27] Canieels M C J, Romijn H A. Actor networks in strategic niche management: Insights from social network theory [J]. Futures, 2008, 40 (7): 613–629.

[28] Chang Y Y, Hughes M, Hotho S. Internal and external antecedents of SMEs' innovation ambidexterity outcomes [J]. Management Decision, 2011, 49 (10): 1658–1676.

[29] Charitou C D, Markides C C. Responses to disruptive strategic innovation [J]. MIT Sloan Management Review, 2003, 44 (2): 55–63.

[30] Charmaz K. Special invited paper: Continuities, contradictions, and critical inquiry in grounded theory [J]. International Journal of Qualitative Methods, 2017, 16 (1): 322743777.

[31] Chen C. CiteSpace II: Detecting and visualizing emerging trends and transient patterns in scientific literature [J]. Journal of the American Society for Information Science and Technology, 2006, 57 (3): 359–377.

[32] Chesbrough H. Open innovation: The new imperative for creating and profiting from technology [M]. Boston: Harvard Business School Press, 2003.

[33] Christensen C M, Baumann H, Ruggles R, et al. Disruptive innovation for social change [J]. Harvard Business Review, 2006, 12 (84): 94–100.

[34] Christensen C M, Ojomo E, Dillon K. Cracking frontier markets [J]. Harvard Business Review, 2019, 1 (97): 90–101.

[35] Christensen C M, Ojomo E, Dillon K. The prosperity paradox: How innovation can lift nations out of poverty [M]. New York: Harper Collins, 2019.

[36] Christensen C M, Ojomo E, Gay G D E A. The third answer: How market-creating innovation drives economic growth and development [J]. Innovations: Technology, Governance, Globalization, 2019, 34 (12): 10–26.

[37] Christensen C M, Raynor M E, McDonald R. What is disruptive innovation [J]. Harvard Business Review, 2015 (93): 44–53.

[38] Christensen C M, Van B R D. The capitalist's dilemma [J]. Harvard Business Review, 2014, 6 (92): 60–68.

[39] Christensen C M. The innovator's dilemma [M]. Boston: Harvard Business Review Press, 1997.

[40] Christensen C M, Raynor M. The innovator's solution: Creating and sustaining successful growth [M]. Boston: Harvard Business Review Press, 2003.

[41] Christensen C M, Anthony S D, Roth E A. Seeing what's next: Using the theories of innovation to predict industry change [J]. Journal of Engineering and Technology Management, 2005, 4 (22): 332–334.

[42] Christensen C M, Rosenbloom R S. Explaining the attacker's advantage: Technological paradigms, organizational dynamics, and the value network [J]. Research Policy, 1995, 24 (2): 233–257.

[43] Christoffersen J. A review of antecedents of international strategic alliance performance: Synthesized evidence and new directions for core constructs [J]. International Journal of Management Reviews, 2013, 15 (1): 66–85.

[44] Coduras A, Antonio C J, Ruiz J. A novel application of fuzzy-set qualitative comparative analysis to GEM data [J]. Journal of Business Research, 2016, 69 (4): 1265–1270.

[45] Colombo M G, Foss N J, Lyngsie J, et al. What drives the delegation of innovation decisions? The roles of firm innovation strategy and the nature of external knowledge [J]. Research Policy, 2021, 50 (1): 104–134.

[46] Crespo J, Suire R, Vicentie J. Network structural properties for cluster long-run dynamics: Evidence from collaborative R&D networks in the Euro-

pean mobile phone industry [J]. Industrial and Corporate Change, 2016, 2 (25): 261 – 282.

[47] Crossan M, Lane H, White R. An organizational learning framework: From intuition to institution [J]. Academy of Management Review, 1999, 3 (24): 22 – 537.

[48] Cruz C C, Bayona S C, García M T. Make, buy or both? R&D strategy selection [J]. Journal of Engineering and Technology Management, 2013, 30 (3): 227 – 245.

[49] Cukier W. Disruptive processes and skills mismatches in the new economy [J]. Journal of Global Responsibility, 2019, 10 (3): 211 – 225.

[50] Danese P, Manfe V, Romano P. A systematic literature review on recent lean research: State-of-the-art and future directions [J]. International Journal of Management Reviews, 2018, 2 (20): 579 – 605.

[51] Danneels E. Disruptive technology reconsidered: A critique and research agenda [J]. Journal of Product Innovation Management, 2004, 21 (4): 246 – 258.

[52] Davis J P. The Group dynamics of interorganizational relationships: Collaborating with multiple partners in innovation ecosystems [J]. Administrative Science Quarterly, 2016, 61 (4): 621 – 661.

[53] Dhanaraj C, Parkhe A. Orchestrating innovation networks [J]. Academy of Management Review, 2006, 21 (3): 659 – 669.

[54] Dixon T, Eames M, Britnell J, et al. Urban retrofitting: Identifying disruptive and sustaining technologies using performative and foresight techniques [J]. Technological Forecasting and Social Change, 2014, 89: 131 – 144.

[55] Dotsika F, Watkins A. Identifying potentially disruptive trends by means of keyword network analysis [J]. Technological Forecasting and Social Change, 2017, 119: 114 – 127.

[56] Dubosson T M, Osterwalder A, Pigneur Y. E-business model design, classification, and measurements [J]. Thunderbird International Business Review, 2002, 44 (1): 5 – 23.

[57] Dyer J H, Nobeoka K. Creating and managing a high-performance knowledge-sharing network: The Toyota case [J]. Strategic Management Journal, 2000, 21 (3): 345 – 367.

[58] Eisenhardt K M, Graebner M E. Theory building from cases: Opportunities and challenges [J]. Academy of Management Journal, 2007, 1 (50): 25-32.

[59] Eisenhardt. Building theories from case study research [J]. Academy of Management Review, 1989, 4 (14): 532-550.

[60] Eisenhardt K M, Graebner M E. Theory building from cases: Opportunities and challenges [J]. Academy of Management Journal, 2007, 1 (50): 25-32.

[61] Faems D, Van L B, Debackere K. Interorganizational collaboration and innovation: Toward a portfolio approach [J]. Journal of Product Innovation Management, 2005, 1 (22): 238-250.

[62] Feder C. The effects of disruptive innovations on productivity [J]. Technological Forecasting & Social Change, 2018, 126: 186-193.

[63] Felson M, Spaeth J L. Community structure and collaborative consumption: A routine activity approach [J]. American Behavioral Scientist, 1978, 4 (21): 614-624.

[64] Feng Y, Caldentey R, Ryan C T. Robust learning of consumer preferences [J]. Operations Research, 2022, 70 (2): 918-962.

[65] Ferreras M J L, Newell S, Fernández M A, et al. Depth and breadth of external knowledge search and performance: The mediating role of absorptive capacity [J]. Industrial Marketing Management, 2015, 47: 86-97.

[66] Fielt E. Conceptualising business models: Definitions, frameworks and classifications [J]. Journal of Business Models, 2013, 1 (1): 85-105.

[67] Fisher D, Greven A, Tornow M, et al. On the value of effectuation processes for R&D alliances and the moderating role of R&D alliance experience [J]. Journal of Business Research, 2021, 13 (5): 606-619.

[68] Fleming L. Recombinant uncertainty in technological search [J]. Management Science, 2001, 47 (1): 117-132.

[69] Freeman C. Continental, national and sub-national innovation systems-complementarity and economic growth [J]. Research Policy, 2002, 31 (2): 191-211.

[70] Funk R J, Owen Smith J. A dynamic network measure of technological change [J]. Management Science, 2017, 63 (3): 791-817.

[71] Ganguly A, Nilchiani R, Farr J V. Defining a set of metrics to evaluate

the potential disruptiveness of a technology [J]. Engineering Management Journal, 2010, 22 (1): 34-44.

[72] Giachetti C, Mensah D T. Catching-up during technological windows of opportunity: An industry product categories perspective [J]. Research Policy, 2023, 52 (2): 104677.

[73] Gilbert C, Bower J L. Disruptive change: When trying harder is part of the problem [J]. Harvard Business Review, 2002, 80 (5): 94-101, 134.

[74] Gilsing V, Nooteboom B, Vanhaverbeke W, et al. Network embeddedness and the exploration of novel technologies: Technological distance, betweenness centrality and density [J]. Research Policy, 2008, 37 (10): 1717-1731.

[75] Glaser B G. No preconception: The dictum [J]. Grounded Theory Review, 2012, 11 (2): 1-6.

[76] Coleman J S. Social capital in the creation of human capital [J]. American Journal of Sociology, 1988, 94: 95-120.

[77] Gong M, Dai A. Multiparty evolutionary game strategy for green technology innovation under market orientation and pandemics [J]. Frontiers in Public Health, 2022, 9.

[78] Gonzalez B C N, Veloso F M, Krackhardt D. The impact of network embeddedness on research output [J]. Research Policy, 2013, 42 (9): 1555-1567.

[79] Gordijn J, Osterwalder A, Pigneur Y. Comparing two business model ontologies for designing E-business models and value constellations [C]. Proceedings of the 18th conference "eIntegration in action", 2005.

[80] Govindarajan V, Kopalle P. The usefulness of measuring disruptiveness of innovations ex post in making exante predictions [J]. Journal of Product Innovation Management, 2006, 1 (23): 12-18.

[81] Govindarajan V, Kopalle P K, Danneels E. The effects of mainstream and emerging customer orientations on radical and disruptive innovations [J]. Journal of Product Innovation Management, 2011, 28 (s1): 121-132.

[82] Granovetter M S. The strength of weak ties [J]. American Journal of Sociology, 1973, 78 (6): 1360-1380.

[83] Granovetter M. Economic action and social structure: The problem of embed-

dedness [J]. American Journal of Sociology, 1985, 91 (3): 481-510.

[84] Gulati R, Nohria N, Zaheer A. Strategic networks [J]. Strategic Management Journal, 2000, 6 (7): 713-718.

[85] Habtay S R. A firm level analysis on the relative difference between technology-driven and market-driven disruptive business model Innovations [J]. Creativity and Innovation Management, 2012, 21 (3): 290-303.

[86] Hagedoorn J, Cloodt M. Measuring innovative performance: Is there an advantage in using multiple indicators? [J]. Research Policy, 2003, 32 (8): 1365-1379.

[87] Hansen M T. The search-transfer problem: The role of weak ties in sharing knowledge across organization subunits [J]. Administrative Science Quarterly, 1999, 44 (1): 82-111.

[88] Hausman J, Hall B H, Griliches Z. Econometric models for count data with an application to the patents R&D relationship [J]. Econometrica, 1984, 52 (4): 909-938.

[89] Hazlett T W. Understanding the disruptive innovation wrought by computers and the internet: A review [J]. International Journal of the Economics of Business, 2016, 23 (3): 391-408.

[90] Hommels A, Peters P, Bijker W E. Techno therapy or nurtured niches? Technology studies and the evaluation of radical innovations [J]. Research Policy, 2007, 36 (7): 1088-1099.

[91] Hong J, Feng B, Wu Y, et al. Do government grants promote innovation efficiency in China's high-tech industries? [J]. Technovation, 2016, 57-58: 4-13.

[92] Hoogma R. Exploiting technological niches: Strategies for experimental introduction of electric vehicles [M]. Enschede: Twente University Press, 2000.

[93] Hopp C, Antons D, Kaminski J, et al. Disruptive innovation: Conceptual foundations, empirical evidence, and research opportunities in the digital age [J]. The Journal of Product Innovation Management, 2018, 35 (3): 446-457.

[94] Huggins R, Thompson P. Entrepreneurship, innovation and regional growth: A network theory [J]. Small Business Economics, 2015, 45 (1): 103-128.

[95] Jackson M O, Rogers B, Zenou Y. The economic consequences of social-

network structure [J]. Journal of Economic Literature, 2017, 55 (1): 49-95.

[96] Jakobsen S. Managing tension in coopetition through mutual dependence and asymmetries: A longitudinal study of a Norwegian R&D alliance [J]. Industrial Marketing Management, 2020, 84: 251-260.

[97] Kafouros M, Wang C, Piperopoulos P, et al. Academic collaborations and firm innovation performance in China: The role of region-specific institutions [J]. Research Policy, 2015, 44 (3): 803-817.

[98] Kaplan S, Vakili K. The double-edged sword of recombination in breakthrough innovation [J]. Strategic Management Journal, 2015, 36 (10): 1435-1457.

[99] Kapoor R., Klueter T. Decoding the adaptability-rigidity puzzle: Evidence from pharmaceutical incumbents' pursuit of gene therapy and monoclonal antibodies [J]. Academy of Management Journal, 2015, 58 (4): 1180-1207.

[100] Kemp R, Schot J, Hoogma R. Shifts to sustainability through processes of niche formation: The approach of strategic niche management [J]. Technology Analysis and Strategic Management, 1998, 10 (2): 175-196.

[101] Kenagy J W, Christensen C M. Disruptive innovation: New diagnosis and treatment for the systemic maladies of healthcare [J]. World Markets, 2012, 15 (5): 62-78.

[102] Kim B, Kim E, Miller D J, et al. The impact of the timing of patents on innovation performance [J]. Research Policy, 2016, 45 (4): 914-928.

[103] Kim H. How a firm's position in a whole network affects innovation performance [J]. Technology Analysis & Strategic Management, 2019, 31 (2): 155-168.

[104] Kim K, Baek C, Lee J. Creative destruction of the sharing economy in action: The case of Uber [J]. Transportation Research Part A, 2018, 110: 118-127.

[105] Klenner P, Hüsig S, Dowling M. Ex-ante evaluation of disruptive susceptibility in established value networks: When are markets ready for disruptive innovations? [J]. Research Policy, 2013, 42 (4): 914-927.

[106] Kok H, Faems D, Faria P. Ties that matter: The impact of alliance part-

ner knowledge recombination novelty on knowledge utilization in R&D alliances [J]. Research Policy, 2020, 49 (7): 101-104.

[107] König M D, Liu X, Zenou Y. R&D networks: Theory, empirics, and policy implications [J]. Review of Economics and Statistics, 2019, 101 (3): 476-491.

[108] Kostoff R N, Boylan R, Simons G R. Disruptive technology roadmaps [J]. Technological Forecasting & Social Change, 2004, 71 (1): 141-159.

[109] Kraaijenbrink J, Spender J C, Groen A J. The resource-based view: A review and assessment of its critiques [Z]. Los Angeles, CA: SAGE Publications, 2010: 36, 349-372.

[110] Krackhardt D, Kilduff M. Structure, culture and simmelian ties in entrepreneurial firms [J]. Social Networks, 2002, 24 (3): 279-290.

[111] Kumar P, Zaheer A. Ego-network stability and innovation in alliances [J]. Academy of Management Journal, 2019, 62 (3): 691-716.

[112] Kumaraswamy A, Garud R, Ansari S. Perspectives on disruptive innovations [J]. Journal of Management Studies, 2018, 55 (7): 1025-1042.

[113] Lavie D. Network resources: Toward a new social network perspective [Z]. Academy of Management, 2008: 33, 546-550.

[114] Lee C Y, Wang M C, Huang Y C. The double-edged sword of technological diversity in R&D alliances: Network position and learning speed as moderators [J]. European Management Journal, 2015, 33 (6): 450-461.

[115] Lee J, Lee C, Kim J, et al. An empirical study on the effect of innovation financing on technology innovation competency: Business performance of SMEs in Korea [J]. Journal of Electronic Commerce in Organizations, 2019, 17 (1): 1-15.

[116] Leenders R T A J, Dolfsma W. Social networks for innovation and new product development [J]. The Journal of Product Innovation Management, 2016, 33 (2): 123-131.

[117] Leibenstein H. On relaxing the maximization postulate [J]. Journal of Behavioral Economics, 1985, 14 (1): 5-20.

[118] Leifer R, O'Connor G C, Rice M. Implementing radical innovation in mature firms: The role of hubs [J]. The Academy of Management Executive (1993), 2001, 15 (3): 102-113.

[119] Leyden d P, Link A N, Bozeman B. The effects of governmental financing on firms' R&D activities: A theoretical and empirical investigation [J]. Technovation, 1989, 9 (7): 561-575.

[120] Li M, Porter A L, Suominen A. Insights into relationships between disruptive technology/innovation and emerging technology: A bibliometric perspective [J]. Technological Forecasting & Social Change, 2018, 129: 285-296.

[121] Lichtenthaler E. Managing technology intelligence processes in situations of radical technological change [J]. Technological Forecasting & Social Change, 2007, 74 (8): 1109-1136.

[122] Lipsey M W, Wilson D B. Practical meta-analysis [M]. London: SAGE publications, Inc, 2001.

[123] Liu Y, Ou C, Zhang G, et al. Research on the effect evaluation of protected space driving new technologies industrialization from the perspective of ST [J]. Journal of Systems Science and Complexity, 2020, 33 (2): 475-509.

[124] Mai E S, Ketron S. How retailer ownership of vs. collaboration with sharing economy apps affects anticipated service quality and value co-creation [J]. Journal of Business Research, 2022, 140: 684-692.

[125] Mandel A, Venel X. Dynamic competition over social networks [J]. European Journal of Operational Research, 2020, 280 (2): 597-608.

[126] Mansfield E. Entry, Gibrat's law, innovation, and the growth of firms [J]. The American Economic Review, 1962, 52 (5): 1023-1051.

[127] Markides C. Disruptive Innovation: In Need of Better Theory [J]. Journal of Product Innovation Management, 2006, 23 (1): 19-25.

[128] Marosi A C, Emodi M, Hajnal Á, et al. Interoperable data analytics reference architectures empowering digital-twin-aided manufacturing [J]. Future Internet, 2022, 14 (4): 114.

[129] Martinez N A, Garcia C E. Innovation performance feedback and technological alliance portfolio diversity: The moderating role of firms' R&D intensity [J]. Research Policy, 2021, 50 (9): 104-321.

[130] Messenger M. A high technology-low energy demand for Western Europe [J]. Energy, 1981, 6 (12): 1481-1503.

[131] Mihalachie M, Mihalache O R. A decisional framework of offshoring:

Integrating insights from 25 years of research to provide direction for future [J]. Decision Sciences, 2016, 6 (47): 1103-1149.

[132] Millard B A. Pedestrians, autonomous vehicles, and cities [J]. Journal of Planning Education and Research, 2018, 33 (1): 6-12.

[133] Mitchell J. The concept and use of social networks [M]. Manchester: Manchester University Press, 1969.

[134] Mokyr J. Punctuated equilibria and technological progress [J]. The American Economic Review, 1990, 80 (2): 350-354.

[135] Momeni A, Rost K. Identification and monitoring of possible disruptive technologies by patent-development paths and topic modeling [J]. Technological Forecasting and Social Change, 2016, 104: 16-29.

[136] Nagy D, Schuessler J, Dubinsky A. Defining and identifying disruptive innovations [J]. Industrial Marketing Management, 2016 (57): 119-126.

[137] Najafi T S, Najafi T Z, Naude P. How collaborative innovation networks affect new product performance: Product innovation capability, process innovation capability, and absorptive capacity [J]. Industrial Marketing Management, 2018, 8 (73): 192-205.

[138] Ogbeibu S, Pereira V, Emelifeonwu J, et al. Bolstering creativity willingness through digital task interdependence, disruptive and smart HRM technologies [J]. Journal of Business Research, 2021, 124: 422-436.

[139] Paap J, Katz R. Anticipating disruptive innovation [J]. Research Technology Management, 2004, 47 (5): 13-22.

[140] Pan W, Zhao P, Ding X. The effects of network structure on research innovation: Analysis from a content perspective using the data of R&D funding [J]. Technology Analysis & Strategic Management, 2019, 31 (2): 1430-1446.

[141] Pandit D, Joshi M P, Sahay A, et al. Disruptive innovation and dynamic capabilities in emerging economies: Evidence from the Indian automotive sector [J]. Technological Forecasting & Social Change, 2018, 129: 323-329.

[142] Paolo A, Santi F, Stenfan H. Business model configurations and performance: A qualitative comparative analysis in Formula One racing, 2005-2013 [J]. Industrial and Corporate Change, 2015, 24 (3):

655-676.

[143] Parry M E, Kawakami T. The encroachment speed of potentially disruptive innovations with indirect network externalities: The case of E-Readers [J]. The Journal of Product Innovation Management, 2017, 34 (2): 141-158.

[144] Partanen J, Chetty S K, Rajala A. Innovation types and network relationships [J]. Entrepreneurship Theory and Practice, 2014, 38 (5): 1027-1055.

[145] Pérez L, Dos Santos Paulino V, Cambra-Fierro J. Taking advantage of disruptive innovation through changes in value networks: Insights from the space industry [J]. Supply Chain Management, 2017, 22 (2): 97-106.

[146] Peter E D, Jane M, Zhou Y J. Is it just too good to be true? Unearthing the benefits of disruptive technology [J]. International Journal of Information Management, 2020, 52: 102096.

[147] Peterson R A, Brown S P. On the use of beta coefficients in Meta-Analysis [J]. Journal of Applied Psychology, 2005, 90 (1): 175-181.

[148] Phelps C C. A longitudinal study of the influence of alliance network structure and composition on firm exploratory innovation [J]. Academy of Management Journal. 2010, 53 (4): 890-913.

[149] Phillips W, Lamming R, Bessant J, et al. Discontinuous innovation and supply relationships: Strategic dalliances [J]. R & D management, 2006, 36 (4): 451-461.

[150] Pigott T D. Methods of meta-analysis: Correcting error and bias in research findings [J]. Evaluation and Program Planning, 2006, 29 (3): 236-237.

[151] Pilkington A, Dyerson R, Tissier O. The electric vehicle: Patent data as indicators of technological development [J]. World Patent Information, 2002, 24 (1): 5-12.

[152] Powell W W, Koput k W, Smith D L. Interorganizational collaboration and the locus of innovation: Networks of learning in biotechnology [J]. Administrative Science Quarterly, 1996, 41 (1): 116-145.

[153] Ranta V, Aarikka S L, Väisänen J. Digital technologies catalyzing business model innovation for circular economy-Multiple case study [J]. Re-

sources, Conservation and Recycling, 2021, 164: 105-155.

[154] Rogers E M, Havens A E. Predicting innovativeness [J]. Sociological Inquiry, 1962, 32 (1): 34-42.

[155] Rosenbusch N, Brinckmann J, Bausch A. Is innovation always beneficial? A meta-analysis of the relationship between innovation and performance in SMEs [J]. Journal of Business Venturing, 2011, 26 (4): 441-457.

[156] Rosenthal R. Combining results of independent studies [J]. Psychological Bulletin, 1978, 85 (1): 185.

[157] Rossi M, Festa G, Devalle A, et al. When corporations get disruptive, the disruptive get corporate: Financing disruptive technologies through corporate venture capital [J]. Journal of Business Research, 2020, 118: 378-388.

[158] Rothwell R, Zegbeld W. Innovation and public policy: Preparing for the 1980s and 1990s [M]. London: Frances Printer, 1981.

[159] Rowley T, Behrens D, Krackhardt D. Redundant governance structures: An analysis of structural and relational embeddedness in the steel and semiconductor industries [J]. Strategic Management Journal, 2000, 21 (3): 369-386.

[160] Sandström C. High-end disruptive technologies with an inferior performance [J]. International Journal of Technology Management, 2011, 56 (2): 109-122.

[161] Saul J, Berman J H. How technology-driven business strategy can spur innovation and growth [J]. Strategy & leadership, 2006, 2 (34): 28-34.

[162] Schilling M A, Phelps C C. Interfirm collaboration networks: The impact of large-scale network structure on firm innovation [J]. Management Science, 2007, 53 (7): 1113-1126.

[163] Schmidt G M, Druehl C T. When is a disruptive innovation disruptive [J]. Journal of Product Innovation Management, 2008, 25 (4): 347-369.

[164] Schot J, Geels F W. Strategic niche management and sustainable innovation journeys: Theory, findings, research agenda, and policy [J]. Technology Analysis & Strategic Management, 2008, 20 (5): 537-554.

[165] Schot J, Hoogma R, Elzen B. Strategies for shifting technological sys-

tems: The case of the automobile system [J]. Futures, 1994, 26 (10): 1060–1076.

[166] Schuelke L, Beth A. A model for understanding the orders of magnitude of disruptive technologies [J]. Technological Forecasting & Social Change, 2018, 129: 261–274.

[167] Schumpeter J A. Capitalism, Socialism and Democracy [M]. New York: Harper, 1942.

[168] Schumpeter J. A. The theory of economic development: An inquiry into profits, capital, credit, interest and the business cycle [M]. New Brunswick: Transaction Publishers, 1934.

[169] Seacrist T, Sahani R, Chingas G, et al. Efficacy of automatic emergency braking among risky drivers using counterfactual simulations from the SHRP 2 naturalistic driving study [J]. Safety Science, 2020, 128: 104746.

[170] Senyard J, Baker T, Steffens P. Bricolage as a path to innovativeness for resource-constrained new firms [J]. Journal of Product Innovation Management, 2014, 31 (2): 211–230.

[171] Shuai D, Qiang C, Ya Y D. Research on the construction of competitive advantage of sharing economy: Enterprises based on disruptive innovation [J]. Commercial Research, 2018, 60 (12): 20.

[172] Si S, Zahra S A, Wu X, et al. Disruptive innovation and entrepreneurship in emerging economics [J]. Journal of Engineering and Technology Management, 2020, 58 (8): 101601.

[173] Simmel G. The sociology of georg simmel [M]. New York: The Free Press, 1950.

[174] Sirmon D G, Hitt M A. Contingencies within dynamic managerial capabilities: Interdependent effects of resource investment and deployment on firm performance [J]. Strategic Management Journal, 2009, 30 (13): 1375–1394.

[175] Sivakumar K, Roy S, Zhu J, et al. Global innovation generation and financial performance in business-to-business relationships: The case of cross-border alliances in the pharmaceutical industry [J]. Journal of the Academy of Marketing Science, 2010, 39 (5): 757–776.

[176] Slavova K, Jong S. University alliances and firm exploratory innovation: Evidence from therapeutic product development [J]. Technovation, 2021,

107 (4): 102 – 130.

[177] Sood A, Tellis G J. Demystifying disruption: A new model for understanding and predicting disruptive technologies [J]. Marketing Science, 2011, 30 (2): 339 – 354.

[178] Steven S, Hui C, Wan L, et al. Disruptive innovation, business model and sharing economy: The bike-sharing cases in China [J]. Management Decision, 2020, 23 (11): 56 – 75.

[179] Strauss A L, Corbin J M. Basics of qualitative research: Techniques and procedures for developing grounded theory [J]. Thousand Oaks Ca Sage Tashakkori A & Teddlie C, 2014, 36 (100): 129.

[180] Suikki, Raija. Process renewal driven by disruptive technologies [J]. International Journal of Business Innovation & Research, 2017, 3 (1): 281 – 295.

[181] Suseno Y. Disruptive innovation and the creation of social capital in Indonesia's urban communities [J]. Asia Pacific Business Review, 2018, 24 (2): 174 – 195.

[182] Szczygielski K, Grabowski W, Pamukcu M T, et al. Does government support for private innovation matter? Firm-level evidence from two catching-up countries [J]. Research Policy, 2017, 46 (1): 219 – 237.

[183] Taran Y, Boer H, Lindgren P. A business model innovation typology, [J]. Decision Sciences, 2015, 2 (46): 1 – 31.

[184] Teece D J, Pisano G, Shuen A. Dynamic capabilities and strategic management [M]. Boston: Butterworth-Heinemann, 1999.

[185] Thomond P N L F. Allocating resources to disruptive innovation projects: Challenging mental models and overcoming management resistance [J]. International Journal of Technology Management, 2008, 12 (44): 25 – 36.

[186] Tojeiro Rivero D, Moreno R. Technological cooperation, R&D outsourcing, and innovation performance at the firm level: The role of the regional context [J]. Research Policy, 2019, 48 (7): 1798 – 1808.

[187] Tornatzky L G, Fleischer M, Chakrabarti A K. Processes of technological innovation [M]. Lexington: Lexington Books, 1990.

[188] Trabucchi D, Muzellec L, Ronteau S, et al. The platforms' DNA: Drivers of value creation in digital two-sided platforms [J]. Technology Anal-

[189] Trubnikov D. Analysing the impact of regulation on disruptive innovations: The case of wireless technology [J]. Journal of Industry, Competition and Trade, 2017, 17 (4): 399-420.

[190] Tsai W, Ghoshal S. Social capital and value creation: The role of intrafirm networks [J]. The Academy of Management Journal, 1998, 4 (41): 464-476.

[191] Tushman M L, Anderson P. Technological discontinuities and organizational environments [J]. Administrative Science Quarterly, 1986, 31 (3): 439-465.

[192] Uzzi B. The sources and consequences of embeddedness for the economic performance of organizations: The network effect [J]. American Sociological Review, 1996: 674-698.

[193] Van D B H, Rip A. The Nelson-Winter-Dosi model and synthetic dye chemistry [J]. The Social Construction of Technological Systems: New Directions in the Sociology and History of Technology, 1987 (1): 135-158.

[194] Verbong G, Christiaens W, Raven R, et al. Strategic niche management in an unstable regime: Biomass gasification in India [J]. Environmental Science & Policy, 2010, 13 (4): 272-281.

[195] Von P F, Midler C, Maniak R, et al. Managing systemic and disruptive innovation: Lessons from the renault zero emission initiative [J]. Industrial and Corporate Change, 2015, 24 (3): 677-695.

[196] Walsh S T. Roadmapping a disruptive technology: A case study: The Emerging microsystems and top-down nanosystems industry [J]. Technological Forecasting & Social Change, 2004, 71 (1): 161-185.

[197] Wan F, Williamson P J, Yin E. Antecedents and implications of disruptive innovation: Evidence from China [J]. Technovation, 2015, 39 (40): 94-104.

[198] Weber W, Hoogma R. Beyond national and technological styles of innovation diffusion: A dynamic perspective on cases from the energy and transport sectors [J]. Technology Analysis & Strategic Management, 1998, 10 (4): 545-566.

[199] Wellman B E, Berkowitz S D. Social structures: A network approach

[M]. Cambridge: Carnbridge University Press, 1988.

[200] Whetten D A. What constitutes a theoretical contribution? [J]. Academy of Management Review, 1989, 4 (14): 490-495.

[201] Williamson P J, Wan F, Eden Y, et al. Is disruptive innovation in Emerging economies different? Evidence from China [J]. Journal of Engineering and Technology Management, 2020, 57: 101590.

[202] Wu L, Wang D, Evans J A. Large teams develop and small teams disrupt science and technology [J]. Nature (London), 2019, 566 (7744): 378-382.

[203] Wu Y E, Wang X, Liu Z, et al. Research on low-carbon technology diffusion among enterprises in networked evolutionary game [J]. Chaos, Solitons & Fractals, 2023, 174: 113852.

[204] Yan Y, Guan J. How multiple networks help in creating knowledge: Evidence from alternative energy patents [J]. Scientometrics, 2018, 115 (1): 51-77.

[205] Yin R K. Case study research: Designs and methods [J]. Harvard Educational Review, 2004, 74 (1): 107-109.

[206] Yin R. K. Validity and generalization in future case study evaluations [J]. Evaluation, 2013, 19 (3): 321-332.

[207] Zhang G, Tang C. The influences of characteristics of three intrafirm networks on firm exploitative and exploratory innovation [J]. International Journal of Technology Management, 2020, 83 (4): 205-227.

[208] 白光祖, 彭现科, 王宝, 等. 面向经济主战场强化国家战略科技力量的思考 [J]. 中国工程科学, 2021, 23 (6): 120-127.

[209] 白胜, 袁静, 雷粤. 在位企业回应颠覆性创新的研究综述与展望 [J]. 软科学, 2021, 35 (04): 121-124.

[210] 白胜. 克里斯坦森发展颠覆性创新理论的4个特色 [J]. 科技进步与对策, 2018, 35 (10): 25-30.

[211] 毕静煜, 谢恩, 魏海笑. 联盟伙伴技术多样性对企业突破性创新的影响——研发联盟组合特征的调节作用 [J]. 研究与发展管理, 2021, 33 (2): 41-52.

[212] 毕静煜, 谢恩. 伙伴社会价值对企业突破性创新的影响研究 [J]. 科研管理, 2021, 42 (1): 67-77.

[213] 毕静煜, 谢恩. 研发联盟组合关系特征与企业创新: 伙伴地理多样

性的调节作用 [J]. 管理评论, 2021, 33 (10): 103-114.

[214] 毕静煜, 谢恩. 研发联盟组合伙伴多样性与企业创新: 研发联盟组合特征的调节作用 [J]. 科学学与科学技术管理, 2020, 41 (12): 35-51.

[215] 曹冬勤, 彭灿, 吕潮林. 环境动态性与竞争性对企业双元创新的影响: 创业导向的调节作用 [J]. 管理学刊, 2021, 34 (1): 56-66.

[216] 曹霞, 李传云, 林超然. 基于新能源汽车的专利合作网络演化研究 [J]. 科研管理, 2019, 40 (8): 179-188.

[217] 曹阳春, 刘贻新, 张光宇. 基于政府驱动的区块链产业协同创新演化博弈研究 [J]. 软科学, 2021, 35 (11): 19-24.

[218] 曹阳春, 张光宇, 戴海闻, 等. 基于跨案例研究的颠覆性技术演进特征分析 [J]. 科技进步与对策, 2022, 39 (3): 1-10.

[219] 曹阳春, 张光宇, 欧春尧, 等. 颠覆性创新的技术演进特征分析——基于锂离子电池案例 [J]. 中国科技论坛, 2022 (2): 68-76.

[220] 岑杰, 叶二子, 肖瑶. 跨领域搜索对共性技术溢出的双刃剑效应: 产业联盟的放大作用 [J]. 科研管理, 2021, 42 (7): 77-90.

[221] 曾德明, 赵胜超, 叶江峰, 等. 基础研究合作、应用研究合作与企业创新绩效 [J]. 科学学研究, 2021, 39 (8): 1485-1497.

[222] 陈红, 刘霞, 刘东霞, 等. 企业双元战略、互补资产与创新绩效——基于模糊集定性比较分析 [J]. 中国科技论坛, 2021 (4): 102-109.

[223] 陈红花, 尹西明, 陈劲, 等. 基于整合式创新理论的科技创新生态位研究 [J]. 科学学与科学技术管理, 2019, 40 (5): 3-16.

[224] 陈劲, 尹西明, 梅亮. 整合式创新: 基于东方智慧的新兴创新范式 [J]. 技术经济, 2017, 36 (12): 1-10.

[225] 陈静, 曾德明, 欧阳晓平. 基于探索式创新的知识整合能力对制造企业绩效的影响 [J]. 系统管理学报, 2021, 30 (4): 631-642.

[226] 陈丽姗, 傅元海. 融资约束条件下技术创新影响企业高质量发展的动态特征 [J]. 中国软科学, 2019 (12): 108-128.

[227] 陈培祯, 李健, 曾德明. 知识替代性和互补性对企业新产品开发数量的影响 [J]. 管理科学, 2021, 34 (4): 89-100.

[228] 陈文婕, 曾德明, 邹思明. 全球低碳汽车技术合作创新网络演化路径研究 [J]. 科研管理, 2016, 37 (8): 28-36.

[229] 陈宇理,刘贻新,张光宇,等. 机会窗口视角下的颠覆性创新模式研究——基于中美日代表性新能源汽车企业的比较分析 [J]. 软科学, 2022, 36 (10): 55-62.

[230] 成丽红,孙天阳. 战略性产业贸易网络的结构特征及演化模式 [J]. 科学学研究, 2021, 39 (12): 2140-2148.

[231] 程结晶,邵方圆. 社会网络中节点的结构权力研究 [J]. 情报科学, 2021, 39 (8): 29-36.

[232] 程鹏,柳卸林,李洋,等. 本土需求情景下破坏性创新的形成机理研究 [J]. 管理科学, 2018, 31 (2): 33-44.

[233] 戴海闻,曾德明,张运生. 关系资本、双元创新与高技术产业主导设计 [J]. 科研管理, 2020, 41 (2): 220-229.

[234] 窦超,代涛,李晓轩,等. DARPA 颠覆性技术创新机制研究——基于 SNM 理论的视角 [J]. 科学学与科学技术管理, 2018, 39 (6): 99-108.

[235] 杜运周,贾良定. 组态视角与定性比较分析(QCA):管理学研究的一条新道路 [J]. 管理世界, 2017 (6): 155-167.

[236] 段欣,张洁逸,丁晟春. 产业领域专利合作状态与演化分析——以人工智能领域为例 [J]. 情报科学, 2020, 38 (12): 27-35.

[237] 房银海,谭清美. 协同创新网络研究回顾与展望——以复杂网络为主的多学科交叉视角 [J]. 科学学与科学技术管理, 2021, 42 (8): 17-40.

[238] 冯立杰,杜靖宇,王金凤,等. 颠覆式创新视角下后发企业价值网络演变路径 [J]. 科学学研究, 2019, 01 (37): 175-183.

[239] 冯长利,程悦. 开放式创新与企业绩效的 Meta 分析 [J]. 科研管理, 2020, 41 (1): 108-118.

[240] 傅瑶,孙玉涛,刘凤朝. 美国主要技术领域发展轨迹及生命周期研究——基于 S 曲线的分析 [J]. 科学学研究, 2013, 31 (2): 209-216.

[241] 高建,汪剑飞,魏平. 企业技术创新绩效指标:现状、问题和新概念模型 [J]. 科研管理, 2004 (S1): 14-22.

[242] 高太山,柳卸林. 企业国际研发联盟是否有助于突破性创新? [J]. 科研管理, 2016, 37 (1): 48-57.

[243] 高太山. 国际研发联盟、技术距离与企业突破性创新 [J]. 当代经济管理, 2020, 42 (3): 21-26.

[244] 高霞, 曹洁琼, 包玲玲. 产学研合作开放度的异质性对企业创新绩效的影响 [J]. 科研管理, 2021, 42 (9): 112-119.

[245] 关鹏, 王曰芬, 靳嘉林, 等. 专利合作视角下技术创新合作网络演化分析——以国内语音识别技术领域为例 [J]. 数据分析与知识发现, 2021, 5 (1): 112-127.

[246] 郭小超, 王岩, 张璐, 等. 国际破坏性创新研究热点与演进的可视化分析 [J]. 科研管理, 2020, 41 (11): 1-13.

[247] 郭秀强, 孙延明. 研发投入、技术积累与高新技术企业市场绩效 [J]. 科学学研究, 2020, 38 (9): 1630-1637.

[248] 郝晨, 张卫国, 李梦雅. 国际社会创业的价值共创机制——基于社会网络视角的案例研究 [J]. 管理评论, 2021, 33 (8): 326-340.

[249] 郝琳娜, 侯文华, 刘猛. 众包竞赛模式下企业R&D创新水平策略博弈分析 [J]. 科研管理, 2014, 35 (4): 111-120.

[250] 侯博, 宋建梅, 张春妍, 等. 基于L_1自适应的过载驾驶仪设计与全弹道仿真 [J]. 系统工程理论与实践, 2018, 38 (4): 1061-1068.

[251] 侯广辉, 廖桂铭, 王刚. 基于突变级数的颠覆性技术识别模型构建及实证研究 [J]. 情报杂志, 2021, 40 (10): 7-14.

[252] 胡俏, 齐佳音. 基于SD演化博弈模型的数字货币扩散演化仿真研究 [J]. 系统工程理论与实践, 2021, 41 (5): 1211-1228.

[253] 胡雯, 周文泳. 试论颠覆性技术保护空间的协同治理框架 [J]. 科学学研究, 2021, 39 (9): 1555-1563.

[254] 黄海洋, 陈继祥. 颠覆性创新的扩散过程与中小企业的竞争策略 [J]. 工业工程与管理, 2011, 16 (1): 123-129.

[255] 黄鲁成, 蒋林杉, 吴菲菲. 萌芽期颠覆性技术识别研究 [J]. 科技进步与对策, 2019, 36 (1): 10-17.

[256] 黄鲁成, 谢富纪, 于渤, 等. 创造发展新优势: 颠覆性技术创新行为、模式和机制 [J]. 管理科学, 2019, 32 (2): 1-2.

[257] 黄明, 吉祥熙. 资源协奏及其在异质情境下的作用机制: 综述与展望 [J]. 研究与发展管理, 2023, 35 (2): 158-172.

[258] 黄子洋, 余翔, 尹聪慧. 颠覆性技术的政策保护空间研究——基于战略生态位管理视角 [J]. 科学学研究, 2019, 37 (4): 607-616.

[259] 贾开, 赵彩莲. 智能驾驶汽车产业的治理: 发展、规制与公共政策选择 [J]. 电子政务, 2018 (3): 12-21.

[260] 简兆权, 旷珍. 协同创新网络、复合式能力与新服务开发绩效 [J].

管理学报，2020，17（10）：1498-1505.

[261] 姜南，李鹏媛，欧忠辉. 知识产权保护、数字经济与区域创业活跃度［J］. 中国软科学，2021（10）：171-181.

[262] 蒋艳辉，曾倩芳，冯楚建，等. 非高管型海归、本土科技人才与企业突破性创新——来自中小型高新技术企业的经验证据［J］. 中国软科学，2018（2）：149-159.

[263] 解学梅，陈佳玲. 供应链多维协同创新与企业绩效：一项元分析的检验［J］. 管理工程学报，2022，36（2）：20-36.

[264] 靳宗振，罗晖，曹俐莉. 发展颠覆性创新的导向策略研究［J］. 中国软科学，2017（9）：168-174.

[265] 开庆，窦永香. 颠覆性技术识别研究综述［J］. 情报杂志，2021，40（11）：31-38.

[266] 李昌，伊惠芳，吴红，等. 无人驾驶汽车专利技术主题分析——基于WI-LDA主题模型［J］. 情报杂志，2018，37（12）：50-55.

[267] 李东红，陈昱蓉，周平录. 破解颠覆性技术创新的跨界网络治理路径——基于百度Apollo自动驾驶开放平台的案例研究［J］. 管理世界，2021，37（4）：130-159.

[268] 李奉书，徐莹婕，杜鹏程，等. 数字经济时代下联盟管理能力对企业颠覆性技术创新的影响——知识流动的中介作用与知识重构能力的调节作用［J］. 科技进步与对策，2022，39（4）：80-90.

[269] 李光金，朱小晓. 论企业技术研发与产品创新的战略转型［J］. 四川大学学报（哲学社会科学版），2021（2）：181-192.

[270] 李国强，孙遇春，胡文安. 嵌入式合作网络要素如何影响企业双元创新？——基于fsQCA方法的比较研究［J］. 科学学与科学技术管理，2019，40（12）：70-83.

[271] 李华军，曹阳春，张光宇，等. 颠覆性创新理论25年：国内研究的知识框架与未来展望［J］. 中国科技论坛，2021（11）：1-11.

[272] 李华军，张光宇，刘贻新. 基于战略生态位管理理论的战略性新兴产业创新系统研究［J］. 科技进步与对策，2012，29（3）：61-64.

[273] 李华军. 经济增长、双轮驱动与创新型国家建设：理论演进与中国实践［J］. 科学学与科学技术管理，2020，41（6）：70-90.

[274] 李杰，陈超美. Citespace科技文本挖掘及可视化［M］. 北京：首都经济贸易大学出版社，2016.

[275] 李晶晶，杨震宁. 技术战略联盟，知识产权保护与创新——一个跨

案例研究 [J]. 科学学研究, 2012, 30 (5): 696-705.

[276] 李莉, 崔磊磊, 刘安蓉, 等. 国家颠覆性技术创新战略问题及对策研究 [J]. 全球科技经济瞭望, 2023, 38 (6): 9-15.

[277] 李林, 杨锋林, 何建洪. 美、德、日、中先进制造技术优势的比较研究 [J]. 情报杂志, 2020, 39 (10): 65-71.

[278] 李琳, 郭立宏, 杨敏利. 跨国合作创新网络演化及其影响因素研究——基于国际共同发明专利数据的实证分析 [J]. 经济问题, 2021, 14 (9): 119-129.

[279] 李梦婷, 石进, 李明. 国家科技竞争情报态势感知研究 [J]. 情报杂志, 2021, 40 (9): 52-57.

[280] 李乾瑞, 郭俊芳, 黄颖, 等. 基于突变-融合视角的颠覆性技术主题演化研究 [J]. 科学学研究, 2021, 39 (12): 2129-2139.

[281] 李晓丹, 刘向阳, 刘洋. 国际研发联盟中依赖关系、技术知识获取与产品创新 [J]. 科学学研究, 2018, 36 (9): 1632-1641.

[282] 李晓敏, 刘毅然, 靖博伦. 产业支持政策对中国新能源汽车推广的影响研究 [J]. 管理评论. 2022, 34 (3): 55-65.

[283] 李言睿, 马永红. 区域创新网络的网络特征对知识创新绩效的影响研究 [J]. 预测, 2021, 40 (5): 83-89.

[284] 李玉刚, 方修园, 杨帆. 社会网络多元化与企业创新绩效: 探索式社会网络还是利用式社会网络 [J]. 华东理工大学学报 (社会科学版), 2022, 37 (4): 132-148.

[285] 李梓涵昕, 周晶宇. 中国孵化器政策的演进特征、问题和对策——基于政策力度、政策工具、政策客体和孵化器生命周期的四维分析 [J]. 科学学与科学技术管理, 2020, 41 (9): 20-34.

[286] 梁杰, 谢恩, 赵龙峰. 企业与多类型伙伴间的重复合作对研发创新绩效的影响研究 [J]. 科学学与科学技术管理, 2020, 41 (7): 38-49.

[287] 林春培, 沈鹤, 余传鹏. 企业外部社会联系对破坏性创新的影响研究 [J]. 科研管理, 2019, 40 (5): 80-89.

[288] 刘安蓉, 李莉, 曹晓阳, 等. 颠覆性技术概念的战略内涵及政策启示 [J]. 中国工程科学, 2018, 20 (6): 7-13.

[289] 刘海兵, 刘洋, 黄天蔚. 数字技术驱动高端颠覆性创新的过程机理: 探索性案例研究 [J]. 管理世界, 2023, 39 (7): 63-81.

[290] 刘航, 周建青. 基于知识图谱的国内外创新扩散研究可视化分析

[J]. 科研管理, 2020, 41 (8): 72-84.

[291] 刘洪民, 蒋芸菁, 吕海萍. 基于颠覆性创新的创新型企业技术监控: 流程特征及框架结构 [J]. 情报理论与实践, 2021, 44 (5): 133-139.

[292] 刘景东, 魏龙, 肖瑶. 破坏事件与创新组织知识——关系网络互动机理研究 [J]. 科学学与科学技术管理, 2021, 42 (9): 90-106.

[293] 刘璟. 基于原创性创新价值网的产业高质量发展动力重塑研究 [J]. 广西社会科学, 2021 (5): 109-119.

[294] 刘晓燕, 李金鹏, 单晓红, 等. 动态视角下集成电路产业创新网络演化特征分析 [J]. 中国科技论坛, 2019 (11): 48-55.

[295] 刘星, 单晓光, 姜南. 基于专利信息的中美区块链技术竞争态势分析 [J]. 科技进步与对策, 2020, 37 (18): 1-9.

[296] 刘洋, 应瑛. 不对称国际研发联盟中的知识转移机制 [J]. 科学学研究, 2016, 34 (8): 1195-1202.

[297] 刘贻新, 谭蓉娟, 张光宇, 等. 可持续转型理论研究综述及展望 [J]. 科技进步与对策, 2018, 35 (18): 152-160.

[298] 刘颖琦, 周菲, 席锐. 后疫情时期中国智能网联汽车产业技术研究与合作网络: 国际专利视角 [J]. 中国科技论坛, 2021 (5): 32-45.

[299] 刘云, 桂秉修, 马志云, 等. 国家重大工程背景下的颠覆性创新模式探究 [J]. 科学学研究, 2019, 37 (10): 1864-1873.

[300] 卢光松, 卢平. 技术路线图与颠覆性技术创新 [J]. 科技进步与对策, 2011, 28 (3): 11-15.

[301] 罗嘉文, 谢耀雯, 张光宇. 前孵化器发展模型及路径构建——基于战略生态位管理理论的视角 [J]. 科技管理研究, 2019, 39 (23): 213-218.

[302] 吕丹, 王等. "成渝城市群"创新网络结构特征演化及其协同创新发展 [J]. 中国软科学, 2020 (11): 154-161.

[303] 马鸿佳, 林樾. 数字平台企业如何实现价值创造?——遥望网络和海尔智家的双案例研究 [J]. 外国经济与管理, 2023, 45 (9): 22-37.

[304] 苗争鸣, 尹西明, 许展玮, 等. 颠覆性技术异化及其治理研究——以"深度伪造"技术的典型化事实为例 [J]. 科学学与科学技术管理, 2020, 41 (12): 83-98.

[305] 明星, 胡立君, 王亦民. 跨界高端颠覆性创新模式研究: 理论与案例验证 [J]. 科技进步与对策, 2020, 37 (15): 11-17.

[306] 欧春尧, 刘贻新, 戴海闻, 等. 人工智能企业颠覆性创新的影响因素及其作用路径研究 [J]. 软科学, 2021, 35 (4): 55-60.

[307] 欧春尧, 刘贻新, 张光宇. 新加坡新生水 (NEWater) 产业化分析及启示: 基于 ST 视角 [J]. 科技进步与对策, 2020, 37 (9): 39-48.

[308] 欧春尧. 后发企业颠覆性创新价值创造的内在逻辑与实现过程研究 [D]. 广州: 广东工业大学, 2021.

[309] 潘教峰, 王晓明, 薛俊波, 等. 从战略性新兴产业到未来产业: 新方向、新问题、新思路 [J]. 中国科学院院刊, 2023, 38 (3): 407-413.

[310] 彭新敏. 全球制造网络与我国企业技术创新 [M]. 杭州: 浙江大学出版社, 2014.

[311] 曲刚, 王晓宇, 赵汉. 社会网络情境下交互记忆系统与团队绩效关系研究 [J]. 管理评论, 2020, 32 (12): 168-179.

[312] 曲冠楠, 陈凯华, 陈劲. 颠覆性技术创新: 理论源起、整合框架与发展前瞻 [J]. 科研管理, 2023, 44 (9): 1-9.

[313] 屈婷婷, 刘戟锋. 军事项目合作中颠覆性创新的困境及破解——以 ENIAC 的研发为例 [J]. 科学技术哲学研究, 2013, 30 (6): 100-104.

[314] 邵美蓉, 安立仁, 董津津. 企业破坏性创新理论述评与研究框架构建 [J]. 研究与发展管理, 2021, 33 (2): 151-165.

[315] 盛亚, 李玮. 强弱齐美尔连接对企业技术创新的影响研究 [J]. 科学学研究, 2012, 30 (2): 301-311.

[316] 石俊国, 郁培丽, 孙广生. 颠覆性创新行为、消费者偏好内生与市场绩效 [J]. 系统管理学报, 2017, 26 (2): 287-294.

[317] 束超慧, 王海军, 金姝彤, 等. 人工智能赋能企业颠覆性创新的路径分析 [J]. 科学学研究, 2022, 40 (10): 1884-1894.

[318] 斯晓夫, 刘婉, 巫景飞. 克里斯坦森的破坏性创新理论: 本源与发展 [J]. 外国经济与管理, 2020, 42 (10): 125-138.

[319] 宋耘, 王婕. 网络特征和知识属性对企业创新绩效的影响 [J]. 管理科学, 2020, 33 (3): 63-77.

[320] 苏敬勤, 林菁菁, 张雁鸣. 创业企业资源行动演化路径及机理——

从拼凑到协奏[J]. 科学学研究, 2017, 35 (11): 1659-1672.

[321] 苏敬勤, 刘建华, 王智琦, 等. 颠覆性技术的演化轨迹及早期识别——以智能手机等技术为例[J]. 科研管理, 2016, 37 (3): 13-20.

[322] 苏鹏, 苏成, 潘云涛. 颠覆性技术识别方法发展现状及启示[J]. 图书情报工作, 2019, 63 (20): 129-138.

[323] 苏鹏, 苏成, 潘云涛. 基于历史案例的颠覆性技术特征分析[J]. 中国科技论坛, 2019 (8): 1-9.

[324] 苏秦, 杨阳. 3D打印颠覆性创新应用及商业模式研究[J]. 科技进步与对策, 2016, 33 (1): 9-15.

[325] 谭海波, 范梓腾, 杜运周. 技术管理能力、注意力分配与地方政府网站建设——一项基于TOE框架的组态分析[J]. 管理世界, 2019, 35 (9): 81-94.

[326] 谭云清, 马永生. OFDI企业双元网络与双元创新：跨界搜索的调节效应[J]. 科研管理, 2020, 41 (9): 170-177.

[327] 汤超颖, 李美智, 张桂阳. 中国创新型企业内外部研发合作网络对组织二元学习平衡的影响[J]. 科学学与科学技术管理, 2018, 39 (5): 76-88.

[328] 唐兴华, 郭喨, 唐解云. 电车难题、隐私保护与自动驾驶[J]. 华东理工大学学报（社会科学版）, 2019, 34 (6): 73-79.

[329] 唐旭丽, 李信. 科研团队多样性对学术颠覆性创新的影响研究——以人工智能领域为例[J]. 情报学报, 2023, 42 (1): 43-58.

[330] 仝自强, 李鹏翔, 陶建强. 后发企业如何从颠覆性技术中获取价值？[J]. 科学学研究, 2019, 37 (6): 1053-1061.

[331] 王凤彬, 张雪. 用纵向案例研究讲好中国故事：过程研究范式、过程理论化与中西对话前景[J]. 管理世界, 2022, 38 (6): 191-213.

[332] 王洪青, 彭纪生. 辱虐领导与员工破坏行为：基于多焦点法的元分析[J]. 管理评论, 2018, 30 (3): 150-160.

[333] 王江, 邵青青. 颠覆性技术创新文献计量分析[J]. 科技管理研究, 2019, 39 (14): 11-17.

[334] 王进富, 黄涛, 张颖颖. 创业警觉、资源拼凑对破坏性创新的影响——公司创业情境单案例扎根研究[J]. 科技进步与对策, 2020, 37 (14): 102-109.

[335] 王菌丽, 冯熹宇. 创新网络嵌入对企业创新绩效的影响: 回顾与展望 [J]. 科学决策, 2023 (3): 128-140.

[336] 王龙伟, 陈婉. 研发联盟中专项投资对自身知识被侵占风险的影响研究 [J]. 科学学与科学技术管理, 2017, 38 (8): 97-108.

[337] 王猛. 颠覆性创新的研究热点与趋势 [J]. 社会科学战线, 2019 (11): 249-253.

[338] 王石磊, 王飞, 彭新敏. 深陷"盘丝洞": 网络关系嵌入过度与中小企业技术创新 [J]. 科研管理, 2021, 42 (5): 116-123.

[339] 王巍, 孙笑明, 崔文田. 社会网络视角下的知识搜索和知识扩散研究述评与展望 [J]. 科学学与科学技术管理, 2020, 41 (6): 36-54.

[340] 王文娜, 刘戒骄. 高管薪酬激励、产业补贴政策与颠覆性技术创新 [J]. 中国科技论坛, 2020 (8): 43-51.

[341] 王夏洁, 刘红丽. 基于社会网络理论的知识链分析 [J]. 情报杂志, 2007 (2): 18-21.

[342] 王晓珍, 叶靖雅, 王玉珠, 等. 政府补贴对企业R&D投入影响的研究评述与展望 [J]. 研究与发展管理, 2017, 29 (1): 139-148.

[343] 王学昭, 甘泉, 王燕鹏, 等. 颠覆性技术创新的前瞻性治理 [J]. 中国科学院院刊, 2020, 35 (5): 620-628.

[344] 王莹. 自动驾驶法律准入问题研究: 路线、挑战与方案 [J]. 中国人民大学学报, 2021, 35 (6): 141-154.

[345] 王钰, 胡海青, 张琅. 知识产权保护、社会网络及新创企业创新绩效 [J]. 管理评论, 2021, 33 (3): 129-137.

[346] 王子丹, 袁永, 邱丹逸. 颠覆性技术创新促进机制及国内外经验研究 [J]. 科学管理研究, 2021, 39 (2): 153-158.

[347] 文金艳, 曾德明, 王媛. 联盟组合多样性、关系强度与技术标准化能力 [J]. 科研管理, 2021, 42 (11): 164-170.

[348] 吴滨, 韦结余. 颠覆性技术创新的政策需求分析——以智能交通为例 [J]. 技术经济, 2020, 39 (6): 185-192.

[349] 吴贵生, 谢伟. "破坏性创新"与组织响应 [J]. 科学学研究, 1997, 12 (4): 35-39.

[350] 吴佩, 陈继祥, 史玉婷. 颠覆性创新产品低端市场进入最优定价研究 [J]. 系统管理学报, 2014, 23 (1): 149-152.

[351] 吴佩, 姚亚伟, 陈继祥. 后发企业颠覆性创新最新研究进展与展望

[J]. 软科学, 2016, 30 (9): 108-111.

[352] 吴伟伟, 张天一. 非研发补贴与研发补贴对新创企业创新产出的非对称影响研究 [J]. 管理世界, 2021, 37 (3): 137-160.

[353] 吴小节, 谭晓霞, 陈小梅, 等. 中国企业转型升级研究的知识结构与未来展望 [J]. 研究与发展管理, 2020, 32 (2): 167-178.

[354] 武建龙, 鲍萌萌, 杨仲基. 新兴产业颠覆性创新政策组合作用机制研究: 基于创新生态系统视角 [J]. 中国软科学, 2023 (7): 44-55.

[355] 武建龙, 刘禹彤, 陈劲, 等. 基于专利挖掘和Gompertz模型的颠覆性技术识别方法研究 [J]. 科研管理, 2024, 45 (4): 62-72.

[356] 肖艳玲, 朱恬, 生艳梅, 等. 颠覆性技术创新及其政策支持 [J]. 科学管理研究, 2020, 38 (4): 16-21.

[357] 谢永平, 王晶. 技术不确定环境下联盟关系对创新绩效的影响研究 [J]. 科学学与科学技术管理, 2017, 38 (5): 60-71.

[358] 徐建中, 李奉书, 黄婧涵. 齐美尔连接、知识密度与企业颠覆性技术创新 [J]. 科研管理, 2020, 41 (1): 79-89.

[359] 徐建中, 李奉书, 晏福, 等. 齐美尔联接对企业颠覆性绿色技术创新的影响——基于知识视角的研究 [J]. 管理评论, 2020, 32 (6): 93-103.

[360] 徐露允, 曾德明, 张运生. 知识网络密度与双元创新绩效关系研究——基于知识基础多元度的调节效应 [J]. 研究与发展管理, 2018, 01 (30): 72-80.

[361] 徐细雄, 段玲玲, 林翠梁, 等. 数字化进程与企业风险防御: 基于动态能力理论视角 [J]. 外国经济与管理, 2023, 45 (8): 51-67.

[362] 徐祥运, 赵燕楠. 无人驾驶汽车技术的社会影响及其应对策略 [J]. 学术交流, 2021 (3): 134-148.

[363] 徐欣, 郑国坚, 张腾涛. 研发联盟与中国企业创新 [J]. 管理科学学报, 2019, 22 (11): 33-53.

[364] 徐泽磊, 于桂兰. 战略变革前瞻性对企业创新绩效的影响研究 [J]. 管理学报, 2020, 17 (8): 1150-1158.

[365] 许佳琪, 汪雪锋, 雷鸣, 等. 从突破性创新到颠覆性创新: 内涵、特征与演化 [J]. 科研管理, 2023, 44 (2): 1-13.

[366] 许泽浩, 张光宇, 廖建聪. 基于战略生态位管理视角的颠覆性技术成长过程研究 [J]. 中国科技论坛, 2016 (2): 5-9.

[367] 许泽浩,张光宇. 新技术成长如何跨越"死亡之谷"——基于 SNM 视角的颠覆性技术保护空间构建 [J]. 中国高校科技,2017 (6):20-23.

[368] 许泽浩. 颠覆性技术的选择及管理对策研究——基于 TRIZ 理论与 SNM 理论视角 [D]. 广州:广东工业大学,2017.

[369] 薛捷. 技术-市场双元性组合对破坏性创新的影响——以科技型小微企业为研究对象 [J]. 科研管理,2019,40 (3):10-20.

[370] 薛奕曦,王卓莉,史红斌. 社会—技术转型核心分析框架研究:理论演化、关键内容与研究展望 [J]. 管理现代化,2020,40 (6):57-62.

[371] 杨博旭,王玉荣,李兴光. "厚此薄彼"还是"雨露均沾"——组织如何有效利用网络嵌入资源提高创新绩效 [J]. 南开管理评论,2019,22 (3):201-213.

[372] 杨博旭,王玉荣,李兴光. 多维邻近与合作创新 [J]. 科学学研究,2019,37 (1):154-164.

[373] 杨芳娟,梁正,薛澜,等. 颠覆性技术创新项目的组织实施与管理——基于 DARPA 的分析 [J]. 科学学研究,2019,37 (8):1442-1451.

[374] 杨桂菊,陈思睿,王彤. 本土制造企业低端颠覆的理论与案例研究 [J]. 科研管理,2020,41 (3):164-173.

[375] 杨丽君. 技术引进与自主研发对经济增长的影响——基于知识产权保护视角 [J]. 科研管理,2020,41 (6):9-16.

[376] 杨强,刘彩艳,王丽平,等. 组织因素对中小企业破坏性创新绩效影响研究 [J]. 中国科技论坛,2014 (7):15-20.

[377] 杨张博. 网络嵌入性与技术创新:间接联系及联盟多样性如何影响企业技术创新 [J]. 科学学与科学技术管理,2018,39 (7):51-64.

[378] 杨震宁,侯一凡,李德辉,等. 中国企业"双循环"中开放式创新网络的平衡效应——基于数字赋能与组织柔性的考察 [J]. 管理世界,2021,37 (11):184-205.

[379] 尹国俊,蒋璐闻. 基于产权共享的众创空间资源聚合模式研究 [J]. 科学学研究,2021,39 (2):356-364.

[380] 尹航,张雨涵,刘佳欣. 组织距离、知识流动对联盟企业突破式创新的影响 [J]. 科研管理,2019,1 (40):22-31.

参考文献

[381] 尹西明,陈劲,海本禄. 新竞争环境下企业如何加快颠覆性技术突破?——基于整合式创新的理论视角 [J]. 天津社会科学,2019(5):112-118.

[382] 余菲菲,钱超. 政府科技补助对企业创新投入的门槛效应——基于科技型中小企业的经验研究 [J]. 科研管理,2017,38(10):40-47.

[383] 余维臻,斯晓夫,严雨姗. 中国情境下新创企业如何实现颠覆性创新?[J]. 科学学研究,2022,40(12):2294-2304.

[384] 俞兆渊,鞠晓伟,余海晴. 企业社会网络影响创新绩效的内在机理研究——打开知识管理能力的黑箱 [J]. 科研管理,2020,41(12):149-159.

[385] 郁培丽,刘沐洋,潘培尧. 颠覆性创新合法性与企业家战略行动:研究述评与展望 [J]. 外国经济与管理,2019,41(3):111-125.

[386] 袁博. 后补贴时代中国新能源汽车产业发展研究 [J]. 区域经济评论,2020(3):58-64.

[387] 臧树伟,胡左浩. 后发企业破坏性创新时机选择 [J]. 科学学研究,2017,35(3):438-446.

[388] 张春辉,陈继祥. 渐进性创新或颠覆性创新:创新模式选择研究综述 [J]. 研究与发展管理,2011,23(3):88-96.

[389] 张光宇,曹阳春,戴海闻,等. 颠覆性创新国际研究25年回顾:基于文献计量分析 [J]. 科技管理研究,2021,41(15):1-10.

[390] 张光宇,李华军,张玉磊,等. 战略生态位管理(SNM)理论研究现状述评及展望 [J]. 科技管理研究,2012,32(4):167-170.

[391] 张光宇,欧春尧,刘贻新,等. 人工智能企业何以实现颠覆性创新?——基于扎根理论的探索 [J]. 科学学研究,2021,39(4):738-748.

[392] 张光宇,谢卫红,胡仁杰,等. 颠覆性创新SNM视角 [M]. 北京:科学出版社,2016.

[393] 张光宇,张瑶. 颠覆性创新视域下后发企业市场认知演化研究 [J]. 科研管理,2024,45(4):52-61.

[394] 张昊,刘德佳. 数字化发展对先进制造企业服务创新的影响研究——基于企业动态能力视角 [J]. 中国软科学,2023(3):150-161.

[395] 张红红,宫秀双. 社会网络结构与社会影响易感性——基于新产品

扩散网络的研究 [J]. 软科学, 2021, 35 (7): 130-135.

[396] 张洪石, 陈劲. 突破性创新的组织模式研究 [J]. 科学学研究, 2005, 12 (4): 566-571.

[397] 张杰, 郑姣姣, 于浩. 政府创新补贴政策对企业私人性质创新投入的激励效应 [J]. 南京大学学报 (哲学·人文科学·社会科学), 2021, 58 (2): 16-45.

[398] 张金福, 黄雪晴. 创新网络结构对颠覆性创新的影响机制——双元性学习的中介作用 [J]. 科技管理研究, 2020, 40 (8): 7-16.

[399] 张力, 李倩. 高度自动驾驶汽车交通侵权责任构造分析 [J]. 浙江社会科学, 2018 (8): 35-43.

[400] 张庆普, 周洋, 王晨筱, 等. 跨界整合式颠覆性创新内在机理与机会识别研究 [J]. 研究与发展管理. 2018, 30 (6): 93-105.

[401] 张枢盛, 陈继祥. 颠覆性创新演进、机理及路径选择研究 [J]. 商业经济与管理, 2013 (5): 39-48.

[402] 张欣. 颠覆性技术识别方法述评 [J]. 图书情报工作, 2020, 64 (17): 145-152.

[403] 张学文, 陈劲. 使命驱动型创新: 源起、依据、政策逻辑与基本标准 [J]. 科学学与科学技术管理, 2019, 40 (10): 3-13.

[404] 张亚莉, 李辽辽, 卢迪. 元知识开发能力对企业颠覆性创新的影响——资源到能力的视角 [J]. 科学学研究, 2023, 41 (10): 1864-1874.

[405] 张延平, 冉佳森. 创业企业如何通过双元能力实现颠覆性创新——基于有米科技的案例研究 [J]. 中国软科学, 2019 (1): 117-135.

[406] 张越, 余江, 杨娅, 等. 颠覆性技术驱动的未来产业培育模式与路径研究——美国布局下一代集成电路产业的启示 [J]. 中国科学院院刊, 2023, 38 (6): 895-906.

[407] 章文光, Ji Lu, Laurette Dubé. 融合创新及其对中国创新驱动发展的意义 [J]. 管理世界, 2016 (6): 1-9.

[408] 赵博, 毕克新. 基于专利的我国制造业低碳突破性创新动态演化规律分析 [J]. 管理世界, 2016 (7): 182-183.

[409] 赵文, 赵会会, 吉迎东. 双元创新跃迁与企业失败: 社会关系网络的调节作用 [J]. 科研管理, 2022, 43 (1): 124-133

[410] 赵炎, 邓心怡, 韩笑. 网络闭合对企业创新绩效的影响——知识流动的中介作用 [J]. 科学学研究, 2021, 39 (6): 1144-1152.

[411] 赵禹程, 俞乔. 无人驾驶汽车系统性社会基础设施研究 [J]. 齐鲁学刊, 2021 (5): 97-105.

[412] 赵志耘, 潘云涛, 苏成, 等. 颠覆性技术感知响应系统框架研究 [J]. 情报学报, 2021, 40 (12): 1245-1252.

[413] 郑思佳, 汪雪锋, 刘玉琴, 等. 关键核心技术竞争态势评估研究 [J]. 科研管理, 2021, 42 (10): 1-10.

[414] 郑小勇. 知识网络密度、地理分散性与产品创新能力——基于商业集团内部整体知识网络的实证研究 [J]. 科研管理, 2021, 42 (12): 175-184.

[415] 郑彦宁, 袁芳. 颠覆性技术研发管理研究 [J]. 科研管理, 2021, 42 (2): 12-19.

[416] 周江华, 李纪珍, 刘子谞. 双重机会窗口下管理认知模式与创新追赶路径选择——以中国风电产业的后发企业为例 [J]. 中国工业经济, 2022 (3): 171-188.

[417] 周翔, 叶文平, 李新春. 数智化知识编排与组织动态能力演化——基于小米科技的案例研究 [J]. 管理世界, 2023, 39 (1): 138-157.

[418] 周肖肖, 贾梦雨, 赵鑫. 绿色金融助推企业绿色技术创新的演化博弈动态分析和实证研究 [J]. 中国工业经济, 2023 (6): 43-61.

[419] 周洋, 张庆普. 高端颠覆性创新的技术演进轨迹和市场扩散路径 [J]. 研究与发展管理, 2017, 29 (6): 99-108.

[420] 朱承亮. 颠覆性技术创新与产业发展的互动机理——基于供给侧和需求侧的双重视角 [J]. 内蒙古社会科学, 2020, 41 (1): 112-117.

[421] 朱雪忠, 胡成. 专利是测度企业技术创新绩效的有效工具吗? [J]. 科学学研究, 2021, 39 (8): 1498-1503.